海上丝绸之路与
中外佛教文化交流

成祖渔 主编

中国社会科学出版社

图书在版编目（CIP）数据

海上丝绸之路与中外佛教文化交流 / 成祖渔主编 . —北京：中国社会科学出版社，2019.5
ISBN 978-7-5203-4335-0

Ⅰ.①海… Ⅱ.①成… Ⅲ.①佛教—中外关系—文化交流—古代 Ⅳ.①B949.2

中国版本图书馆CIP数据核字（2019）第080392号

出 版 人	赵剑英
责任编辑	韩国茹
责任校对	张爱华
责任印制	张雪娇

出　　版	中国社会科学出版社
社　　址	北京鼓楼西大街甲158号
邮　　编	100720
网　　址	http://www.csspw.cn
发 行 部	010-84083685
门 市 部	010-84029450
经　　销	新华书店及其他书店
印　　刷	北京君升印刷有限公司
装　　订	廊坊市广阳区广增装订厂
版　　次	2019年5月第1版
印　　次	2019年5月第1次印刷
开　　本	710×1000　1/16
印　　张	21.5
插　　页	2
字　　数	382千字
定　　价	118.00元

凡购买中国社会科学出版社图书，如有质量问题请与本社营销中心联系调换
电话：010-84083683
版权所有　侵权必究

前　言

2016年12月3—5日，由华东师范大学哲学系和上海玉佛寺联合举办的"佛教文化与21世纪海上丝绸之路国际学术研讨会"在上海玉佛寺觉群楼召开。上海市民宗委、华东师范大学及哲学系领导出席开幕式并发表讲话。玉佛寺监院本如法师代表觉醒大和尚致辞。玉佛寺监院慧觉法师主持了开幕式。来自中国（包括台湾和香港）、美国、韩国、斯里兰卡、泰国、缅甸、越南、马来西亚、新加坡等国家的38位法师、专家、学者参加了会议并发表论文，就中外佛教文化交流的历史、现状、未来发展及其贡献，以及与21世纪海上丝绸之路的关系进行了深入而开放的探讨。

佛教是人类历史上最早向外传播的世界宗教。早在公元前3世纪，印度阿育王就向世界各地派遣佛教传教士，佛教成为第一个世界性宗教，成为亚洲特别是南亚和东南亚多国人民的共同信仰。近代以来，佛教在亚洲复兴，并相继传入欧洲、美洲、非洲等地，佛学思想、禅修实践吸引了无数人的兴趣和信仰。无论是过去还是当代，佛教的传播建筑了各国人民友好往来和文化交流的桥梁，带动了世界文明的发展。公元1世纪左右，佛教东渐，由南方的海上丝绸之路及北方的陆上丝绸之路传入中国，中国很快成为大乘佛教的中心。在此后的数百年间，佛教不断与中国传统文化磨合交流，构成具有中国特色的中国大乘佛教，并进一步向东亚及世界各地传播。在此两千多年的传播和发展过程中，中国佛教不但没有引发任何民族冲突，反而与各地文化相互融通，促进世界和平和人类文明的发展，成为世界宗教文化传播与和平共处的典范。

据不完全记载，公元3—8世纪的五百年间，无数中外僧人曾往来于海上丝绸之路，其中，238名僧人留下了他们的记载。由此可知，佛教与丝绸之路结有不解之缘，佛教传播与沿途各国的商贸交通和经济发展存在着密切的联系。事实上，正如季羡林先生的研究所表明的，佛教与商贸相互促进，共同发展，僧侣与商人之间存在着特殊的亲密关系，常常相伴于弘法和经商路上。近代以降，陆上丝绸之路上的佛教文化式微，但海上丝绸之路沿途各国仍然以佛教信仰为主，或保持着深厚的佛教文化传统。继承中国佛教国际友好往来的传统，结合国家"一带一路"倡议，开展佛教外交，加强中国与周边邻邦国佛教交往，促进经贸合作和人民友好往来，所有这些都将是当代中国佛教的使命，也是学术界研究的课题。

2015年，本主编申请到国家社会科学基金资助（项目批准号：15BZJ006），进行佛教文化与21世纪海上丝绸之路的研究。本研究以中外佛教文化交流历史和传统为契入口，分析当代中国与周边海上丝绸之路国家的佛教关系，考察这些国家的佛教生态，探讨中国佛教外交的可能性和可行性；以中国政府提出的"21世纪海上丝绸之路"倡议为前提，建立"海上丝绸之路佛教文化带"理论，探讨以佛教文化建立和推动中国同周边国家、特别是佛教国家的全面战略合作模式。2018年初，本主编又申请到华东师范大学一带一路与全球发展研究院的资助（项目批准号：ECNU – BRGD – 201816），扩充和加深以上的研究。早在2016年初，本主编曾到上海玉佛寺拜访觉醒大和尚，探讨当代中国佛教继承国际友好往来传统，走出国门、服务世界的可能性。觉醒大和尚当即表示上海玉佛寺愿意合作，共同探讨当代中国佛教国际化及中外佛教交流的理论和方法。正是这样的因缘，成就了"佛教文化与21世纪海上丝绸之路国际学术研讨会"的顺利召开。在两天的会议中，来自不同国家和地区的学者分别介绍和分析了各国或各地区佛教与中国佛教交流的历史与现状，并在"21世纪海上丝绸之路"的战略框架中，探讨中外佛教文化交流的未来。与会者兴致高涨，讨论热烈。

研讨会结束后，本主编与与会诸位专家学者保持紧密联系且多次交流，讨论论文修改和出版事宜。经两年多的辛勤工作，本论文集最终收集部分修改后的中文论文（英文论文将另行出版）正式出版。

中国佛教协会副会长、上海玉佛禅寺方丈觉醒法师的论文，《当代上海佛教的对外文化交流（1978—1995）》，介绍20世纪八九十年代上海佛教界在真禅法师的领导下，进行佛教外交、与各国佛教友好往来的历史；展望了当代上海佛教发展与"一带一路"倡议的关系。成祖渔教授的论文《海上丝绸之路与佛教文化传播》，以佛教传统、历史文献及当代考古发展为依据，分析中国佛教与海上丝绸之路的渊源，探讨中外佛教文化交流的历史价值和现实意义。在中印文化交流的历史中，佛教扮演了重要角色。无论是陆上丝绸之路，还是海上丝绸之路都见证了中国僧人不畏艰辛、为法忘身的身影。薛克翘研究员在其《晋宋间中印海路佛教交流》一文中，介绍了东晋与刘宋时期（317—479年）中印佛教交流历史和相关寺院，分析了其历史意义。上海佛学院金易明教授的论文《〈南海寄归内法传〉对中印佛教交流之价值刍议——兼论义净法师对于海上丝绸之路开凿的杰出贡献》，介绍和探讨了义净法师的求法事迹及其在当代中外文化交流中的现实意义。中印佛教文化交流在南宋以后曾一度中止，但是近代以来，又在太虚大师、道阶法师、谭云山居士等努力下重新开启。体恒法师的论文《近代中国汉传佛教与印度的交流——以太虚、道阶和谭云山为中心》，系统介绍了这方面的历史。当然，中印佛教文化交流不仅是佛教徒的友好往来和经典的翻译，亦有思想的互动。华东师范大学赵东明博士的论文《一带一路视域下的印度与汉传佛教比较研析——从梁陈真谛的唯识古学与唐代玄奘的唯识新学论述印度与汉传佛教的思想差异》，以梁陈之际真谛的唯识古学与唐代玄奘的唯识新学为契入口，分析各自翻译之特色，探讨中印佛教的思想差异。

佛教由印度经南海和西域传入中国后，经过一段时间的中国化发展，传播到日本、朝鲜、越南等国，为中国与这些周边国家的文化文流和经贸往来搭建了桥梁。江西省社会科学院欧阳镇研究员的论文《留学日本的黄辉邦居士》，介绍了留学日本的黄辉邦（1905—2000年）居士的生平及求学经历，并以此为契入点，分析中日佛教文化交流的现代意义；王彬研究员的论文《汇通"禅""茶"的荣西禅师——以〈吃茶养生记〉为中心的讨论》，通过对日本临济宗初祖荣西禅师在中国求法的梳理考证，阐释《吃茶养生记》对日本文化的影响，揭示中日佛教文化交流的重要性。四川师范大学李万进博士在其《新罗来华僧人无相禅师在中国禅宗史上的地位与影响》一文中，以唐代新罗来华高僧无相禅师及其禅法、法脉传承等为契入点，探讨了中韩佛教友好之历史及其现实意义。李博士的研究与来自韩国东国大学的黄仁奎教授和朴永焕教授产生了共鸣。黄仁奎教授的论文《高丽后期僧俗通过海路对蒙山禅的接受》，介绍了中国高僧蒙山德异及其弟子应邀前往高丽弘法的历史,分析了他们对高丽佛教、文化及社会的影响;朴永焕教授的文章《十六世纪末朝鲜士大夫在异国的佛教经验——以鲁认与姜沆为中心》,以16世纪两位朝鲜士大夫,鲁认(1566—1622年)和姜沆(1567—1618年)在中国和日本留下来的日记,即《锦溪日记》《看羊录》等为蓝本,对比分析了当时朝鲜士人、明朝及日本官员对佛教的不同态度。成功大学李贵民博士,在其《明末清初遗民逃禅与越南佛教》中,系统介绍了中国僧人拙公和尚(1590—1644年)及其弟子至越南弘法,以及越南僧人性泉和尚到中国求法取经之历程,分析他们对越南禅学和戒学建立的贡献,以及对越南社会文化的影响。

海上丝绸之路不但见证了中国大乘佛教向外发展的历史,同时亦见证了中国大乘佛教与南传上座部佛教相互尊重和友好往来的传统。来自斯里兰卡的索毕德(Ven. M. Sobhitha)法师(University of Peradeniya)以及在斯里兰卡佛学与巴利语大学作访问的慧海法师,分别介绍了中斯佛教文化交流的历史和现状,展望在"一带一路"倡议中,这种交流的机遇、挑战和意义。来自新加坡李氏基金研究会的杜温研究员,在其《浅析观音菩萨信仰在缅甸的传播与传承》一文中,结合田野考察和文史资料,探讨观音佛祖信仰在缅甸传播和发展的历史及其对当地宗教文化、世俗社会的影响。杜温认为,在缅甸的观音庙是缅甸华人陆路和海路移民路线的标志,展示了缅甸华人与中国及东南亚华人命运相连、商贸往来的历史。与此相似,马来西亚道理书院的王琛发院长的论文——《"宝烛偶"制度与清末民初中国僧人下南洋的开枝散叶》,讨论了明清时期流行于新加坡和马来西亚等地的"宝烛偶"或称"香烛偶",分析了这种佛事承包制宗教事业经营制度和历史,探讨了中国佛教在该地区的传播和发展及其与中国汉传佛教之间的关系。

华东师范大学唐忠毛教授的论文《海陆丝绸路上的佛教传播特性及其异同略析——兼论当代"一带一路"背景下云南与东南亚佛教交流的意义》,对比分析了当代学界对三条丝绸之路(西域陆路、南方海路、西南滇缅道)的研究成果,并由此考察不同时期来华僧人、中土西行求法僧人的规模、影响等,分析海陆丝路佛教传播的阶段性规模、特点,以及地域特征。唐教授特别指出当代云南与东南亚佛教交流互动的意义。马来西亚道理书院关瑞发讲师,在其《二十世纪泰国华宗佛教之缘起与传播》

一文中，分别介绍了中国大乘佛教在泰国传播、管理和发展的历史和现状，以及在泰国华人生活中所扮演的角色。

在大乘佛教传播的历史中，中国内地与台湾一衣带水，两地佛教一脉相承。厦门大学王荣国教授和中国社会科学院黄夏年研究员，分别以闽台龙山寺与闽南泉州商人群体，以及福建安溪清水祖师信仰为个案，探讨佛教在海峡两岸商贸往来、文化交流等方面扮演的重要角色及其现实意义，有助于人们加深认识台湾佛教的传播和发展。香港浸会大学吴有能教授在其《外推与回归：圣严法师的美国经验》一文中，介绍和分析了圣严法师在北美弘扬佛教的经验和成果，提出中国佛教"外推与回归"的理念，有助于人们了解当前台湾佛教与内地佛教之互动及其在海外的发展。东南大学董群教授在《中国古代海上丝路与金陵佛教》一文中，探讨了法显、菩提达摩、真谛三位高僧与金陵佛教的渊源，分析佛教与海上丝路的关系，强调南京在中国佛教史上的重要性。

当前，佛教与"一带一路"研究方兴未艾，成果相当丰硕。本论文集的出版，提升了当代学术界中外佛教文化交流的研究水平，丰富了其研究内容，更清晰了中国佛教与海上丝绸之路的密切关系，彰示了当代中国佛教服务"一带一路"建设的可行性。具体而言，具有如下几个方面的贡献：一，让国际社会，包括学术界更了解中国和中国佛教的过去和现在，了解中外佛教友好往来的历史和现状，认识当代海上丝绸之路各国佛教与社会、经济和政治之间的关系及其影响力，有助于当代"一带一路"的建设；二，加深了各国学者的相互了解、学术友谊。当然，中外佛教文化交流历史悠久、内容丰富，当代中国佛教服务国家步伐加大、国际化发展速度加快，中外佛教文化交流内容更多元，学术界还有很多工作可以做，且应该做！

成祖渔

华东师范大学

目　录

当代上海佛教的对外文化交流（1978—1995）………… 觉　醒（1）
海上丝绸之路与佛教文化传播 …………………………… 成祖渔（13）
晋宋间中印海路佛教交流 ………………………………… 薛克翘（35）
当代"海上丝绸之路"背景下的福建安溪清水祖师信仰的
　　发展战略与理论建设等问题刍议 …………………… 黄夏年（46）
中国古代海上丝路与金陵佛教 …………………………… 董　群（56）
海洋丝路上闽台龙山寺与闽南泉州海洋商人群体 ……… 王荣国（66）
浅析观音菩萨信仰在缅甸的传播与传承 ……… Daw Win（杜温）（76）
十六世纪末朝鲜士大夫在异国的佛教经验
　　——以鲁认与姜沆为中心 …………………………… 朴永焕（86）
海陆丝绸路上的佛教传播特性及其异同略析
　　——兼论当代"一带一路"背景下云南与东南亚佛教
　　交流的意义 …………………………………………… 唐忠毛（101）
外推与回归：圣严法师的美国经验 ……………………… 吴有能（116）
《南海寄归内法传》对中印佛教交流之价值刍议
　　——兼论义净法师对于海上丝绸之路开凿的杰出贡献 … 金易明（127）
留学日本的黄辉邦居士 …………………………………… 欧阳镇（147）
高丽后期僧俗通过海路对蒙山禅的接受 ………………… 黄仁奎（155）
二十世纪泰国华宗佛教之缘起与传播 …………………… 关瑞发（162）
一带一路视域下的印度与汉传佛教比较研析
　　——从梁陈真谛的唯识古学与唐代玄奘的唯识新学
　　论述印度与汉传佛教的思想差异 …………………… 赵东明（181）

汇通"禅""茶"的荣西禅师
　　——以《吃茶养生记》为中心的讨论 ················ 王　彬（210）
"宝烛偈"制度与清末民初中国僧人下南洋的开枝散叶 ··· 王琛发（223）
近代中国汉传佛教与印度的交流
　　——以太虚、道阶和谭云山为中心 ················ 体　恒（244）
近当代中国与斯里兰卡的佛教交流史 ················ 海　慧（267）
中国和斯里兰卡相互依存的佛教
　　文化领域 ···························· Ven. M. Sobhitha（索毕德）（275）
明末清初遗民逃禅与越南佛教 ···················· 李贵民（296）
新罗来华僧人无相禅师在中国禅宗史上的地位与影响 ······ 李万进（320）

当代上海佛教的对外文化交流（1978—1995）

中国佛教协会副会长、上海玉佛禅寺方丈　觉　醒

一　近代以来上海佛教对外交流的发展概况

古代上海佛教在中国佛教发展史上并不占重要地位，直至近代，随着上海经济文化的迅速发展，各地佛教高僧、名流云集上海，全国佛教领导机构（先有中华佛教总会，后有中国佛教会）以及全国规模最大的佛典出版机构均在上海创立，佛教著作及刊物大量出版发行，讲经活动日益频繁，上海一跃成为全国佛教发展的中心。同时，自20世纪20年代开始，上海佛教界的对外文化交流活动进入了一个繁盛时期，突破了19世纪初的参访、游学、考察及留学等方式，交往的次数及人数也逐步增长。遗憾的是，上海佛教在近代如火如荼的对外文化交流最终因日军侵华而中断了。

1949年以后，随着国内局势的稳定，上海佛教的对外文化交流活动有所复苏。1954年12月，上海市佛教协会成立，为上海佛教界的对外文化交流提供了良好的组织基础；1957年，上海佛教界接待了应邀来访的印度、锡兰、尼泊尔、老挝、泰国、越南、柬埔寨等七国僧侣代表团；1957年，时任上海市佛教协会会长的持松法师率领中国佛教协会代表团赴柬埔寨参加佛陀涅槃二千五百周年纪念庆典；1963年1月8日，周恩来总理亲自陪同斯里兰卡总理班达拉奈克夫人来到上海玉佛禅寺，参加为纪念斯里兰卡前总理班达拉奈克诞辰64周年举行的纪念法会……1966—1976年间，上海佛教界的对外文化交流活动基本上陷于停滞。

如果说近代上海佛教的对外文化交流事业中断于外患，那么当代早期的上海佛教对外文化交流则因内忧而滞，20世纪的前七十多年，上海佛教的对外文化交流事业总在方兴未艾之时戛然而止，斯为憾事。佛教的对

外交往与良好的国际国内环境息息相关，1978年中国共产党十一届三中全会召开，1979年，上海市佛教协会恢复工作，上海佛教界的对外文化交流事业开始进入一个崭新的时期。1982年3月，《关于社会主义时期宗教问题的基本观点和基本政策》的重要文件印发，阐述了宗教的长期性、群众性、民族性、复杂性、国际性的五性特征，确立了"尊重和保护宗教信仰自由，是党对宗教问题的基本政策"的思想，更为上海佛教界对外文化交流事业的发展提供了政策保障。

据不完全统计，从1979年上海市佛教协会恢复工作起，截至1993年，上海市佛教界接待国际友人、港澳台同胞及海外侨胞近四百万人次，其中玉佛禅寺占百分之九十以上。在这些来访者中，不乏各国政要名流，包括美国总统夫人、法国前总理、澳大利亚总督、世界宗教和平会议秘书长、泰国王储、巴西总统夫人、玻利维亚议会议长、印度总理夫人、西哈努克亲王、阿根廷副总统夫人、西班牙参议院院长、委内瑞拉众议院议长、密克罗尼西亚总统、波兰参议院议长、意大利总理及夫人、印度国大党前总书记等。同时，上海佛教界人士也不断出访世界各国及一些地区弘扬中国佛教。如明旸法师先后出访日本、美国、新加坡、加拿大、韩国、马来西亚等国和香港地区，两次参加国际宗教会议。真禅法师自1978年以来，也先后访问过日本、印度、美国、泰国、新加坡、加拿大、韩国、法国、挪威、澳大利亚、马来西亚、印度尼西亚、墨西哥等国和香港地区，数次参加国际宗教会议。[1] 上海佛教，特别是玉佛禅寺，在国际上的影响力大大提升，为中国政府的外交事业做出了重要贡献。

从以上对近代以来上海佛教对外交流事业的简要回顾来看，20世纪70年代末到90年代中期可被称为"新时期"（十一届三中全会以来）上海佛教对外文化交流的第一阶段，这一阶段上海佛教在协助中国政府外交、促进国与国之间交流与合作方面取得了显著的成就，也为今后一段时期上海佛教迎接新的挑战与任务、开拓新的对外交流模式与渠道打下了坚实的基础。从20世纪90年代中期开始，上海佛教沿着第一阶段所奠定的道路继续深入与各国之间的友好往来，在探索"佛教外交"的方法与策略上更为成

---

[1] 真禅：《上海佛教四十年》，载《玉佛丈室集》卷八，古吴轩出版社1994年版，第295—296页。

熟。2013年，习近平主席在访问中亚和东南亚国家期间，先后提出与沿线国家共同建设丝绸之路经济带和21世纪海上丝绸之路的重大倡议，加强与相关国家乃至世界范围内各个国家之间的友好往来以促进合作，给极具国际文化交流传统的上海佛教提出了新的历史使命，梳理20世纪70年代末以来上海佛教对外文化交流的发展历史，对于在"一带一路"倡议背景下，分析"佛教外交"的可行性与可能性具有基础性的文献意义。

1979年6月，上海市佛教协会第三届第三次理事扩大会议举行，真禅法师被推选为上海市佛教协会会长，此后他于上海市佛教协会第四、五、六、七届代表会议均被选举为会长，直至1995年圆寂。真禅法师住持上海玉佛禅寺十七年，住持上海静安寺八年，多次代表中国佛教界特别是上海佛教界应邀至海外弘法，足迹遍及日本、泰国、美国、法国、印度、新加坡等国家。作为上海市佛教协会恢复工作后第一任会长，并连任至1995年圆寂，真禅法师在此一时期上海佛教界对外文化交流中的重要地位毋庸置疑，他任上海市佛教协会会长16年间的接待与出访弘法行迹，基本上反映了新时期（1978年以来）上海佛教界对外交流第一阶段的大致状况，本文拟以真禅法师为中心，通过对其毕生的接待、参访行迹的整理，呈现新时期上海佛教界对外文化交流第一阶段的历史面貌。

二 当代上海佛教的对外文化交流（1978—1995）

（一）与日本的佛教文化交流

上海佛教界与日本佛教界之间有着悠久的文化交流传统，特别是民国年间，上海佛教界有许多人东渡日本留学、巡礼和考察日本佛教与佛教文化，僧人主要有月霞、曼殊、宗仰、显荫、大勇、太虚、能海、持松，居士主要有史一如、江味农、王一亭、夏丏尊、范古农、狄葆贤、丁福保、蒋维乔、黄涵之、谢无量、丁桂樵等。与此同时，民国上海佛教界也接待了一些日本佛教界人士的来访，较为引人注目的有：1924年8月日本佛教学者佐伯定胤、木村泰贤前往庐山参加太虚法师发起召开的世界佛教联合会，会后应邀访问上海，受到上海佛教界的热烈欢迎，后又在世界佛教居士林举行演讲会，由木村泰贤讲演《大乘特质》，佐伯定胤讲演《日本所得中国古文化影响》；1926年10月，上海佛教界接待日本佛教团来访，该团由十二个宗派的二十二名代表组成；1936年，日本东京浅草寺贯首大森亮顺率中国佛教圣迹参拜团一行二十人访问上海，参观了世界佛教居士林、上海佛学书局和上海佛教净业社等。

当代上海佛教界保持了与日本佛教界的友好往来，特别是1978年以来，日本佛教界组织了一批又一批的考察团、代表团到上海参观、访问，根据相关记载整理如次。

1975年夏，日本天台宗延历寺住持、天台宗座主山田惠谛长老率团到玉佛寺访问，其时"文革"尚未结束，包括真禅法师在内只有五位僧侣坚守在玉佛寺，真禅法师以上海市佛教协会和玉佛寺负责人的身份接待了山田惠谛长老一行。1978年4月，真禅法师随中国佛教协会友好访问团一行十二人，由时任中国佛教协会会长赵朴初居士率领访问日本，游历了日本十多个城市，瞻仰了二十余座著名古刹，参拜了东京、京都、奈良、大阪等地十多个宗派的大本山和佛教团体。此次为真禅法师第一次访日，为之后多次访日打下了良好的基础，也是通过这次参访，真禅法师了解到了一些日本佛教的现状，例如日本佛教界在培养僧才、弘扬佛法方面的先进经验，一定程度上促成了真禅法师后来编撰《玉佛丈室集》和"上海玉佛寺丛书"的计划。1979年，真禅法师随中国佛教协会友好访问团访问日本，在奈良唐招提寺瞻礼鉴真和尚像，受到森本长老的热情款待。1979年7月，以松本大圆为团长的日本"中国佛教文物刊行会访华团"访问上海玉佛寺，此时玉佛寺已初步完成修复工作并恢复开放，真禅法师于是年召开的上海市佛教协会第三届第三次理事扩大会议上被推选为会长，同时被推选为玉佛寺住持，即正式以上海市佛教协会会长和玉佛寺住持的身份进行了接待。同年12月，真禅法师在玉佛寺接待了"日中友好宗教者恳谈会"的来访，向其介绍了当时玉佛寺修复开放的情况。[①]

1980年4月，时值中日和平友好条约签订一周年，中日两国佛教界协议，将鉴真大师像由日本送回中国"探亲"，是为70年代末以来中日佛教友好交流史上的一件大事，此次鉴真大师像回国"探亲"，从上海到北京，真禅法师全程陪同，前后将近一个月。此前，日本佛教界派出了"鉴真和尚像中国展

[①] 真禅：《上海佛教与日本佛教友好关系略史》，载《玉佛丈室集》卷六，学林出版社1993年版，第176—208页。

出协议团"来我国访问,该团来到上海,真禅法师代表上海市佛教协会设宴接待并发表了祝词。当鉴真和尚像随团正式抵沪时,真禅法师率上海佛教界四众弟子数百人,特地赶到机场迎接,为展出团举行了盛大的欢迎仪式,并发表了即席讲话,祝贺鉴真和尚像中国展出团取得圆满的成功。展出团到达扬州时,中日两国佛教徒在大明寺共同举行了盛大法会以资纪念。后鉴真和尚像经西安巡回到北京时,中国佛教协会和北京佛教界在北京法源寺举行了盛大的法会和展出活动。由于此次鉴真和尚像回国展出,真禅法师全程陪同,展出结束,鉴真大师像安抵日本奈良唐招提寺后,负责此次巡展的河野清晃和清水公照两位长老向真禅法师赠送了画幅并互通信札,各自表达了对此次鉴真和尚像回中国展出的重要意义以及彼此的崇敬之情。[①] 同年9月,日本日莲宗访华使节团来玉佛寺参访;10月,日本曹洞宗访华团来玉佛寺参访,真禅法师均率四众弟子进行了接待。[②]

1983年初秋,真禅法师偕同日本立正佼成会副会长庭野日旷先生等由西安出发到乌鲁木齐,参访玄奘当年求法之路,历时三十余天,行程数千里,过后撰写成《玄奘求法之路巡礼记》一文,详述所历城市概况及巡礼感悟,更通过此次巡礼,加深了同日本佛教界特别是立正佼成会的友谊。巡礼结束回到上海后,9月26日在玉佛寺举行上海佛学院开学典礼,又邀请庭野日旷先生等参加。[③] 1986年4月,日本大野可圆率日本法隆寺"现代遣随使"访华团来上海访问,上海佛教界与其共同举行了"圣德太子派遣随使一三八零年纪念法会",真禅法师代表上海市佛教协会和上海市佛教界为访华团一行举行了欢迎宴会并发表讲话。[④] 1986年6月,真禅法师作为中国佛教协会代表,随中国宗教代表团应日本立正佼成会之邀参访日本,通过此次参访,真禅法师对立正佼成会的成立经过、机构设置以及会长庭野日敬先生的生平事迹作了详细了解。之后,通过庭野日敬会长的关系,又

[①] 真禅:《上海佛教与日本佛教友好关系略史》,载《玉佛丈室集》卷六,学林出版社1993年版,第181—189页。

[②] 同上书,第178—181页。

[③] 真禅:《玄奘求法之路巡礼记》,载《玉佛丈室集》卷二,华东师范大学出版社1990年版,第133—206页。

[④] 真禅:《让友谊的种子开花结果——在欢迎日本法隆寺现代遣随使访问团宴会上的讲话》,载《玉佛丈室集》卷一,上海玉佛寺法物流通处,第331—332页。

赴韩国参加了第三届亚洲宗教徒和平会议，受到韩国佛教界的热烈欢迎，韩国佛教界组织了五六百人的队伍欢迎法师的到访。会后，法师访问了当地的通度寺等佛寺，同那里的佛教界人士进行了友好的交谈，初步了解了韩国佛教的一些现状。1989年3月，应日本京都无量寿佛会成立四十周年纪念会的邀请，真禅法师偕妙莲法师赴日访问。3月16日，真禅法师和妙莲法师乘机抵达大阪；3月17日，二位法师在梅村如信先生等陪同下，来到京都城阳市寺田高田的无量寿佛会本部进行参访，同该会负责人员交流；3月18日，二位法师参加了无量寿佛会成立四十周年纪念庆祝活动，真禅法师代表上海市佛教协会和玉佛寺向纪念会赠送了礼品，并在会上发表讲话；庆祝会结束后，二位法师于京都及奈良两地进行了参访。[1]

1993年5月，应中国佛教协会和赵朴初会长的邀请，日本大型佛教访华团一行三百余人，在团长山田惠谛（日本天台宗座主、全日本佛教会会长）、副团长庭野日敬（日本立正佼成会创办者）和田泽康三郎（日本宗教团体联合会会长）的率领下访问中国。5月20日，中国佛教协会会长赵朴初居士专门拜访了山田惠谛等三位老人，讨论了国际佛教文化交流和争取世界和平等问题；5月21日，上海市主要领导吴邦国同志亲切会见了山田惠谛一行；当日下午，玉佛禅寺特地为山田惠谛长老、庭野日敬先生和田泽康三郎先生三位寿星举行了延生普佛法会，真禅法师并于般若丈室会见了前来参加法会的日本访华团成员；是日晚，中方为三位老人举行了寿宴，全国政协副主席、中国佛教协会会长赵朴初，国务院宗教局局长张声作、副局长赤耐，上海市副市长龚学平，市宗教局局长何全刚，市佛教协会负责人明旸法师及真禅法师出席了祝寿会，真禅法师代表上海市佛教协会和玉佛寺向三位寿星赠送了祝寿礼品。[2]

（二）与亚洲其他国家的佛教文化交流

印度

1984年11月16日至12月6日，中国佛教代表团一行四人，由真禅

---

[1] 真禅：《上海佛教与日本佛教友好关系略史》，载《玉佛丈室集》卷六，学林出版社1993年版，第208—225页。

[2] 真禅：《三星高照，中日共庆》，载《玉佛丈室集》卷七，学林出版社1994年版，第241—247页。

法师担任团长，应印度文化关系委员会的邀请，前往印度进行友好访问。三个星期，先后访问了六个邦，十个城市，行程万里。其间于泰国曼谷转机，代表团趁机参拜了玉佛寺、卧佛寺。18日凌晨抵达新德里，受到印度文化关系委员会阿哈卡尔宏赛音秘书和我国驻印使馆官员马卫光先生的迎接。19日，印度文化关系委员会外事秘书那泽拉特会见全团。交谈中，那泽拉特先生说："印中文化交流历史悠久，其中玄奘与菩提达摩是最有影响的人物，双方可以把他们的活动拍成影片，还应该组织佛教学者对他们的学说思想进行研究。"他还询问了中国佛教寺庙、宗教活动等方面的情况，并希望双方经常派团互访，以加深两国佛教界的相互了解和传统友谊。代表团一行参观了国家博物馆，并瞻礼了各大佛教圣地，于30日来到加尔各答市，受到玄奘寺住持、印度佛教僧伽联合会主席悟谦法师以及加尔各答市文化关系委员会内务部主任达特齐社里和该市菩提学会秘书长等人的热烈欢迎。[1] 归国后，真禅法师写成《天竺纪行》一书，详述在印度进行的各项活动的经过。[2]

新加坡

1993年6月，新加坡天竺山毗卢寺举行传授在家五戒菩萨戒法会，真禅法师应邀参加，并代表上海市佛教界、上海玉佛寺和静安寺献上贺词，并发表了关于"在家佛弟子如何受持戒律的问题"的讲话。[3] 1994年春，真禅法师应邀参加新加坡佛教施诊所成立二十五周年庆典，代表上海市佛教协会与玉佛禅寺对其表示祝贺并致贺词。[4] 1994年3月，新加坡光明山普觉禅寺万佛宝塔举行落成开幕典礼，真禅法师应邀参加剪彩，并为该塔二楼供奉的黄金彩大佛像举行洒净升座说法，据当时的媒体报道，有一万多名善男信女冒雨上山膜拜，盛况空前。[5]

---

[1] 真禅：《天竺纪行》，载《玉佛丈室集》卷三，上海社会科学院出版社1991年版，第133—199页。

[2] 真禅：《佛国巡礼漫记》，载《玉佛丈室集》卷一，上海玉佛寺法物流通处，第361—370页。

[3] 真禅：《在新加坡天竺山毗卢寺传授在家五戒菩萨戒法会上的一次讲话》，载《玉佛丈室集》卷七，学林出版社1994年版，第271—283页。

[4] 真禅：《热烈祝贺新加坡佛教施诊所成立二十五周年银禧纪念》，《玉佛丈室集》卷八，古吴轩出版社1994年版，第341页。

[5] 真禅：《为光明山万佛宝塔佛像升座说法》，载《玉佛丈室集》卷九，百家出版社1995年版，第261—263页。

1995年5月9—21日，应新加坡佛教居士林的邀请，真禅法师率领上海佛教法务团一行六十余人，赴新加坡进行弘法访问。访问期间，真禅法师参加了新加坡佛教居士林的三庆大典，并主持了诸佛菩萨圣像的开光仪式，他在庆典上发表的讲话中说："新加坡佛教居士林与我们上海佛教界的情谊可谓源远流长。多少年来，我们之间在弘法利生的事业中，一直是相互支援、相互促进的。新加坡佛教居士林对我们上海佛教界的支援与帮助是多方面的，你们向上海的佛教寺庙赠送佛像，为上海佛教寺庙的重建等给予经济上的支援等等，我们上海佛教界是永远铭记在心的。"之后，真禅法师率全团僧众参加了新加坡佛教居士林启建的为时七天的水陆法会（这次法会共有十几万人参加），并拜谒了新加坡的诸山长老、大德居士。回国后，真禅法师将其见闻写成《新加坡弘法记》一文，详细介绍了新加坡、新加坡居士林的概况，以及在新加坡弘法、参访的经过。[①]

泰国

1994年5月，应泰国内政部长的邀请，真禅法师以中国佛教协会副会长的身份，代表中国佛教协会，前往泰国首都曼谷，参加曼谷市民举行的盛大"月圆日"庆典活动，并拜见了泰国佛教僧侣的最高领袖僧皇，拜访了泰国华僧总部普门报恩寺及署理华宗大尊长仁得大师，之后参加了普门报恩寺信徒举行的供僧活动。这是真禅法师第三次参访曼谷，前两次分别为1981年赴印度参加第二届亚洲宗教徒和平会议和1984年率团访印度转乘班机期间。回国后，法师将其见闻经历整理撰写成《泰国弘法记》一文，详细描述了泰国佛教的概况以及两次参访（1984、1994）的经历。[②]

（三）与欧美各国的佛教文化交流

美国

1984年8月22日至9月18日，真禅法师与上海龙华寺住持明旸法师、普陀山普济寺住持妙善法师三人应美国华侨总商会会长应行久、美东佛教总会会长应金玉堂夫妇之邀，赴美主持纽约大乘寺内玉佛宝塔开光盛典，该塔为在美国出现的第一座中国式佛塔。真禅法师一行除了参加宝塔

[①] 真禅：《新加坡弘法记》，载《玉佛丈室集》卷十，百家出版社1996年版，第231—299页。
[②] 真禅：《泰国弘法记》，载《玉佛丈室集》卷九，百家出版社1995年版，第3—134页。

开光盛典外，还应邀访问了美国的三十座佛教寺院和两个佛教团体，同各地佛教界朋友举行座谈三十余次，对信徒讲开示六次，举行记者招待会一次。据载，真禅法师一行应邀赴美主持玉佛宝塔开光及访问的消息一经传开，在美国，特别是在纽约、洛杉矶、旧金山等华人比较集中的地区，激起了巨大的回响。美国的一些华文报刊从7月上旬就开始宣传法师一行访美的消息。7月23日，《美洲华侨日报》用一整版的篇幅报道中国女排和体操队到洛杉矶参加奥运会和中国三位方丈将于8月22日抵美弘法的消息。据真禅法师回忆文字所载，7月30日，正值第23届奥运会开幕，《中国时报》发行彩色版，上半版是里根总统为奥运会剪彩的报道，下半版全是中国法师即将赴美弘法的消息，足见当时美国社会对此次中国法师访美弘法的重视。美东佛教总会专设素宴欢迎真禅法师一行，纽约诸山长老寿冶、敏智、浩霖、法云、妙峰、仁俊、洗尘等法师和报界人士出席作陪。"《上海文汇报》、《世界日报》、《华语快报》、《星岛日报》、《申报》等华文报社的记者二十多人参加了招待会，他们非常关心中国的宗教信仰自由政策和佛教现状，提了不少问题，我们三人分别就宗教政策、四大名山的修复情况，培养僧才，流通法宝等问题，如实地向记者们作了介绍，引起了他们极大的兴趣，也澄清了不少误解和谣传。"此次弘法之行历时二十八天，为真禅法师首次访美。①

汉僧根造上师创立藏传宁玛派美国大圆满心髓研究中心，于1990年9月9日举行落成典礼，同时为莲花生佛像开光，真禅法师应邀与中国佛教协会副会长、上海龙华寺方丈明旸法师一起赴美参加庆典，并主持了剪彩开光仪式。② 1992年，美国纽约东禅寺建寺二十周年，真禅法师撰写了纪念文；③ 是年4月，美国纽约妙觉寺建寺十三周年，真禅法师撰写纪念文以资祝贺。④

---

① 真禅：《万里香花结法缘——记首次访美之行》，载《玉佛丈室集》卷一，上海玉佛寺法物流通处，第339—344页。
② 真禅：《愿宁玛派密法在美国发扬光大》，载《玉佛丈室集》卷三，上海社会科学院出版社1991年版，第365—369页。
③ 真禅：《祝贺美国纽约东禅寺建寺二十周年纪念文》，载《玉佛丈室集》卷六，学林出版社1993年版，第255—257页。
④ 真禅：《祝贺美国纽约妙觉寺建寺十三周年纪念文》，载《玉佛丈室集》卷六，学林出版社1993年版，第261—265页。

法国

1990年3月，应法国上海联谊会邀请，赴法国巴黎参访、弘法。3月28日，真禅法师飞抵巴黎，受到法国上海联谊会会长汪漱芬等人的欢迎；3月29日，真禅法师一行在汪漱芬等人的陪同下拜访了中国驻法国大使馆周觉大使，向大使谈起了国内佛教文化事业的进一步发展和宗教活动正常开展等情况；30日，真禅法师一行赴越南庙的灵山寺礼佛，同时拜访了灵山寺的方丈玄微法师，之后拜访了法国华侨互助会和法国潮州同乡会，并为两个团体做了开示；4月1日，真禅法师前往上海联谊会主持观音玉佛开光典礼，共约两百多人参加。此次赴法之行，受到法国当地华文媒体的重视，《欧洲时报》《龙报》等报刊均发布了真禅法师"访法主持玉佛开光典礼"的消息，并介绍了真禅法师生平。于法国的参访、弘法活动结束后，法师又应其弟子之邀，赴挪威进行了为期六天的参访。[①]

澳大利亚

1991年3月4日，真禅法师应澳大利亚悉尼新南威尔士华人佛教会理事长、定慧学舍住持继明法师之邀，赴澳弘法访问。法师在位于悉尼唐人街的定慧学舍向当地信众作了几次佛学讲演，介绍了国内的宗教信仰自由政策、各地寺院的恢复重建状况以及中国的四大名山和四大菩萨，最后介绍了国内培养青年僧人的问题。随后，应珀斯市西澳越南佛教会会长黎进杰先生之邀，前往正觉寺瞻礼弘法，并拜会了西澳大利亚州的上议院议长先生，向议长先生介绍了中国佛教和其他宗教的现状。[②]

欧洲七国

1994年8月，应法国佛教联合会会长、静心禅寺住持明礼法师和李桂荣居士的邀请，真禅法师率上海玉佛寺赴欧弘法团一行四人，前往法国进行弘法参访。同时又应欧洲其他一些国家的法师、居士之邀，赴瑞士、德国、荷兰、比利时、英国、卢森堡等地进行弘法参访活动。此次欧洲七国弘法访问，"时间之长，地方之广，影响之大，为我们出国弘法以来所未有"。8月1日，弘法团一行抵达巴黎，受到当地华侨华人的热烈欢迎；

[①] 真禅：《远涉重洋为弘法——记首次访法之行》，载《玉佛丈室集》卷三，上海社会科学院出版社1991年版，第231—250页。

[②] 真禅：《澳洲弘法纪行》，载《玉佛丈室集》卷四，上海社会科学院出版社1992年版，第341—366页。

2日,弘法团一行到静心禅寺礼佛,并向该寺赠送礼品;2日晚,法国欧华文化交流协会为代表团一行举办了欢迎晚宴,真禅法师在会上向来宾、记者介绍了中国改革开放、经济腾飞的大好形势,以及上海浦东开发的美好前景,并宣传了宗教信仰自由政策和人民群众信仰佛教的情况;3日,真禅法师应邀前往静心禅寺,向各位居士开示佛理,并作了"佛法与人生"的讲演;3日晚,法国上海联谊会为弘法团一行举行了欢迎宴会,真禅法师应邀向参加宴会的来宾介绍了上海近几年的变化,以及上海佛教事业欣欣向荣的发展情况;5日晚,弘法团抵达里昂;6日,赴天明寺礼佛,真禅法师应邀讲了开示并宣传中国和上海佛教的现状;6日下午,弘法团赴瑞士日内瓦参访;7日,弘法团赴德国参访;9日,参访杜尔塞夫的善和寺,真禅法师作了"佛法与做人""佛法与哲学"的讲演;10日,弘法团前往阿肯市,赴观音寺参访,真禅法师应邀为当地越南华裔佛教徒讲了开示,同时介绍了上海佛教事业的发展情况以及玉佛寺近况;10日,弘法团前往荷兰的阿姆斯特丹;11日,应荷兰莱顿汉学院院长许理和教授之邀,前往与该院研究佛学的教授们座谈,交流中国佛教文化;12日,弘法团前往比利时参访;12日晚,弘法团前往英国,真禅法师应邀于伦敦的灵山寺作了"佛法与做人"的讲演;18日,弘法团前往卢森堡参访;19日,弘法团应明礼法师之邀,到法国东部城市诺曼底弘法访问,同明礼法师就翌年举行祈祷世界和平吉祥水陆空大法会一事进行了商讨;20日,应法国广肇同乡会之邀,真禅法师为该会佛院供奉的普贤菩萨举行了开光仪式,之后,又应邀向信众讲了普贤菩萨十大愿的开示;20日下午,弘法团应法国潮州会馆的邀请,参加了该馆佛堂的宗教仪式;22日,弘法团结束参访,离开法国。[①]

三 结语

20世纪70年代末至90代中期,上海佛教界凭借上海市佛教协会的组织优势,整合全市乃至全国的佛教资源,继承民国与新中国成立初期对

[①] 真禅:《欧洲七国弘法记》,载《玉佛丈室集》卷九,百家出版社1995年版,第137—247页。

外文化交流的优良传统，主要通过接待、参访、弘法、座谈的方式，积极开展对外交流活动，为协助中国政府外交，促进与各个国家的友好往来，特别是为促进中日邦交正常化做出了重大贡献。这一时期，正值中国社会改革开放的最初十五年，上海佛教界的对外文化交流具有显著的协助政府政策宣传及了解各个国家政治、经济、文化概貌的特征，是为基础性接触。自90年代中期开始，特别是21世纪以来，上海佛教界的对外交流事业因时代变化而具有了新的特征，交往的层次更为多元化，亦更为深入与专门化，最为引人注目的当为国际性学术研讨会的不断召开，如玉佛寺先后与泰国、英国、印度、日本等国佛教界合作举办国际性学术研讨活动，迄今已达20余场，并于2002年11月创立觉群编译馆，主要从事国外佛学名著的翻译、出版工作，目前已出版发行19部。上海佛教的对外文化交流事业在交流方式上的日益专门化、学术化和交流内容上的多元化为开展"佛教外交"，进一步增进与世界各国的相互了解拓展了广阔的空间。当然也还存在诸多不足，例如梵语、巴利语人才的匮乏，极大地限制了与南传佛教国家的文化交流，上海佛教的对外文化交流事业依然任重而道远。

海上丝绸之路与佛教文化传播*

华东师范大学 成祖渔

前言

佛教是人类历史上第一个传教宗教 missionary religion。早在僧团建立之初，佛陀就劝导其弟子分别到各地传播佛教。②在约50年的传教生涯中，佛陀同弟子们一道、一钵千家、云游四方，一年四季常在弘法的路上。为了方便传教，佛陀允许弟子们用当地的语言说法，并且告诫他们要入乡随俗，遵循当地道德、法律和风俗传统。众多弟子听从佛陀的教诫，不畏艰难困苦，乃至冒着生命危险，到边远地区传播佛教。正是由于这种积极进取、不畏艰辛、方便传教的精神，佛陀时代，佛教已在中印度传开，并逐渐向其他地区发展。公元前3世纪，阿育王（约前269—前236）皈依佛教，整顿僧团，召集高僧结集经典，派遣僧侣向印度之外，如锡兰、迦湿弥罗等地传播佛教，受到当地国王和民众的欢迎，佛教也因此成为世界宗教。③ 在2500多年的历史中，佛教从印度传播到亚洲各国。近代以来，佛教在东亚及东南亚等地复兴，并以崭新的姿态向欧洲、美洲乃至非洲发展，开始了新的传教使命。

---

* 本项研究得到国家社会科学基金（项目批准号：15BZJ006）及华东师范大学一带一路与全球发展研究院（项目批准号：ECNU - BRGD - 201816）的部分赞助，在此表示衷心感谢！

② "Go forth, O Bhikkhus, for the good for the many, for the happiness of the many, out of compassion for the world, for the good, benefit, and happiness of gods and men. Let not two go by one way. Preach, O Bhikkhus, the Dharma, excellent in the beginning, excellent in the middle, excellent in the end, both in the spirit and in the letter. Proclaim the holy life, altogether perfect and pure." Nalanda, *The Buddha and His Teachings*, Singapore: Dharma and Tushita Senanayake, 1980, p. 61.

③ 根据阿育王《摩崖法敕》卷十三的记载，佛教使者曾远至安息、大夏、埃及和希腊等九个国家和地区。A. K. Warder, *Indian Buddhism*, Delhi: Motilal Banarsidass Publishers, (first edition 1977) 2004, pp. 255 – 256.

佛教诞生于印度，但印度没有留下佛教传播的历史。人们只能从中国人的游记，如东晋法显的《佛国记》、唐代玄奘的《大唐西域记》和义净的《南海寄归传》等典籍中，以及现代考古发现中，找到一些零星数据。这些数据告诉人们，佛教传播大概可分为两大体系：南传上座部佛教和北传大乘佛教。南传佛教最初由阿育王之子摩希陀（Mahinda）传至斯里兰卡，随后传入泰国、缅甸等南亚及东南亚国家以及中国云南地区；北传佛教约在公元前后，由印度经中亚、南亚以及东南亚等地传到中国，再由中国传到东北亚及东亚地区。公元5世纪以后，印度密乘佛教经尼泊尔传到西藏。佛教入华及其在中国的传播，既是历史上高僧大德努力传教的结晶，也是中外交通发展的结果，亦促进了中外文化交流、经贸往来以及国家外交的发展。

早期中外交通通道

佛教是怎样传入中国的？这是一个复杂得难以简单回答的问题。由于数据的缺失，人们只能把散落在各种经典文献、传统史料中的零星信息，放在一起进行分析、类推和归纳。但是，有一点是可以肯定的，即佛教传入中国与中外经贸往来关系密切，其主要通道就是丝绸之路。丝绸之路是由德国地质学家李希霍芬（Richthofen Ferdinand von，1833—1905年），于一百多年前在其《中国》（China）一书中最早提出的。根据李希霍芬的研究，丝绸之路有东段和西段之分。东段起始于中国渭水流域至阿富汗，西段即从欧洲东来中国。100多年以来，人们对丝绸之路的研究不断深入，认识逐步提升，其范围也越来越大，到目前为止，似乎中国历史上所有对外交通都可以称为丝绸之路。[1] 人们对丝绸之路的这种多元理解，除了学术因素以外，中外交通自身的复杂性、多变性亦是主因之一。[2]

综合有关史料以及近当代学者的相关研究，人们发现，古代中外交通

---

[1] 石云涛：《丝绸之路的起源》，兰州大学出版社2014年版，第1—12页。

[2] 早在1903年，具有"欧洲汉学泰斗"之誉的法国学者沙畹（1865—1918年），就在其《西突厥史料》一书中提出"丝路有海陆两道"的说法。日本学者三杉隆敏在其1967年出版的《探寻海上的丝绸之路——东陶瓷交流史》一书中，首先使用"海上丝绸之路"。1974年6月，饶宗颐先生在台湾《历史语言研究所集刊》（45本4分册上）发表《海上之线路与昆仑舶》一文，其中使用了海上丝绸之路。

主要有四条要道，或四条丝绸之路。一，北方陆道——北方丝绸之路：始于长安，经甘肃河西走廊、过敦煌出新疆；沿天山南麓，达喀什噶尔，逾葱岭，经大宛、康居、大夏、大月氏、安息，走向欧洲大陆。公元1世纪左右，大月氏（今中亚细亚撒马尔干一带）打败原先居住在那里的大夏，建立贵霜王朝，佛教开始在此丝路上传播。二，西南道：起于保山，经大理、姚安，至西康会理和雅安以及四川成都，至汉中；然后北上达长安，南下沿汉水、武汉；后沿长江东下至金陵，走向海外。西南道的另一通路亦由保山西出腾冲，至缅甸北部（掸国），经曼德勒和仰光，再泛海至印度。三，青州道：始于山东半岛的蓬莱，经胶州湾等地，南至琅琊台，乘船至日本乃至非洲各国。① 四，交广道——南方海上丝绸之路：始于两广和交州（越南北部）一带，② 其中包括苍梧、南海、郁林、合浦、交趾、九真、日南等地，经富良或珠江出海，又或经柬埔寨由湄公河出海，又或经广东雷州的徐闻出海（向内陆则由珠江连接西江、左江、漓江，经桂林东出湖南，沿湘水、长江、汉水而至长安；或由珠江、北江、湟水，经连县出湖南，沿湘水而会长江、赣江、长安）。③ 此道出海后，沿南海，穿过马六甲海峡，到达印度洋沿岸和波斯湾地区。④

---

① 根据英国人 Elliot Smith 在其书 Ships as Evidence of the Migration of Early Culture（1917）中的记载，公元前680—前642年间，圣那基烈王引腓尼基海军入波斯湾后不到二十年，商贾就由埃里特列亚（Eritrea）与非洲红海南部沿岸（索马利兰），到达中国的胶州。罗香林：《唐代广州光孝寺与中印交通之关系》，香港中国学社1960年版，第5—6页。

② 古代交州涵盖今日中国南方广东、广西与越南北部地区；三国时分立交、广二州，唐代交州改名为安南，10世纪之后脱离中国而独立建国。交州位于东南亚与东亚的交接地带，是古代中西海道往来重镇。

③ 罗林香：《唐代广州光孝寺与中印交通之关系》，香港中国学社1960年版，第4—11页。石云涛提出内容相似但名称不同的说法，即绿洲丝绸之路、海上丝绸之路、草原丝绸之路、南方丝绸之路。石云涛：《文明的互动》，兰州大学出版社2014年版，第30—171页。

④ 陈炎把海上丝绸之路的形成和发展分为三个阶段：1. 形成期—唐代（618—907年）以前，2. 发展期—唐宋（960—1279年）时期，3. 极盛期—元、明、清各代（1271—1840年）。见陈炎《论海上丝绸之路与中外文化交流》，载《中国与海上丝绸之路》，福建人民出版社1991年版，第2—5页。这一说法明显地把海上丝路的形成延后了数百年。海上丝绸之路还有数种不同的说法，一，成都出发，由云南腾冲出境，经缅甸至印度洋沿岸的海上贸易路线；二，从中国东南沿海出发，以东南亚地区为中枢，连接马六甲海峡以外印度洋沿岸各国，直抵阿拉伯及北非沿岸；三，由中国东部沿海出发，面向东北亚及太平洋航线。张凯：《为构筑海上丝绸之路搭建平台：前景与挑战》，《人民网》（2014-04-09 10：09：00）。

近代以前，人们一般都把北方丝绸之路看成是中外最早的交通要道。但是，近百年来，这一观念受到一些学者的挑战，并且认为张骞通西域不是中外交通的肇始。据《史记·西南夷列传》记载，张骞在大夏时，见市有蜀布与邛竹杖等，经打听，才知道这些物品是经印度转运而来。那么，它们又是怎样从中国到达印度的呢？张骞回京后，向汉武帝报告了见蜀布和邛竹杖一事，并且推测，中国西南地区有一条通达印度的陆路。汉武帝即派人探寻，但最后没有任何结果。① 直到汉明帝永平十年（67年），东汉王朝在西南地区设立永昌郡，开路架桥、增设驿站，西南交通才正式开通。但是，后来仍有人认为，在中印之间有一条从成都出发，经云南、缅甸至印度的通道。此道即是历史上最早的丝绸之路，或称西南丝绸之路。② 阮荣春等以南北佛教艺术风格的变化为背景，提出佛教由西向东传播的观点，即由云南至四川、湖北进入内地，呈多中心波动式前进模式。③ 当然，这一结论，受到多位学者的质疑。这些学者认为，佛教由此路初传中国的说法，"在逻辑上是不严谨的，带有模糊性"，故只是少数学者心中的"梦幻之路"。④

张骞第一次出使西域（公元前139年）后，北方丝路并没有马上畅通。公元前124年、前121年以及前119年，汉武帝派卫青、霍去病等多次击败匈奴，建立河西四郡后，北方陆道才逐渐开通。即使如此，由于汉朝廷与匈奴之间的军事活动不断，交通常常受阻。公元前115年，张骞第二次出使西域，至大宛、康居、大月氏、大夏、安息、身毒、于阗等国，汉朝与西北诸国的交通正式开始。与此相比，早在公元前214年的秦始皇时代，远在南方的交广地区，即所谓的"交趾"和"日南"等已纳入中国版图。根据班固《汉书·地理志》的记载，西汉时代，交广两地出海可至印度南部的黄支国，即建志补罗（Kancipura）（今 Conjeveram）。⑤ 公

---

① 《史记·西南夷列传》："于是天子乃令王然于、柏始昌、吕越人等，使间出西南夷，指求身毒国。至滇，滇王尝羌乃留，为求道四十余辈。岁余，皆闭昆明，莫能通身毒国。"

② 任乃强：《中西陆上古商道——蜀布之路》，《文史杂志》1987年第1期；波巴信：《缅甸史》，陈炎译，商务印书馆1965年版，第14页。

③ 阮荣春：《佛教南传之路》，湖南美术出版社2000年版。

④ 温玉成：《"早期佛教初传中国南方之路"质疑》，《四川文物》2000年第2期。

⑤ 《汉书·地理志》："自日南障塞、徐闻合浦，船行可五月，有都元国。又船行可四月，有邑卢没国。又船行可十余日，有谌离国，步行可十余日，有夫甘都卢国。自夫甘都卢国，船行可二月余，有黄支国。"

元前111年，汉武帝派兵征服西南，设立南海、苍梧、合浦、交趾、日南等郡，开通南方与内地乃至中外海上的交通。①正如常任侠所言："从秦汉时起，向西南也开辟了交趾、日南等四郡，交广两道向西南的海上发展，可以说与西域的陆上的丝绸之路，同时并行。"②汉武帝时，中外海上交通已经形成，交州、广州成为此海路沿线重要港口。③东汉初年，从罗马（大秦）、印度（天竺）由海路经交趾（今越南）至广州的商船已经相当频繁。④但是，到了晋代，"通中国者盖鲜，故不载史官。及宋、齐，至者有十余国，始为之传"（《梁书》卷五四）。隋唐以后，北方丝绸之路，或因吐蕃的北上，或因安史之乱，失去了原先的发展优势，南方海上丝路发挥越来越大的作用，成为中外交通主干道。⑤

佛教初来与海上丝路

与北方丝路是中外最早交通要道的传统相应，中国佛教传统亦认

---

① 《梁书》卷五四云："海南诸国，大抵在交州南及西南大海洲上，相去近者三五千里，远者二三万里，其西与西域诸国接。汉元鼎（公元前116—前111年）中，遣伏波将军路博德开百越，置日南郡。其徼外诸国，自武帝以来皆朝贡。后汉桓帝世，大秦、天竺皆由此道遣使贡献。及吴孙权时，遣宣化从事朱应、中郎康泰通焉。其所经及传闻，则有百数十国。"

② 常任侠：《海上丝路与文化交流》，海洋出版社1985年版，第5页。

③ 《后汉书·西域传》卷八八："大秦国……与安息、天竺交市于海中，利有十倍。其人质直，市无二价。谷食常贱，国用富饶。邻国使到其界首者，乘驿诣王都，至则给以金钱。其王常欲通使于汉，而安息欲以汉缯彩与之交市，故遮碍不得自达。至桓帝延熹九年，大秦王安敦遣使自日南徼外献象牙、犀角、玳瑁，始乃一通焉。其所表贡，并无珍异，疑传者过焉。"从此记载，我们可知三点：一，安息国欲垄断与中国的海上贸易暴利，阻碍大秦商人直接同中国交易；二，安息同中国早已有海上贸易，如汉缯彩等；三，东汉末年（166年），大秦直接同中国通商，促进了海路的发展。

④ 相关研究请参照陈炎《海上丝绸之路与中外文化交流》，北京大学出版社1996年版，第66—78页。

⑤ 《后汉书·西域传·天竺》云："天竺国，一名身毒，在月氏之东南数千里，俗与月氏同，而卑湿暑热。其国临大水，乘象而战。其人弱于月氏，修浮图道，不杀伐，遂以成俗。……和帝时，数遣使贡献，后西域反畔乃绝。至桓帝延熹二年（公元159年）、四年（公元161年），频从日南徼外来献。"相关分析请参照陈炎《海上丝绸之路与中外文化交流》，北京大学出版社1996年版，第14—26页。

为，佛教最初亦由此路来到中国。在李希霍芬最初使用丝绸之路一名之前，人们有时亦把从长安经河西走廊至敦煌、西域，到达印度的这一通道称为"佛教之路"。张骞通西域前，佛教已在此路传播。张骞在大夏时曾听闻："旁有身毒国，一名天竺，始闻浮屠'佛陀'之教。"（《史记·大宛传》）最初至中国传教的支娄迦谶（147—?，167年入华）、竺法护（231—308年）、佛图澄（232—348年）等，皆由此路入华。这样，近代学者，如汤用彤等确认佛教最初由北方丝路入华，他说："佛法来华，先经西域。在汉代，我国佛教渊源，首称月氏、安息与康居三国。"[1]

同样地，近代以来，这一传统亦受到学术界挑战。部分学者认为，佛教最初由南方海上丝绸之路传入。Valerie Hansen 认为："鉴于关于他们的旅程的记录如此稀少，如果一个人认为第一个佛教传教使团从贵霜王朝到西安更加可能是从海路而来，而不是陆路，那么是可以理解的。我也这么认为。"[2] 石云涛等则认为："张骞所见的蜀布和邛杖不可能经由川滇缅印道进入印度，而应由巴蜀夜郎南越经海道进入。"[3]近年以来，持这种观点的学者越来越多。吴廷璆、郑彭年等为此提供了七点具体依据：1. 楚王英所信的佛教来自海上；2. 最早传译的佛教经典直接来自印度，公元127年前，西域诸国没有佛教信仰；[4] 3. 初传之佛教与南方沿海地区民间信仰相关；4. 佛像是佛教传播的重要标志，北方没有留下早期佛像，南方则甚多；5. 印度佛教分南北两宗，南宗所传为小乘，北宗为大乘，小乘在

---

[1] 汤用彤：《汉魏两晋南北朝佛教史》，北京大学出版社1999年版，第56页。该书第36页又说："大月氏信佛，在西汉时，佛法入华或由彼土。"

[2] Valerie Hansen, "The Path of Buddhism into China: A View from Turfan", *Asia Major*, third series, Vol. 11, No. 2, 1998, p.38. 值得注意的是，Valerie Hansen 认为，土蕃的佛教最初几乎同时由中国和印度传入。

[3] 石云涛：《文明的互动》，兰州大学出版社2014年版，第153—154页。

[4] 这一结论源自德国学者 Erik Zhucker 等对西域地区佛教艺术，特别是佛像的考古研究，即在公元250年左右，即汉明帝夜梦金人并派使者前往西域求法后200年左右，西域仍然没有任何佛教寺院，佛教活动在公元3—4世纪才出现。因此，佛教不可能最初从由印度经西域传至中国。因为公元1世纪左右，已有外国僧人至中国传法，而他们不会来自西域。Erik Zürcher, "Han Buddhism and the Western Region", in W. L. Idema and E. Zürcher, eds., *Thought and Law in Qin and Han China: Studies Dedicated to Anthony Hulsewé on the Occasion of His Eightieth Birthday*, Leiden: E. J. Brill, 1990, pp. 158–182.

先，大乘在后，海路所传为南宗，陆路所传为北宗；故海道在先，陆道在后，中国佛教的传播由南而北；6. 第一个到中国弘法的安世高自海路抵华；① 7. 根据这样的推论，北方佛教传译活动始于东汉末年，比佛教在南方民间传播要迟一百年左右。②

早在民国期间，就有学者主张，佛教最初由南方海上丝路入华，梁启超就是其中一位。他说："以汉代与月支、罽宾交通之迹考之，吾固不敢谓此方面之灌输，纪无影印，但举要言之，则佛教之来，非由陆而由海，其最初根据地，不在京洛而在江淮。"③ 根据梁启超的研究，中国历史上有记载的第一位来华的外国僧人是安世高。传统认为他由北方丝绸之路入华，并于公元 148 年入洛阳。但是，这一传统并没有明确的史料依据，在很大程度上亦只是一种猜测。梁启超说："然以情理度之，世高盖从海道来，在广东登岸，经江西北上，而在江淮间最久。"④ 他的这一结论受到汤用彤等人的质疑，但亦得到胡适、冯承钧等人的支持。胡适说："我深信佛教入中国远在汉明帝之前，我也深信佛教之来，不止陆路一条路，更重要的是海道，交州在后汉晚年已是佛教区域，所以佛教大概先由海道来，由交广到长江流域及东海滨，先流行于南方。"⑤ 不同于北方丝路因张骞通西域而有历史起点可寻，南方海上丝路的开通没有明确的史书记载，很可能由民间商贸往来而自然形成，由此传入的佛教在相当长一段时间后才被社会特别是官方所关注或有所记载。⑥

---

① 根据当代一些西方学者的研究，安世高在华期为 148—180 年。Robert E. Buswell Jr. and Donald S. Lopez Jr., ed. "An Shigao", *The Princeton Dictionary of Buddhism*, Princeton, New Jersey: Princeton University Press. 2014, p.49.

② 吴廷璆、郑彭年：《佛教海上传入中国之研究》，《历史研究》1995 年第 2 期。

③ 梁启超：《佛教之初输入》，载黄夏年编《梁启超集》，中国社会科学出版社 1999 年版，第 46 页。

④ 同上书，第 48 页。

⑤ 胡适：《致杨联陞》（1952 年 2 月 7 日），载《论学谈诗二十年——胡适、杨联陞往来书札》，安徽教育出版社 2001 年版。冯承钧："是欲寻究佛教最初输入之故实，应在南海一道中求之。"冯承钧：《中国南洋交通史》，上海书店 1984 年版，第 9 页。

⑥ "中外交通从无到有，丝绸之路的起源、形成和发展，绝不是某一个人或某一件事造成的，它经历了漫长的时间，经过许多国家和民族的共同努力，有许多推动它发展和深化的复杂动因。"石云涛：《丝绸之路的起源》，兰州大学出版社 2014 年版，第 11 页。

佛教传统亦认为，中国第一位出家人是出生于临淮（今江苏盱眙）的严佛调。① 他曾于后汉灵帝光和四年（181年），同安息国优婆塞都尉安玄共译《法镜经》二卷，《阿含口解十二因缘经》一卷，并于188年在洛阳翻译了《濡首菩萨无上清净分卫经》。严佛调曾跟随安世高学佛，但佛教文献并没有说此事发生在何处。根据《法镜经序》记载："骑都尉安玄、临淮严浮调，斯二贤者，年在束龀，弘志圣业，钩深致远，穷神达幽。"可见，严佛调应是童年在其家乡临淮一带时即对佛教产生兴趣，乃至出家。另外，东汉法律规定"只许胡人传教，不许汉人出家"，严佛调不太可能在传统政治中心的北方洛阳等地出家，很有可能早在其家乡江淮一带随安世高出家，后来才到北方。无论是佛教典籍，还是儒家史书，虽然都没有关于严佛调和安世高在南方活动的明确记载，但是，现有的文献足以说明，就在他们同时代乃至更早些时期，佛教已在临淮等南方地区传播。

有关佛教初入中国的时间和途径有众多不同的记载。其中，佛教于公元前2年（汉哀帝元寿元年）最初入华的说法，得到近当代大部分学者的认同。据《魏略·西戎传》记载："汉哀帝元寿元年，博士弟子景卢，受大月氏王使伊存口授《浮屠经》，曰复立者，其人也。"② 后人无法知道此事发生在哪里，或伊存从什么路线到达中国。这一记载说明，当初传入的只是"口口相授"的佛经，传授此佛经的不是佛教传教士，而是大月氏王使者。从地理位置来观察，大月氏位于中亚，一般人都会认为，此口口相授的佛经应于北方丝绸之路前来中国。但是，这一推理并不完全正确。中国佛教传统把支疆梁接当成第一位自海路进入中国的印度僧人。他是月氏人，从北印度至东印度入海至交州，于公元225年到达南京。

根据越南《古珠法云佛本行经》的记载，汉灵帝（157—189年）末年，来自印度的摩罗耆域，曾与梵僧丘陀罗、太守士燮等同游交趾，然后

---

① 僧祐《出三藏记集》卷一三："佛调，临淮人也。绮年颖悟，敏而好学，信慧自然，遂出家修道。"

② 有关这方面的讨论参照赖永海《中国佛教通史》卷一，江苏人民出版社2010年版，第78—92页。

又向东行。①

根据《后汉书·西域传》卷八八记载，公元64年，明帝梦见金人，随后派使臣前往西域求法；公元71年，请摄摩腾和竺法兰至洛阳，译经传法。佛教传统称此为佛教正式进入中国之始。但是，就在汉明帝派使者去西域求法的同时，佛教已在远离北方政治文化中心的楚地流布，楚王英早在自己的王宫里"拜佛"了。《后汉书·楚王英传》卷四二记载，楚王英在建武十五年（39年）被其同父异母的兄弟汉明帝封为楚公，十七年（41年）晋爵为楚王。永平八年（65年），汉明帝诏令天下，死罪者可入缣赎罪。犯有叛乱罪之嫌的楚王，令郎中奉黄缣白纨三十匹诣相国，委托他向皇帝求情，以赎愆罪。明帝随后下诏曰："楚王诵黄老之微言，尚浮屠之仁祠，洁斋三月，与神为誓，何嫌何疑，当有悔吝？其还赎以助伊蒲塞桑门之盛馔。"如果说，汉明帝于永平七年（64年），派使者去西域求法，并于永平十四年（71年），请摄摩腾和竺法兰至长安；那么，在此之前，至少同时，佛教已在楚地—彭城（今江苏徐州）一带流传，当地已有佛弟子，包括出家人和在家人——伊蒲塞和桑门。那么，楚地佛教和洛阳佛教之间是什么关系，哪个先哪个后呢？

H. Maspero认为，洛阳佛教来自彭城——山东南部和江苏北部。②另外一些学者如E. Zurcher等不但怀疑这一说法，而且提出另一相反观点，即彭城佛教来自洛阳。③ Zenryu Tsukamoto更明确地认为，楚王英最初是在洛阳、长安等北方接触了途经中亚、甘肃的佛教，然后带至彭城。他说："楚王英一家公元52年上任之前，某些成员就与此外国宗教'佛教'有所接触，并产生了

---

① 罗香林：《唐代广州光孝寺与中印交通之关系》，香港中国学社1960年版，第11页。不过，《高僧传》卷九记载，耆域由天竺出发，至扶南，经诸海滨爱及交广，并在晋灵帝（259—307年）年间，到达洛阳。

② See the footnotes of 57, Chapter Two in E. Zurcher, *The Buddhist Conquest of China: The Spread and Adaptation of Buddhism in Early Medieval China*, Leiden: Brill, 2007, p. 328.

③ "It is highly improbable that Buddhism, gradually infiltrating from the North – West along the caravan route from Central Asia, would have passed through Chang'an and Luoyang, the two greatest urban centers in Northern China, without having settled there, and that only after it had become popular in a region in Eastern China, it would have returned to the West and have reached Luoyang at the end of the first century AD." E-. Zurcher, *The Buddhist Conquest of China: The Spread and Adaptation of Buddhism in Early Medieval China*, Leiden: Brill, 2007, p. 29.

兴趣。因此,可以肯定的是,甘肃－陕西是往来于中亚和帝国政治经济中心——长安和洛阳的必经之地(更何况它们亦是国际都市),至迟在公元一世纪,佛教徒包括在家和出家,通过中亚,将佛教逐渐传播开来。"①或因受到这些研究的影响,或因接受了佛教传统,当代一些学者亦认为彭城佛教来自洛阳,而洛阳佛教来自北方丝绸之路。赖永海教授说:"楚王英封于彭城,可知由西域来华之外国沙门,其活动范围自北方长安、洛阳已延展向南方各地。其后楚王英因故左迁丹阳,佛教得以再向南地拓展。"②

值得注意的是,Zurcher 等中外学者都没有给予任何历史证据,说明彭城佛教来自洛阳,他们的观点充其量只不过是一种想当然的假设。相反,Maspero 的观点倒值得重视。在《般舟三昧经》的经题(题于 208 年)中,提及洛阳许昌寺。H. Maspero 认为,这一寺院很有可能原先是楚王英的外甥许昌的住所,"当英被逮捕和楚国叛乱被镇压后,他就把此住所给予他舅舅生前的旧识——来自彭城并同自己一同回到洛阳的沙门,许昌寺亦由此而得名"③。H. Maspero 最后认为,洛阳佛教来自彭城佛教。E. Zurcher 认同 Maspero 对相关历史的构建,但他仍然认为这样的结论太过分了。④但是,他没有对此提出任何反证依据,只是在逻辑上推断彭城佛教不可能早于洛阳佛教,因为后者是国际大都市,往来外国人都会首先到此。这种逻辑推断仍然需要史料来证实。因此,Zenryu Tsukamoto 自己亦认为,南方佛教有可能早于北方佛教,只不过,这样的可能性亦需要史料证明。⑤

---

① Zenryu Tsukamoto, *A History of Early Chinese Buddhism: From its Introduction to the Death of Hui-Yuan*, translated from the Japanese by Leon Hurvitz, Tokyo: Kodansha International, 1985: pp. 62 – 63.

② 赖永海:《中国佛教通史》卷一,江苏人民出版社 2010 年版,第 87 页。

③ E. Zurcher, *The Buddhist Conquest of China: The Spread and Adaptation of Buddhism in Early Medieval China*, Leiden: Brill, 2007, p. 328.

④ "Maspero is certainly wrong when he uses the close resemblance between the 'Buddhisme taoisant' of Pengcheng and that of the later Church of Luoyang as an additional proof for his theory." E. Zuercher, *The Buddhist Conquest of China: The Spread and Adaptation of Buddhism in Early Medieval China*, Leiden: Brill, 2007, p. 328.

⑤ "At any rate, one has no warrant to deny this as a possibility on the grounds that the historical sources are silent on the subject, since as has already been stated, Chinese historical documents concentrate their attention on the central government and the ruling classes, making no mention of civil affairs in the provinces or of popular religious movements unless these have in some way to do with the conduct of government." Zenryu Tsukamoto, p. 63.

虽然人们仍然无法找到更多直接史料来证明南方佛教早于北方，但是从一些间接的、零星的史料来看，加上当今考古发现，人们或许会注意到，彭城—南京—连云港—交州—广州等地以及整个长江流域佛教传播的路线与轨迹。这一传播轨迹的形成与海上丝路有直接或间接的关系。据《三国志·吴志·刘繇传》的记载，丹阳（今安徽宣城）人笮融（？—196年），东汉末年在徐州广陵（今扬州）期间，"大起浮屠祠，以铜为人，黄金涂身，衣以锦采，垂铜九重，下为重楼，阁道可容三千余人，悉课读佛经，令界内及旁郡人有好佛者听受道，复其他役，以招致之。由此远近前后至者，五千余人户。每浴佛，多设酒饭，布席于路，经数十里，民人来观及就食且万人，费以巨亿计"。三国初期的江淮，佛像、佛塔、佛堂如此富丽堂皇；佛教活动，如诵经、讲法、浴佛等乃有万人参加，足以说明佛教在当地已经流行，且有广泛的民众基础。与此同时，佛教在交州（今越南北部）一带亦已传播开来，社会人士对佛教义理和伦理已有相当程度的了解乃至信仰，这从当时生活在苍梧的牟子所著的《牟子理惑论》中可略见一斑。① 从牟子反驳当时社会人士对佛教的误解一事中可以看出，佛教在当地社会已有相当广泛的传播，由此引发一些儒者的异议。胡适认为牟子应是南北朝时代的人，但是他相信："佛教到交州是很早的，也许在《理惑论》之前四五百年。"② 所有这方面的记载，都表明佛教早已在中国南方民间流行。

1981年，由国家文物局、北京大学历史系等单位联合在北京举办了

---

① 梁启超等人认为，《牟子理惑论》是南北朝时期的作品。"此书文体，一望而知为两晋六朝乡曲人不善属文者所作，汉贤决无此手笔，稍明文章流别者，自能辨之。"梁启超：《佛教之初输入》，载黄夏年编《梁启超集》，中国社会科学出版社1999年版，第50—51页。这一说法受到汤用彤、胡适等人的反驳。值得注意的是，梁启超认为，《牟子理惑论》虽作于南北朝时期，但说明了汉末佛教之兴盛。他说："惟有一事足资旁证者，著书之地，托诸交趾。原序云：'时交趾差安，北方异人，咸来在焉'，此或为汉末交趾佛教颇盛之一种暗示，盖当时中印交通实以日南为孔道也。"梁启超：《佛教之初输入》，载黄夏年编《梁启超集》，中国社会科学出版社1999年版，第52页。罗香林："牟融初本儒家学者，脱苍梧与交州治地等，无佛教流行，或名僧大德为感染传授，则其对于佛教义谛，又何能遽有如是造诣耶？"罗香林：《唐代广州光孝寺与中印友谊之关系》，香港中国学社1960年版，第9页。

② 胡适：《从〈牟子理惑论〉推论佛教最初传入中国的史迹》，载姜义华主编《胡适学术文集·中国佛学史》，中华书局1997年版。当然，胡适认为，《理惑论》不是东汉末年，而是南北朝时期作品。

江苏连云港孔望山摩崖造像学术研讨会。会议以后，学者们一致认为：原先一直被认为是"古圣先贤遗像"的石刻图像，实为"佛涅盘图""菩萨饲虎图"和"五比丘像"等以佛教思想为中心的作品，而这些作品被初步确定为东汉末年"桓灵"之间的产物。① 2005年，贾瑞广在孔望山石像中发现"永平四年四月"的铭刻，又把造像时间提前至公元61年。镰田茂雄说："……若孔望山的石刻像确实是佛教像，而且是后汉的东西，则佛教早就经由南海传播到东海沿岸地方，南海航路可能早就发达了，佛教就是通过这条路传到中国东海岸的。"② 20世纪末，一批来自南京艺术学院、北京大学、南京博物院和日本龙谷大学的学者沿长江流域，考察了广东、江苏、湖北、湖南、四川等地的佛教造像。这些佛像大多出现在公元2—4世纪，其造型风格不同于而且早于北方佛像。③ 这一事实说明，这个时期传入的佛教来自南方海上丝路而非北方陆路。

无论从交通途径还是地理环境来看，汉时代的徐州（楚地）、南京、连云港、交趾和广州已开始构成一佛教传播带，其传播的佛教主要来自印度本土而非西域。因此，越来越多的学者认为，佛教最初由海上丝路入华。宋晓梅说："由于佛教在交州的流行以及交州与建业之间交通的畅通，使流行于江浙一带的佛形象的来源有了着落。长江下游有关佛的信息来自南方的交州，交州及其以北佛教信息网络的构筑，以及印度佛教信息向交州等南方沿海地区的传递，最初是靠泛海东来的天竺和中亚商人实现的，他们或信佛，或喜欢佛形象，如康僧会之父辈然。"④ 当代学术界对佛教由哪条丝路最先入华仍有异议，⑤ 但有一点似乎是可以肯定的，即佛

---

① 《连云港孔望山摩崖造像学术研讨会在北京举行》，《文物》1981年第7期。
② 镰田茂雄：《中国佛教史》第二卷，东京大学出版社1982年版，第76页。
③ 贺云翱编：《佛教传南方之路文物图录》，文物出版社1993年版。
④ 宋晓梅：《从考古遗存引发关于南北两路佛教初传问题的思考》，《西域研究》2003年第2期。
⑤ 温玉成：《"早期佛教初传中国南方之路"质疑》，《四川文物》2000年第2期；温玉成《公元1—3世纪中国的仙佛模式》，《敦煌研究》1999年第1期；荣新江：《陆路还是海路？——佛教传入汉代中国的途径流行区域研究述评》，载《中国中古史研究十论》，复旦大学出版社2005年版，第43页；盛利、于涛：《佛教海上传入述评》，《海交史研究》1997年第1期。支持这种观点的学者有：吴廷璆、郑彭年：《佛教海上传入之研究》，《历史研究》1995年第2期；阮荣春：《佛教南传之路》，湖南美术出版社2000年版；李刚：《佛教海路传入中国论》，《东南文化》1992年第5期。

教入华途径多元；当佛教在北方宫廷出现时，亦已在南方民间流行。① 佛教有可能在差不多同一时期分别从南北两条丝路传入中国，只不过由南方海上丝路传入的佛教，首先只在民间默默传播。不同于宫廷佛教，传入之初即有史书的记载，佛教在民间，唯有传播相当长一段时间后，才能引起人们的注意。这样，如果把在民间默默流传的时间也考虑进去的话，人们可能会发现，佛教由海上丝路进入中国的时间可能会更早些。另外，虽然，有关公元2世纪左右佛教在南方传播的现有数据，正如以上讨论的一样，仍然无法清晰或肯定地构建佛教最初由海上丝路传入，然后由南向北延伸的历史图像，但是，值得注意的是，在此同一时期，北方佛教历史资料几乎是一空白。

佛教传播与海上丝路

佛教在向印度本土以外地区传播的过程中，无论是思想还是实践，并非一成不变。传入中国的佛教虽同源于印度佛教，但是，由于传播的路线不同、所经国家的宗教文化差异，传入时已出现不同的思想体系和实践法门。相比而言，北方传入的大多是大乘经典，而南方传入的一般属小乘或部派佛教经典，如法显译《杂阿毗昙心》《摩诃僧祇律》《泥洹经》等，僧伽婆罗译《解脱道论》，真谛译《摄论》《俱舍论》《阿毗达磨俱舍释论》等。② 或许正因如此，梁启超等人才认为，安世高是从南方入华，因为他翻

---

① "佛教初传时期，南方和西域通过不同的途径，依靠各自的传播方式，形成最初的佛教根据地，并继而将佛的信息传递到中原，从这个意义上讲，佛教向中国传播的方式和途径是多元的，陆路和海路在早期佛教传入中国的过程中，其地位和作用是同等的，似不必分出孰先孰后。"宋晓梅：《从考古遗存引发关于南北两路佛教初传问题的思考》，《西域研究》2003年第2期。张晓华似乎也认同这一观点，他说："总之佛教初入中国内地的路线，是逐渐地而且是从不同的方向、通过不同的方式来的。传入的主要路线大致有南北两条：在北方由印度，辗转于中亚，沿着陆上丝绸之路，经过新疆，进入中国内地；在南方由印度，通过海上丝绸之路，传至交州、广州及中国东部沿海等地，再传入内地。传入时间大致为两汉之际。佛教传入中国同中印、中国与中亚的商业活动有密切的关系。单方面强调某一条路线为最初输入线路，都无法圆满解释佛教传入中国的一些实际问题。"张晓华：《对佛教初传中国内地的时间及路线的再考察》，《史学研究》2001年第1期。

② 相关译者和译著，请见何方耀《晋唐时期南海求法高僧群体研究》，宗教文化出版社2008年版，第180—181、184—187、191—194、197—201页。

译的经典以小乘为主。由北方丝路传入的佛教，深受中亚地区宗教文化的影响；从海上丝路入华的僧人或直接来自印度，或经印度来华，其传入的佛教亦大部分直接来自印度。就历史而言，小乘佛教早于大乘佛教，南方佛教传入时间早于北方佛教，就应很正常了。① 从佛教艺术来看，南北方佛教亦存有差异。在北方，魏晋时代出现的佛教石窟、雕塑、壁画，如龙门石窟、云冈石窟及其造像都受到印度犍陀罗艺术的影响。在南方，如公元2—4世纪时长江流域的佛像，以及唐高宗时期的桂林西山观音峰半山摩崖佛像等，与北方敦煌和云冈等地相比，风格明显不同。② 罗香林对南北传入的佛教作了简要比较，强调海上丝路及其入华佛教的重要性，他说："自汉末至唐之情况，与中国西北及中原自敦煌等道传入之佛教演变及其艺术发展等情况，比较言之，则交广区域受南印度之影响者为较巨，西北中原等区域，似受北印度与中亚如古大月氏大夏等地影响者为较巨。"③

魏晋以后，南方海上丝绸之路逐渐成为中外交通的主干线，海上来华僧人增多，他们在中国佛教历史上的地位亦明显提升。"在此五百年间［晋唐之间］，见诸文献记载的海路传法僧俗共约238人，其中东来传法之西国僧尼55人，西行求法之中土僧俗183人。"④东晋安帝隆安年间（397—401年），梵僧昙摩耶舍（Dharmayasa）至广州，建王园寺，即后来的光孝寺。⑤唐太宗时期，龙树的弟子、印度名僧布如乌伐邪（Punyopaya）来到广州，后至真腊国，国王请其弘法。除此之外，其他由海上丝路来华的高僧有大月氏僧支法防、罽宾僧求那跋摩（Gunavarman）、中印度僧求那跋陀罗（Gunabhadra）、南印度僧菩提达摩（Bodhidharma）、西域僧智药、优禅尼国僧真谛（Paramartha）、中印度僧般剌密帝（Paramatra）、南印度僧金刚智

---

① 季羡林在《浮屠与佛》一文中认为，最初传入中国的经典中，"有可能已经有了直接从印度俗语译过来的经典"。但是，在后来的《再谈浮屠与佛》一文中，他改变了以前的看法，主张佛教是间接传进中国的。当然，季羡林先生的研究，亦是以北方丝路为主，而忽略了海上丝路的佛教。

② 罗香林：《唐代广州光孝寺与中印交通之关系》，香港中国学社1960年版，第23—25页。

③ 同上书，第23—24页。

④ 何方耀：《晋唐时期南海求法高僧群体研究》，宗教文化出版社2008年版，第5页；详情请参照同书第23—53页。

⑤ 《光孝寺志》卷六："昙摩耶舍尊者，罽宾国三藏法师也。东晋安帝隆安间，来游震旦，至广州止此。时地为虞翻旧苑，尊者乃创建大殿五间，名曰王园寺。随于此寺，奉敕译经，有武当沙门慧严笔授。"

(Vajrabodhi)、北印度（一说师子国）僧不空（Amoghavajra）、北印度僧般刺若（Prajna）等。唐代的广州有专门供梵僧居住、修学、翻译之寺院。与此同时，中国僧人经海路去印度求法者亦不断增多。①

由海上丝路传入的佛教表现出强大的活动力和创造力。梁启超曾对南北方佛教进行了简要比较，他说："西晋以降，南北皆大师辈出，但衡大势以相比较，北方佛教，多带宗教的色彩，南方佛教，多带哲学的色彩；北人信仰力坚，南人理解力强；北学尚专笃，南学尚调融，在在皆足以表风气之殊，而各宗派之能纷呈其特色以光饰我思想史，亦未始不由此也。"② 南方佛教这种特殊性格体现在其勇于开拓、创新的精神，这种精神与海洋性格存有直接联系，乃至可以称之为海洋精神。这样，由海上丝绸之路入华的佛教，不但为中国输送了大量的印度以及沿海地区佛教思想、文化、艺术和实践，也提升了唐代中国佛教的创新精神和创造能力。正如罗香林所说："自刘宋时，梵僧求那跋陀罗与达摩等经交广地区，而至内地弘法，时会所趋，遂有由南而北之局势。迄唐高宗时，六祖慧能，立即心即佛之禅宗南派，门户敞开，禅风弥煽。而中国佛教遂全为南禅所笼盖矣。明夫刘宋以后佛教渐由南而北之局势，则交广区域关系于佛教发展之深切，亦可知矣。"③

佛教是否在刘宋时期已经出现由南而北发展的情况，还有待进一步考证。④ 但是，中唐时期出现的具有中国特色的南宗禅，确实与经海路来华的僧侣，特别是求那跋陀罗、菩提达摩等及其所传的楞伽法门关系密切。

---

① 义净《南海寄归内法传》："初唐安南都护府所属各地，其僧赴印度求法者众多。"
② 梁启超：《佛教之初输入》，载黄夏年编《梁启超集》，中国社会科学出版社1999年版，第49页。
③ 罗香林：《唐代广州光孝寺与中印交通之关系》，香港中国学社1960年版，第23—24页。南北朝时所谓的佛教由南向北发展的趋势应尚不明显，充其量只能说是求那跋陀罗、菩提达摩等人的北上而已。惠能创立南宗禅后，其弟子及再传弟子才真正完成了南方佛教的北上运动。
④ 伯希和等人似乎把佛教由南而北的发展推至更早时间，"南方教派成立之时，或在北方教派之前。此经（指《四十二章经》）流行之区，盖为道安未履之。《牟子理惑论》撰于广东，亦属南方教派，情形盖同。其最堪注意者，《四十二章经》及《牟子理惑论》皆为道安所未识而同为明帝感梦遣使、使臣赍还最初佛经（质言之《四十二章经》）故事之所本。……若承认此经原属公元一世纪扬子江下流教派之译品，则此故事似出扬子江下流佛徒之伪造，而以对抗创于二世纪之洛阳教派，并主张其教派与其经文洛阳教派之先者也。"伯希和：《西域南海史地考证译丛》，冯承钧译，中华书局1956年版，第163—164页。

元嘉十二年（435年）来自中天竺的求那跋陀罗，经锡兰至广州，设立戒坛。早在广州时，他曾驻锡光孝寺，并预言："后当有肉身菩萨，于此受戒。"这一记载，视乎预示着他本人与后来在此受戒出家、创立南宗禅的惠能之间存在着某种法脉联系。"此僧（求那跋陀罗）虽博综多通，然其精力所在，似以印度南部所出《楞伽经》为主，故其后至建业与丹阳等地译经弘法，亦以所译《楞伽经》为最著名；而禅宗初祖之达摩，即尝就之问业，而传其楞伽宗旨，称为'南天竺一乘宗'。"① 公元443年（宋元嘉二十年），求那跋陀罗在南京翻译《楞伽经》四卷。②《光孝寺志》卷二云："达摩初祖，至自天竺，止于诃林。时武帝崇信佛法，广州刺史萧昂，表闻。帝遣使迎至金陵，与语不契。遂渡江北，止于嵩山少林寺。"达摩以求那跋陀罗所译的四卷《楞伽经》传法，建立南天竺一乘宗。③ 他们之间应存在着某种传承关系，如《楞伽师资记》云："魏朝三藏法师菩提达摩，承求那跋陀罗三藏后。"④ 但是，到底是师徒传承，还是思想传承，⑤ 不得而知。印顺法师说："达摩到北魏传禅时，十卷本《楞伽》已经译出。

---

① 罗香林：《唐代广州光孝寺与中印交通之关系》，香港中国学社1960年版，第17页。
② 《楞伽经》共有三种译本，其他两种：一、魏延昌二年（513年）菩提留支译，名《入楞伽经》，十卷；二、唐久视元年（700年）实叉难陀译，名《大乘入楞伽经》，七卷。
③ 《续高僧传》卷十六《慧可传》（《大正藏》第50册，第552页中）说："初，达摩禅师以四卷《楞伽》授可曰：我观汉地，惟有此经，仁者依行，自得度世"；又杜朏（713年作）《传法宝纪》云："（昙林）师事六年，志取通悟。……密以方便开发，顿令其心直入法界。然四五年间，研寻文照，以《楞伽经》授可曰：吾观汉地化道者，唯与此经相应"；又道一（《大藏经》第52册，第246页上）说："达摩大师从南天竺国来，躬至中华，传上乘一心之法，令汝等开悟。又引《楞伽经》文，以印众生心地。恐汝颠倒，不自信此心之法各各有之。故《楞伽经》云：佛语心为宗，无门为法门。"
④ 《古禅训》："求那跋陀罗禅师，以《楞伽》传灯，起自南天竺国，名曰南宗，次传菩提达摩禅师。"
⑤ 净觉在《楞伽师资记》中，阐述楞伽宗传授系统："宋朝求那跋陀罗为第一祖，不知根由，惑后乱世，云是达摩之师。"求那跋陀罗为楞伽宗初祖，达摩为二祖。印顺法师等认为，二人有可能见过面，因为根据道宣《续高僧传》记载，达摩"初达宋境"，即于刘宋时期已到中国，可能在中国停留相当长的时间。这样，求那跋陀罗传四卷《楞伽》与菩提达摩，亦不足奇。"达摩从海道来中国，由南而北，这是一致的传说。《续僧传》却说得更具体：'初达宋境南越，末又北度至魏。随其所止，诲以禅教。'最初到达中国，时代还是刘宋（四二〇—四七八）。登陆的地方——南越，为今海南岛的对岸地方。达摩在四七八年以前，早就到了中国，末了才过江北魏。那在江南一带，达摩应有一长期的逗留。"印顺：《中国禅宗史》，http://www.mahabodhi.org/files/yinshun/32/yinshun32-02.html。

达摩不用当时当地译出的十卷《楞伽》，而用江南译出的四卷本，这当然由于达摩从南方来，与江南的四卷'楞伽'有关系了。"① 佛教传统认为，《楞伽经》是佛陀在印度南方，或师子国一山顶上所讲。② 这样，无论是求那跋陀罗，还是菩提达摩，或他们传承的《楞伽经》以及楞伽宗，及至六祖惠能的南宗禅的产生和发展，都与南方海上丝路有很密切的渊源。

南北朝时，中国佛教有南方（以南京为中心）重义理、北方（以长安为中心）重禅修之说。菩提达摩由广州入华，至南京，然后到北方传法。但是，他在北方的传法活动并不顺利，其弟子常因对教义和修行的不同理解而受到当地佛教界的迫害。③ 由此亦可见，南北方佛教因传承路线的不同在思想和实践等方面已有很大差异，或为了回避同门迫害，或为了逃避北周武帝宇文邕的灭佛，达摩弟子及再传弟子们纷纷南移，二祖慧可携三祖僧璨南遁隐居江西等地；四祖、五祖安居于湖北，由此开始了整个佛教中心的南移。

隋唐时期南北方政治的统一，促进了南方佛教般若思想与北方禅修实践的融合。根据汤用彤等人的研究，般若经典经摄山诸师的努力，盛行于南方。道信、弘忍依属于般若思想的《金刚经》为立宗之根本，聚众修学、教授禅法，体现了中国佛教的自觉发展和变化。汤用彤说："故大鉴禅师舍《楞伽》而取《金刚》，亦是学问演进之自然趋势。由此言之，则六祖谓为革命，亦可称为中兴。革命者只在其指斥北宗经师名相之学。而中兴者上追达摩，力求领宗得意，而发扬'南天竺一乘宗'本来之精神也。"④ 至于六祖惠能到底有没有抛弃《楞伽》思想，尚待进一步探讨，但其以《金刚经》立宗，应是没有疑问的。惠能东山求法后，迅速南下至韶光和广州，创立南宗禅。传统佛教把此称为禅法由北至南的转移。其实，与其说是北方禅法的南移，倒不如说是由海上丝路传入中国的南方佛

---

① 印顺：《中国禅宗史》，http://www.mahabodhi.org/files/yinshun/32/yinshun32-02.html。
② 胡适《楞伽宗考》："楞伽是印度南边的一个海岛，有人指为锡兰岛，今虽不能确知其地，但此经的布景是在南天竺的一岛，开卷便说：'一时佛在南海滨楞伽山顶'，故此经名'大乘入楞伽经'。"
③ 《历代法宝记》："菩提流支徒党告可大师云妖异，奏敕，敕令所司推问可大师，大师答：实，承妖。所司知众疾，令可大师审，大师确答：我实妖。敕令成安县令翟冲侃依法处刑。"
④ 汤用彤：《汉魏两晋南北朝佛教史》卷下，中华书局1983年版，第569页。

教的回归，或倒流——本由求那跋陀罗、菩提达摩传至北方，又重新由惠能传回到南方。无论是回归还是倒流，佛教思想和实践都已经发生很大变化。葛兆光认为，所谓的达摩一系的"自北而南"的说法，仅是就达摩弟子而言。"本来，达摩是从南而北来传授禅法的，从他看重南方所译的《楞伽跋多罗宝经》一点就可以知道他曾经受到南方思想的影响，虽然他依然十分重视'四行'这种'行入'即实践入道之法。"[①] 南宗禅打破了南北佛教的对立，融会了般若思想和禅修实践，建立了新的修学体系。惠能以后，其弟子又逐渐将其禅法带回到北方，中国佛教历史上最为重要的"倒流"现象出现了，南宗禅也因此最终一统天下。

佛教倒流现象不仅发生在中国的南北方佛教传播过程中，亦发生在中印佛教文化交流史上。佛教传入中国后，深受中国文化影响，其思想和实践发生了深刻变化，构成具有中国特色的佛教。中国佛教经一段时间的发展后，曾出现过向印度回流或倒流的现象。根据《宋高僧传·含光传》的记载，早在南北朝时，梁武帝就曾把自己撰述的论著赠送给西域使者，让他们带回，在五天竺传播。[②] 玄奘游学印度时，应当地僧侣的要求，把《大乘起信论》译成梵文，通布五天。[③] 中国人对印度佛教进行新的诠释和实践，产生了新的学修体系，如天台和唯识等。具有中国特色的天台和唯识思想重新传入印度，成为中印文化交流史上的美事。赞宁云："如无相空教，出乎龙树，智者演之，令西域之仰慕。如中道教，生乎弥勒，慈恩解之，疑西域之罕及。将知以前二宗殖于智者、慈恩之土中枝叶也。入土别生根干，明矣。善栽接者，见而不识，闻而可爱也。"（《宋高僧传·含光传》）赞宁用树的枝叶的移植来形容这样的倒流以及中印两国文化和两国人民思维、心性的差异。他说："又夫西域者，佛法之根干也。东夏者，传来之枝叶也。世所知者，知枝叶不知枝干，而不知枝叶植土，亦根生干长矣。尼拘律陀树也。盖东人之敏利，何以知耶？秦人好略，验其言少而解多也。

[①] 葛兆光：《中国禅思想史——从6世纪到9世纪》，北京大学出版社1995年版，第58页。
[②] 《宋高僧传·含光传》："未闻中华演述佛教倒流西域，有诸乎？通曰：昔梁武世，吐谷浑夸吕可汗使来，求佛像及经论十四条。帝与所撰《涅槃》《般若》《金光明》等经疏一百三卷付之。原其使者必通华言，既达音字，到后以彼土言译华成胡，方令通会。彼亦有僧，必辗转译传，从青海西达葱岭诸国，不久，均任五竺，更无疑矣。"
[③] 《佛祖统纪》卷二九；《宋高僧传·玄奘传》。

西域之人淳朴，何以知乎？天竺好繁，证其言重而后悟也。由是观之，西域之人利在乎念性，东人利在乎解性。"(《宋高僧传·含光传》)中印不同的民族文化性质，造就了不同又不异于印度佛教的中国佛教。印度佛教移植至中华文化土壤中，生根发芽，长出中国佛教之新树。

人们无法知道，由中国倒流印度的佛教对印度佛教和文化的发展起到了什么作用，但是，倒流现象本身足以说明佛教文化交流的意义及其特殊性。季羡林认为，中国佛教倒流至印度体现了中印文化特别是佛教文化的独特性，他说："佛教从西天传入中土，将这枝叶植入中华之土中，又生根干，传回西天。这在宗教史上是少见而极其有意义的事情；在中印文化交流史上，也是少见而极有意义的事情。"[1] 倒流现象只发生在佛教，没有发生于基督教或伊斯兰教身上，这是佛教包容性质和与时俱进的精神所决定的。正是这样的性质和精神，极大丰富了佛教多元文化内涵、哲学思想和宗教实践。[2] 其实，佛教倒流不仅仅发生在中印佛教交流中，亦发生在中日佛教往来之历史上。日本佛教是中国佛教在日本的延续，但在漫长的传播过程中，产生了具有日本特色的佛教文化。近代以来，许多佛教经典，特别是唯识宗经典及其佛学研究从日本传回到中国，促进了近代中国佛教的复兴，开创了近当代中国佛教研究之先河。正因如此，近代中国佛教及其研究深受日本佛教和日本佛学研究的影响。

结语

有关佛教最初由北方丝绸之路还是由海上丝绸之路进入中国的讨论仍在进行中，由此不但增加了人们对中国佛教及中外佛教文化交流的理解和认识，同时亦丰富了当代中国佛教研究的内容。海上丝绸之路，与北方丝绸之路一道，把佛教从印度及沿途地区传入中国，给中国带来了一场旷日持久的宗教文化大洗礼，在文学、史学、音韵学、小说、艺术、戏剧、天文历算、科学技术、医药学、杂技幻术等方面，深深影响了中国文化和中

---

[1] 季羡林：《中印文化交流史》，中国社会科学出版社2008年版，第87页。
[2] 方广锠亦提出汉传佛教文化西传、影响西域，即今天新疆一带的说法。《试论佛教的发展与文化的汇流——从〈刘师礼文〉说起》，http://wuys.com/news/Article_Show.asp?ArticleID=36304。

国人的思想。[①] 佛教的传播，促进了中外特别是中印文化交流，形成了世界宗教史上独特的"倒流"现象。由海上丝路传到中国的佛教，催生了中国禅宗佛教的产生和发展。禅宗佛教的产生和发展，是印度佛教同中国传统文化结合的产物，表现出强大的包容性和统摄力，强调出世与入世、学佛与做人、世俗与神圣的统一，不但改造了中国人的哲学思想和宗教实践，而且又经海上丝路传播至韩国、日本等东亚国家，深刻影响了这些国家的文化和社会，有效促进了亚洲各民族文化的互动，为当代世界文化交流和宗教互动树立了典范。

参考书目

常任侠：《海上丝路与文化交流》，海洋出版社1985年版。

长泽和俊：《丝绸之路史研究》，钟美珠译，天津古籍出版社1990年版。

陈炎：《论海上丝绸之路与中外文化交流》，《中国与海上丝绸之路》，福建人民出版社1991年版。

冯承钧：《中国南洋交通史》，上海书店1984年版。

葛兆光：《中国禅思想史——从6世纪到9世纪》，北京大学出版社1995年版。

何方耀：《晋唐时期南海求法高僧群体研究》，宗教文化出版社2008年版。

韩振华：《魏晋南北朝时期海上丝绸之路的航线研究》，《中国与海上丝绸之路》，福建人民出版社1991年版。

胡适：《致杨联陞》（1952年2月7日），载《论学谈诗二十年——胡适、杨联陞往来书札》，安徽教育出版社2001年版。

贺云翱等编：《佛教初传南方之路文物图录》，文物出版社1993年版。

季羡林：《商人与佛教》，《季羡林文集》第七卷，江西教育出版社1998年版。

---

① Vijaya Deshpande, "Ancient Indian Medicine and Its Spread to China", in *Economic and Political Weekly*, Vol. No. 13 (Mar. 31 – Apr. 6, 2001), pp. 78 – 1081.

季羡林：《中印文化交流》，中国社会科学出版社 2008 年版。

梁启超：《梁启超集》，黄夏年编，中国社会科学出版社 1999 年版。

李刚：《佛教海路传入中国论》，《东南文化》1992 年第 5 期。

李金明：《从水下考古发现看中国古代海上丝绸之路的发展》，海洋文化与福建发展，2011。

李金明：《中国古代海上丝绸之路的发展与变迁》，《新东方》2015 年第 1 期。

镰田茂雄：《中国佛教史》第一卷，东京大学出版社 1982 年版。

罗香林：《唐代广州光孝寺与中印交通之关系》，香港中国学社 1960 年版。

穆根来等译：《中国印度见闻录》，中华书局 1983 年版。

任乃强：《中西陆上古商道——蜀布之路》，《文史杂志》1987 年第 1 期。

荣新江：《陆路还是海路？——佛教传入汉代中国的途径流行区域研究述评》，《中国中古史研究十论》，复旦大学出版社 2005 年版。

宋晓梅：《从考古遗存引发关于南北两路佛教初传问题的思考》，《西域研究》2003 年第 2 期。

盛利、于澎：《佛教海上传入述评》，《海交史研究》1997 年第 1 期。

石云涛：《丝绸之路的起源》，兰州大学出版社 2014 年版。

石云涛：《文明的互动》，兰州大学出版社 2014 年版。

汤用彤：《汉魏两晋南北朝佛教史》，北京大学出版社 1997 年版。

温玉成：《"早期佛教初传中国南方之路"质疑》，《四川文物》2000 年第 2 期。

吴廷璆、郑彭年：《佛教海上传入之研究》，《历史研究》1995 年第 2 期。

阮荣春：《佛教南传之路》，湖南美术出版社 2000 年版。

印顺：《中国禅宗史》，江西人民出版社 1990 年版。

周叔迦：《周叔迦集》，黄夏年编，中国社会科学出版社 1999 年版。

周一良主编：《中外文化交流史》，河南人民出版社 1987 年版。

章开沅：《传播与植根——基督教与中西文化交流论集》，广东人民出版社 2005 年版。

周长山：《日本学界的南方海上丝绸之路的研究》，《海交史研究》2012年第2期。

《连云港孔望山摩崖造像学术研讨会在北京举行》，《文物》1981年第7期。

《为构筑海上丝绸之路搭建平台：前景与挑战》，人民网（2014 - 04 - 09 10：09：00）。

Dehejia, Rajeev and Vivek H. Dehejia, "Religion and Economic Activity in India", in *American Journal of Economics and Sociology*, Vol. 52, No. 2 (April 1993), pp. 145 - 153.

Deshpande, Vijaya, "Ancient Indian Medicine and Its Spread to China", in *Economic and Political Weekly*, Vol. 36, No. 13 (Mar. 31 - Apr. 6, 2001), pp. 1078 - 1081.

Hansen, Valerie, "The Path of Buddhism into China: A View from Turfan", *Asia Major*, third series, Vol. 11, No. 2 (1998), pp. 37 - 66.

Imtiyaz Yusuf, "Dialogue Between Islam and Buddhism through the Concepts Ummatan Wasatan (The Middle Nation) and Majjhima - Patipada (The Middle Way)", *Islamic Studies*, Vol. 48, No. 3 (Autumn 2009), pp. 367 - 394.

Nalanda, *The Buddha and His Teachings*, Singapore: Dharma and Tushita Senanayake, 1980.

Sen, Tansen, "In Search of Longevity and Good Karma: Chinese Diplomatic Mission to Middle India in the Seventh Century", *Journal of World History*, Vol. 12, No. 1 (Spring, 2001), pp. 1 - 28.

Warder, A. K., *Indian Buddhism*, Delhi: Motilal Banarsidass Publishers, (first edition 1977) 2004.

晋宋间中印海路佛教交流

中国社会科学院亚太所　薛克翘

东晋与刘宋时期是中国历史上的一个特殊时期。这一时期,中国北方有"五胡十六国"之称,实则是中国历史上一场空前的民族大融合。其间,政治上虽时有攻伐,变幻莫测,但思想界却非常活跃。佛教在这场民族大融合中起到维系中华民族精神纽带的重要作用,启动了其中国化的进程,与中国本土文化相互容受,并在此后不久成为中国文化的一个组成部分。

所以,研究这一时期的丝路交通和中印僧侣的往来,具有重要意义。

一　中印海上交通简况

这一时期,水陆两条丝绸之路都算通畅,但都充满凶险。水陆相较,海上丝路似稍安全。走水路主要看天气,凶险主要来自风浪,而陆路则不然,不管天气如何,凶险依旧。据《法显传》(《佛国记》)记载,当时从陆路去西域,出敦煌即"沙河",即一片大沙漠,"上无飞鸟,下无走兽。遍目极望,欲求度处,则莫知所拟,唯以死人枯骨为标识耳"。再由焉夷(焉耆)至于阗(今和田一带),又是一大片沙漠(今塔克拉玛干沙漠),"路中无居民,沙行艰难,所经之苦,人理莫比"。继而度葱岭①(指天山山脉、兴都库什山脉和喀喇昆仑山脉汇合处),"冬夏有雪。又有毒龙,若失其意,则吐毒风,雨雪,飞沙砾石。遇此难者,万无一全"。

---

① 今帕米尔高原及天山山脉、昆仑山脉、喀喇昆仑山脉、兴都库什山脉等山地和高原的统称。

据《高僧传》卷三《昙无竭传》，昙无竭（法勇）与法显一样，陆路去印度，海路回中国。与他同行者25人，过葱岭雪山之后便仅剩13人，进入中印度，又有8人殒命。其死亡率在80%。当然，这仅是群体西行的个案，但其凶险已可想而知。法显取水陆回国，也是一波三折，九死一生。至于水陆两道的盗贼，主要危害商人，少及僧侣。

即便如此凶险，这一时期中印间的交往迄未断绝。下面仅谈海路交往。

（一）中印海上官方交往

中国的史书上缺乏东晋时中印两国政府间交往的记录。倒是在《宋书》卷九七有两条记载。

其一曰："天竺迦毗黎国，元嘉五年（428年），国王月爱遣使奉表。"并将表文全文录出。有前辈学者误以为"迦毗黎国"是"中天竺之一国"，即"迦毗罗卫国"，后来有的辞书也沿用此说。其实，迦毗黎国并非国名而是河名，即南印度的卡韦利河（Kavery，又作Cauwery）。如表文所说："臣之所住，名迦毗河，东际于海。其城四边，悉紫绀石，首罗天护，令国安稳。"从这里可知，所谓迦毗黎国，乃是今印度泰米尔纳德邦一带，当时属于帕拉瓦王朝；卡韦利河由其境东流入海；都城建志补罗（Kancipuram，今康契普拉姆），湿婆是其守护神之一。

其二曰："太宗泰始二年（466年），又遣使贡献，以其使主竺扶大、竺阿弥并为建威将军。"这次"贡献"离前次38年，其时国王恐已更替。

以上记载说明刘宋时有南印度使者自海路来华，但是否有中国使者赴印，则未见记载。

（二）中印海上经贸

除了上面提到的"贡献"——一种变相的经贸交流外，中印海上经贸在这一时期是非常频繁的。那些来华传道的印度僧和从印度回国的取经僧，都是随商船来到中国的。

从僧传中可知，（1）东晋时的商船已相当多，有时则是一个船队同时航行。如《高僧传》卷二《佛驮跋陀罗传》记载，东晋时交趾（郡治在今越南河内市东）的过往商船很多，有时是"众舶俱发"，也有"天竺五舶"一齐来华的情况。另据《宋史》卷九七，史臣有段话，提到当时海上贸易和交通的情况是"舟舶继路，商使交属"。(2) 当时来华的到港主要是广州，也有误航至青州（在今山东半岛，当时属后秦疆域）的例子，如法显在今青岛崂山登陆，智严和佛驮跋陀罗则在今莱州登陆。广州已有长住的印度商人。如《高僧传》卷一《昙摩耶舍传》说，昙摩耶舍"有弟子法度，善梵汉之言，常为译语。度本竺婆勒子，勒久停广州，往来求利"。(3) 刘宋时情况大致如东晋。《高僧传》卷三《求那跋摩传》记载，求那跋摩渡海，先至阇婆国（Java，即今爪哇岛），"时京师名德沙门慧观、慧聪等，远挹风猷，思欲餐禀。以元嘉元年（424 年）九月，面启文帝，求迎请跋摩。帝即敕交州刺史，令泛舶延致观等。又遣沙门法长、道冲、道俊等往彼祈请。并致书于跋摩及阇婆王婆多加等"。可见当时交州（州治在今越南河内市东）至南海航行便利，信息畅通，既有外交关系又有商贸关系。(4) 从《法显传》可知，法显在斯里兰卡无畏山寺玉佛像前看到有商人供奉的白绢扇。这是中国丝织品到达斯里兰卡的例证。

二 中印佛教僧侣的海上往来

南海丝路上，中印佛教僧侣来往较多。

（一）主要访印汉僧

于法兰（4 世纪人），由海路赴印，至交州象林（今越南岘港以南维川附近）病亡。

于道邃（4 世纪人，于法兰弟子），海路赴印，于交州病亡。

以上二人，可以说是东晋时循海路去印度取经的先行者。但可惜的是他们都病死于交州，并没有走出当时的国门。

法显（337—422 年），由陆路赴印，由海路返回。在外游历驻学达 15 年，途经 29 个国家，回国后翻译佛经。

法勇（5 世纪人，又名昙无竭），由陆路去，由海路回。曾译佛经。

智严（活动于 5 世纪），曾两次赴印。首次陆路去海路回；第二次海路去，步行至罽宾（今克什米尔一带）圆寂。

以上三人，或海路回，或海路去，唯有智严有海路全程往返的经历。他们三人都是中国早期成功到印度取经的榜样，是海上丝绸之路的践行者。

（二）主要来华印僧

昙摩耶舍（Dharmayasas，意译法明、法称，约活动于4、5世纪），东晋隆安（397—401年）中到达广州传法。义熙（405—418年）初到达长安译经。刘宋元嘉年间（424—453年）回西域，不知所终。

佛驮跋陀罗（Buddhabhadra，意译觉贤，359—429年），在罽宾与智严相遇，二人同行，先走陆路，后循海路，经三年，在青州东莱郡（今莱州）上岸，随即前往长安，于408年到达。三年后，佛驮跋陀罗离开长安，前往庐山，为慧远翻译佛经。此后又去江陵（今宜昌）。约415年，被迎请至建康（今南京），416—418年与法显合作翻译佛经，继而在百余人帮助下开设译经场。

求那跋摩（Gunavarman，意译功德铠，367—431年），30岁以后先到师子国（今斯里兰卡），又到阇婆国传教，后随商船到广州，于元嘉八年（431年）正月到达建康，传教译经，同年九月病逝。

僧伽跋摩（Samghavarman，约活动于5世纪，又译众铠、僧铠），走陆路经流沙来华，于元嘉十年（433年）到建康传教、译经，元嘉十九年（442年）随西域商船回国，后不详其终。

求那跋陀罗（Gunabhadra，意译功德贤，394—468年），元嘉十二年（435年）到达广州，宋文帝遣使迎至建康，翻译佛经。在华34年，译经52部134卷。

以上五人中，有三人终老中国，二人返还外国。他们都亲历了海上丝绸之路，在中印文化交流史上留下了自己的一页。

三 南方佛教的发展

江南佛教的发展，取决于两个方面的因素。首先，必须有帝王的支持；其次是僧侣的努力。这一时期的帝王们基本上都信佛，如严耀中先生所说："确实把佛教作为信仰来尊奉的是东晋的皇帝们。""宋、齐两朝，帝室在信佛奉佛的程度上比东晋又更进了一步。首先是奉佛者更多，信仰更深，可以说除了几个年幼的小皇帝因在位不久被废而史无此方面记载外，几乎无帝不信佛。"① 中国的取经僧和印度的来华僧，不远万里来到江南，他们的首要目的是传播佛教。由此，中国南方的佛教得到发展。

（一）译经事业

取经僧和来华僧直接推动了译经事业的大发展。据《历代三宝记》卷七和《大唐内典录》卷三统计，东晋时南方所译经典数量为263部585卷。其中，佛驮跋陀罗在法显、宝云②等人的参与和帮助下，翻译了9部135卷。③ 法显由印度和斯里兰卡得到佛经共11部，他去世前，译出6部63卷。（《出三藏记集》卷二）

另据《高僧传》卷一《昙摩耶舍传》，昙摩耶舍曾"译出《差摩经》一卷"，共昙摩掘多译出《舍利弗阿毗昙》22卷。卷三《昙无竭传》载，法勇曾译出《观世音受记经》，盛传于京师建康。卷三《智严传》载，智严到"元嘉四年，乃共沙门宝云译出《普曜》《广博严净》《四天王》等"，他总共翻译的佛经有15部34卷。卷三《求那跋摩传》载，求那跋摩曾译出《菩萨善戒》等经10部18卷。卷三《僧伽跋摩传》载，僧伽跋摩在慧观、宝云等协助下，翻译佛典5部27卷。卷三《求那跋陀罗传》载，求那跋陀罗曾译出《杂阿含经》50卷，此外还有很多，据《历代三宝记》卷十，其所译佛经达78部161卷。

总之，东晋至刘宋时期，佛经翻译主要仰仗西域人，这些走过海路的印度来华僧和中国取经僧，是当时中国南方佛经翻译的主力。

（二）江南名寺

据僧传记载，这一时期江南地区有一些著名寺院，这些寺院不仅是僧侣们的住处，是传教和译经的所在，是信徒们寄托精神的场所，也是佛教

---

① 严耀中：《江南佛教史》，上海人民出版社2000年版，第86—87页。
② 宝云（372—449年），与法显、智严等同赴印取经，译经家。陆路去陆路回。《高僧传》卷三有传。
③ 参见任继愈主编《中国佛教史》第二卷，中国社会科学出版社1985年版，第730—731页。

文化的中心。这些佛寺因僧而荣，僧亦因寺而名。以上中印高僧所历寺院众多，今以其事迹考察其中四个。

1. 瓦官寺

瓦官寺在今南京凤台山，为晋代名寺，又作瓦棺寺，尤以"瓦官寺三绝"著称。后世有多个宗派都与它有渊源关系。如，天台宗僧人在追述其止观渊源时曾说："天台止观有四本：一曰圆顿止观，大师于荆州玉泉寺说……二曰渐次止观，在瓦官寺说……三曰不定止观……四曰小止观……"（《小止观》元照序）再如，律宗祖师道宣在追溯古代戒坛时曾说："东晋法汰，道安法师之同学也。生知天授，先于杨都瓦官寺立坛。"（《关中创立戒坛图经》）"杨都"即"扬都"，指当时的首都建康，其时兼扬州州治。

《求那跋陀罗传》提道："时又有沙门宝意，梵言阿那摩低，本姓康，康居人，世居天竺。以宋孝建中（455年）来止京师瓦官禅房。"此"瓦官禅房"即瓦官寺。《求那跋陀罗传》中只说求那跋陀罗元嘉十二年到广州，后被迎至京师，"初住祇洹寺"，未说曾住瓦官寺，但经录中却有明文记载。《历代三宝记》卷十载："《杂阿含经》五十卷于瓦官寺译，法显赍来。"说明求那跋陀罗在瓦官寺译经的时间不短。

2. 长干寺

长干寺在今南京中华门外，据说是在三国东吴时建初寺旧址上建立的[①]，为江南最古老寺院，今以大报恩寺闻名，更以数年前出土佛顶骨舍利闻名。

今存《十诵比丘尼波罗提木叉戒本》一卷，标有"宋长干寺沙门释法显集出"字样[②]，若非后世伪托，则可证法显回国后曾在长干寺译经。

据《出三藏记集》卷二，僧伽跋摩所译经中有："《杂阿毗昙心》十四卷（宋元嘉十年于长干寺出，宝云传译，其年九月讫）。"《历代三宝记》卷十则记有："《杂阿毗昙毗婆沙》十四卷（元嘉十年于长干寺第二重译，与前本大同小异）。"《众经目录》卷五又记："《三归及优婆塞二

[①] 此说甚为流行，参见任宝根等编著《中国宗教名胜》，四川人民出版社1989年版，第117页，及"百度百科·大报恩寺"条。但此说仍有疑点，姑不论。

[②] 《大正藏》第23册，第479页上。

十二戒》一卷（重翻阙本），宋元嘉年，僧伽跋摩共宝云于长干寺译。"

从这些记载看，长干寺也一度为翻译中心。

3. 定林寺

今南京有两个定林寺，一曰上定林寺，一曰下定林寺。有辞书说上定林寺"建于刘宋元嘉年间，由名僧昙摩密多住持。原名开善寺，北宋时改名定林庵，又名定林寺，为钟山名胜之一。南宋时因在方山又建定林寺，故此寺称上定林寺，方山寺名下定林寺"[①]。稍微阅读史料，便知此叙述不准。有三点：第一，定林寺的创建和命名均不始于赵宋，而是始于刘宋。第二，并非先有上寺后有下寺，而是先有下寺后有上寺。第三，下寺也在钟山，和后来建于南宋的下定林寺关系不大。据史书记载，下定林寺又称定林下寺。《高僧传》卷三《求那跋摩传》说，求那跋摩于元嘉八年（431年）正月到达刘宋首都建康，文帝"敕住祇洹寺，供给隆厚"，开讲《法华》与《十地》二经，并开始翻译。当年夏天便在定林下寺坐夏，同年九月迁化。这说明在元嘉八年之前早已有了定林下寺。又据同卷《昙摩密多传》记载，昙摩密多于元嘉十年住进钟山定林下寺，元嘉十二年由昙摩密多主持开始营建上寺。也就是说先有下寺，后有上寺，而且二寺同在钟山。

4. 辛寺

江陵辛寺在晋宋间盛极一时，可以说是长江中游地区最负盛名的佛学中心。但何时兴建，何时衰败或被更名，史书缺乏记载。据僧传记载，最早到辛寺的名僧应是印度高僧、译经家卑摩罗叉（Vimalaksa，337—413年），据《高僧传》卷二本传，卑摩罗叉本罽宾人，于弘始八年（407年）涉流沙到关中，鸠摩罗什以师礼敬之。鸠摩罗什去世后，他前往寿春（今安徽寿县）石涧寺，又转而到辛寺，在那里坐夏并开讲《十诵律》。

继卑摩罗叉至辛寺的印度高僧是水路来华的昙摩耶舍。他于后秦弘始十六年（415年）与昙摩掘多（Dharmagupta）合作翻译出《舍利弗阿毗昙》22卷后，便"南游江陵，止于辛寺，大弘禅法"。"至宋元嘉中辞还西域。不知所终。"问题是，其传中说，他在晋隆安中（399年前后）到达广州时已经85岁，到弘始十六年（415年）应已百岁左右，再到宋元

[①] 任宝根等编著：《中国宗教名胜》，四川人民出版社1989年版，第121页。

嘉（424—453 年）中，则至少 110 岁了，还要"辞还西域"，未免不可思议。

另一位印度高僧佛驮跋陀罗也可能到过辛寺。后秦姚兴在位时（394—415 年），他"在长安大弘禅业"，后与弟子慧观等东下，先到庐山慧远处译经，一年多后，又"西适江陵"，在江陵一段时间后才去建康。他在江陵的这段时间，即使不住在辛寺，也必定到过辛寺，只是具体时间难以确定。

然而，与辛寺有缘的最著名高僧是法显。据《高僧传》卷三本传，法显不知为何，也不知何时，离开京师来到辛寺，并最后在辛寺圆寂。法显带回国的佛经并未翻译完，显然，法显选择去辛寺是有原因的。莫非，他以辛寺为最理想的归宿？

最后一位与辛寺有缘的印度高僧是求那跋陀罗。他到京师后，住在祇洹寺。后南谯王刘义宣镇荆州，请与俱行，安止辛寺。直至孝建初（454 年）才离开。据《宋书》卷五《文帝本纪》，元嘉二十一年（444 年）八月，南谯王刘义宣为车骑将军、荆州刺史。也就是说，求那跋陀罗在辛寺一住就是十年。据《开元录》卷五，他在那里翻译的佛经有《央崛魔罗经》四卷、《过去现在因果经》四卷、《无忧王经》一卷和《第一义五相略集》一卷。

（三）戒律与禅法

1. 戒律

《佛国记》开篇就说，"法显昔在长安，慨律藏残缺，于是遂以弘始二年，岁在己亥"去西域取经。所以他在印度得到《摩诃僧祇律》后，回国第一件事就是与佛驮跋陀罗合作将它译出。但是，他从师子国带回的《弥沙塞律》（《五分律》）却没有来得及翻译。显然，先译《摩诃僧祇律》是因为它属于大众部戒律，与大乘佛教相一致。而《弥沙塞律》属上座部戒律，故未急于翻译，而由后人（佛驮什和竺道生）把它翻译出来。

除了法显和佛驮跋陀罗，其他由水路来华的几位印度僧人，如求那跋摩、僧伽跋摩，也翻译了不少戒本。应当说，这个时期中国南北方所翻译的戒律已经相当多，相当齐全了，法显取经的目的已经达到，心愿基本实现。

有了戒规，接下来便是执行的问题。在实践方面，上述僧人不仅恪守戒律，也往往是倡导者、推行者。

例如，昙摩耶舍自己"该览经律，明悟出群"，他的弟子法度也从他那里学到执行戒规的风范，他强调："专学小乘，禁读方等；唯礼释迦，无十方佛；食用铜钵，无别应器。"对于比丘尼，他也有一套执行戒规之法，"令诸尼相捉而行，悔罪之日，但伏地相向。唯宋故丹阳尹颜瑗女法弘尼、交州刺史张牧女普明尼，初受其法。今都下宣业、弘光诸尼，习其遗风。东土尼众亦时传其法"。可见昙摩耶舍传的是小乘戒法。

再如，求那跋摩"深达律品"，"时影福寺尼慧果、净音等，共请跋摩云：'去六年，有师子国八尼至京，云宋地先未经有尼，那得二众受戒？恐戒品不全。'跋摩云：'戒法本在大僧众发，设不本事，无妨得戒，如爱道①之缘。'"求那跋摩严格执行大乘戒规，同时也因地制宜。

又如《僧伽跋摩传》说："初，三藏法师②明于戒品，将为影福寺尼慧果等重受具戒。是时，二众未备，而三藏迁化。俄而，师子国比丘尼铁萨罗等至都，众乃共请跋摩为师，继轨三藏。"

以上三条材料，后两条直接相关。三条的共同特点是都涉及比丘尼的戒律仪轨，可以说在当时是开风气之先。

2. 禅法

中国禅宗以菩提达摩为初祖，那是后话。而禅法的东传，以这一时期为盛。关于江南禅法，汤用彤先生曾指出："道安法师提倡禅法，而其弟子慧远亦因江东阙禅法，使弟子往西域求之。晋末西行求法者群起，颇得禅法以归。且因佛陀跋多罗之南来，佛大先之禅法乃流行江左焉。"③ 佛陀跋多罗即佛驮跋陀罗的另写。据《佛驮跋陀罗传》，他"少以禅律驰名"，"童龀出家，已通解经论。少受业于大禅师佛大先"。据《智严传》，智严西行至罽宾，正好遇见佛大先（又写作佛驮先）和佛驮跋陀罗，"从佛驮先比丘咨受禅法，渐深三年，功逾十载。佛驮先见其禅思有

---

① 爱道，释迦牟尼姨母大爱道。
② 三藏法师，指求那跋摩。
③ 汤用彤：《汉魏两晋南北朝佛教史》，中华书局1983年版，第254页。

绪，特深器异"。智严趁机将佛驮跋陀罗动员回国。

江南禅法兴盛，不仅佛驮跋陀罗和智严有功，昙摩耶舍也曾在辛寺大弘禅法，其与求那跋摩等坐禅入定之奇迹，俱见各自的本传。

四 促进中印文化交流

从两汉之交到元代，即从世纪之初到大约13世纪，中印两大民族的文化交流基本上是由佛教带动的，或者说，这漫长的1300年间，中印文化交流的主流是佛教的交流。正是佛教的交流，带动了古代科技交流、思想交流、文学艺术交流和民俗交流等，甚至佛教的交流还促进政府间的往来与经贸交流。东晋至刘宋这一时期，中印文化交流的状况正是如此。仅据前面提到的几位僧人的相关资料，就可以中印文化交流为题写出一篇内容充实的长文。这里仅略谈一二。

（一）思想交流

东晋之世，玄谈之风大盛。名士与名僧走得很近，佛学在士大夫间颇为流行，成为一时之尚。孙绰在《道贤论》中将两晋七位名僧比作魏晋时期的"竹林七贤"，其中就有于法兰（比阮籍）和于道邃（比阮咸）。《高僧传》卷四《于法兰传》提到此事，引孙绰"《论》曰：兰公遗身，高尚妙迹，殆至人之流"。高僧支遁在于法兰逝世后为他立像，并赞曰："于氏超世，综体玄旨。"又据同卷《于道邃传》，于道邃去世时年仅31岁，"郗超图写其形。支遁著铭。赞曰：英英上人，识通理清，朗质玉莹，德音兰馨"。可知，他们学识渊厚，言谈儒雅，品行高尚，为时人推重。

如前文所说，于法兰和于道邃都因西行求法而卒于途中，年纪都很轻。但他们却在中国思想史上留下了一笔。

（二）其他交流

据《高僧传》卷三《求那跋摩传》，求那跋摩懂得医术。他在阇婆国的时候，"王遇流矢伤脚，跋摩为咒水洗之，信宿平复"。国王"后为跋摩立精舍，躬自引材，伤王脚趾。跋摩又为咒治，有顷平复"。求那跋摩不仅懂得医术，而且擅长绘画。来华以后，在山寺的宝月殿，"跋摩于殿北壁，手自画作罗汉像及定光儒童布发之形。像成之后，每夕放光，久之乃歇"。其去世后，"即于南林戒坛前，依外国法阇毗（火化）之"。从求那跋摩的这几件事看，涉及医学、绘画和民俗。

《僧伽跋摩传》说："跋摩共（慧）观加塔三层。"这是建筑方面的例子。

《求那跋陀罗传》说求那跋陀罗是"中天竺人，以大乘学故，世号'摩诃衍'。本婆罗门种，幼学五明诸论。天文、书算、医方、咒术，靡不该博"。他通晓印度古代的各门学问，有可能传给了其中国弟子。

至于他们翻译的佛经，其中包含的知识更是丰富。仅以佛驮跋陀罗与法显合译的《摩诃僧祇律》为例，其部头庞大，有40卷之巨，内容也绝不限于佛教戒律。其中有天文学、植物学、医药学、文学、民俗学等各方面的内容，几乎包罗万象。限于篇幅，这里只是点到为止，不举例也不分析。

当代"海上丝绸之路"背景下的福建安溪清水祖师信仰的发展战略与理论建设等问题刍议

中国社会科学院世界宗教研究所　黄夏年

"安溪"我们并不陌生,因为喝茶的朋友都知道安溪铁观音的名声,但是对清水祖师,我们未必知道其大名,清水祖师虽然不像释迦牟尼佛或老子在全世界或全中国都有影响,但是在福建及海外,特别是我国台湾地区与东南亚各国,清水祖师的影响还是非常大的。2014年安溪清水岩举行清水祖师像开光,人头攒动,人们冒着霏霏细雨,对这位祖师表达了深深敬意,情境非常感人。

一　清水祖师生平事迹

相传清水祖师,俗姓陈,讳荣祖,法名普足,宋代福建著名学者陈知柔的后代。父亲陈机,"学问该贯,尤长于诗,写诗泳物,信笔立成"。祖师宋仁宗庆历四年(1044年)正月初六诞生于福建省泉州永春县小姑乡。自幼在大云院出家,后到高太山结茅筑庵,闭关静坐,经大静山明松禅师指点,参读佛典三年,悟道后接明松禅师衣钵。明松禅师告诫他:"我佛最大功德,就是行仁,是故要舍弃万缘,以利物济世为职责。"普足在麻章施医济药,普救贫病,麻章人尊他为"麻章上人"。宋神宗元丰六年(1083年),时年39岁,清溪(今福建安溪,南宋时期更名为安溪)彭莱乡(后更为蓬莱,也受清水祖师影响)一带大旱,乡人请他去祈雨,顷刻甘霖普降,被尊称为"清水祖师"。清溪蓬莱刘氏献张岩山筑精舍,延请麻章上人居住,自是诛茅锄草,岩栖穴处,更名"清水岩",建蓬莱祖殿,担任住持。普足术行建、剑、汀、漳间,檀施为盛,居岩十九年。

宋徽宗靖国元年（1101年）五月十三日，在说教中端坐而逝，享年六十五岁。地方人士感念其德泽，奉报朝廷，敕赐"昭应广惠慈济善利大师"封号。另说清水祖师是北宋京都开封府祥符县人（今河南开封），曾追随宋丞相文天祥义举勤王，英勇抵抗元兵，转战大江南北，是抗元扶宋的民族英雄。明太祖追念他功在国家，敕封为"护国公"，诏命于福建安溪清水岩建立祠堂崇祀，安溪人称"祖师公"与"祖师庙"。

南宋时清水祖师先后四次得到朝廷的敕封。第一次由安溪姚添等人上文，清水祖师生前剃发为僧，苦行修炼，死后"本州岛岛亢旱，祷祈感应"。绍兴二十六年（1156年）三月，礼部核实，于隆兴二年（1164年），朝廷下牒敕封为"昭应大师"。第二次由安溪县迪功郎政事仕林时彦等联名上文，清水祖师"祈祷感应，有功于民"，请求封号，并赐塔额。淳熙十一年（1184年），朝廷敕封为"昭应慈济大师"。第三次于嘉泰元年（1201年），加封为"昭应广惠慈济大师"。第四次于嘉定元年（1208年），泉州大旱，清水祖师"祈祷灵验，惠利及民"，朝廷再加封为"昭应广惠慈济善利大师"。

作为民间宗教的祖师信仰，以其各种各样的神异而广为流传。例如相传清水祖师初在清水岩收服畲鬼（畲为蛮族之称，为古时散居在浙、闽境内的一部分瑶民）归顺了张、黄、苏、李四大将军。也有说清水祖师自幼父母早逝，由兄长抚养。因嫂嫂坐月子无法下厨，其代理炊事，将脚放在灶内当作柴烧，化成黑烟遁飞到天上。故寺庙中他的塑像面部被涂成一片黢黑。又有说每次出现天灾人祸时，清水祖师的鼻子就会自行掉落，以示警告，因此也被称为"落鼻祖师"。但是清水祖师之所以受到了民间百姓的尊奉，还在于他生前所做的各种善事，据说他在永春"劝造桥梁数十"。到了安溪，又募捐劝造通泉桥、谷口桥、汰口桥等。祖师一生募捐，修造桥梁几十座。又以其高超之医术，在瘴疠之气盛行的闽南一带，救治了不少患病的民众。清水祖师在世时祈雨有验，解旱之困，保佑丰产。安溪是名茶铁观音的发源地，据说铁观音也来自清水祖师。他住持清水岩期间，精心照料一丛野生茶树，称为"杏林茶"。有一年，安溪大旱，很多人腹泻，皮肤溃烂，清水祖师采摘杏林茶园里的茶叶炒制，加进清水煮沸后，用茶水反复擦洗患处，疫情很快得以控制。后来此茶树移植到供奉观音大士的铁鼎香炉里，故起茶名"铁观音"，并成为北宋茶叶品牌，四海闻名。

清水祖师是闽南民间四大信仰之一，随着闽南华侨出国，闽南民间信仰也传播到海外。明万历二年（1574年），中国华侨在泰国北大年府建造清水"祖师公祠"，这是东南亚最早的清水祖师庙。19世纪30年代以后，新加坡、马来西亚、印度尼西亚、缅甸、泰国、菲律宾、越南等地又陆续建起了不少供奉清水祖师的庙宇。仅新加坡就有金兰庙、蓬莱寺、镇南庙及天公宫等庙宇主祀或附祀清水祖师。马来西亚有主祀清水祖师的"蛇庙"。清水祖师信仰流传于台、港、澳地区及东南亚各国闽南人聚居地。目前世界上清水祖师文化信仰者逾亿人，清水祖师分炉分庙数千座，它们分布在世界上20多个国家和地区，仅我国台湾地区就有安溪清水岩分炉分庙500多座，信众超千万。

2010年6月，安溪清水岩景区启动一系列扩建项目，目前已投入资金近2亿元。其中，综合服务区、海会院、祖师文化长廊、回程游步道、清水祖殿金亭炮台改造、觉路改造等板块已基本完工并陆续投入使用。2014年海内外专家、学者、清水岩分炉及信众代表上千人云集安溪清水岩的广场上，出席"海峡两岸清水祖师文化节暨首届世界（安溪）清水祖师文化联谊会"。在众人的期盼中，身高9.9米的清水祖师圣像"神秘"的面纱被缓缓揭开。寓意"九九归一"的清水祖师圣像，加上帽子和底座总共15米高，用花岗岩雕成，由祖籍安溪的知名雕塑家、福州大学厦门工艺美术学院教授马心伯设计，历时3年建成，是目前国内最大的清水祖师雕像。

二 清水祖师信仰是佛教中国化的典型

清水祖师像开光，是清水岩的一件大事，也是中国佛教的一件重要事情。佛教传入中国2000余年，中国人早就对印度佛教做了适合中国人的改造，但是在近代以来，受日本等国学术界的影响，中国佛教的身上又开始出现强调印度佛教的特征，也就是说重新带有印度化的倾向，故中国佛教还需要经历再次中国化之进程。清水祖师是汉民族的信仰，这种信仰始终带着浓郁的乡土味，它是在特殊环境下才能产生的信仰，离开了这种环境或土壤则不能生存，正是由于这种生存环境，才能将这种信仰深深地扎根于生活在这一地区的每个人身上，并且融入他们的血液之中，成为抹不掉的精神符号，所以清水祖师崇拜活动，恰恰是佛教中国化最典型和最成功的案例。清水祖师像头戴宝冠，手持定印，身穿袈裟，一副中国人打扮，与我们在其他寺院中所见到的佛像是完全不同的。当地信徒将他作为最高崇奉者来看待，这无疑是有中国佛的意蕴。中国佛教从南朝开始就阐述佛性理论，主张人人都可以成佛；禅宗建立以后，又主张即心即佛的解脱论，这些为中国人塑造自己的佛提供了基本理论，所以清水祖师就是中国佛教佛性论和禅宗成佛理论的完成，其重要意义就在这里。

随着经济的发展，文化与宗教的向外传播也是必然的。近年来学术界也在关注中国宗教文化向外发展的现实问题，但是遗憾地说，很多学者在讨论这个问题的时候缺少传统的眼光，往往只看到国外成功的传教例子。福建学者已经提出清水祖师具有世界性的问题，未来宗教向外传播的问题，只能在中国传统宗教历史中找到成功的经验。清水祖师信仰通过福建乡亲和华侨的力量，传到了台、港、澳地区以及东南亚各国，开炉上千处，清水祖师信仰传到国外华人圈，这是我国传统宗教向外传播取得决定性第一步的成功范例，也为以后在世界上发展打下了基础。我们应该好好总结这些经验，并且为其他地方宗教向外传播提供很好的借鉴。

三 清水祖师信仰与海上丝绸之路

佛教与海洋文明的关系，在国内现在刚开始进行研究，已经取得了一些成果。从世界文明发展史来看，走向海洋是走向世界的重要一步。佛教史上也证明了，离开了海洋文化的佛教是不能够成为世界性宗教的。印度佛教最早向外传播的路径，其中有一条就是通过南印度跨海传向了斯里兰卡，然后再通过斯里兰卡的印度洋到太平洋，最终传播到东南亚地区。我国的佛教传入，除了陆上丝绸之路外，海路也是一条重要通道。特别是在15世纪以后，哥伦布新大陆的发现，西方文明控制了海洋，航海事业成为发达国家的一个重要标志，宗教的传播通过海路比通过陆路更加便利与通畅。清水祖师在东南亚地区能够产生影响，无疑与海洋文明发展有重要关系，历史上许多华人都是通过海路到国外谋生与贸易，东南亚国家在近代以后，与中国文化和经济的联系日益增多，很多都是通过海洋交通而完成的。清水祖师信仰随着海洋交通走出国门，给我们树立了榜样，揭示了未来中国佛教要走向世界，不得不重视海洋文明与佛教的关系。当前"一带一路"倡议已经成为我国重要的对外政策，如何充分利用海上丝绸之路的传统优势，打造今天的海洋经济带和海洋文化带，以及包括海洋文明这些大问题，清水祖师信仰的传播就是我们的最好借鉴，值得我们去思考与总结。

清水祖师信仰在中国宗教现代向外传播的过程中，率先迈出第一步。但是这只是清水祖师信仰走出的第一步，如果我们想要把清水岩打造成世界朝拜中心，那么清水祖师信仰不仅要在华人世界中产生重要的影响，而且还要在整个世界宗教文化体系中占有一席地位。要让清水祖师信仰成为中国宗教真正走向世界的开始，要让安溪成为中国土地上世界清水祖师朝拜中心，清水祖师信仰要搞战略发展规划，下一步工作就是要为如何走出华人圈而作出选择，对其在其他文化圈，如英语世界等地的发展还要做一些深入探讨，才能顺利完成这个任务。

改革开放以来，中国经济的发展曾经实行过特区试点政策，促使像深圳这样的国际化大都市最终出现在中国大地。按照这种思维，在当代中国，我们也可以将清水信仰与世界朝拜中心做一尝试，在取得政府的支持下，把清水信仰国际化和安溪作为世界朝拜中心结合在一起做一次宗教改革的试验。清水祖师信仰作为世界唯有的中国传统宗教信仰模式，已经走出国门，产生了一定影响，我们完全可以在此基础上进一步深化，把清水岩建成世界朝拜中心。如果此事成功的话，必将为未来的中国宗教走向国际化取得宝贵经验，也为中国宗教未来发展提供了最好的经验。

四 清水祖师信仰从民间走向主流

信仰是人类精神生活的需要，每个人的一生都与某种信仰相联系，没有信仰的民族与个人是不存在的，而且也是很危险的，所以信仰在我们每个人的精神生活中显得非常重要。中华民族自产生以来，就一直有着自己独特的信仰方式，这种信仰的主要表现是非常实用，也非常及时，它并不一定非要马上显露出来，但是却深深地扎根于整个社会与每个家庭和个人的生活之中。具体地说，中国人的信仰可以有这样的分配路径，首先是在宗族社会基础上建立祖先崇拜思想，这种先人祭祀与感恩思想以中华孝文化为最重要之特色，由是也成为中国人的公共信仰。将信仰与家庭伦理联系在一起，无疑是中国人的创造，它与宗教所说的崇拜特点之信仰还不一样。国外很多人认为中国人没有信仰，因为中国人从来不过宗教生活。从表面上看中国人不过宗教生活，但是中国人的宗教生活是体现在日常生活之中的，就像佛教所说的"担水劈柴皆为妙道"，中国人的信仰建立在生活之上，建立在孝文化基础上的祖先信仰同样也是一种精神崇拜，而且祖先崇拜更能够对本民族或某一家庭带来更好的心理安慰，这是中国人的信仰基础。

祖先信仰除了对亲人的祭祀之外，还应包括英雄崇拜。通常这是官方上层需要的一种活动，即转英雄信仰为官方信仰。在民间流行的则是草根英雄信仰，这是宗族大家庭活动的产物，是民间宗教信仰的主要来源之一。不管是英雄信仰还是草根信仰，都有榜样的力量与作用。从人类信仰发展史来看，英雄崇拜有很久的历史，最开始可能是某个族群或地区的信仰对象，随着历史变迁，再扩大成国家或其他族群的信仰，清水祖师信仰就反映了这个事实，但是它现在所具有的世界性则是通过乡亲宗族关系而进行扩散与传播的，实质上仍然是一种草根信仰。

中国大乘佛教信仰有三个层面，第一个是佛的信仰，佛是这一宗教最高的神祇，与众人有一定距离。第二个是菩萨信仰，这是信徒可以去追求达到的目标。第三个是祖师信仰。祖师信仰又可以分为两种情况，第一种是按宗脉传承而形成历代法脉的祖师信仰，如禅宗的初祖到六祖，再到现在已经传承四十余代的祖师信仰；第二种则是不论宗派而作为地方人物的祖师信仰，它流行于民间，清水祖师就属于这一种信仰。

清水祖师信仰是在宋代以后形成的民间信仰。宋代虽然在中国历史上是积弱积贫的时代，但在思想上却是一个既专制又融合的时期。在儒家一统天下的形势下，佛道二家积极向儒家靠拢，走三教合一的道路，体现了官方意识形态对佛道二教的影响。但在民间，三教合一的思想不仅成为老百姓的主动选择，而且汇成了民间信仰的主流，引领了中国民间信仰的发展方向，也为后来明清繁荣昌盛的民间宗教打下了深深基础。在民间信仰体系中，有相当大一部分信仰对象就是由英雄崇拜转化出来的神祇，其中包括像清水祖师这样的草根英雄。这些曾经做过英雄模板的人物，在地方人士推动下，开始成为家庭伦理与社会伦理讴歌的榜样，之后再经某些人推出，得到上层社会肯许，给予敕封，被招进正统宗教体系，使其有了超人间力量，被赋予了合法性。

清水祖师信仰初建伊始，正处于上升期，开始只是影响一方僧人，这种例子每个地方都可以找出不少。出于统治阶级需要，宋代就敕赐了一大批各地草根信仰的祖师模板，但是清水祖师信仰是属于后来被做大了的一种。他之所以能够被做大，与当地的豪绅推动有着重要关系。宋代以后的社会，最底层是宗族势力，这个势力基本上控制了整个底层精神信仰活动，在官方意识形态指引下，乡村豪绅是宗族和地方文化的代表与评判者，他们的行为直接影响了宗族、家庭与基层社会的信仰，换言之，英雄人物的宣传与贬损，决定权在乡绅手中，只有获得了他们的支持与首肯，榜样的力量才能发挥出最大能量。清水祖师事业能够做大，离不开乡绅的作用，乡绅提倡与组织祭祀，再加上官方的首肯与皇帝敕赐，清水祖师成为流行一地的民间信仰，具备了朝廷认可的合法性，最终被做大了。

五　清水祖师信仰的"善"意志

福建地区是我国民间信仰最盛行的地方之一，历史发展促进了这一地区先后出现了四大民间信仰，并且这四种信仰都传播到了国外，在亚洲地区特别是华人信仰中产生了重要影响。民间信仰的多元化特色，是我们应该注意并且加以研究之处，因为这代表了中国民间最有活力与最能受到人们重视的民间崇拜现象，也是中国平民百姓社会中最有生命力的精神力量之源。清水祖师作为四大民间信仰之一，所散发的多元性崇拜与地方文化特点，恰恰就是民间百姓表达的宗教诉求，也就说明了清水祖师信仰是契时代之机的，清水祖师信仰与时代发生互动，走了一条民间化与实用化路线。

民间信仰的特点是所崇拜的对象必须是与本地人民的生活有密切关系的，具有地方化或在地化特点。人们往往是从身边的人与事中发现不平凡的地方，如果将这种不平凡的地方加以放大或提升，就成为崇拜之源，最终变成信仰。清水祖师之所以能够被人们接受，除了与他的佛教僧人身份有关系之外，最重要的一点就是他做了不少其他人可以做但没有做的事情，这就是他"德高道深，多行善事"的不平凡之处，所以他得到人们的尊敬，最后成为人们的尊神。

把清水祖师信仰判为草根英雄崇拜体系，是因为清水祖师本人特具的人格魅力所决定的。英雄崇拜不一定是改变世界的特殊人物，也不是一定要为世界与人类社会做出什么惊天动地的大事，其实在平常的事情与活动中也能表现出英雄本质。这个本质就是能够对人生有所感悟，被人类社会树立为道德标杆，这同样是英雄崇拜的一种表现。从现有资料与研究来看，"多行善事"和"以物济世"的宗旨在清水祖师身上表现明显，他一生都致力于施医法药、普救贫病、修桥造路、造福百姓的活动，这些看似平常事的活动由于与人类社会活动联系紧密，又是社会提倡的公共道德，社会与个人都给予认可，再加上背后有一群道德团体的支持，很快就会被推广开来，进入公共道德的信仰体系。清水祖师信仰代表了社会的正能量，在平凡事迹中做出不平凡事业，也就得到了整个社会的提倡与支持，使之从一个平常人物上升为英雄。清水祖师信仰所表现的"善"的道德意志，恰恰也成为全中国和全世界人民都需要的公共信仰，当清水祖师信仰进入了公共道德体系，就成为放之四海而皆准的社会道德原则，是整个人类社会应该拥有的精神诉求。清水祖师为中国传统道德走向世界提供了很好的例子，也是中国传统文化与世界文化相联系的连接点或沟通之处，还是中国宗教走向世界的切入点。

六 清水祖师信仰会永远存在

清水祖师从人到神的变化，恰恰就说明了神是人创造的，并非是上天所创，他是来自民间，又被民间提升的一种草根崇拜。因为是扎根于社会底层的草根信仰，故更有民族性，更加突出了中国人的信仰特点。神所具的神格，就是他与人们的生活密切相关，人们愿意将所有的道德都集中在他一个人身上，成为我们今天所见到的有非凡奇迹和善意志的代表，成为人们效法的榜样。清水祖师身上所集成的各种道德规范的模范效用，是在任何社会里都需要发扬的精神力量，所以清水祖师信仰不会消失，只会被人们怀念，接受历代乡人祭祀。来自民间的尊神是最有生命力的，清水祖师是人们日常所接触到的神意志代表，能够被人们记诵下来，流传一千余年，与他的神奇形象是分不开的。中国社会的宗族家族特点，使这个代表一方神祇的崇拜被后人带到四面八方，从这个意义上说，清水祖师信仰无不带有乡族故土烙印，祭拜清水祖师就是增强对家乡的记忆，清水祖师联系了住在各地的乡亲之情，安溪是清水祖师崇拜的发源地，故成为东南亚华人的中国传统宗教信仰的符号，具有现代意义，这种现代意义还会被代代流传而永存下来。

作为福建地方性民间宗教的清水祖师信仰，对聚集乡亲和联络海外华人起到了重要作用。今天，在新的背景下，清水祖师信仰完全可以更好地为中国社会和世界人类服务。如果要将清水祖师信仰变为世界流行的中国宗教信仰，那么对当前之清水信仰还需要进一步打造和规划，要在战略性发展视角下，重新审视这种信仰，充分利用专家研究成果和特长，进一步规范与打造清水岩景区。现在清水岩景区在硬件上已经达到较高标准，但仍需要更好地进一步完善，对清水信仰理论也还要进一步整理和提升，补上现有的清水信仰中缺少理论体系构架这一重大缺陷。

清水祖师像开光，标志着清水岩景区开始进入了新阶段，促使清水岩正在走向另一个辉煌时期。清水岩景区应在与时俱进思维下，走宗教与社会主义社会相适应的道路。当前我国旅游热正在全国各地兴起，许多地方都在刻意打造自己的景区，故对景区设计的标准要求非常高，一切都以精致为其基础，特别是佛教景观设计新意迭出，设计巧妙，如法如律，清水岩景区核心景观清水岩寺院应该按照这一原则适当地作一些调整，更加突出清水祖师景区的神圣性，让清水祖师圣地放出光明。此外，在环境保护方面也可以做一些调整，例如鞭炮燃放可以做一些控制，这对鸟类等的栖生环境会有帮助，对空气净化有帮助，光有花香，没有鸟语是不配套的；在环境与建筑等方面增加新认识，更好地跟上我国旅游与世界文化的发展步伐，最终打造完美精品，让清水祖师在一个更好的环境里，接受人们朝拜。

清水祖师信仰走向世界，清水岩成为世界宗教朝奉中心，意义重大。第一，历史上中国宗教曾经不断地出现辉煌，但是在世界宗教史上，中国没有一个可以作为世界宗教朝奉的中心，而世界其他宗教，都有属于本国或本民族的世界朝奉中心。打造这一朝奉中心必须要在传统宗教里面寻找元素，并且这个元素要具有不可复制性、唯一性和一定规模性，清水祖师信仰是中国传统下的中国化宗教代表，有上千年历史，在百姓中间有很大影响，形成了一定规模，符合这一条件，与当前我国正在走向世界，融入全球化的潮流相符合，故让它走上世界是有一定可能性的。

第二，就世界文化的传播与发展来看，宗教传播是最容易被各国人民所接受的途径之一，因为宗教教义里面有很多都是人类社会所需要的共同思想，对改变人心和稳定社会将会起到一定的积极作用。当前我国正处于新的建设时期，我们的文化走上世界是必然结果，中国文化走上世界可以有多种方式，传统中国宗教文化也可以在大国背景下向世界迈进。

第三，中国传统宗教由于受到传统宗族社会文化影响，祖师崇拜是其重要特征。福建地区作为我国宗教大省，在其发展历史上出现过各种各样的祖师崇拜，这些崇拜都不同程度地传播到海内外地区。清水祖师信仰作为四大祖师崇拜之一，可以作为特例率先进行试点，如果安溪清水岩能够被打造成世界朝奉中心，则可以沿着这一思路，将其他的祖师崇拜也推向世界，让中国传统文化与宗教在世界上产生更大影响，取得应有的一席地位。

第四，清水祖师信仰作为中国传统宗教中的民间信仰，其理论与朝奉的形式一直处于低层次，通过打造世界朝奉中心，可以在现代社会条件下，对其做一次从形式到理论的全面提升，促使这一民间宗教更好地转型，与当代社会发展进程走向新的一致。

第五，作为地方民间宗教的祖师信仰模式，已经引起有关部门重视，将其纳入宗教管理体系，但是在管理理论与制度方面还没有更多的成功经验，打造清水祖师的世界朝奉中心信仰模式，实际上就是对民间信仰管理与提升做一次探索，可以为我国当前宗教管理提供更多的经验和参考。

总之，我们应该重视清水祖师信仰在社会上的影响，充分利用国内外有利条件，将其作为试点，抓住时机对其进行全面提升，为中国宗教发展找出一条新路。同时，又在当前"一带一路"倡议的实施中，为清水祖师信仰找到一个合适的定位，通过海上丝绸之路走向亚洲，走向世界，成为中国宗教和中国佛教在世界上的形象之一。

中国古代海上丝路与金陵佛教

东南大学人文学院教授、金陵图书馆馆长　董　群

金陵（今江苏省南京市，根据其历史上的不同名称，本文更多地称其为建康）是佛教的历史的和当代的文化名城，之所以能够有这样的地位，其中的一个重要内容，是佛教文化的比重巨大，建康被称为"佛都"[①]。南京被认定为"一带一路节点城市"，对于这一节点城市的认定，主要内容是郑河下西洋。其实，在郑河下西洋之前，建康的佛教就已经和海上丝绸之路有了联系，或者说，是海上丝绸之路的佛教，直接影响到了建康佛教的诸多元素，有一些著名的高僧是通过海上丝路到达金陵，在金陵停留，开展各种佛教文化活动；有一些通过海路的佛教交流活动，也多有经过金陵者，比如唐代的鉴真和尚，东渡过程中，曾经停留金陵，比如义净取经，途经江宁（今属南京）；有一些佛教的海路交流，是基于金陵的宗派传承，比如吴越王时，杭州和高丽的佛教交流之一，就是文益的再传弟子永明延寿将创建于金陵的法眼宗传向了高丽。对于建康的佛教，已经有了很多的研究，如果要做学术史的梳理，需要很大的篇幅，但是有一个主题，研究不够，这就是本文所涉及的丝绸之路与建康佛教。本文以三位高僧为例，谈谈金陵佛教与海上丝路的因缘。为什么只讲这三位僧人？自然也有一定的随机性，但也和其重要性相关。

一　法显与金陵佛教

法显到建康，与海上丝路有关。对于法显的研究自然是很多的，但从

[①] 对于佛都建康佛教的研究，有叶皓《佛都金陵》（南京出版社2010年版）一书。

"一带一路"倡议角度研究其和建康佛教的关系，不太多见。

法显（？—约422年）① 作为求法高僧，是从陆上丝路进入天竺，又从海路回到中国的高僧。

据《高僧传·法显传》记载，晋隆安三年，法显与同学慧景、道整、慧应、慧嵬等，从长安出发，西入沙漠，路途艰辛，"上无飞鸟，下无走兽，四顾茫茫，莫测所之，唯视日以准东西，望人骨以标行路耳"②。经过西域地区的艰苦路途，进入天竺，经过北天竺、西天竺十国后，进入中天竺，学梵文，抄律典，画佛像，又经师子国（今斯里兰卡），留住两年，又抄得一些国内未有的经典。回国时搭商船，途中遇到大风，船舱进水，漂泊到耶婆提国（今苏门答腊），停留五个月，于义熙八年（412年）四月十六日回国，七月十四日上岸，以为是广州，一问却是青州长广郡（今山东崂山一带）。不久南行，经彭城到京口，义熙九年（413年）至建康。

法显的这一圈陆海丝路的路途，自399年至413年，历14年，经过西域六国，印度二十一国，另加师子国和耶婆提国，共二十九国，是第一个从陆路去，游历印度全境，并从海路回国的求法高僧。

法显在建康，住道场寺，开始和佛驮跋陀罗（觉贤）等人翻译带回的梵本佛经，这是建康受益于海上丝路佛教的重要体现，据《高僧传》卷三《法显传》，法显译有《摩诃僧祇律》《方等泥洹经》《杂阿毗昙心》等共一百万多字，其带回的其余大量梵本没有译出。《出三藏记集》最早记载其译经情况，"《大般泥洹》六卷（晋义熙十三年十一月一日道场寺译出）、《方等泥洹经》二卷（今阙）、《摩诃僧祇律》四十卷（已入律录）、《僧祇比丘戒本》一卷（今阙）、《杂阿毗昙心》十三卷（今阙）、《杂藏经》一卷、《綖经》（梵文未译出）、《长阿含经》（梵文未译）、《杂阿含经》（梵文未译）、《弥沙塞律》（梵文未译）、《萨婆多律抄》（梵文未译）、《佛游天竺记》一卷。右十一部，定出六部，凡六十三卷"③。"其长、杂二《阿含》、《綖经》、《弥沙塞律》、《萨婆多律抄》，犹是梵文，未得译出。"④ 未被译出

---

① 《神僧传》《法苑珠林》等均称其"春秋八十有六"。又有八十有二之说。
② 《高僧传》卷三，《大正藏》第50册，第337页下。
③ 《出三藏记集》卷二，《大正藏》第55册，第12页。
④ 同上。

的原因，一是法显后来以高龄离开了建康，到了湖北江陵的辛寺①；二是到了辛寺之后，年岁已高，没有来得及译出。"沙门法显于师子国得《弥沙塞律》梵本，未被翻译而法显迁化。"② 但是，法显为什么在如此高龄还离开建康呢？杨维中教授曾经猜测："第一，建康佛教当时的风尚是特别重视义理，相对而言，对于法显最为关心的戒律问题并不是特别热心。……第二，东晋义熙十四年，以法显从摩竭提国带回的梵文本为底本译出的《大般泥洹经》（六卷本），在建康产生了很大的影响，同时也引起了争论。实际上，也有人怀疑其传本的真实性。"③

丝路高僧法显，其求法行为，以及在建康的撰述和译经，对于中国佛教有着巨大的影响，这同时也显示出建康佛教的重要性。对于佛教义学影响最大的，当数其译《涅盘经》，"法显后至，泥洹始唱"④。"今《大般泥洹经》，法显道人远寻真本，于天竺得之，持至扬都，大集京师义学之僧百有余人。师执本，参而译之，详而出之。"⑤ 这样大规模的译讲，推动了建康义学涅盘学派的发展。同时，法显对于律学、毗昙学的推动，也是大有其功。除此之外，是其在建康道场寺撰写的《佛国记》，成为丝绸之路的重要历史文献，其巨大影响和作用，已广为世人所知。

法显为什么要到建康来呢？本来他是要回长安的，但长安回不去了，这才有了到南方佛教中心建康来的举动，这一举动，也大大地提升了建康佛教的历史地位。

二 菩提达摩与金陵佛教

菩提达摩到建康，也与海上丝路有关。同样，对于菩提达摩的研究，也是很多的，但从"一带一路"倡议角度研究其和建康佛教的关系，也不太多见，将其和法显结合起来一起讨论丝路与建康佛教，也不多见。

一般认为，菩提达摩在嵩山少林寺创立禅宗，其实他和建康有着重要

---

① 梁《高僧传》对法显的传记标题为"宋江陵辛寺释法显"，而不是"宋建康道场寺法显"。
② 《高僧传》卷三，《大正藏》第50册，第339页。
③ 杨维中：《法显与佛国记》，http://www.fjdh.cn/wumin/2013/11/132609303642.html。
④ 《范伯伦与生、观二法师书》，《弘明集》卷十二，《大正藏》第52册，第78页。
⑤ 僧叡：《喻疑》，《出三藏记集》卷五，《大正藏》第55册，第41页。

的关系，但人们对于这种关系的了解，常常关注的是他和梁武帝的谈话，说明达摩的佛教理念和梁武帝之不同，很少关注达摩渡过长江后停留在建康两年左右之事。达摩在建康，是禅宗史上的重要事件，也从一个方面体现了由于海上丝路的途径，建康在禅宗史上的重要地位。

菩提达摩的事迹和思想被后人加入了许多传说的成分，这正显现了其重要性，因为正史资料的不足，才有传说的加入。有些传说，即使不是历史上确有其事的"历史真实"，但在长久的发展中，被佛教界接受，已成为"宗教真实"。

菩提达摩经过广州而到建康。当时建康是佛教的重镇，达摩从海上入华到广州，被建康方面知道了，梁武帝邀请他到建康来。

在《续高僧传》本传中，只简要记为："初达宋境南越，末又北度至魏。"此传记还没有谈到到建康一事。《神僧传》稍详，记为："梁武帝普通初至广州，刺史表闻武帝，遣使诏迎至金陵。"他是如何到广州的呢？泛海，即渡海而来。《历代法宝记》记载："达摩多罗闻二弟子汉地弘化，无人信受，乃泛海而来至，梁武帝出城躬迎。"这里将菩提达摩误为达摩多罗，有一部禅经是《达摩多罗禅经》，以前梵文不好的人曾混淆菩提达摩和达摩多罗。达摩在广州上岸，据说建造了一所寺院，即华林寺，此寺也称"西来庵"，表示禅师西来之意。寺院所在地为西来之地，是达摩从海上上岸最初到达之地。

达摩到金陵，受到梁武帝的接待，禅宗界将两人见面谈话的内容，演绎成一则公案。

《传法记》已经提及此事，日僧最澄（767—822年）《内证佛法相承血脉谱》中引《传法记》云：

> [达摩]渡来此土，初至梁国，武帝迎就殿内，问云：朕广造寺度人，写经铸像，有何功德？达摩大师答云：无功德。武帝问曰：以何无功德？达摩大师云：此是有为之事，不是实功德。不称帝情，遂发遣劳过。大师杖锡行至嵩山……①

---

① 《传教大师全集》卷二，第518页。转引自胡适《菩提达摩考》。

在敦煌本《坛经》里，也提到了这段事迹：

> 使君问：弟子见说，达磨大师化武帝。帝问达磨：朕一生已来，造寺布施供养，有功德否？达磨答言：并无功德。武帝惆怅，遂遣达磨出境。

这样，达摩到金陵与梁武帝相见一事，已为禅宗界接受，后来的一些禅宗典籍对此事又做了更详细的描述，特别是谈话的内容方面，《碧岩录》等公案类作品均将其列入，在禅宗界产生了巨大的影响，"达磨廓然"成为著名的公案。

依《景德传灯录》之《达摩传》，达摩是梁普通八年（527年）丁未岁九月二十一日到达南海，但梁代"普通"的年号，只到七年，下一年的年号则是"大通"，岁在丁未，即公元527年。此传又明确说，广州方面上表梁武帝之后，武帝遣使携其诏书到广州迎接，"十月一日至金陵"[①]。从上下文看，到金陵的年代也是普通八年，这么远的路，达摩走了十来天，这中间自然有记载的错误，所以，《景德录》以注文的形式表达了作者的疑问，并引梁代宝唱的《续法记》所记，言达摩是普通元年庚子（520年）到南海。此传又讲，此月九日，达摩"潜回江北"，在江南金陵城停留八天。十一月二十三日到了洛阳。

关于这些有关年代的记录，不能太相信，但要作出精确的时间定位，又是较难的。其实在禅宗界抬高达摩之前，达摩更多的是在民间产生影响，没有更多的文字记载流传下来。如果对金陵进行文化人类学的田野调查则可以看到，达摩在金陵留下了许多故事和资料，这确切地说明了达摩确实在金陵生活过。

达摩离开长江南岸，渡江的地点，在今江边幕府山，此山有"达摩洞"。明代焦竑有《达摩洞》诗一首："神龛沿绿屿，石洞俯沧波。风雨江声壮，鱼龙夜气多。停杯今日望，飞锡向时过。欲问西来意，疏钟度薜萝。"[②] 据传说，梁武帝与达摩相谈，机缘不契，就和宝志禅师谈及此事，

---

① 道原：《景德传灯录》卷三，《大正藏》第51册，第219页。
② 葛寅亮撰，何孝荣点校：《金陵梵刹志》，天津人民出版社2007年版，第444页。

宝志认为，达摩做的开示非常有水准，是观音菩萨乘愿再来。梁武帝派人去追赶达摩，达摩看到有人追来，折根芦苇过了江，这就是传统人物画经常画的一个主题，一苇渡江。其实，所谓的苇，更应该看成是渡船之小，一叶扁舟。

达摩渡江到达对岸的地点，被认为是长芦寺，从幕府山到古长芦寺不是隔江直线的距离，而是向下游漂流了一段路。原来的长芦寺和栖霞寺隔江相对，到南宋时，就因江岸的不断坍塌而移建。据光绪本《六合县志》卷三《建置志·寺观》："长芦崇福禅寺在县南长芦镇。"① 在注释性文字中，谈到达摩渡江后，"过长芦"，长芦寺因其镇而得名，寺院建筑有达摩殿、苇江亭等与达摩相关的部分。明洪武元年（1368年）重修此寺，发现一些遗物，包括履一只、贝叶经一幅等，相传为达摩所遗。

此寺目前仅存正殿，现被辟为长芦中学校史陈列室，1983年被市政府定为南京市文物保护单位。

离开长芦寺，达摩又到过定山寺，上述《六合县志》"长芦寺"条又讲到达摩"过长芦，来定山，有宴坐石"。此志"定山寺条"，解释卓锡

---

① 《中国地方志集成·江苏府县志辑⑥》，江苏古籍出版社1991年版。

泉时说："俗传达摩渡江至定山，思西土水，以杖卓石，遂得泉，因名。"这当然是传说。现定山寺遗址，还留有明代弘治四年（1491年）的达摩像碑。此碑的拓片版，金陵刻经处有木版。

■1954年，定山寺因年久失修而塌毁。图为定山寺旧照。

明代的冯浩有诗赞定山寺卓锡泉："天竺东西意未知，世传卓锡此山陲。九年面壁缘空幻，一苇横江也自奇。梵宇至今留法像，清泉自古说波斯。乘闲有约来登眺，莫遣钟声一皱眉。"①

由于达摩和定山寺的关系，在定山寺的原寺发掘和新寺建设过程中，有人提出了定山寺是"中国佛教禅宗发祥地"和"禅宗祖庭"等说法，据说历史上就有"定山寺为达摩第一道场"之说，② 但学术界还没有作出多少回应。笔者认为，从学术上肯定这种说法，需要有一定的限定条件。无疑，这对提升南京佛教在禅宗史上的地位，是很有价值的，但是这一切，又是和海上丝路有关的。

---

① 《百度百科·定山寺》，http：//baike.baidu.com/view/1881613.htm，2013.7.14。
② 于峰、吴聪灵：《南京定山寺：疑是梁武帝为达摩祖师建》，《金陵晚报》2012年7月23日B04版。

三　真谛与金陵佛教

真谛到建康，也和海上丝路有关。对于真谛法师的研究，成果较多，但是从丝路、建康，又与法显和达摩一起做整体的研究，似乎是不多的。

真谛（499—569年）曾历游诸国，泛海到过扶南（今柬埔寨）。梁大同（535—545年）年间，梁武帝派使臣张汜送扶南国来使回国，并顺便在该国寻访高僧以及大乘佛教经论，基于真谛法师在扶南国的影响，扶南国就派真谛携带经论来到中国，在大同十二年[①]（546年）八月十五日到达岭南的南海，又经两年跋涉，在太清二年（548年）闰八月到达京师。梁武帝亲自接见，并安排在宝云殿供养。在梁代的历史上，这时候已进入晚期，真谛到达的次年（549年），梁武帝就因乱饿死于台城，此后经八年的乱世，进入陈朝。真谛其实是想在建康做一番事业的，"谛欲传翻经教，不羡秦时，更出新文，有逾齐日"[②]。他并不羡慕姚秦时代的译经，意思是姚秦时鸠摩罗什的译经并不就是最好、最完备了，他想翻出另外的新经论。鸠摩罗什译出的主要是般若、空观类的经典，印度大乘空宗一类的经典，事实上，后来真谛译出的，是印度佛教瑜伽行派（有宗）一类的经典。

梁武帝死后，真谛失去支持，他第一次在建康的经历就告结束，实际上此次他在建康仅生活了两年左右。此后，他就浪迹各地。先是东行，到过富春（今浙江省富阳市），太清四年（550年），县令陆元哲请其译经，宝琼等二十多人参与译事，但只译了《十七地论》五卷，就"遇难遂辍"[③]。即因时局动乱，遇到困难，停止译事。

侯景在战乱中，竟然还想到要请真谛回建康，大宝三年（552年），"为侯景请，还在台供养"[④]。供养在台城，这一年，元帝萧绎短暂掌权，

[①] 此是《续高僧传》本传之说，但梁代大同年只到十一年。
[②] 道宣：《续高僧传》卷一，《大正藏》第50册，第429页。
[③] 《开元释教录》卷六，《大正藏》第55册，第538页。
[④] 依《开元释教录》卷六之说，而依《续高僧传》卷一的本传所说，为"天（大/太）保三年"因侯景请而回建康。梁代无"天保"年号，无大保（宝）三年，大宝只有一年（550），到"三年"应该是公元552年，这一年侯景死。

改元为"承圣",真谛停于金陵正观寺,与愿禅师等二十人,翻出《金光明经》。承圣四年(554年),真谛又一次离开金陵。第二次在金陵,真谛也是停留二年左右的时间。前后共在金陵四年左右。

承圣四年,真谛到豫章(今江西省南昌市)、新吴(今江西省奉新县),后到过广东、福建,在颠沛流离中译出了《摄大乘论》《俱舍论》《大乘唯识论》等,译出后也曾亲自讲说。真谛中间也动摇过,在中国译事难成时,既想过到其他国家去,也曾动身回国,但都被风吹回广东海岸;也曾经厌世而自杀,幸被其助手慧恺发现而劝阻。《摄大乘论》的翻译,也和建康僧有关,陈文帝天嘉四年(563年),建康建元寺沙门僧宗等听到真谛在南方传播"新教",就南下拜访,"谛欣其来意,乃为翻《摄大乘》等论"①。僧宗是此经翻译的笔受之一。② 本来,僧宗和慧恺等人想请真谛再次回建康,但建康方面的一些具有"硕望"的人出面阻止,他们上奏朝廷,认为真谛所译及弘传的学问,无益于社稷的治理。"时宗、恺诸僧欲延还建业,会杨辇硕望,恐夺时荣,乃奏曰:岭表所译众部,多明无尘唯识,言乖治术,有蔽国风,不隶诸华,可流荒服。帝然之。"③"杨辇"当是当时对建康的代称,"陈祯明元年,侍智者游杨辇,诏居光宅"④。光宅寺在建康。"既落发禀戒,厉操敦行,负帙杨辇,造建邺龙光僧绰,以进慧学。"⑤ 这一段更明确了杨辇和建邺实乃同指一城。这次阻止,是南京佛教界继赶走有创见的竺道生之后发生的又一次排斥有学问的高僧的重大事件,显现出南京佛教史上的另一面。这样,建康失去了成为俱舍宗和摄论宗中心的机会。同时这也是学派之争,当时陈朝流行的主要是三论学等学派。

真谛和南朝两个学派的创立有关,一是俱舍学派,二是摄论学派。俱舍学派是以研习、弘传《俱舍论》而形成的学派,这一学派的僧人称俱舍师;摄论学派是以研习、弘传《摄大乘论》而形成的学派,这一学派的僧人称摄论师。这两个学派所宗的经典,《俱舍论》和《摄大乘论》,

---

① 道宣:《续高僧传》卷一,《大正藏》第50册,第430页。
② 见《摄论》之前的《摄大乘论释序》,《大正藏》第31册,第152页。
③ 道宣:《续高僧传》卷一,《大正藏》第50册,第430页。
④ 昙噩:《新修科分六学僧传》卷四,《续藏经》第77册,第96页。
⑤ 昙噩:《新修科分六学僧传》卷十七,《续藏经》第77册,第216页。

都由真谛译出。真谛曾在南京生活多年，但由于时乱等原因，没有能够在南京译出此两种经，但他由于海上丝路而应邀来建康译经弘法，也从一定程度上呈现出建康和这两个学派的关系。

结　语

从丝路角度来谈这三位高僧和建康的关系，突出建康佛教的重要地位，完全是因为"一带一路"这个叙事主题。这三位高僧，都是因为海上丝路，甚至是加上陆上丝路（比如法显）的关系，成为建康佛教史上的重要人物，他们能够到建康来，同时也是因为建康作为佛教重镇，对于佛教的重视，对于高僧的吸引力。沿着这一思路来研究金陵佛教，其实还有更多的内容，比如说，唐僧鉴真东渡日本，曾经经过建康。法眼宗文益弟子永明延寿，受吴越王钱俶支持，到高丽求天台宗典籍，法眼宗因此传向韩国。海上丝路，不只是南方的海路，也包括向东的海路。唐僧义净的取经路线，是从长安出发，经过金陵而到广州入海。这些例子说明了什么呢？金陵是海上丝路的一个重要城市，也是海上丝路的资源性城市（法眼宗资源）。当然，为了说明和丝路的关系，也不必硬凑，但是，此处所述，都是有其实际内容的，并非攀附。

海洋丝路上闽台龙山寺与闽南泉州海洋商人群体

厦门大学人文学院　王荣国

闽台龙山寺一系的佛教，不仅在闽台佛教中，就是在中国佛教中都是独特的。闽南泉州沿海港湾众多，"泉州港"为其总称。泉州处在海上丝路珍珠链上，泉州港在宋元时代是著名的国际贸易大港，闽南泉州有着浓厚的海洋活动、海洋贸易传统。泉州晋江安海龙山寺的"观音佛祖"信仰，随着闽南泉州族群的海洋活动而传布扩散。台湾在清代创建数所供奉"观音"的龙山寺，就是闽南泉州族群的海洋活动与海洋贸易的产物。本文试图对闽台龙山寺的创建及其与闽南泉州族群特别是其中的海商群体的关系作一番探讨。

泉州晋江安海龙山寺以奉祀"观音"为主尊的佛教信仰在民间颇有影响，随着闽南泉州族群通过海洋丝路向外拓展至台湾地区与东南亚各国，安海龙山寺的"观音"信仰也随其足迹所至而传布，并建立同名的寺院。清代台湾就相继创建五座"龙山寺"。首先有必要分述泉州安海龙山寺与台湾龙山寺的历史。

龙山寺位于今福建省泉州市晋江安海镇（型厝村北），肇建于隋皇泰年间（618—619年），初名"普现殿"。龙山寺自创建后几经兴废，明天启年间（1621—1627年）苏琰重修，并书"龙山宝地"勒石于山门。[①]清初，因郑成功占据厦门、金门一带抗清，顺治十八年（1661年）清廷实行"迁界"封海，令沿海民众内迁，"滨海梵宫，悉为灰烬，龙山寺岂

---

① （清）周学曾等：《晋江县志》卷之六十九《寺观志》"安海龙山寺"条，道光十六年修本。

然独存"①。康熙二十三年（1684年）"复界"。康熙五十六年，施琅等捐资重修并扩建。② 同治、光绪年间均重修。③ 寺内奉祀以大榕树雕就的"千手眼佛"④，实则"千手千眼观音"。但龙山寺的"观音"信仰吸纳了民间诸神信仰以及道教的元素，配有香火袋、保命符，其信仰的扩散采用分香、分炉并保持与祖庭同名。民间民众称其"观音"为"观音佛祖"。这种具有其自身特色的信仰可称为"龙山寺观音佛祖信仰"。然而，龙山寺始终没有脱离佛教系统，保持往浙江普陀山观音道场朝圣的传统，住持由佛教特别是禅宗僧人担任。圆瑛法师在民国时就住持过龙山寺。

龙山寺的"观音佛祖"信仰随清代泉州民众向台湾拓展而传入台湾，并建立了同名的寺庙。清代，在台湾创立的"龙山寺"即台南、凤山、鹿港和淡水艋舺、沪尾的五座龙山寺。

台南龙山寺位于台湾府城大东门外，清雍正年间⑤由泉州晋江、惠安、南安三县人士创建⑥，乾隆⑦、道光屡有重修，寺内保存道光朝"龙山寺"寺名匾是重修的物证。日据时期，因修路而迁建（在今台南市东门路），后又遭火灾，再度重修。现有的建筑为钢筋水泥三层楼，屋顶呈飞檐翘角，仍保留闽南建筑风格。一层楼大门顶上刻"龙山寺"三字，二层楼则为"大雄宝殿"，保留有三块清朝横匾。

凤山龙山寺创建于乾隆初⑧，嘉庆重修⑨、道光再度重修，"复新翻

---

① （清）颜仪凤：《重修龙山寺记》，载（清）周学曾等《晋江县志》卷之六十九《寺观志》"安海龙山寺"条。

② 同上。

③ （清）郑怀陔：《募修龙山寺后殿疏》，载（清）陈国仁辑《丰州集稿》卷之十三，南安县志编纂委员会1992年点校排印本。

④ （清）周学曾等：《晋江县志》卷之六十九《寺观志》"安海龙山寺"条。民间相传，"千手眼佛"以巨樟雕就。

⑤ （清）谢金銮：《续修台湾县志》卷五《外编·寺观》。

⑥ 《府城文史》，"台南市政府"2007年印本，第98页。

⑦ （清）谢金銮：《续修台湾县志》卷五《外编·寺观》；（民国）连横：《台湾通志》卷二十二《宗教志》。

⑧ 据本人考察凤山龙山寺时所拍碑刻照片。1990年台湾大学曾永义教授所撰的《重修龙山寺碑记》称"始于清乾隆初"。

⑨ 《重修龙山寺碑记》，载何培夫主编《台湾地区现存碑碣图志——高雄市篇》，台北"国立中央图书馆台湾分馆"1995年版，第10—11页。

盖"、"十分华丽"①。同治朝②、民国二十二年（日据昭和八年），凤山龙山寺又相继重修。③ 其山门殿为三开间，开三个门，两次间的门开在侧边，门户相对，民间称为"凹寿门"，中间门以栅栏挡住，由两侧门进出。从寺内的《重修龙山寺碑记》可知，凤山龙山寺自民国二十二年（1933年）重修后因欠妥善保护，彩画剥损，殿墙龟裂，瓦楞移位，屋面下移，破坏严重，但寺内现存的大磉石、泥塑观音、石香炉、石碑、梁签为原有文物。1990年再度大修，"乾嘉风貌宛然在目"。④

鹿港龙山寺位于彰化县鹿港镇，由泉州七县士民出资创于乾隆五十一年，⑤ 竣工于嘉庆朝。道光九年，举人林廷璋暨"八郊"商号率众重修。⑥ 咸丰朝，八郊商号两次集资修缮。寺内存有宁波铸造铜钟一口，上铸"咸丰玖年"乃至"八郊"等铭文⑦，是咸丰朝重修的物证。日据时期，鹿港龙山寺为日军所占，部分佛像为民众藏起。民国十年（日据大正十年）冬，后殿发生火灾，殿宇、佛像付之一炬。灾后，民众向日方交涉，索回龙山寺与田产，重建后殿，再雕佛像。日本投降后，"日本佛像"从大殿撤出，重新维修并安放原有佛像。1963年（癸卯）、1964年（甲辰）相继重修，使古刹重新。⑧

艋舺龙山寺位于淡水艋舺，是由在淡水的泉州晋江、南安、惠安三县人士创建于乾隆初。⑨ 嘉庆二十年地震仅存佛座，嗣又重建。⑩ 同治朝，

---

① 《重修龙山寺碑记》，载何培夫主编《台湾地区现存碑碣图志——高雄市篇》，台北"国立中央图书馆台湾分馆"1995年版，第16—18页。主持重修的"总董"是"张源裕"。"张源裕"曾在嘉庆十二年重修龙山寺时任董事（时监生陈可寄任内总理），在主持维修方面富有经验与威望。
② 《重修龙山寺碑记》，载何培夫主编《台湾地区现存碑碣图志——高雄市篇》，台北"国立中央图书馆台湾分馆"1995年版，第19—20页。
③ 据笔者拍摄曾永义《重修龙山寺碑记》照片。
④ 同上。
⑤ （清）周玺：《彰化县志》卷五《祀典志·祠庙·寺观附》。
⑥ 《重修龙山寺碑记》，载何培夫主编《台湾地区现存碑碣图志——彰化县篇》，台北"国立中央图书馆台湾分馆"1993年版，第161—162页。
⑦ 据笔者拍摄的照片。
⑧ 朱启南：《重修鹿港龙山寺碑记》，载何培夫主编《台湾地区现存碑碣图志——彰化县篇》，台北"国立中央图书馆台湾分馆"1993年版，第169—170页。
⑨ 关于艋舺龙山寺的创建年代，暂沿袭传统说法，确切的拟另文探讨。
⑩ （清）陈培桂：《淡水厅志》卷十三《古迹考》。

郊商重修。① 日据时期，部分建筑一度为日方占用。② 寺内建筑因久历风雨，已成危房。民国八年（日据大正八年），艋舺及大稻埕有志之士集议募捐重修。翌年十一月兴工全面修缮，至民国十五年十一月竣工。③ 但其正殿于民国三十四年遭飞机炸毁，1953年重建。④

沪尾龙山寺位于淡水沪尾街，由居淡水的泉州晋江、南安与惠安三县人士兴建于咸丰朝。⑤ 同治年间多次地震，殿宇受损，光绪二年（1876）重修。⑥

上述五座龙山寺均为清代泉州府在台湾的晋江、南安、惠安三县民众，或此三县外再加同安、德化、永春与安溪四县民众，即所谓渡海居台的"三邑"或"七邑"民众创建的，与泉州晋江安海龙山寺既同名又都奉"观音佛祖"为主尊。台湾流行各种有关龙山寺创始与"香袋""保命符"的传说。相传，清雍正年间，有渡台移民将所佩香火袋挂在树上，在黑夜中发光显灵，于是有人倡议建寺，这是艋舺龙山寺的由来。⑦ 凤山龙山寺也有类似的故事。相传，在台湾凤山设县以前，有位泉州渡海入台的移民，路经今凤山龙山寺所在地解衣休息并净身，将随身携带的安海龙山寺的"保命符"挂在番石榴树上，后来民众在该地

---

① （清）陈培桂：《淡水厅志》卷十三《古迹考》。

② 李奕兴：《台湾的龙山寺》，台北远足文化事业有限公司2006年版，第46页。

③ 《万华龙山寺》，《南瀛佛教》第13卷第8号。陈望曾的《重修台北龙山寺记》最后年款则是："岁在乙丑仲秋，安平遗民陈望曾谨撰。"《台湾日日新报》报道："辜显荣氏式词如左。……惟台湾龙山寺，晋南惠三邑所创建也。成于乾隆四年五月八日。嘉庆、同治年间二次捐金，再新寺宇。……前殿金碧辉煌，奉如来观音，后殿轮奂美丽，祀天上圣母。钟鼓楼昔所无者，而今有焉。左右廊昔之隘者，而今扩焉。……计自大正九年八月兴工以来，至十五年告竣，以昭和丁卯本月本日落成……"该报影印件见李奕兴《台湾的龙山寺》，台北远足文化事业有限公司2006年版，第47页。

④ 《艋舺龙山寺记略》，采自台北龙山寺网站：《龙山寺的碑文》。

⑤ 据笔者拍摄照片；何培夫主编：《台湾地区现存碑碣图志——台北县篇》，台北"国立中央图书馆台湾分馆"1999年版，第257页，此碑图版较模糊。清沪尾《龙山寺公约碑记》是三邑建寺庙的主事与业主订的公约，碑文后为："咸丰捌年叁月 日仝立，公约人三邑众首事公记。"寺庙当建于咸丰末。

⑥ 《台北县第三级古迹淡水龙山寺调查研究及修护计划》，第88页。山川殿次间石门框落款"光绪二年瓜月"、山川殿明间门口石柱上落款"光绪丙子年（二年）仲夏重修"、两次间门口角落石柱上落款"光绪丙子年（二年）重兴"的石构件即此次修缮时更换的。

⑦ 李乾朗：《艋舺龙山寺》，台北雄狮图书股份有限公司1989年版，第9—10页。

创建了凤山龙山寺。① 这是其"观音佛祖"信仰具有草根阶层信仰特征的例证。

台湾五座龙山寺"观音佛祖"信仰的核心群体是"闽南泉州族群",但位于不同地域的龙山寺,其信众的构成不尽相同。在南台湾,台南龙山寺主要信众为泉州的晋江、南安、惠安三邑人士。② 凤山龙山寺亦为泉州府人士在南台湾的另一信仰中心,其信众与台南龙山寺大致相同。在北台湾,居淡水艋舺谋生的闽南泉州府晋江、南安、惠安三邑人士,既是淡水艋舺龙山寺创建者也是其信众。淡水沪尾龙山寺兴建于咸丰年间,是淡水艋舺龙山寺的延伸,其创建者和信众与淡水艋舺龙山寺相同。台湾中部的鹿港龙山寺则为泉州府七邑士民创建。③ 显然,台南、凤山及淡水艋舺、沪尾龙山寺的创建者与信众主要是清代泉州府晋、南、惠三邑(县)人士;鹿港龙山寺的创建者与信众同样是泉州府人士,除了上述晋江、南安、惠安三县外,还有同安、安溪、永春、德化四县,即所谓"七邑"。不管是"三邑"抑或"七邑"人士,都属于"闽南泉州族群"。

在台湾的闽南泉州族群中,海商与船户在龙山寺的创建与修缮中不仅是积极的参与者,也是捐资的中坚力量。台南龙山寺尽管历尽沧桑,尚保存有道光二十七年(1847年)由戴宁兴、孙东成、林吉成、林振美、林宪观、协利号敬立的"龙山寺"匾。④ 其中"协利号"是历史较久且有实力的商号,曾于嘉庆二十三年(1818年)参与捐款重光敬义园⑤,道光十六年(1836年)参与捐题城工⑥,咸丰二年(1852年)参与捐款修

---

① 李奕兴:《台湾的龙山寺》,台北远足文化事业有限公司2006年版,第87页。
② 《府城文史》,"台南市政府"2007年编印,第99页。
③ (清)周玺:《彰化县志》卷五《祀典志·祠庙·寺观附》。
④ 李奕兴:《台湾的龙山寺》,台北远足文化事业有限公司2006年版,第34页。据《重建二王庙碑记》可知:"戴宁兴"还于咸丰七年参与捐款重建"二王庙"。(何培夫主编:《台湾地区现存碑碣图志——台南县篇》,台北"国立中央图书馆台湾分馆"1992年版,第170页)据《严禁窃砍竹城碑记》可知:林振美为"耕户",林吉成为"铺户",居住在台湾府台湾县永康里龙山寺境附近。(何培夫:《台湾地区现存碑碣图志——台南市下》,台北"国立中央图书馆台湾分馆"1992年版,第387页)
⑤ 《重兴敬义园捐题碑》,载何培夫主编《台湾地区现存湾碑碣图志——彰化县》,台北"国立中央图书馆台湾分馆"1993年版,第171页。
⑥ 《捐题城工碑记》,载何培夫主编《台湾地区现存碑碣图志——嘉义县市篇》,台北"国立中央图书馆台湾分馆"1994年版,第218页。

天后宫。① 这些表明"协利号"在嘉庆朝早期就已出现，同治朝甚至光绪朝仍然存在，当时在台湾的商号都是跨越海峡通过海上丝绸之路与祖国大陆从事海洋贸易的，"协利号"理所当然的是与海洋贸易有关的商号。

凤山龙山寺创建于乾隆初②，一开始就是当地民众重要的信仰中心。据记载："嘉庆十二年陈可寄董修，道光十五年张源裕重修，同治十年隆益号再修。"③ 嘉庆朝陈可寄董修凤山龙山寺时，张源裕捐资并参与其事，且任董事④；道光朝重修时，张源裕⑤则与"丁合春、张复源"等共同担任"总董"，捐资者除居民信徒外，还有一批商号，如协隆号、协顺号、荣发号以及渔庄等。⑥ 这些商号属于海商、船户和渔户。⑦ 同治十年重修由商号"隆益号"⑧与"孙丰盛、王福记"同任"总理"，除居民信徒捐资外，捐资的商号增多，有庆昌隆、启祥栈、恭记号、合同课馆、振昌号、鼎昌号、馨珍号、莲盛号、克昌号、裕昌隆等商号。⑨ 据晋江市龙湖

---

① 《捐修天后宫芳名碑记》，载何培夫主编《台湾地区现存碑碣图志——屏东县、台东县篇》，台北"国立中央图书馆台湾分馆"1995年版，第158页。

② 凤山龙山寺内保存两支称为"梁签"的记事长形木牌，其上记信众缘捐喜助寺置香灯田地，其落款为"乾隆乙酉仲春穀旦"。（李奕兴：《台湾的龙山寺》，台北远足文化事业有限公司2006年版，第105页）其中"乾隆乙酉"即乾隆三十年（1765），香灯田地只能是寺庙完全建成后的事，也可佐证前文凤山龙山寺创建于乾隆初年。

③ （清）卢德嘉：《凤山县采访册》丁部《祠庙》。

④ 《重修龙山寺碑记》，载何培夫主编《台湾地区现存碑碣图志——高雄市篇》，台北"国立中央图书馆台湾分馆"1995年版，第12页。

⑤ 张源裕于道光朝还相继捐资修台南双慈亭、兴济宫。（《重修双慈亭碑记》，载何培夫主编《台湾地区现存碑碣图志——高雄市篇》，台北"国立中央图书馆台湾分馆"1995年版，第14页；《兴济宫辛卯年重修碑记》，载何培夫主编《台湾地区现存碑碣图志——台南市篇下》，台北"国立中央图书馆台湾分馆"1992年版，第510页）

⑥ 《重修龙山寺碑记》，载何培夫主编《台湾地区现存碑碣图志——高雄市篇》，台北"国立中央图书馆台湾分馆"1995年版，第14页。

⑦ 嘉庆二十一年《台湾县温奉宪示禁碑》有："议详'该处仁德堂号……双泰号、协隆号、合成号等各郊行铺民……'"显然"协隆号"等属海商的行郊商号。（见《台湾南部碑文集成四》）。

⑧ "隆益号"于道光朝捐银参与"重兴天后宫"，咸丰同治年间捐银参与修"台郡天坛"，还参与捐资"重修东福桥"和城隍祠。（《重兴天后宫碑记》，《台郡天坛碑记》，载何培夫主编《台湾地区现存碑碣图志——台南市下、上篇》，台北"国立中央图书馆台湾分馆"1992年版，第447、234页；《重修东福桥碑记》，《重修城隍祠碑记》，载何培夫主编《台湾地区现存碑碣图志——高雄市篇》，台北"国立中央图书馆台湾分馆"1995年版，第23、8页）

⑨ 同治十年《重修龙山寺碑记》。

镇玉湖村所存清同治《重修龙王庙记碑》可知，"隆益号"曾参与并捐资修建晋江县龙湖龙王庙。① 可见，"隆益号"属从事海洋贸易的晋江籍商人的行郊商号。前述其他商号亦与海洋贸易有直接或间接的关系，因为当时在台湾无论是与大陆的贸易往来还是岛内区域间的商业流通大都依靠海洋船运。

淡水艋舺龙山寺由渡海移居淡水的泉州晋江、南安、惠安三邑（县）人士创建于乾隆初。泉州三邑信众的主体是从事海洋贸易、航运的"郊商"，这些"郊商"是发起创建龙山寺的主要力量，最初是"泉郊"，随后"北郊"也加入。② 艋舺龙山寺大殿毁于嘉庆二十年地震，上述郊商又进行重建，新艋泉郊也参与重建，艋舺龙山寺前殿内至今仍保存当年新艋泉郊所献的"佛法皈依"匾。③ 为使艋舺龙山寺有永久的经济基础，泉州三邑民众于道光朝捐集香田缘金，参与捐金的个体有87人、商号有114家。④ 不言而喻，这些商号大都与海洋贸易有关。同治朝，郊商重修艋舺龙山寺。⑤ 至今寺内保留海商"北郊金万利"于同治十年（1871年）献的"柔顺利贞"匾⑥；船户金宝兴于同治十一年（1872年）献的"庄严世界"匾。⑦ 显然，此二匾都是同治朝重修竣工后从事海洋贸易的"郊商"、海洋船户献给艋舺龙山寺的。

沪尾龙山寺是原在淡水的泉州晋江、南安与惠安三县人士向沪尾拓展的产物。《碑记》说："我三邑人等住淡以来，前在艋舺街创建龙山寺，崇奉'佛祖'，……兹我沪尾三邑众等，意欲就沪尾街再建庙寺，崇祀

---

① 吴金鹏：《清代蚶鹿对渡晋江史迹调查》，《中国社会经济史研究》2007年第4期。
② 《艋舺龙山寺全志》，台湾艋舺龙山寺1951年印本，第10页。
③ 艋舺龙山寺大殿于嘉庆二十年六月毁于大地震，晋江、南安、惠安"三邑"人士再捐资，同年十月再建。此匾为再建落成后所献（李奕兴：《台湾的龙山寺》，台北远足文化事业有限公司2006年版，第72页）。
④ （清）陈淑均：《补置龙山寺大士香田勒石碑记》，载何培夫主编《台湾地区现存碑碣图志——台北市桃园县篇》，台北"国立中央图书馆台湾分馆"1999年版，第27页。
⑤ （清）陈培桂：《淡水厅志》卷十三《古迹考》。
⑥ 李奕兴：《台湾的龙山寺》，台北远足文化事业有限公司2006年版，第72页。
⑦ 同上。《重修鹿港城隍庙碑记》中有"金宝兴船捐银一大员"的记载。（何培夫主编：《台湾地区现存碑碣图志——彰化县篇》，台北"国立中央图书馆台湾分馆"1993年版，第128页）据此，"金宝兴"应是船户。此匾于民国二年（1913年，日据大正二年）由金义顺重修。

'佛祖'……"① 显然，沪尾龙山寺是艋舺龙山寺的延伸"寺院"，从事海洋贸易的"郊商"与从事海洋航运的船户同样是其信众与捐资者。

鹿港龙山寺是由渡海来台湾鹿港谋生的泉州府晋江、南安、惠安、同安、安溪、永春、德化"七邑士民公建"② 于乾隆末。道光九年（乙丑，1829年）冬，"孝廉林君廷璋暨八郊率众修鹿港之龙山寺"。③ 所谓"八郊"即泉郊金长顺、厦郊金振顺、簸郊金长兴、油郊金洪福、糖郊金永兴、布郊金振万、染郊金合顺、南郊金振益。从道光《重修龙山寺记》可知，举人林廷璋与八郊中的"泉郊金长顺"与"厦郊金振顺"共同充任重修的总理。从道光《泉厦郊商船户捐题缘金》碑可知：参与捐资的个体有321人，泉、厦郊商的商号有110个，④ 都是从事海洋贸易的。鹿港龙山寺存有道光朝镌刻"泉城阮协兴号"瓦。⑤ 这种瓦显然是泉州府城内"阮协兴号"所献，"阮协兴号"无疑是从事海洋贸易的海商商号。鹿港龙山寺还有泉、厦八郊所献的咸丰八年（1858年）的"慈灵显应"匾与"普济群生"匾。⑥ 寺门前有一对石狮子为嘉庆三年（1789年）温陵人士所捐。当年，温陵（泉州）刘姓、许姓二人渡海前往台湾，在海上遇暴风雨，向"观音"许愿而平安抵台，乃捐献镇寺石狮以还愿。⑦ 此例正说明，龙山寺观音佛祖信仰的海洋性特征以及与往来于台湾海峡的闽南泉州人的关系。

台湾供奉"观音"为主尊的龙山寺都是闽南泉州晋江安海龙山寺的延伸形态。众所周知，"观音信仰"在明清时期的福建乃至江南很普遍。"观音信仰"更是渡海移民台湾谋生的泉州府民众普遍的信仰现象。不过，就其移出地闽南本土而言，安海龙山寺位于清代泉州府晋江

---

① （清）周庭瑞：《龙山寺公约碑记》，载何培夫主编《台湾地区现存碑碣图志——台北县篇》，台北"国立中央图书馆台湾分馆"1999年版，第258页。
② （清）周玺：《彰化县志》卷五《祀典志·祠庙·寺观附》。
③ （清）王兰佩：《重修龙山寺记》，载何培夫主编《台湾地区现存碑碣图志——彰化县篇》，台北"国立中央图书馆台湾分馆"1993年版，第162页。
④ 《泉厦郊商船户捐题缘金》，载何培夫主编《台湾地区现存碑碣图志——彰化县篇》，台北"国立中央图书馆台湾分馆"1993年版，第163页。
⑤ 李奕兴：《台湾的龙山寺》，台北远足文化事业有限公司2006年版，第148页。
⑥ 同上书，第146页。
⑦ 李乾朗：《鹿港龙山寺》，台北雄狮图书股份有限公司1989年版，第20—21页。

县安海（安平）镇，远离晋江安海镇的惠安、同安、德化、安溪①与永春的民众虽普遍信仰"观音"，则不太可能普遍奉祀龙山寺"观音佛祖"。南安县的水头、官桥一带与晋江县的民众因比邻安海镇则会比较普遍地信奉龙山寺"观音佛祖"。

泉州龙山寺所在地晋江安海境内的鸿江下游连接石井江，其入海口是紧邻厦门的围头湾。晋江县境内有金井、英林、东石与安海，南安县境内的水头以及郑芝龙、郑成功故乡石井，都位于环围头湾沿岸，南安县的官桥虽不靠围头湾但与安海接壤，上述地域的民众普遍信仰安海龙山寺"观音佛祖"。围头湾"海商"是明朝后期崛起并活跃于当时海上丝绸之路东洋与西洋航路的从事海洋商业贸易的群体，其主体是环围头湾一带的民众，其代表是郑芝龙为首的海商。龙山寺"观音佛祖"信仰最先应是由环围头湾海商逐步向泉州府惠安、同安等地沿海从事海洋贸易的海商传播与扩散。因此，龙山寺观音佛祖信仰的兴盛并通过海路向台湾传播，最初应与环围头湾的晋江、南安沿岸为主的海商群体的海洋商业活动密切关系，也可以说与郑芝龙海商集团有某种联系。郑芝龙之子郑成功团队中有从事海洋商业的，其信仰安海龙山寺"观音佛祖"是毋庸置疑的。安海龙山寺相传，寺僧肇善渡海帮郑成功收复台湾，后其弟子创建台南龙山寺。② 这透露了泉州安海龙山寺"观音佛祖"信仰传入台岛与围头湾海商特别是郑氏家族有一定关系。到了清代，闽南泉州府民众移民入台，从事海洋商业贸易的人仍然秉持此前海商信奉"观音佛祖"信仰的传统，而渡海入台垦殖的泉州府南安、晋江与惠安部分沿海民众其"观音信仰"也应相同，其远离沿海的民众与同安、安溪、德化、永春迁移入台垦殖的民众的"观音信仰"与原移出地佛教"观音信仰"相同。在台湾，随着来自闽南泉州府各县的移民社会人员的交流与整合，其"观音信仰"也随之出现整合，其他原先不信仰龙山寺"观音佛祖"的"观音"信徒，也整合进龙山寺"观音佛祖"信仰圈。台南龙山寺、凤山龙山寺、淡水艋舺龙山寺乃至淡水沪尾龙山寺其信众

---

① 在台湾的安溪人普遍信仰"清水祖师"。
② 泉州安海龙山寺有《龙山寺大典》，寺方认为，在明代有僧人随郑成功入台并建寺庙的记载。其可靠性虽可质疑，但郑成功团队有信仰龙山寺"观音佛祖"者则无疑的。

都来自南安、晋江与惠安三县，沪尾龙山寺的创建年代虽晚，但它是艋舺龙山寺的延伸。到了乾隆末，在彰化鹿港创建龙山寺时，创建者与信众则扩大为南安、晋江、惠安、同安、德化、安溪、永春七县。这体现了随着泉州府入台移民社会的整合其观音信仰也随之整合。因为在民众眼里，信仰"观音"与信仰"观音佛祖"并无差别，鹿港龙山寺观音佛祖的信徒由此前泉州"三邑"扩大至"七邑"，大致就是基于这种意识。不管是三县还是七县的民众，从事海洋贸易的商人是其信徒中最虔诚者。应该说，安海龙山寺"观音佛祖"信仰既是"闽南泉州族群"认同的象征符号，也是闽南泉州族群通过海洋向台湾拓展以及从事海洋贸易活动的保护神。

  总而言之，泉州晋江安海龙山寺的"观音佛祖"信仰，随着闽南泉州族群的海洋活动与海洋贸易而扩散传布。台湾龙山寺是闽南泉州族群的海洋活动与海洋贸易的产物。台湾龙山寺佛教宗派属禅宗，但不重修持，侧重面向社会信众的信仰与祈求，并配祀民间神灵，这与泉州安海龙山寺相同。台岛五座龙山寺兴建、修葺均赖闽南泉州族群在台从事海洋贸易的海商群体——郊商，换言之，闽南泉州族群在台海商是其创建、修葺与信仰主体。泉州海商的龙山寺观音信仰传统则承袭了明末泉州围头湾海商的"观音佛祖"信仰传统。"观音佛祖"信仰给搏击在海洋丝路上的泉州在台海洋商人群体"郊商"[①] 以安慰、信心与勇气。

---

 ① 闽台泉州族群的海洋商人在海洋丝路上闯荡，上至辽东湾，下至东南亚。

浅析观音菩萨信仰在缅甸的传播与传承

新加坡李氏基金会　Daw Win（杜温）

一　前言

佛教的起源国是印度。佛教从印度又分几个路线向外传播，主要可以分为三大系统：一是北传佛教，以大乘佛教为主，大多分布在中国，由中国再传至日本、朝鲜、韩国、越南；二是南传佛教，大多分布在斯里兰卡、缅甸、泰国、柬埔寨、老挝；三是藏传佛教，俗称喇嘛教，主要分布在中国西藏地区。

缅甸佛教发展及传播过程中，不难看出大乘佛教与小乘佛教的相通之处。它们都源于释迦牟尼创立的佛学，都参禅念经，所穿的袈裟也相近。但是彼此之间也有不少差异（本文不讨论具体的差异）。在缅甸，小乘佛教是国家的宗教，持五戒是缅甸佛教徒修持的最基本的礼仪。信奉观音佛祖被视为大乘佛教之宗教行为。本文拟浅谈观音菩萨信仰在缅甸的传播与传承。

二　观音菩萨信仰在缅甸的传播

观音，又称"观世音"，梵文 Avalokitesavara，又译为"观世自在菩萨"，缅文译为"世尊"（Lawkanat）。大慈大悲的观世音菩萨是中国民间最受崇祀的一尊菩萨。在缅甸，华族闽人称它为佛祖，当地缅族人称它为（大乘佛教之）Guan Yin mae – daw。

（一）观音菩萨信仰何时传入缅甸？

观音菩萨信仰传入缅甸之具体的年代难以考证。在今卑谬茅莎[①]一带曾经发掘古缅甸骠国之旧址，出土的考古文物当中已有观世音的青铜像。考古专家证明观音信仰（大乘佛教）可能在比蒲甘王朝更早的时候就已经传入古缅甸骠国（公元前220年至公元832年）。骠国败于南诏（大理国），而后被缅族建立的蒲甘所取代。

缅甸华裔杜诚诰[②]1897年曾担任考古局局长一职，1906年他发表了一篇文章"Chinese Words in the Burmese Language"，他认为缅语中16个有关佛教的词汇不是直接来自印度巴利文和梵文，而是来源于中国的大乘佛教。他得出的结论是，在公元后的几个世纪，中国僧侣在卑谬和蒲甘用中文传播佛教。与此同时，印度僧侣用梵文传播佛教。

蒲甘王朝时期，观音信仰与小乘佛教和印度教并存。已故缅甸考古局碑文处主管吴鲁佩温博士于1957年曾经以他在考古局工作的经验撰写了一篇文章《缅甸佛教绘画》。通过蒲甘寺内的壁画，他发现蒲甘历代统治者在宗教事务上曾容许印度教、大乘佛教以及原始佛教（小乘佛教）同时并存。大乘佛教传入上缅甸后曾经有一个时期和上座部佛教（小乘佛教）同时兴盛。由此可见观世音信仰已渗入蒲甘人的生活当中。例如，蒲甘Myinkaba地方的阿卑耶达那寺（Abeyadana Temple）[③]、台因摩兹寺（Theinmazi）[④]一系列的壁画中可以看出，这些佛教艺术受印度婆罗门教、大乘佛教及上座部佛教等的影响。根据佛像手中所持的法物，可以认出其中有金刚手、莲花手、观世音、文殊师利等菩萨。纳伽耶寺（Nagayon Temple）中有一些值得注意的壁画作品，描写天神请求佛陀宣说《吉祥经》（*Mingala Sutta*）、《慈经》（*Metta Sutta*），还有佛本生故事等。

---

① 卑谬茅沙是骠国遗址，位于卑谬东南8公里处，离仰光市5个小时车程的地方。Pyay City Hmawza Village, then Pyu capital Thayekhittaya (Sri Ksetra), UNESCO World Heritage Site.

② Taw Sein Ko, *Twentieth Century Impression of Burma*, Rangoon: Lloyds Greater Britain Publishing Co. Ltd., 1910, pp. 100 – 101.

③ Department of History, University of Rangoon, *Glimpses of Glorious Pagan*, Rangoon: The University Press, 1986, pp. 43 – 44. (see wall – painting image of Avalokitesavara seated on lotus at p. 44)

④ Mediaeval Burmese Wall – paintings from a temple at Pagan now in the Hamburgisches Museum für Völkerkunde, Hamburg（在德国博物馆的缅甸蒲甘台因摩兹寺内的壁画）。

(二) 观音信仰在华人中传播的历史阶段

观音信仰在缅甸华人中的传播可总结为以下几个历史阶段。缅甸王朝时期，随着中缅陆路丝棉贸易之华商传入上缅甸；英属缅甸时期，中缅之间的交通经海峡殖民地的海路形成，通过帆船贸易观音信仰与其他民间信仰一同由缅甸南部传入仰光，再往北传播到一些交通便利、贸易兴旺的城镇；20 世纪中期，中缅之间的陆路交通恢复，大乘佛教经典（观音经文）又通过华僧传入仰光；缅甸独立后，特别是 1988—2010 年军政府执政期间，中缅关系密切，通过勃固观音寺宏海法师弘法，观音信仰传播又一度发展起来。

缅甸阿瓦王朝时期，特别是元、明、清三代，中缅两国发生好几次战争，彼时陆路交通更为便利，这促使民间贸易往来频繁。最初华商随身带着家乡之观音菩萨香灰，希望佛祖能保佑其在缅经商顺利，并能平安返回中国家乡。后来，这些华商逐渐定居缅甸，在当地形成华人集聚的"Tay-oke–dan"或唐人街，他们建起寺庙把随身带的香灰供奉起来。

以观音佛祖为主神的观音古刹具有历史象征性。如阿瓦洞缪观音寺（1773 年）自古以来供奉观音菩萨为主神。该寺位于缅甸古都阿麻罗补罗，距今曼德里城南三英里。原有的观音寺旧庙兴建于清廷与缅王议和后四年——乾隆三十八年（1773 年），它象征了清缅战争后，中缅两国恢复"丝棉往来，裕国通商"。

阿麻罗补罗是缅王孟陨（1782—1819 年）的京都。孟陨原建都阿瓦，一年后迁都于此。D. G. E. Hall 所著的《欧洲与缅甸》一书提道："十七世纪中叶，中国丝绸及其他商品已大量由陆路输往缅甸，驴马队多至三四百辆，驼驴可达二千只，当时设立在阿瓦的荷兰厂商，也和华侨商人建立了密切关系。"老华侨当时称阿麻罗补罗王都为阿瓦。另外，据《重建观音寺碑文》："阿瓦城观音寺可溯至乾隆三十八九年汉兵奏凯后，继以两国修睦，商人渐进，丝棉往来，裕国通商。伊时地广人稀，建立斯寺，已觉室小殿窄，只供石胎佛像菩萨一尊。越数年，商人鱼贯而入，客货兼次宏通。至嘉庆十五年，一经烛融，殿宇菩萨概行被毁。续即处祷重建，稍加前商原建一观音殿，仍奉石胎菩萨，增供财神、武侯诸圣，已叨庇荫……"

18世纪末19世纪初英属缅甸时期，英国殖民者规划建设仰光市，需要大量劳动力，大批广东人和福建人涌入仰光，大部分都聚居在广东大街和海滨街一带，形成了以广东大街为中心的仰光唐人街。这个时期，帆船载重量不超过五十吨即可享受英殖民地的免税政策，这吸引了中国帆船来缅贸易，仰光与中国、东南亚之间海路帆船贸易形成，商贸往来频繁。它们都显示了缅甸华人与中国、东南亚华人命运相连，他们根据不同时代的国家政策和环境的变化共同去开创赖以生存的商贸机会。

以观音佛祖为主神的观音古刹是地域性的。如仰光唐人区有两座古刹——广东观音古庙（1824年）和庆福宫（又称福建观音亭，1861年）[1]，是缅甸华人陆路和海路移民路线的标志。仰光广东观音古庙和庆福宫，就是在这种特定的历史背景下兴建的，都奉祀观音菩萨为主神。前者是广东人捐建的；后者是缅甸、海峡殖民地、中国厦门等地的十方船户共同捐建的。两座古刹均被缅甸宗教部定为当今仰光唐人区的宗教文化遗产。

这个时期，除了仰光，不少缅甸华人也选择移居交通方便、便于讨生活的城市。如缅甸最后一个王朝的京都——曼德里，仰光至曼德里南北交通线上的城市——东吁，仰光至蒲甘交通线上（伊洛瓦底东岸）的城市——卑谬。在这些城市华人寺庙犹如雨后春笋般地建起，如曼德里福庆宫（1879年）、卑谬福莲宫（大约1890年）、东吁福元宫（1891年）。这些庙宇都以奉祀观音为主神，而且与仰光庆福宫连成庙宇网络。

20世纪中期，许多华僧经缅甸去印度朝拜佛教圣地，有的甚至在仰光大金塔附近建庙居留缅甸。以"观音"命名的华僧寺院有十方观音寺和达本观音山。这些寺院的僧侣通过念诵佛经的方式传播观音信仰以及大乘佛教的经典。

缅甸独立后，20世纪90年代缅甸军政府执政时期，仰光省附近的勃固省又出现了新式的现代观音庙，如勃固观音寺住持宏海法师在附近城镇弘法。近几年华裔兴建了许多新观音庙，如勃固观音寺（1990年）、良礼彬福林宫、本德沙市南辉观音宫、帕道埠福林宫。

---

[1] V. C. Scott O'Cornor, *The Silken East*, Volume I, London: Hutchison & Co., 1904, p. 78; See also Jayde Lin Roberts. *Mapping Chinese Rangoon*, Seattle and London: University of Washington Press, 2016, pp. 51–70.

(三) 观音宗教文化

观音宗教文化主要表现在观音信仰的基本礼仪、神力的崇信和修持上，如供奉观音佛像，数佛珠诵念观音圣号"南无观世音"，念大悲咒，礼拜等。神力的崇信表现为在观音佛祖前掷杯珓，抽观音签。

华人社群宗族血缘和地域组织是以供奉神佛、观音菩萨的宗教形式存在的。福建人有在海滨街只荷坦街与18条街段街口的福建观音亭（庆福宫）；广东人有在广东大街百尺路与20条街段街口的广东观音亭（广东观音古庙）。这两座庙开放给善男信女求神问佛、祈求保庇平安，具有无上权威。

人们经商做事大都是要"请示"佛祖观音菩萨允许的。例如：庆福宫信托部原先由邱氏家族管理庙宇事宜，1894年该庙董事长邱台根过世，其长子邱瑞轩把所有文件及印章委托6个姓氏公司（陈姓颍川堂、苏姓庐山堂、李姓陇西堂、杨姓植德堂、林九龙山堂、邱曾二姓龙山堂）轮流管理，在观音佛祖前掷杯珓，择定轮值姓氏。后来，庆福宫信托部发展为由24姓组织的代表管理，24姓之家长们至今仍然按照先辈传下来的惯例在观音佛祖前掷杯珓，择定各姓氏的轮值年，管理庙宇事宜，如举行观音佛祖慈航普度众生仪式庆祝中元节等。①

(四) 观音世俗文化

在缅甸，观音世俗文化主要表现在文学、艺术、民俗等几个方面。

1. 文学

缅甸有关观音的文学体现在对联、碑文、诗记等。例一，康南海题阿瓦观音寺联：

> 把袂尽同乡，会比龙华，恰逢人海无争，佛天皆喜；驱车来异域，迹留鸿爪，常记三生缘旧，一宿情深。②

---

① 《庆福宫举行中元节祭祀仪式弘扬中华美德》，缅甸《金凤凰》（中文报）2015年8月28日。

② 《庆福宫百周年庆典特刊》，仰光：1961。

例二，仰光广东观音古庙第二次重修时的捐题碑记（1892）："……盖闻莲座起慈云，万顷波涛平海国；桃园生秀色，千秋义勇壮山河。三圣之灵爽，实式凭焉。……我粤省旅人之寄居北省各山芭，鼎建三圣宫，崇奉观音菩萨、天后元君、关圣帝君诸尊神也，迄今数十年于兹矣。……"[①]

例三，缅甸行诗记《仰光印象》[②]："细雨笼城人笼纱，满眼绿树映金塔。沿街拖鞋踏热浪，四处脸上绘黄花。佛寺灿灿迎旭日，民舍幽幽掩晚霞。仰光河旁观音庙，坐久忘却在谁家？"

2. 艺术

观音信仰已成为缅甸人生活的一部分，对佛教艺术和手工艺术有较大的影响。如蒲甘壁画、观音庙宇塑像、大理石观音雕像、黑木观音雕像、花梨木观音雕像；手工艺品有玉石首饰、漆画、珠宝画和挂毯等。

缅甸资源丰富，盛产各种木、大理石、金、玉石和珠宝。许多艺术家和工匠都采用观音作为艺术题材。根据不同时期观音信仰的传播与发展，这些艺术作品的风格多多少少都受印度化观音、中国化观音和缅甸佛教的影响。例如：蒲甘壁画里的观音图画偏印度化；阿瓦观音寺内的大理石观音雕像偏缅甸佛像；庆福宫的黑木雕观音像，广东观音古庙的金制观音雕像，近代建的勃固观音寺（1990年）院内的大型水泥观音塑像，风格都不一样。

3. 民俗

缅甸华人信仰观音至今还流传着不少风俗习惯。

善信们视观音为母性。他们有的把孩子给"观音佛祖妈"做契仔女，结婚也有到观音亭敬神拜天地的习惯。

每逢中国佳节，如春节、观音宝诞、中元节、中秋节等，观音亭人山人海，只见人头攒动，为求添福寿、多发财，争向佛祖妈乞贷"红龟糕"（绿豆沙馅制成的龟壳形糯米糕）。当日观音佛祖前的大桌上摆满上千个"红龟"，只要善信一掷杯，看佛祖允许借几个，求者就可以拿走几个。

[①] 《仰光广东观音古庙一百七十九周年纪念特刊》，仰光：2002。

[②] 2004年7月14日至8月18日，云南大学教授余建忠跟随云南省侨办郭主任赴缅甸讲学，沿途所见之笔记。《朱波吟草》，仰光朱波吟社2005年版，第121页。

但是求者得许愿信守来年数倍或加倍归还，其倍数也得征求佛祖妈的同意。①

三 观音信仰在缅甸的传承

（一）家庭奉祀观音的传承：缅甸化

在缅甸，80%的国民信仰佛教。根据英属殖民地时代英国人写的著作，早期华人在自家大堂面向大门的神龛奉祀土地公，也有以过世的父母祖辈的像作为祭祖灵位等。现代的华裔大都已经缅化，他们继承祖辈遗留下来的神龛供奉土地公以外，还奉祀观音菩萨、弥勒佛，他们一般把华式神龛安在面向大门的方位，还像缅甸人一样在自家客厅朝北或朝东的方向设释迦牟尼佛龛。

缅甸人的家里把观世音菩萨作为"Guan Yin mae – daw"来供奉，把观音瓷像供在释迦牟尼佛龛的下面，与缅甸民间信仰中的"bo – daw"和"du – ra – tati mae – daw"（类似华人民间信仰之"文昌公"即可以保佑孩子学业之神）供奉在一起。

（二）公众集体仪式传承：本土化

早期华人举办祭拜仪式不是单一地只拜观音菩萨，而是与民间神明一起奉祀。英属殖民地时代，仰光广东观音古庙建庙初期是一座外观像仓库的建筑物，该建筑物内供奉观音菩萨、天后妈祖以及关帝君等三尊神。②当时在仰光的广东人过农历春节，除夕夜就有举行祭拜之仪式。据英属殖民地时代当日值日军官 Captain Bennett 上尉的报告：1825年2月27日，即中国春节之除夕夜，他听到一阵杂乱的爆炸声，便带领巡逻队到一座外观像仓库的建筑物处探查其原因。他们看到了一场滑稽的、宗教性的、欢乐的、处理良好的、正处于高潮状态的除旧迎新仪式。"厅堂两侧，均由中间隔开，可供众人自由走动。左边及右边的角落，都有桌子，上面摆放着各种水果及蜜饯，及最醇香的热茶。厅堂的末端顶上，有三个神坛，点

---

① 冯励冬：《缅华百年史话》，香港缅华互助会2002年版，第18页。
② 1864年仰光广东观音古庙重修之劝捐序文。

燃着蜡烛。在神坛上端放着青铜象（bronze elephants）及其他神圣对象。这些华人轮流向每座神坛叩拜，急速地念着祈祝之词或其他之语，从他们毫无表情的面容，我实在无法解读。以后他们即燃烧金银纸宝，让纸灰落入附近的瓮内……"

公众集体祭拜观音及诸神之仪式代代相传。如过农历春节、观音宝诞、中元节、清明节。随着不同时代不同政府的执政，大型祭拜观音的仪式已经本土化，如庆福宫一百五十华诞庆典（2011年）。

2011年11月9—13日，庆福宫举办一百五十华诞庆典。11月9日，给151位老人布施，每人领取五万元缅币和一大袋礼品。11月10日，建德总社昆仲叩拜玉皇大帝、观音菩萨及诸神明，还奉上八篮果品、八大包金银纸。每篮果品皆书贺词如"恭祝诸神明千秋，祝贺庆福宫一百五十周年盛典"，下书"神恩庇佑，造福侨民"或"佛光普照，泽被众生"，等等。11月11日，庆福宫信托部代表们全体着西装齐聚庆福宫大门前，迎接前来道贺的各姓氏宗亲们，拜过观音菩萨和玉皇大帝后在宫前集体合影，舞龙队在场上翻腾献技，缅甸华界仅有的一支巨轮社铜乐队锣鼓喧天前来道贺。代表剪彩，彩球升空，掌声雷鸣，开启了庆典序幕。仰光各寺庙华僧四十二位在前，比丘尼二十二位在旁，善信在后，诵经祈福，梵音高诵，信托部24位代表坛前跪拜，场面庄严。11月12日，庆福宫前又是另一番景象，布置装潢如缅甸人作大布施的场面，宝幡法器，布施用品，一应俱全，信托部代表们全体缅式盛装打扮，延迎缅甸国家僧侣大法师协会主席高僧暨轮值十七位法师及十八位比丘尼开坛诵经，听经闻忏后，信托部代表们用银壶往银瓢里注圣水，并向众人抛撒泡米和纸钱，以表示功德圆满。庙前这一景象，让人体会到华人接受（小乘）佛教，并成为其生活的一部分。

四　观音信仰为何可持续传承与发展

观音庙是华族方言社群的归属集聚点，也是以神缘建构的社交网络。早期华人先辈通过兴建观音庙建立商贸合作伙伴关系并拓展庙宇网络，当初以神缘建构的华侨社团演变成现代的庙宇管理组织，而且通过举办集体祭祀仪式把其他地缘、血缘组织连成神缘网络，因而不仅弘扬了中华美德，而且使观音信仰可持续性地传承与发展。如阿瓦洞缪观音寺成为云南同乡会下属之庙宇；庆福宫成为旅缅福建同乡会下属之庙宇；广东观音古庙成为广东公司下属之庙宇。

观音庙不分种族不分宗教，为民众提供开放、包容、和谐的宗教中心。如勃固观音寺每年庆祝中国农历春节时，都有布施者做善事提供食物和饮料，与当地居民来庙共享。

观音庙通过学习华文佛经，弘扬观音文化。据福庆观音庙佛经学校颁奖礼诗[①]："福旅同侨供观音，庆祝圣诞弘佛心，佛法无边常庇佑，经教万民惠古今。学届业成行庆典，校培英才誉学林，颁勘学子继奋志，奖优毓秀迎春临。"瓦城福庆宫观音庙佛经学堂，学生不限于华人子弟，任何人都可以来学华语，但学习华语前必须念佛经，通过念佛经也可以弘扬观音经典。

上述文中已提过观音信仰深刻影响着缅甸佛教艺术和手工商品艺术，不仅如此，观音信仰已深入缅甸人民生活当中，成为缅甸民间信仰的一部分。民间信仰是广大民众累积的心理积淀，为广大民众所认同。缅甸人尊称观音菩萨为"Guan Yin mae‐daw"，称观音庙为"Guan Yin pay-akaung"。近几年，缅甸佛塔有供养"Guan Yin mae‐daw"，如仰光市的Sule Pagoda、Botataung Pagoda、Moe Kaung Pagoda 分别都有供养观音的现象，并与缅甸民间女性神一起奉祀。（"mae‐daw"在缅语里是指圣母，是对母性的尊称。）女性观音的内在素质可能符合缅甸佛教信众的心理需求。

综上所述，观音菩萨信仰不只限于缅甸华人的民间信仰，而且深入缅甸人民的民间信仰中，成为缅甸人民每天礼佛的一部分。因此，观音信仰在缅甸代代相传并且可持续发展。

参考文献

V. C. Scott O' Cornor, *The Silken East*, Volume I, London: Hutchison & Co., 1904.

---

① 瓦城（Mandalay）李璜珀笔，朱波吟社 2005 年版，第 151 页。

Arnold Wright, *Twentieth Century Impressions of Burma*, Rangoon: Lloyds Greater Britain Publishing Co. Ltd. , 1910.

Department of History, University of Rangoon, *Glimpses of Glorious Pagan*, Rangoon: The University Press, 1986.

The Irrawddy, "Patrick Boehler", *A Taste of Chinatown.* 28 June, 2013.

K. J. Whitbread (cited), *Mediaeval Burmese Wall – paintings from a Temple at Pagan now in the Hamburgisches Museum für Völkerkunde*, Hamburg, Retrieved from oriens – xtremus. org > uploads > 2016/08.

Jayde Lin Roberts, *Mapping Chinese Rangoon*, Seattle and London: University of Washinton Press, 2016.

吴鲁佩温著，方敦译：《缅甸佛教绘画》"Buddhist Painting in Burma", *The Light of the Dhama*, Rangoon: the Union of Burma Sasana Council, Vol. IV No. 4, 1957, pp. 7 – 13（自1957年10月份缅甸法光杂志）。

冯励冬：《缅华百年史话》，香港缅华互助会2002年版。

《庆福宫百周年庆典特刊》，仰光：1961。

《仰光广东观音古庙一百七十九周年纪念特刊》，仰光：2002。

《庆福宫一百五十华诞特刊》，仰光：2011。

《庆福宫举行中元节祭祀仪式弘扬中华美德》，缅甸《金凤凰》（中文报）2015年8月28日。

十六世纪末朝鲜士大夫在异国的佛教经验

——以鲁认与姜沆为中心

韩国东国大学中文系教授、北京语言大学客座教授 朴永焕

一 朝鲜朝廷极端的佛教政策

将性理学作为自己护身符的朝鲜王朝与士大夫积极推行排佛与废佛政策。太祖时全国只留下242座寺庙,其他全部被废除。根据金煐泰教授的分析:太宗朝开始正式钳制佛教,至太宗七年(1407年),将十一个佛教宗派合并为七个宗派[1],原来寺院所有的田地和奴婢归属于国家,严格实施度牒制;到了世宗六年(1424年),朝廷无视各个宗派思想与理念的差异,把七个宗派合并为禅、教两个宗派[2],然后禅、教两个宗派各承认18个寺院。其他寺院都废除了,原来属于寺院的众多田地都强制归属于国家。到1461年世祖朝时,为了翻译和刊行佛经,虽然一时设置了"刊经都监"[3],但是十年后,至成宗朝时重新确认了儒教统治理念,并于1471

---

[1] 当时佛教十一个宗派有曹溪宗、天台疏字宗、法事宗、摠持宗、南山宗、华严宗、慈恩宗、始兴宗、道门宗、中道宗、神印宗等。至太宗七年,将十一个宗派合并为七个宗派:把天台疏字宗与法事宗合并为"天台宗";把摠持宗与南山宗合并为"摠南宗";把华严宗与道门宗合并为"华严宗";把中道宗与神印宗合并为"中神宗"等。因此有"曹溪宗""天台宗""摠南宗""华严宗""慈恩宗""始兴宗""中神宗"等七个宗派。金煐泰:《韩国佛教史》,경서원(首尔,2008年),第448—453页。

[2] 因此将"曹溪宗""天台宗""摠南宗"合并为"禅宗";同样又将"华严宗""慈恩宗""始兴宗""中神宗"合并为"教宗"。金煐泰:《韩国佛教史》,경서원(首尔,2008年),第448—453页。

[3] 《世祖实录》卷24,世祖七年六月十六日:"初设刊经都监,置都提调、提调、使、副使、判官。"

年废掉了"刊经都监"①。

　　成宗（1469—1494年）反佛意识非常烈烈：一方面他完成并施行了被誉为"国家的立国磐石"的《经国大典》，此中充分体现出儒教理念，同时颁布了许多限制僧侣寺院的法规。根据《刑典·禁制组》，僧人进入都城，被杖刑100台，永属所居邑奴婢。②又"都城街路，僧徒乘马横行，甚不可。自今两宗判事、老病者外，僧人骑马一禁"③。违犯禁止在都城里骑马的，被罚六十杖；如果儒生与妇女去寺庙，各罚一百杖；如有将私人奴婢和田地捐给寺院者，先把他论罪后，奴婢和田地强制归属于国家。另一方面，禁止所有寺院的创建，连旧地重建也不允许。而且亦禁止太祖以来一直延续下来的国王诞日祝寿斋。又以节约费用、男女之间伤风败俗的理由，禁止四月初八都城内的燃灯节。从《成宗实录》记载的"僧徒本非正道，而闾阎又非其所，何以肆行乎？"④中也可以了解到成宗的佛教观。通过下面这件事情，可以知道成宗的辟佛程度：成宗二十年（1489年）废除都城的比丘尼寺院时，由于他母亲仁粹大妃的保护，并造佛送于"净业院"，成宗不得不留下"净业院"。然而成均馆的儒生们竟然大胆地烧掉了仁粹大妃造的佛像：

　　　　仁粹王大妃尝造佛送于净业院，儒生李鼇等取其佛像而焚之。司成李文兴欲罚其儒生，司成金䃴曰："儒生辟佛，有何不可？"大妃闻之，转启欲鞫问李鼇等。上辞曰："此事虽自外而闻，若推鞫儒生，则台谏必言之。况自内间闻之而命推儒生，非人君之政也。"大

---

① 《成宗实录》卷13，成宗二年十二月五日："命罢刊经都监。"
② 김순석，『백년동안 한국불교에 어떤 일이 있었을까』 (서울,운주사)，27 쪽。何时才解除了僧人禁止出入都城呢？朝鲜王朝接受日本日莲宗僧侣佐野前励的建议，当时总理大臣金弘集、内务大臣朴泳孝向高宗奏请，1895年3月29日才解除了"僧徒入城旧禁"。
③ 《成宗实录》卷56，成宗六年（1475乙未/明成化十一年）六月二十二日（己亥）条。
④ 《成宗实录》卷200："儒生妇女上寺之禁，着在令甲，尼社亦寺耳，寡妇与尼昵交，或有丑声，请痛禁之。"……李均曰："世宗朝，僧人欲见父母者，必变缁服、着草笠而后入城中，今则或为商贩，肆行闾阎，大不可。"上曰："僧徒本非正道，而闾阎又非其所，何以肆行乎？禁入城市，已有其法，但宪府不举行耳。承旨其以此意，传于宪府。"成宗十八年（1487年丁未/明成化二十三年）二月三日（癸酉）条。

妃不能强之。①

从"儒生辟佛，有何不可？"中可以了解到当时士大夫们的宗教观。愤怒的仁粹大妃要求处罚儒生们，但是成宗不仅没有处罚他们，反而严格地区分内外之事，拒绝了母亲的要求。可见，虽然儒生冒犯了大妃，但成宗认为儒生辟佛之行为比孝道更重要，这里充分体现出了其儒教治国的理念。

虽然成宗实行斥佛政策，但是形式上还存在禅、教两宗都会所设置制度与僧科制度。然而到燕山君时期这些两宗制度、僧科制度基本上处于有名无实的状态。而且燕山君十年十二月，兴天寺、兴德寺连续发生火灾，不到一年，两宗都会所消失了。②之前，"移兴德寺于圆觉寺"③。原来教宗都会所圆觉寺废除之后④，至第二年（燕山君十一年）把它改为妓女教育之处⑤；又禅宗都会所兴天寺改为养马之处⑥。由此可知，从世宗六年（1424年）到燕山君十年（1504年），维持80多年的禅教两宗制度，至燕山君十年之后，完全有名无实，面临着无缘无故消失的危险了。中宗朝也是如此，朝廷对佛教仍有极端的观点："臣等谓人君立法之本，在于正心术，正心之要非一，而其实莫急于斥异端卫吾道而已。知异端之害吾道，而斥之不严，则反以害吾心，古人所戒，发于政害于事害于心者此也。"⑦保持我们"正心"的关键在于"斥异端卫吾道"，一定要严格地排斥佛教，不然反而"害吾心"。因此中宗二年（1507年）正式合法废除了有名无实的僧科制度，将两宗的奴婢与田地，移属于内需司⑧，接着禅、教两宗的名称也消失了。

---

① 《成宗实录》卷228，成宗二十年（1489己酉/明弘治二年）五月十一日（戊辰）条。
② 燕山君十年十二月九日："兴天寺灾，前岁兴德寺灾，与兴天寺俱在都城中，称两宗，未周岁皆灾。"
③ 燕山君十年七月十五日。
④ 燕山君十年十二月二十六日："且圆觉寺在国中，虽世祖所建，亦是一时之事，非万世之法。亦非补国、延祚之场也，宜黜其僧徒，而空其寺，国家有事，则用之可也。"
⑤ 燕山君十一年二月二十一日："移掌乐院于圆觉寺。"
⑥ 燕山君十一年五月二十九日："命号大内养马所曰，龙厩；内司仆曰，麟厩；兴天寺曰，骥厩。"
⑦ 《中宗实录》卷10，中宗四年（1509己巳/明正德四年）十一月十五日（癸酉）条。
⑧ 《中宗实录》卷2，中宗二年四月七日条。

又废除了《经国大典》里的"都僧条",这是一条由国家来认定出家的条例,同时也是国家认定佛教的象征。废除这一条法律,意味着朝鲜王朝没有保护佛教的法律,正式出家当法师的途径也完全消失了。因此朝鲜中期以后韩国佛教连宗派的名称也被剥夺了,只有作为无名宗派的山僧身份延续了下去。[①] 可见,在朝鲜士大夫们看来,佛教是与儒教不共戴天的异端,儒家的这种观念一直延续到朝鲜末期。

二 从被俘虏到日本佛教经验

(1) 鲁认的日本佛教经验

万历二十年(1592年)四月十三日,倭兵二十余万人,驾海而来,侵略朝鲜半岛,史称"壬辰倭乱"。鲁认时年二十七,承父命勇往[②],就权栗与之募义,义兵云集,战此有功。至1597年,日本再次侵略朝鲜,史称"丁酉再乱"。鲁认在南原战斗中被俘虏并押送到日本。《锦溪集》里面详细记载了其被俘的情况:

> 时天将杨元,阵于南原,为贼所围。公自宜宁,轻骑往觇,则贼势甚炽,外援未及,天将突围已走稷山矣。士卒星散,道路又塞,欲归报元帅而势无奈何。猝遇众贼,围之数重,公单枪奋击,南出十里许,则大雾四塞,追贼又至,忽为疾矢所中,顿绝方苏,彼虏突入束缚,牢囚丑阵。

南原战斗发生于八月,鲁认试图帮助明朝将军杨元[③],但当时杨元已经突围到稷山了。至于鲁认,士卒分散,道路封塞,无法通报于权栗元帅。他一个人奋力击敌,但大雾蔓延,因而中箭被俘。经过对马岛、壹岐

---

① 金煐泰:《韩国佛教史》,경서원(首尔,2008年),第450—451页。
② "权光州栗,以世谊有素,知公胆量,贻书曰:'国家遭艰,臣子当死。'公以告七十老父,父曰:'主辱臣死,义之当然,汝须趣装赴召。'"(《锦溪集》卷三)
③ 当时明朝给杨元三千兵力,让其镇守南原。在南原之战中,杨元以3000人誓死抵抗小西行长的将近50000日军,最终带领剩余部下突围。但是回国之后,被麻贵以战败之罪,押解至辽阳,斩首。

岛和中津村，花了6天时间才到伊豫州（今日本四国）的浮穴。① 当时伊豫州地区是不少朝鲜俘虏的居住地。"是伊豫州之浮穴云，我人被掳先至者，已尽化为倭形，见公号泣，冤惨千般，耳不忍闻，目不忍见。"（《锦溪集》卷三）后于鲁认被俘虏去日本的朝鲜士大夫姜沆所写的《看羊录》② 里也有类似的记录。如：

> 又翌暮，至伊豫州之大津县，留置焉。佐渡者之私邑三城，大津其一也。既至，则我国男女前后被掳来者，无虑千余人。新来者晨夜巷陌，啸哭成群，曾来者半化为倭，归计已绝。臣暗以挺身西奔一事开谕，莫有应者。

他们两人的记录非常相似，即男女俘虏号泣冤惨，先来者已经倭化等。此外，当时当地有千余人的朝鲜俘虏，这是非常有趣的记录。因为伊豫州并不靠近朝鲜半岛，而是更临近太平洋，即位于日本本岛的后方。可以推测是为了防止俘虏逃亡而有意安排到了离朝鲜较远之处。鲁认和姜沆的记录里皆提到，早来的俘虏几乎都抛弃了回国的希望，他们"化为倭形"或者"半化为倭"，逐渐被同化了。

根据《锦溪集》，鲁认在日本滞留期间曾经三次得到日本和尚的帮助。日本和尚不仅具有一定的学问，同时对朝鲜士大夫非常友好，亦非常乐意与朝鲜士人交流和学习。譬如，鲁认刚到伊豫州，就有一个日本和尚每天早晚将饭、菜、鱼提供给鲁认。但是，鲁认不知父母的生死，推却了鱼，只吃素菜而已。"有一倭僧，以饭一器，菜一盂，鱼一尾，朝夕供

---

① "顺天左水营前洋，俘人所载船十余只，共渡安骨浦舟行三昼夜，到一陆，村家异制，衣裳亦殊，是对马岛也。又二昼夜，渡一大海，涯岸渐近，蒹葭苍苍，望见一陆，即倭之壹岐岛云。浮海五夜，去国千里，君亲消息，无地凭闻，因悲绝有诗，翌晓发船，渡一海，即西海道筑前州之残岛也。下船登陆，至于丰前州之中津村而宿焉。厥明，又渡一小海，是伊豫州之浮穴云。"（《锦溪集》卷三）

② 姜沆在九月二十三日被俘，他也从顺天出发，经过安骨浦、对马岛、壹岐岛、肥前州，最后到达伊豫州大津县。如《看羊录·疏》："押送于倭国，船发顺天，一夜昼，至安骨浦。翌日暮，至对马岛，以风雨留二日。又翌暮，至壹岐岛。又翌暮，至肥前州。又翌暮，至长门州之下关。又翌暮，至周防州之上关，所谓赤间关者也。又翌暮，至伊豫州之大津县，留置焉。"（《海行摠载》）

馈。公自以不知君亲存殁，却鱼而只进蔬食。"日记里没有记载提供的原因和理由。估计除了和尚的宗教使命之外，他们经济条件比一般老百姓优渥一些，同时也都愿意跟朝鲜士人交流和学习。

> 赞岐守一正，即丁酉之来屠罗州者，惯公而欲为仍留，待之极温。公外许款意，而内探贼情。先是，有倭僧永首佐，频来见公，而以红黄银笺纸，乞诗若笔。公遂为制给，则永师以识字高眼，大加称赏。自是倭官年少辈往往抱扇乞诗，诗成书罢，银子辄至，公以所得银子，潜买舌倭，细诇其山川险易户口强弱处。而又于永师，密问贼酋机事，登之日记，藏之夹袋。以为归国复仇之策。戊戌岁除夕，倭以荆楚旧俗，燃灯驱鬼，事神如事父母，良辰佳节，只令人悲怛。（《锦溪集》卷三）

永首佐与鲁认密切来往，从"识字高眼，大加称赏"中可以了解到永首佐学问深厚，而且在永首佐称赞鲁认的文章之后，年轻的日本官员经常去找鲁认要诗，同时鲁认通过永首佐了解和探问高层机密。可知，当时日本和尚的社会地位很高。另外，通过除夕继承"荆楚旧俗，燃灯驱鬼"（《涉乱事迹》）这些习俗还能了解16世纪末日本当时的风俗。其中，"事神如事父母"的习俗竟让朝鲜朱子学者觉得有点不可思议。[①] 除了永首佐之外，他还认识倭僧希安（一云安西堂）。

> 倭僧希安，北学而知礼者也，问公蔬食之由，公对以朱晦庵《家礼》。安叹曰："朝鲜人守法知礼，其来久矣。吾于庚寅年间，思欲一观，自中国乘舟渡海，遇风而止，今日所睹，始信前日之闻也。"公与安情好日密，愿见《日本风土记》，安出示，公誉之日记。因恳曰："今幸遇有道和尚，愿得刷还便。"安曰："朝鲜被虏人潜谋亡走，反为虚死者尚多。嗟哉，朝鲜武官李晔被俘于清正，清正待之

[①] 《疏·倭国八道六十六州图》："新罗人日罗人倭中，倭人尊事之为大郎房。及其死也，尊祀为爱宕山权现守神。掷钱米求福者，至今辐辏，神门填咽如市，清正等尤甚尚昆。盖其风俗，小黠大痴。众所尊誉，不求端讯末，而一向趋之。一番昏惑，终身不解。蛮夷之陋如是矣。"

甚款，及其亡走，发卒追捕晔，拔剑刳腹，因投水中而死，其余同党，皆为致死，为君计者，勿复出此言。"一夕，安自畿内山城而来，曰："今倭皇死，众议纷纭。明年，当更犯朝鲜，公之安留此土，幸也。"

希安不仅学问很好，也知礼，同时积极帮助鲁认，还提供了《日本风土记》等。他们之间的友谊越来越深，鲁认连想逃亡的计划也与希安商量，体现出他对希安的信赖程度。希安也诚心诚意地帮助鲁认，建议他千万不要轻举妄动，要不然就会有生命危险。此外，他还将很多高级情报透露给鲁认，如日本明年再次攻击朝鲜的计划、秀吉的死亡以及家康会继承秀吉的地位等。①

（2）姜沆的日本佛教经验

姜沆的《看羊录》里面有不少关于16世纪日本和尚的记录，也有介绍他自己与他们交流情况的。姜沆较客观地描写了这些倭僧的面貌，有时还给予了他们极高的评价。这是姜沆《看羊录》的一个突出特点，从他的记录可以了解当时倭僧的社会地位和作用。从《看羊录》的记录来看，16世纪日本和尚的情况与朝鲜完全不同，他们活动范围非常自由，而且颇具知识，也有礼貌，很同情和乐于帮助朝鲜俘虏。如《贼中封疏》一条中说：

遂以五月二十五日乘夜西出，行三日，潜憩于海上竹林中。有一倭僧年可六十余，洗身瀑布，假眠岩石。舌人潜告臣等，喜甚从僧意，僧哀叹再三，许以船济臣等于丰后。臣等喜甚。从僧下来十步之内，忽逢佐渡之部曲道兵者，领卒倭遽至，知臣之逋播也，勒还于大津城。自是之后，防禁益严。

这一段描写了姜沆一行逃亡的情景。当时，姜沆在逃亡中偶然遇到一

---

① "今皇帝统合六十六国，为六十六州，生民涂炭之极，而不意暴死，众情汹汹。又问谁其代立？曰：'大合（指秀吉）无子女，养妹之子，任关伯。分守伊势、尾张等州。大合临死，召诸将曰，后事托于家康。待秀赖（秀吉爱妾子）成立还政，然倭之性，虎欲狼贪，不可信也。'"

位和尚。这位和尚虽然是头一次见到姜沆,但是看到姜沆一行的困境后,对他们非常同情。倭僧几次哀叹后,冒着危险,勇敢出面帮助无处可依的朝鲜俘虏。在战争时期,这是非常不容易的。不幸的是,他们又被倭兵发现抓走,并被送到了大津城,从此之后他们的活动范围也被缩小了。《看羊录》里面经常提到倭僧的面貌和情况。如:

> 有兑长老者,以文字自负,曲事贼魁,至受万余石之地。臣因倭僧,得见其贼魁所作《学问记》,及与沈游击《问答书记》,则专务夸张,至曰如大明者,闻风来朝,如朝鲜者,以不义征之云,诚可痛心切骨。又有安国寺西堂者,为义智谋主,颇能文字,讥侮我国文字,多出其手云矣。(《疏·倭国八道六十六州图》)

在此可以了解到两件事。其一,从"有兑长老者,以文字自负","安国寺……颇能文字"这些记录可以知道,倭僧有一定的学问。其二,根据"曲事贼魁""为义智谋主"等可以了解到,倭僧经常做倭将的参谋,在社会上有一定的地位。关于安国寺,有这样的记录:

> 有安国寺者,倭僧也。初托身于辉元,辉元与贼魁有隙,安国者往来调剂,遂得相欢,贼魁多赏以土地,则固让不受,止受二万石之地。两番入寇为军谋,颇以机略自许,倭僧皆笑其先贞后黩,然力主讲和,自始至今云。(《疏·倭国八道六十六州图》)

倭僧安国寺,初托身于辉元,辉元与贼魁丰臣秀吉关系不好时,安国寺往来调剂,起到了桥梁的作用。同时,在两次战争中,他都是寇军参谋,可能在战争中发挥了一定的作用。所以日本佛教界对他有批评的声音,但是他从头到尾主张讲和。

《看羊录》里面经常谈到倭僧的知识方面。如"有金山出石寺僧好仁者,颇解文字。见臣哀之,礼貌有加,因示臣以其国题判,别方舆职官,该录无余,臣旋则誊写。"(《贼中封疏》)好仁和尚也非常同情姜沆一行,有礼貌地对待他们,同时提供些日本的方舆与职官情况。姜沆与鲁认都在俘虏生活中或者逃亡过程中认真收集日本方面的资料。譬如,从兑长老那里得到《学问记》及沈游击的《问答书记》，僧好仁也提供了日本方舆职官等信息。

另外还可知他们对倭寇的报仇之心和爱国之心。姜沆到了鼎鼎大名的空海和尚的故乡四国赞岐（今日本四国香川县），自然而然地就提起了空海和尚的功劳。同时还言及了倭僧的知识水平。他不仅高度评价空海和尚是生佛，同时还赞扬了其对日本语言学的贡献。另外，他还极度赞扬当时倭僧良好的性情和文字上的功底，认为他们完全超越了一般的日本人，甚至还记录了倭僧嘲笑倭将的行为。① 在他的记载中，通达算学、天文、地理方面的倭僧也是有的。

　　见倭僧意安者，倭京人也。自其祖其父，北学于中国，至意安，稍解算学天文地理，尝作土圭，以测日影。略知天地之圆方，山川之远近。尝曰："壬辰之役，倭人悉取朝鲜户曹田籍来，半不及日本田籍云。"其人木讷可信。（《疏·倭国八道六十六州图》）

从意安的话可以得知，当时日本了解了"天地之圆方"等天文知识，他们壬辰倭乱时攻打朝鲜夺取了"朝鲜户曹田籍"等资料，朝鲜田籍不到日本的一半，姜沆非常信任这些和尚所说的"其人木讷可信"。

倭僧中还有当官的和尚，年轻时跟着倭使到过朝鲜汉阳城："金山出石寺在伊豫州南三十里而远，有僧自言肥前州人也。少随朝倭，历见我国京师，尝位弹正②。年老归隐，犹食寺下田土，役其民人。见我颇加礼，以扇求诗。"更有以诗歌互赠来表示同情或赞扬对方的：

　　自此益无聊，出游城底僧舍。有一僧极加礼，赠一绝曰："初逢贤圣梦耶真，堪惜高人客里身。见月见花应有恨，扶桑国尽战争尘。"次曰："霜发雪眉刱见真，胡雏康老是前身。清诗写尽泥中恨，

---

① 《疏·倭国八道六十六州图》："有弘法大师者，赞之人也，历中国入天竺，学成佛法而归，国人谓之生佛。以倭人不解文字，依方言以四十八字，分作倭谚，其谚之杂用文字者酷似我国吏读，不杂文字者，酷似我国谚文。倭人之号为能文者，只用谚译，文字则不能知，惟倭僧多解文字者，性情与凡倭颇异，姗笑将倭之所为。"

② 弹正是指弹正台的官长，其职掌类似中国的御史台。

带剑诸奴隔几尘。"(《涉乱事迹》)

诗中以贤圣、高人等词汇来赞扬姜沆的人品，同时同情姜沆的俘虏生活说"见月见花应有恨"，因为日本是战争的祸根。对此，姜沆次韵倭僧诗歌，赞扬和尚是既孤傲又具有修养品德的人。当时有一位和尚叫"舜首座"，他唱和了姜沆的题画诗①云：

> 数茎丛菊色交奇，远客新题亦自宜。节义高秋霜露底，对花犹道是吾师。

倭僧加古画了两幅画，邀请姜沆写了题画诗。舜首座看到姜沆的题画诗后，也唱和了这首诗。舜首座似乎已经了解了姜沆的为人，将其孤傲节义的人品比喻成菊花，最后说"对花犹道是吾师"。在他心目中，姜沆已经是他的老师了。

其实舜首座是日本江户时期早期的理学领袖，曾任德川家康的教师。他曾经从姜沆学习朝鲜朱子学，成为著名的理学家，后来还俗，改名叫藤原惺窝（1561—1619年）。关于舜首座，《看羊录》有如下的记录：

> 又有妙寿院僧舜首座者，京极黄门定家之孙，而但马守赤松左兵卫广通之师也。颇聪明解古文，于书无不通。性又刚峭，于倭无所容，内府家康闻其才贤，筑室倭京，岁给米二千石，舜首座者舍室不居，辞粟不受，独与若州小将胜俊左兵广通游。（《闻见录·壬辰丁酉入寇诸将倭数》）

从此可以了解舜首座的为人和学问，他不仅聪明博学、通达古文、无书不通、性格刚峭，而且不追求世俗之荣华富贵。在他的身上可以看到超越世俗的佛僧面貌，同时也能看到博学多闻、通达古文、安贫乐道的儒者

---

① 《涉乱事迹》："倭僧加古屏上画黄白菊、女郎、牵牛花，请我题诗……又一幅画琪花、瑶草……舜首座续和题一幅曰：'数茎丛菊色交奇，远客新题亦自宜。节义高秋霜露底，对花犹道是吾师。'"

面貌，也就是佛儒融合的情况。

由此可见，根据《看羊录》的记录可以了解到当时的倭僧具有一定的学问。在两次战争中，有些倭僧做过寇军参谋，主张讲和，甚至嘲笑倭将。古代日本社会的建设方面，倭僧也曾积极地参与，"惟倭僧多解文字者，性情与凡倭颇异"；还有礼貌地对待俘虏者。倭僧不仅在社会上有一定的地位，而且品德、修养、处世待人方面也表现极佳。有趣的是，姜沆与鲁认，都在俘虏生活或者逃亡过程中认真收集了日本方面的数据，这些数据几乎都来源于日本和尚。

三 鲁认的福建佛教经验

在此，不妨通过《锦溪日记》里面的记录来了解一番16世纪末闽地的宗教观念。另外，也可以了解当时明朝士大夫的佛教观，同时还可以了解朝鲜士大夫与明朝官员宗教观的异同。

将儒学（性理学）作为最高统治理念的朝鲜王朝，建国之后一直推动排佛、抑佛政策。这种崇儒排佛的基调愈演愈烈，到了朝鲜中期以后，程朱理学思想与理念基本上代替了所有宗教理念。而当时的中国则是完全不同的景象。身为朝鲜中期士大夫的鲁认，目睹了明朝福建地区之儒、佛、道的融会情况后，感到很惊讶。其五月三日的《锦溪日记》记录：

> 晴。有一老僧，自外入来司中。杨坐营即出揖罢，分椅东西，待之极尊。言必称和尚，而请茶三椀。我怪而问之，乃乌石山正觉庵老僧。又问曰："休粮道师耶？"衙客曰："岂能休粮，但巧铸佛像者也。"盖中国待僧之俗如是矣。

鲁认看到杨坐营等衙门官吏一见到老僧就出来作揖，并分椅东西，给他赐坐，待之极尊。鲁认看到明朝有如此尊崇对待和尚的习俗，觉得非常纳闷和不满。因此第二天直接找杨坐营问理由。五月四日记录如下：

> 雨。杨坐营出坐中堂，与衙客话。我持笔砚进拜而书示曰："昨日老僧，如何道僧耶？"坐营亦以笔示之曰："虽非道僧，乃吾素善，

你何以问耶？"我示曰："虽素相善，若非道僧，不过惑诬之辈。堂堂大丈夫，必困辱而奴之者也。何必待之以礼乎？"坐营曰："贵国亦无此辈乎？"答曰："盖此辈，足下之所同有。"

于此，可以了解到朝鲜与明朝宗教思想政策不同之处。明朝在宗教思想方面基本上持三教融合、兼容并包的态度，而朝鲜王朝在崇儒排佛的国策中，仅承认朱子学，其他佛、道一律禁止，甚至连阳明学也属于排斥的对象。我们在这里还可以看出鲁认对佛教的极端观点：他不仅把一般僧人看成"惑诬之辈"，而且还把僧人看成是"困辱而奴之"的对象，认为对这些和尚不应该以礼待之。

紧接着他举朝鲜的例子来具体说明之后，得出的结论是"吾道堂堂，异端寥寥矣"（五月四日），除了自己的儒教（朱子学）之外，其他的都被看成了"异端"。《锦溪日记》里还详细记载了有关普雨杖死的情况：

中古有一道僧，挺出京山。其名宝佑，能文章，通佛经，畿民多惑焉。儒林抗章九重，明其罪状，充军于济州绝岛。知府日日酷杖，旬日之内即死。故自此异端之徒，摧挫自戢。而亿万苍生，只游于名教五伦中矣。夫何中国，以圣人之渊薮，礼义之根本，异端之盛至此！而寺塔峥嵘于城市，而缁衣横行于各衙耶？坐营曰，自梁武而后，弊痼已久。宋贤诸儒及我朝硕儒，虽极严治排斥，但风俗忠厚，只以虚文应接而已。岂可尊信那辈耶？且那辈虽有，何伤吾道哉？贵国之风若然，儒释悬殊严明。文献之称，果有所自来矣。我答曰，士君子岂喜孟浪之说哉！（五月四日）

鲁认所谓的"宝佑"，应该是"虚应堂普雨大师"，朝鲜中期明宗时期佛教界的关键人物，同时也是朝鲜中后期佛教发展方面极为重要的核心人物。明宗年幼时是由文定王后垂帘听政，在文定王后的支持下，普雨积极推动恢复已经失去的禅、教两个宗派，同时主张禅教一致与儒佛调和。

中宗二年（1507年）正式被废除的禅教两宗制度，时隔四十三年，至明宗五年（1550年），经过懒庵普雨（1509—1565年）的努力，同时在文定王后的大力支持之下，重新得到恢复，僧科制度、度牒制也得到了恢复。因此短短两年间选拔出 4000 僧侣，又实施度牒制等，同时指定 300 家寺院为国家公认的寺庙加以保护。由于 16 年的佛教恢复政策，朝鲜佛教呈现一时复兴的迹象。

然而朝鲜的儒生们一向激烈反对佛教恢复政策，主张打死妖僧普雨。至明宗二十年（1565 年），随着文定王后去世，普雨的这些恢复措施遇到挫折，最后他被贬到济州岛，最终在那里被杖死。他殉教入寂来年，即明宗二十一年（1566 年）四月二十日，普雨恢复的措施全面遭到废止①，好不容易有复苏气象的朝鲜佛教，又变为无宗团的山林佛教。

由此可以了解，16 世纪中叶朝鲜朝排佛政策的森严程度，儒生们对其他宗教思想的排斥很强烈。其实儒生的这种片面性态度在 16 世纪初已经有了。如中宗三年（1508 年）大学生蔡忱等上疏曰：

> 殿下既已命罢修创之举，而独未蒙革罢（忌晨）之命，臣等无任缺望之至……臣等不忍见祖宗之灵，屈辱于夷狄之鬼，释氏之祸，因此而益炽矣。伏愿殿下，既已命罢重创之役矣，继之以革（忌晨）之斋，罢两宗及诸寺住持等，发一国四方之群髡，悉归诸平民，使佛氏之教，复不得毁乱我圣人之道，则不惟吾道之幸，实宗庙社稷之福也。②

他们认为释氏之祸越来越多，祖宗之灵屈辱于夷狄之鬼。所以他们主张罢两宗及诸寺住持，令他们统统还俗，归于平民。因为佛教是毁乱我圣人之道的异端，一定要废除佛教，这不仅是吾道之幸运，而且是宗庙社稷之福。为了保全宗庙社稷，佛教非废除不可。中宗十三年（1518 年）司宪府大司宪李沆、司谏院司谏金希寿等合司上疏也曰：

---

① 虽然普雨复兴的措施较短暂，只有 16 年而已，但是其对后来朝鲜佛教发展之影响其大。譬如壬辰倭乱后，朝鲜朝佛教的中兴人物清虚堂休静、四溟堂惟政，他们都是普雨主管的僧科出身。金龙泰说："普雨不仅重新调整和确立禅教两宗和僧科制度等，因此培养出朝鲜佛教界新的人才。燕山君以来几乎灭绝的朝鲜佛教的人脉，由此重新得到复苏。此时国家正式认可出家的僧才，壬辰倭乱时积极参军，由于他们的功劳，朝鲜末期佛教命脉可以延续下去。"金龙泰《임진왜란 의승군의 활동과 그 불교사적 의미》，보조사상，37 집 (2012.2)，231 쪽。

② 《中宗实录》卷 6，中宗三年五月八日条。

夫道教，异端之一耳。荒怪妄诞，欺世衺天，贼吾道之甚者……日者上院烧幡之会，邪僧、妖尼，矫托内旨，诳惑愚民，此虽不出于殿下之宫中，而民或不能无疑于万一者，诚以左道之根柢，尚在于都中，而邪正之分，不能明示于万民也。而况香火之供，不绝于名刹，祈祷之祀，或施诸方外，虽欲去众疑而无群惑，其可得乎？……方今天灾地异，物怪人变，加以西北有警，天之所以警动殿下者，不一而足。殿下何不荡涤异教，扶植正道，以应天心乎？①

从道教、异端之一耳、荒怪妄诞、欺世衺天、邪僧、妖尼、诳惑愚民、荡涤异教、扶植正道等词汇和观念，可以了解当时朝鲜士大夫对其他宗教和思想的观点，即与佛、道是不共戴天的。

鲁认也完全继承这些观点，他说普雨被杖死后，那些异端之徒开始摧挫、自暴自弃，那么老百姓的教化就可以实现了。鲁认连普雨正确的法号也记不清楚，当然不用说他对佛教有了解和认知。可以说，朝鲜儒生们几乎都有这种看法。当时被称为海东贤人的李栗谷，年轻时在金刚山曾经学过佛教禅宗，但是他也在《论妖僧普雨疏》中，积极主张赐罪处罚普雨。

四　结语

鲁认等朝鲜士大夫在宗教思想方面之片面性极强，他们不仅把佛教看作要打败的对象，而且还将法师们看作应消灭的异端之徒。他们只承认儒教的"名教五伦"，不容纳道教、佛教。朝鲜士大夫把杰出佛教大师们对社会的贡献和智慧一概否定，他们孤立地、片面地过分强调了佛教对社会的负作用。所以从朝鲜儒者之立场看，僧侣是异端，同时是"惑诬之辈"，也是"困辱而奴之"的对象，是要被打败的对象。因此普雨大师终于遇到被杖打圆寂的悲惨命运。

与此相反，"中国，以圣人之渊薮，礼义之根本"，但是16世纪末闽地官员杨坐营认为，虽然宋明诸儒极力排斥佛教，但由于当地"风俗忠厚"，却拥有"那辈虽有，何伤吾道"的宽广视野和开阔心胸。这里可以

---

① 《中宗实录》卷34，中宗十三年七月二十七日条。

知道闽地官员非常尊重与重视当地风俗习惯，坚持儒释道三教包容的精神。

从《看羊录》的记录里，可以了解当时倭僧不仅具有一定的学问，同时倭僧还做过寇军参谋等；古代日本社会的建设方面，倭僧也积极地参与。所以倭僧在社会上有一定的地位，而且其品德、修养、处世待人方面表现也极佳。基本上他们都具有佛儒融合的精神。

总之，16世纪末朝鲜、明朝、日本的佛教情况不尽相同。笔者认为，明朝闽地之儒、道、佛三教调和、融会之思想特征与日本的佛儒融合的思维直接或间接地影响到当地多元化之思路与文化，其实也是统治者内部自信力的体现，表现出兼容并包的开放精神。

海陆丝绸路上的佛教传播特性及其异同略析

——兼论当代"一带一路"背景下云南与东南亚佛教交流的意义

华东师范大学社会发展学院教授 唐忠毛

一 关于佛教初传中土的海陆线路之争

印度佛教传入中国的路线,一般认为有两条,即西域的陆路传入和南方海路传入,20世纪末学术界又提出"西南丝绸之路"——即从四川的成都至滇缅道,认为外来佛教是经今缅甸、云南一线入川。[①]西域陆路、南方海路、西南滇缅道,这三条线路的存在几无异议;但在佛教最早传入的线路方面,各方都有不少支持者,并且都试图从文献、文物、造像、考古来加以论证,不过似乎各方都没有足够的证据驳倒对方。

关于佛教最初传入之争论最多的还是西域陆上丝路与南方海上丝路之争。佛教最初从陆上传入之前被中国大陆写进教科书,并对丝绸之路进行了详细的分析,指出天山南麓的龟兹(今库车)、昆仑山北麓的于阗(今和田)是当时丝绸之路的北、南两个中心,这一观点长时间以来也是大陆传统主流学者的观点。如支持这一观点的最有权威的代表人物在国内有

[①] 20世纪末,由南京艺术学院、北京大学、南京博物院和日本龙谷大学联合组成的"佛教初传南方之路"课题研究组沿长江流域对四川、湖南、湖北、江苏、广东等十个省、市、地区展开了实地考察和调查。两年后,在此次调查的基础上,由上述单位共同编著,中国文物出版社和日本龙谷大学联合出版了《佛教初传南方之路文物图录》。其中,对于不同于北方造像系统的四川什邡的塔形建筑、乐山的麻浩墓佛像等一系列的佛教造像,认为可能是从滇缅道而来。但也有学者如吴焯提出"甘青道",由甘青道而通西域。其中,最早的造像——麻浩墓佛像被认为是东汉的佛像,但其究竟为犍陀罗风格,还是抹菟罗(阮荣春观点)风格,存在不同的争议。

汤用彤先生、国外有羽田亨等。汤先生在《汉魏两晋南北朝佛教史》中对佛教入华诸传说、永平求法的传说、《四十二章经》等都进行了考证，认为佛教东渐首先经由西域之大月氏、康居、安息诸国而来东土，其交通多由天山南北、昆仑山北麓而来。汤用彤说："佛教东渐首由西域之大月支、康居、安息诸国，其交通多由陆路，似无可疑。"①

主张佛教最早由海上传入者，认为佛教初传线路是由印度，通过海上丝绸之路，传至交州，经广州及中国东部沿海等地，再传入内地。较早的代表性人物是梁启超、冯承钧等人，梁启超在《佛教之初输入》一文中说："向来史家为汉明求法所束缚，总以佛教先盛于北，谓自康僧会入吴，乃为江南有佛教之始，其北方输入所取途，则西域陆路也。以汉代与月氏、罽宾交通之迹考之，吾固不敢谓此方面之灌输绝无影响，但举要言之，则佛教之来非由陆路而由海，其最初根据地不在京洛而在江淮。"②梁先生主要是从疑古立场出发，以推测为主，而无严密的考证。其后，有不少学者赞成梁启超的推测，如冯承钧指出："南海一道亦为佛教输入之要途；南海之交趾犹之西域之于阗也。旧日传说或以佛教输入事在哀帝元寿二年（前2年），或以事在明帝永平四年至十八年间（61—75年），此属传说而非史实。《后汉书·天行传》后汉明帝感梦事，亦为传说之一种，殆出袁宏《后汉纪》，亦非实录。是欲寻究佛教最初输入之故实，应在南海一道中求之。"③之后在1995年，南开大学历史所的吴廷璆、郑彭年两位教授发表文章，重新阐述佛教最初是由海上传入中国的观点。二人认为，过去我们一直被佛教西域传入的成说所束缚，一谈到佛教传入，总以为是遵循陆路从西域传入，事实上佛教由陆路从西域传来的可信史料相当晚。概括而言，他们否定陆上说的重要观点如下：一是认为明帝感梦求法说不是史实，而是后人虚构；二是不承认公元前后交替时期大月氏有佛教信仰；三是依据文献和考古资料，认为在公元前2世纪中叶以前，西域并无佛教流通。其结论是：佛教由海路传入中国比陆路早，至迟在后汉初年即汉光武帝之子楚王英信佛之前就由海路传入江淮。④

---

① 汤用彤：《汉魏两晋南北朝佛教史》，上海书店1991年版，第84页。
② 梁启超：《佛教之初输入》，载《饮冰室合集》（9），中华书局1989年版，第7页。
③ 冯承钧：《中国南洋交通史》，上海书店1984年版，第8—9页。
④ 参见吴廷璆、郑彭年《佛教海上传入中国之研究》，《历史研究》1995年第2期。

此外，主张佛教最初由海路传入的重要依据还有以下几点：

其一，西汉时期中印海道已开通，重要证据之一就是《汉书·地理志》的如下记载：

> 自日南障塞、徐闻、合浦船行可五月，有都元国；又船行可四月，有邑卢没国；又船行可二十余日，有谌离国；步行可十余日，有夫甘都卢国。自夫甘都卢国船行可二月余，有黄支国，民俗略与珠崖相类。其州广大，户口多，多异物，自武帝以来皆献见。有译长，属黄门，与应募者俱入海市明珠、璧流离、奇石异物，赍黄金杂缯而往。所至国皆禀食为耦，蛮夷贾船，转送致之。亦利交易，剽杀人。又苦逢风波溺死，不者数年来还。大珠至围二寸以下。平帝元始中，王莽辅政，欲耀威德，厚遗黄支王，令遣使献生犀牛。自黄支船行可八月，到皮宗；船行可二月，到日南、象林界云。黄支之南，有已程不国，汉之译使自此还矣。①

据研究，都元国位于马来半岛，邑卢没国位于缅甸沿岸勃固附近，谌离国是伊洛瓦底江边的海港，夫甘都卢国在缅甸之蒲甘，黄支国即南印度的古国拔罗婆朝的首都建志补罗（今 Conjeveram），皮宗是马来半岛的 Pisang，已程不国即锡兰（今斯里兰卡）。这个记载表明了以下几点：第一，始航地是雷州半岛，乘的是中国船，至远海由蛮夷商船转送。第二，航海者是黄门译长，携带黄金丝绸，购回珍宝，这是官商。第三，其路线是：广东→印度支那半岛→马六甲海峡→马来半岛→印度南部→斯里兰卡。第四，自汉武帝以来，印度南部的黄支国遣使朝贡中国，可见中印建交相当早。后汉以来，中国与南海交通频繁。《后汉书》之《南蛮西南夷列传》及《西域传》也有数次记载。尤其三国、东晋以后，由海路来华的僧人逐渐增多。这条海上路线是从天竺出发，经由师子国（今斯里兰卡）、耶婆提国（今苏门答腊和爪哇一带）、南中国海，到达交趾（今属越南）、广东等地上岸。如求那跋陀罗、真谛等人来华是在广州上的岸，求那跋摩是在交趾上的岸，法显回国走的也是海路，但在东晋之前，从未

---

① 班固著，颜师古注：《汉书·地理志》，中华书局1962年点校本，第1671页。

有像法显那样记载经过这个海路的佛教往来。

其二，根据文献引证，东汉末年交州、广州的佛教风气已经盛行。汉魏以来，交、广两地对外交往发展较快，不少外国商人来这里经商，当时的交州是东西海上交通的门户，《梁书·诸夷南海诸国》记载："海南诸国大抵在交州南及西南大海洲上……徼外诸国，自武帝以来皆朝贡。后汉桓帝世，大秦、天竺皆由此道遣使贡献。及吴孙权时，遣宣化从事朱应、中郎康泰通焉。"其中引用汉末牟子《理惑论》，牟子就著书于交州，《理惑论》的出现从另一个侧面证明了交州一带佛教流行较早的事实。

其三，佛教文物的发现证实佛教最初进入中国内地有遵循海路的迹象。如：河北石家庄北宋村二号汉墓出土了两尊铜像，此墓年代为后汉至魏晋时代，所出土的两尊佛像是在中国发现的最古的佛像；山东中南部沂南地区北寨村发现的画像石墓，画像中有几幅头部有佛光的图像，经推定，其制作年代为后汉灵帝末年至献帝初年；连云港孔望山摩崖石佛像，据推定其年代为后汉末年，它是中国佛教史上最早的佛像雕刻。论证想说明两个问题：一是说明佛教进入中国亦遵循海路，即由交州、广州、江苏或山东半岛南部传入；二是佛教进入中国内地时间应当略早于上述佛像等制作时间，两汉交替时期具有更大的合理性。

其四，有学者考察发现，在中国南部如江苏、浙江、安徽、湖北、四川、云南、两广地区，也存在着大量的与北传造像无关、明显受到中印度抹菟罗风格或本土文化观念影响的佛教造像。这些造像，也被引用作为佛教海传早于西域陆传的证据。

相对于上述观点，持佛教最初由西域陆地传入中土者，则对上述海路最初传入论的论据提出如下反驳意见：

其一，从造像来寻找证据，因印度最早在一世纪左右才有佛像出现，中土的佛像不可能早于这个时间。国内早于这个时间的造像可能是"偏道教神仙"或民间信仰的造像，而东汉后期的造像在时间上也难以反驳西域传入。

其二，关于汉明帝夜梦金人的不同看法。汉明帝夜梦金人见载于《理惑论》和《四十二章经序》中，东晋袁宏《后汉纪·孝明皇帝纪》、刘宋范晔《后汉书·西域传》、北齐魏收《魏书·释老志》等正史所记与此大体相同。论者认为，若否定《理惑论》和《四十二章经》中的明帝夜梦金人，而不否认《后汉书》所载楚王英奉佛一事，则有失偏颇。并且，陆路传入者认为发生于公元前2年的伊存口授《浮屠经》，已经充分说明汉地佛教传入与西域关系紧密。

其三，对于大月氏在汉武帝派张骞出使西域时是否有佛教的论证。持西域陆路传入的学者极力论证此时大月氏信佛的可靠性。他们从大月氏的国史，以及国外贵霜王朝研究者大都支持大月氏在西汉时期已经有佛教流行。此外，他们认为公元前3世纪，印度佛教向外传播，至前2世纪上半叶，佛教传入大夏，这是佛教传播史上不争的事实。而前2世纪中期，大夏衰落，被大月氏征服，此时大月氏有佛教信仰应成立。

其四，季羡林的观点。季先生之前从语源学考证"浮屠""佛"的翻译语源，认为佛教或从海路、或从陆路直接进入中土，而不一定非经过第三地。可是后来，季先生改变了这一观点。季先生后来在《再谈浮屠与佛》一文中对自己以前所持观点进行修订，认为印度佛教分两阶段，经由大夏（大月氏）和中亚新疆小国传入中国。其后，季羡林又撰《佛教传入龟兹和焉耆的道路和时间》一文叙述其观点变化的过程。他说："佛教史学者几乎都承认，佛教传出印度西北部第一大站就是大夏，大夏后来为大月氏所征服。大月氏遂据其国。中国典籍中关于佛教入华的说法虽然很多，但皆与大月氏有关。这样一来，史实与语言音译完全合拍，我们不得不承认，这就是事实。我原来的假设：佛教最初是直接从印度传来的，现在不能不修正了，改为佛教是间接传进来的。"[①]事实上，他最后引用了汤用彤《汉魏两晋南北朝佛教史》的结论作为他的观点："依上所言，可注意者，盖有三事：一、汉武帝开辟西域，大月氏西侵大夏，均为佛教来华史上重要事件；二、大月氏信佛在西汉时，佛法入华或由彼土；三、译经并非始于《四十二章》，传法之始当上推至西汉末叶。"

对于海陆丝路上佛教传入时间的争论，事实上很难得出确定的对错。笔者个人同意的观点是：从现存文献与文物的考研来看，佛教初传时期，南方海路和北方西域陆路应该是通过不同的途径，依靠各自的传播方式，且时间上相差不多，基本都在两汉之际（具体时间还不能确定，有各种版本），并形成各自的重要传播中心，并由此沿陆路或长江水路向中原地

---

① 季羡林：《佛教传入龟兹和焉耆的道路和时间》，《社会科学战线》2001年第2期。

区发展。从这个意义上讲,早期佛教向中国传播的方式和途径是多元的,海陆路线也有多条。笔者认为,用几个个案来考研是由海陆或者是由陆路传入证据都不够充分,也意义不大(比如可能会有早期的海陆一两个人带来佛教的东西或佛像,但不足以说佛教就是从海路而来)。即使可能存在一些比西域陆路更早的佛教南方海上传入中土的个案文物考古之发现,但也难以有效推翻佛教最初传入的观点。

二 海陆路传播的阶段性规模与特点
—— 以域外来华僧人、中土西行求法僧人的规模、影响为中心的考察

如果撇开谁最早传入的问题,换个角度来讨论海陆丝路佛教传播的阶段特点,笔者认为是一种有价值的重要方式。我们可以从文献记载的来华与西行僧人的规模及影响力来看,至少在两汉—三国之间,应该是以西域的陆上丝绸之路为主,影响最大。而在魏晋南北朝—唐代,则海陆丝绸之路几乎齐头并进、各具特色,海上丝路的佛教传入不输于陆上。而唐宋以后,由于陆上丝路的阻隔,海上丝路无论在交通贸易还是在佛教传播方面,都超越了陆上丝路的作用。

从来华僧人来看,东汉—三国年间,主要是从西域而来,并且在佛教的传播与翻译方面起到了决定性的作用。到东晋,中土虽然南北分治,但南北佛教都很兴盛,西域东来的僧人也数目倍增(当时的佛教中心:南方是建业南京,北方是长安、洛阳两地)。这期间的西域僧人大都以国为姓,支姓者都是月氏国人,以安为姓的都是安息人(伊朗人),以康为姓的都是康居人,以竺为姓的都是天竺人(印度),不冠名的多为丛岭以东的诸西域国人。这期间从西域来中土(或其祖辈从西域移居中土)的僧人统计如下:

迦摄摩腾	中天竺	汉明帝永平年间	西域来华
竺法兰	中天竺	汉明帝永平年间	西域来华
(以上两位有争议,存疑)			
安世高	安息人	汉桓帝灵帝间	西域来华
支娄迦谶	月氏人	汉灵帝光和中平年间	西域来华

竺佛朔	天竺人	汉灵帝嘉平间	西域来华
安玄	安息人	汉灵帝光和间	西域来华
支曜	月氏人	汉灵帝中平间	西域来华
竺大力	天竺人	汉献帝建安间	西域来华
昙果	西域人	汉献帝建安间	西域来华
昙柯迦罗	中天竺人	魏文帝黄初间	经西域来华
康僧铠	康居人	魏废帝嘉平间	经西域来华
昙无谛	安息人	三国时期	西域来华
昙谛	安息人	魏正元间	西域来华
帛延	龟兹人	魏正元间	西域来华
支谦	月氏人	吴黄武建兴间	西域来华
康僧会	康居人	三国吴时	（越南交趾）来华

由以上不完全统计可见，两汉至三国时期，从西域来华的僧人占据绝对多数，在有确切记载的海路来华第一人康僧会之前就有大批著名域外僧人经西域来华，其在翻译、传教等方面的影响也占据了绝对的地位。康僧会之后，魏晋南北朝时期，从海上来华僧人逐渐增多，影响也逐渐增大。如，东晋隆安年间，罽宾国僧人昙摩耶舍来到广州传教，建立了光孝寺，直至唐代，在该寺传教译经的有印度高僧首域、求那跋摩、求那罗跋陀三藏、智药三藏、达摩禅师、波罗末陀三藏、真谛、般剌密谛三藏、不空、金刚智等。尤其是达摩禅宗后来发展为慧能的南宗禅，成为中国佛教的代名词。

及至唐代，中国的政治中心又北上为长安，此时外来僧人的路线趋于多元化，海陆两路都非常兴盛，此外中日、中朝及中国与东南亚的交往也逐渐增多。

南宋以后，由于政治中心的南移，以及经济中心的南移，加上造船航海技术的成熟，瓷器、陶器、茶叶等贸易发达，其间海上丝路的佛教交流通道规模也相应扩大。尤为重要的是，唐末安史之乱以及西域的战争使得陆上丝绸之路被阻隔，海上的通道起到了最重要的作用，并取代了陆上丝绸之路的地位。此外，及至11、12世纪，西域基本上已经突厥化、伊斯兰化，而印度的佛教本身也已经衰微，因此西域的通道对于佛教的传播来说已无价值。

其次，从中土西行取经的僧人来看，最早的是三国时期的朱士行，但他只到了西域，未到印度。正式最早访学印度的是东晋的法显，他从陆路前往印度，后经斯里兰卡、（印度尼西亚）苏门答腊、南海，在青州登陆回国，并著有著名的《佛国记》（《法显传》）；之后著名西行访学者就是玄奘、义净，玄奘从西域陆路来回，而义净则是从广州启程，从海路往返多次，写出了《南海寄归内法传》《大唐西域求法高僧传》等书，这些著作记述了前往印度的僧人，其中 20 余人从陆路西域、吐蕃前去印度，37人经广州出海去印度，这样海陆两途的情况在书中都有记录。《大唐西域求法高僧传》，以僧传的形式记述了从唐初太宗贞观十五年（641 年）到武后天授二年（691 年），共 46 年间，57 位僧人（包括义净本人，也包括今属朝鲜的新罗、高丽，今属越南的交州、爱州等地的僧人）到南海和印度游历求法的事迹。书后附《重归南海传》，又记载武后永昌元年（689 年），随义净重往室利佛逝的 4 位中国僧人的事迹。该书分别叙述西行僧人的籍贯、生平、出行路线、求法状况。多叙述简略，只有少数几位僧人着墨较多，比如玄照法师、道琳法师等。

足见，唐时中国与印度、南海各地的海上交通之盛状。通过上述不同阶段海陆佛教传播的考察，可以看出：海陆丝路上的佛教传播，既与其特定的自然地理环境与旅行手段密切相关，也与移民、战乱、政治经济中心的南北转移以及航海技术的发展密切相连。

三 海陆丝路上佛教传播的特性及其地域性特征浅析

由于海陆佛教传播的地理环境、面临风险等因素不同，其传播的特性与产生的文化效果也有差异。比如，陆上丝绸之路导致了多民族、多文化的"佛教文化汇合区"的汇流与碰撞，而海上丝路的佛教传播则呈现出单线连接、辐射区域广，且较忠实地保持了佛教输出地的"本来面目"等特征。

首先，西域作为陆上丝绸之路，由于其独特的地理位置（三山夹两盆），丝路上的驿站城市主要集中在天山南北麓、昆仑山北麓的绿洲城市，东西往来的不同民族、不同语言、不同宗教信仰的人群在这些绿洲城市中交往、融合。从大的文化区域来看，西域丝路的地域特点是把西边的罗马、伊朗、印度、阿富汗与中国文明结合为一个一体化的独特文化区，在这个独特的文化区里，语言多达几十种，民族也达十几种。①由于中央政权无法真正有效统治西域，且由于草原游牧民族经常骚扰绿洲城市，因此民族迁徙、战乱，更加促进了丝路上的多民族、多宗教的融合与碰撞。这些背景对于佛教的传播与发展来说，起到了非常重要的作用。比如，从印度来的佛教文本可能先由梵文翻译成其他文字，再通过其他文字翻译成汉语，比如"佛"，季羡林先生就认为不是直接从梵文翻译过来，而是由中亚文字翻译过来的。法国学者勒内·格鲁塞在其《草原帝国》一书中也指出：正是当时这个地跨阿富汗、犍陀罗和旁遮普的贵霜帝国，利用丝绸之路，对塔里木盆地和中国的佛教宣传做出了很大贡献。除了这些贵霜或印度的使者们外，还有许多帕提亚（波斯伊朗）的皈依佛教者继续进行在亚洲高原和远东地区的改宗工作。在塔里木盆地，来自东伊朗和西北印度的另一群僧侣从事翻译工作，将神圣的梵文写本翻译成从伊朗语到库车语的各种方言。著名的鸠摩罗什（344—413年）就是突出的例子。鸠摩罗什生于库车的一个印度人家庭，其父是虔诚的佛教徒，娶了库车王的妹妹，生下鸠摩罗什，鸠摩罗什后被中国将军吕光绑架到长安从事佛教翻译工作。②除了佛教翻译的语言文化融合之外，西域的佛教融合也反映在西域佛教造像受多种文化艺术元素的影响（比如犍陀罗风格）。

佛教文化的"回流"现象也是佛教在文化汇合区传播的一种重要现象，如方广锠先生在其《试论佛教的发展与文化的汇流——从〈刘师礼文〉谈起》一文中谈到了西域佛教传播中的文化汇流与回流问题。所谓汇流，是指多文化的交互影响，这在西域的佛教交流中比较明显；所谓"回流"，主要是指将中国化的佛教思想或经典文本传到西域或印度，翻译成当地的文字后又传回中国，若用"梵巴中心论"来对待这些经论，往往就以"真经"待之。当然，这种现象也从另一角度提醒我们，"梵巴中心论"的危险。这种文化汇流的反向影响肯定是存在的。

---

① 详细情况参见［德］克林凯特《丝绸古道上的文化》，赵崇民译，新疆美术摄影出版社1994年版。

② 参见［法］勒内·格鲁塞《草原帝国》，蓝琪译，商务印书馆2004年版，第79—80页。

相比较陆上丝路,由于船只往来于海上直接前往各地,没有陆路上的融合互动状态,因此海上丝路的佛教传播则呈现出单线连接、辐射区域广,且较忠实地保持了佛教输出地的"本来面目"等特征。即以法显为例,法显从印度和斯里兰卡带回的经典,僧祐在《出三藏记集》卷2中的记载是:1.《大般泥洹经》六卷(晋义熙十三年十一月一日道场寺译出);2.《方等泥洹经》二卷(今阙);3.《摩诃僧祇律》四十卷(已入《律录》);4.《僧祇比丘戒本》一卷(今阙);5.《杂阿毗昙心》十三卷(今阙);6.《杂藏经》一卷;7.《綖经》(梵文,未译出);8.《长阿含经》(梵文,未译);9.《弥沙塞律》(梵文,未译);10.《萨婆多律抄》(梵文,未译);11.《佛游天竺记》一卷。"右十一部,定出六部,凡六十三卷。晋安帝时沙门释法显,以隆安三年游西域,于中天竺师子国得胡本。归京都,住道寺,就天竺禅师佛驮跋陀罗共译出。其长、杂二《阿含》,《綖经》《弥沙塞律》《萨婆多律抄》,犹是梵文,未得译出。"

十一部佛经中,有四种是律,分属三个部派,即大众部的《摩诃僧祇律》及《僧祇比丘戒本》,化地部的《弥沙塞律》,说一切有部的《萨婆多律抄》。其中的《摩诃僧祇律》,法显与印度僧人佛驮跋陀罗合作,翻译为汉文。法显所带回的佛经虽不仅限于南传,也有大乘经典,但这些经典比较真实地保存了其巴利语、印度梵语的本来面目,这些对于汉地戒律的传播起到了非常重要的作用。对此王邦维老师曾做过专门的研究。他指出:如果没有法显,《摩诃僧祇律》和《五分律》很可能就失传了。这两种律能够流传下来,用佛教的话说,是因为有法显印度求法的这段殊胜因缘。[①]

其次,不同线路的佛教文化传播与发展,还逐渐形成了独特的地域性特征。即以"西南丝绸之路"而言,云南、四川作为"西南丝绸之路"的所在地,其在很早的时期就和印度、缅甸等国有交通往来。当年张骞出使大月氏国时,就曾在该国看到出自四川的布和竹杖,经打听,才知道是从身毒国传来的。回国后,他把这件事告诉了汉武帝,认为从四川肯定有一条更近的通往西域的通道。汉武帝采取张骞的建议,计划打通从云南经

---

① 王邦维:《法显与佛教律在汉地的传承》,《宗教学研究》2013年第4期。

缅甸到印度，再通往安息、大秦的另一条陆路，但没有成功。①直到东汉建武年间，哀牢归服东汉政府，西南夷地区才完全归入汉王朝的版图。永平十年（67年），东汉政府在此设永昌郡。此后，东汉王朝开路架桥，增设驿站。至此，中印西南官道历经几个世纪终于全线畅通。其实，民间沿这条中印通道交往的时间可能更早，如云南汉墓均出土了汉朝的钱币和天竺和掸国（缅甸）的齿贝货币，而这些现在出土的中外货币，刚好在史料记载的西南丝绸之路上，起点是四川，途经云南、缅甸，终点是印度。另据《后汉书·南蛮西南夷列传》记载，永元六年（94年）、永元九年（97年）、永初元年（107年）、永宁元年（120年），不断有外国使节来汉王朝贡献通好，其中访华的掸国（缅甸）国王雍由调，被汉王朝封予"汉大都尉"的官衔，并赐给印绶、金银、彩缯等。就佛教传播而言，早期云南与域外的佛教交流虽无确切的文献记载，但从现今的考古发掘又发现彭山陶座佛像和什邡佛塔画像砖等佛教遗物，似可证明蜀汉佛教传入的另一个路径可能是经川滇缅道而来。

云南与南亚的印度，东南亚的缅甸、柬埔寨以及南海诸国都存在地缘交通的优势，因此西南丝绸之路上的佛教传播往往综合了海陆路的交通，要么先由陆路再经海陆，要么先经海陆再由陆路，从而沟通中土与域外印度、东南亚诸国的佛教联系。同时，以民族特色而言，藏族、汉族、傣族、白族等20多个民族汇集在云南地区，因此在云南形成佛教三大语系——汉传佛教、藏传佛教、南传佛教（上座部）共存的局面。形成了以大理、西双版纳为中心的两大极富特色的佛教文化区，以及西双版纳极富特色的佛教贝叶文化。

就南方的海路而言，也形成了南方的地域性特征。如达摩从印度渡海来华，从广州登岸，北上南京见梁武帝，后去北方魏地，但其后达摩禅的继承者二祖慧可、三祖僧璨、四祖道信、五祖弘仁都在长江流域的大别山

---

① 关于这一通道的开辟，学者一般依据《史记》和《汉书》的记载。《史记·西南夷列传》记载："及元狩元年，博望侯张骞使大夏来，言居大夏时见蜀布、邛竹杖，便问所从来。曰：'从东南身毒国，可数千里，得蜀贾人市。'或闻邛西可二千里有身毒国。骞因盛言大夏在汉西南，慕中国，患匈奴隔其道，诚通蜀，身毒国道便近，有利无害。于是天子乃令王然于、柏始昌、吕越人等，使间出西南夷，指求身毒国。至滇，滇王尝羌乃留，为求道四十余辈。岁余，皆闭昆明，莫能通身毒国。"（参见司马迁《史记》，中华书局1959年版，第2995—2996页。）

区定居传法，而慧能又在东山继承衣钵，将禅宗带回岭南，不仅在岭南形成空前的影响，还最终影响全国，成为中国化佛教的主流佛教。禅宗对岭南及中国的革命性影响——由南而北，最终成为中国化佛教的代名词与代表值得从佛教地域学的角度加以研究。汤用彤先生在其《汉魏两晋南北朝佛教史》中有这样的分析："达摩禅法得广播南方，未始非已有三论之流行为之先容也。且般若经典由于摄山诸师，而盛行于南方。禅宗在弘忍之后，转崇《金刚般若》，亦因其受南方风气之影响也。再者达摩原以《楞伽经》能显示无相之虚宗，故以授学者。其后此宗禅师亦皆依此典说法。然世人能得意者少，滞文者多。是以此宗后裔每失无相之本义，而复于心上着相。至四世之后，此经遂亦变成名相。于是哲人之慧一变而为经师之学，因而去达摩之宗愈远。《金刚般若》者言简意深。意深者谓其赅括虚宗之妙旨。言简者则解释自由而可不拘于文字。故大鉴禅师舍《楞伽》而取《金刚》，亦是学问演进之自然趋势。由此言之，则六祖谓为革命，亦可称为中兴。革命者只在其指斥北宗经师名相之学。而中兴者上追达摩，力求领宗得意，而发扬'南天竺一乘宗'本来之精神也。"①

汤先生是从南宗禅的思想史角度出发进行分析，并且也指出了南方的佛学取向与达摩禅的互动与影响。而以慧能禅宗的"南宗"之名称来说，在历史上有着不同的含义。对此，杜继文、魏道儒先生在《中国禅宗通史》一书中曾指出：其一，"南宗"是指达摩禅法本身，亦即从"楞伽禅学"的角度讲的。达摩禅法又别称"南天竺一乘宗"，因为四卷本《楞伽经》译于南朝宋，译者求那跋陀罗虽生于中天竺，却来自师子国斯里兰卡，且终生活动于南朝。达摩禅系以此经递代相传，明显有与新译十卷《楞伽》抗衡的意义。十卷《楞伽》的译者菩提流支，是北天竺人，终生活动在北朝，这样，有权势的地论师对楞伽禅师的压迫，很容易带上一种南北斗争的外观，楞伽禅系强调自己属于南宗，自然含有与地论师不合作的意味。李知非在序净觉所著《注般若心经》时，仍坚持此楞伽系的传统，"宋太祖时，求那跋陀罗三藏禅师以楞伽传灯，起南天竺国，名曰南宗"。其二，"南宗"是指对上述楞伽禅传承的否定。自神会开始指责神秀的门徒背离"达摩宗旨"，为审定是非故重树"南宗"大旗。因此，所

---

① 汤用彤：《汉魏两晋南北朝佛教史》卷下，中华书局1983年版，第569页。

谓中国禅宗的"南能顿北秀渐",主要是以中国地域上的南北之别来区分继承达摩所传禅法的两大禅系,与南北天竺和达摩的"南天竺一乘宗"无直接关系。而从禅法而言,中国禅宗内部南北之对立,其实质乃为修行方法上的顿渐之别,在形式上则体现为禅门正统之争。总之,南宗禅的命名,应该是多重含义的,其中地域性意义,以及南天竺的传承意义也不可忽视。

四 当代云南与东南亚佛教交流互动的意义

古代海陆丝绸之路曾经为中国与域外国家的经济、文化交流立下了汗马功劳,成为中国与域外国家构建贸易与文化交流体系的重要线索。虽然古代意义上的"丝绸之路"已经完成了历史使命,但从一个更广泛意义上来理解丝绸之路,则这个物质与非物质文化的通道一直存在。仅就佛教而言,民国以来,中国佛教通过海上丝路与东南亚的交流也一直在进行。时至今日,由政府倡导的"一带一路",不仅有着经济合作与发展的内涵,也存在包括佛教文化交流在内的新的地缘文化与地缘政治的内涵。在这一倡议的建设过程中,佛教如何发挥文化软实力的连接与融合作用,也存在着丰富的想象空间。就云南来看,其与印度、东南亚的佛教交流呈现出天然的地缘优势,加上其自身独特的多语系交融、汇合的局面,必将在新时期的"一带一路"倡议构建中起到应有的作用。

首先,云南地区存在的南传(上座部)佛教、汉传佛教、藏传佛教三大语系并存的现象,在中国是绝无仅有的一种佛教文化现象。这一现象的出现既与云南的天然地理位置相关,也与云南的多民族文化密切相关。如何促进这三大语系之间的和谐共存、友好交流、密切互动,这不仅有助于佛教在中国的未来走向,有助于佛教文化的丰富发展,也有助于多民族之间的友好相处,以及由此延伸到民族关系与国际关系的良性发展。即以景洪西双版纳地区而言,该地区是我国与东南亚南传佛教交流的重镇,是云南与东南亚南传佛教交流的天然窗口。西双版纳地区特殊的人文、民族、信仰环境使之与东南亚之间有着天然的连接纽带。这一纽带在当代"一带一路"的背景下显得非常重要,可以具有与我们之前所谓的中—日—韩"黄金纽带"相比美的地位。东南亚与中国都以佛教信仰为主,东南亚除了越南在历史上是汉传佛教，其他国家主要是受南传佛教的影响。而南传佛教与汉传佛教之间的交流早在自魏晋法显、唐义净就已经开始，直到近现代一直在不断地进行之中。及至当代，我们看到中国的禅法实践出现了南北传（或者说大小乘）融合的取向，如南传佛教的"内观""四念处"等禅法越来越受到当代中国佛教与心理学界的重视，而吸纳南传的禅法也是中国禅法的未来走向。这种佛教之间的互动与交流，无疑会给中国与东南亚的民间文化交流找到契合点与共鸣。

其次，基于"人间佛教"的立场，汉传佛教与南传佛教之间可以相互学习，共同面对现实问题、关怀现实问题，共同推动佛教的健康发展。现代人间佛教思想，经由近代的太虚阐发，现已经成为中国大陆及台湾地区的佛教主流思潮。受人间佛教思潮影响，今日的南传佛教也不再是追求纯粹个人解脱的封闭之路，而是更多地关注现实、关注社会，因此其非常强调社会参与，出现了"Engaged Buddhism"（参与佛教）的思潮，虽然这与中国人间佛教"Humanistic Buddhism"的注重人本、人文向度并不完全相同，但至少在关注人间向度与社会现实这个层面上可以找到共通的地方。因此，立足于"人间佛教"的基本立场，汉传佛教与南传佛教之间的当代交流互动一定会有相互影响的空间。

最后，超越单纯的佛教，从地缘政治上来看，云南佛教与南亚、东南亚的交流在当今"一带一路"倡议构建中也具有重要的辅助作用。云南是中国与南亚、东南亚联系的天然重要通道，特别是在中国与东盟的经济、文化交流中有着密切联系，具有不可替代的地缘优势。在新时期"一带一路"倡议的背景下，经济与文化的双重功能，最终必将有助于地缘政治的国家战略构建。其中，就文化的软实力而言，佛教的文化交流举足轻重。云南与南亚、东南亚佛教交流互动的地缘政治意义尤为重要。从中国周边国家间的信仰圈来看，周边的信仰圈除了佛教之外，还有伊斯兰教、基督教、藏传佛教。目前，中国地缘政治中儒教的文化影响力、汉传佛教的影响力正在缩小，或者说其中心意义正在消失。与此同时，周边某些国家也正在走向"基督教化"与"去汉传佛教化"（主要是走向藏传佛教）甚至"伊斯兰化"的倾向。在此背景下，汉传佛教与南传佛教之间的友好相处，不仅可以提升中国佛教的影响力，因而显得非常重要；而对这一信仰文化软实力的有意识的加强，可以有效抵御被其他宗教化的潜在风险，有助于基于文化信仰连接的地缘政治的建构，从而使得文化信仰联系成为经济层面的"一带一路"倡议的重要补充，使得经济、文化之间形成良性的互动。

外推与回归：圣严法师的美国经验

香港浸会大学宗教及哲学系副教授兼副主任　吴有能

一　导言

圣严法师是当代人间佛教最重要的宗师之一，他不但创建法鼓山，而且开启中华禅法鼓宗。[1] 但是也许对一般社会人士而言，他们注意到圣严法师，很大程度上是因为他关注社会，推动台湾一系列的社会改革；事实上，法鼓山"提升人的质量，建设人间净土"的口号，具体地反映出圣严法师对现实人间的关注。十几年前，只要入境台湾，大约都能在机场、火车站，甚至通衢达道上，看到法鼓山心六伦的宣传广告牌；电视上，也常有法鼓山的公益广告，加上有林青霞、李连杰等人的代言，更突出圣严法师身为社会改革者的高大形象。

但是圣严法师毕竟是人间佛教的宗师，而且既然要创立宗派，那法鼓山就一定有新的成分；但法鼓山又自我定位为中华禅，也就清楚表示它继承汉传佛教的传统，那汉传佛教与法鼓宗的关系到底是断裂的，还是连续的呢？圣严法师的美国弘化，是具体而微的汉传佛教世界化经验，具有十分重要的意义。本文试图整理圣严法师在北美弘法的经验，析论其在外推中华禅法时，也回归中华佛教传统，外推与回归就构成理解圣严法师禅法形成的重要依据。

在结构上，本文首先指出法鼓人间佛教的外推性格，进而在语文翻译以及文化外置两方面，探讨圣严法师的弘法经验。同时，指出当地的文化

---

[1] Sheng Yan, Trans. by Guo Gu and Ng Wee Keat, *The Dharma Drum Lineage of Chan Buddhism: Inheriting the Past and Inspiring the Future*, Sheng Yan Education Foundation, 2010.

也回过头来带来新的经验，丰富了圣严法师的法脉。而这样看的话，法鼓山一方面将中华禅学外推；另一方面，又吸收外地养分，丰富了自身禅法的发展。所以法鼓山既继承传统中华禅学，同时，也因地制宜，通过外推而发展出自身禅法的特色，是以圣严法师晚年得以创立新宗。

二　圣严法师出洋与两层外推

圣严法师去东洋留学是有计划的自我深造，但法师去西洋弘化则是出于偶然；但这两次经验又息息相关。圣严法师退伍后，立即恢复僧人身份，皈依东初和尚；而东初深知此人大才，所以在严格训练圣严法师之后，送他到日本留学。但当时，留日却未能得到保守的台湾僧人的认同，一来抗战记忆犹新，仇日情结未曾冷却；二来日僧"肉食妻带"的传统，也给大家留下不守清规的坏印象。所以圣严法师虽然顺利到日本入学，但实际上得不到足够的支持，最后，甚至几乎无法缴纳学费。先是，法师跟台湾佛教杂志《菩提树》的主编朱斐居士有旧，[①] 写信告诉了他这一窘况，朱居士马上将信件在杂志上披露。美国的沈家祯居士平素乐善好施，尤其支持佛教活动；此时，特别雪中送炭，以匿名方式致赠留学费用，圣严法师才能顺利完成学业。可是，当时台湾社会普遍看不起日本佛教，自然也不欢迎圣严法师学成归国。[②]

圣严法师1975年应多伦多华侨詹历吾之邀，赴北美弘化。大约詹先生误会圣严法师是博士，自然也懂英文，因此除了希望在安河建庙外，更在多伦多大学维多利亚学院安排佛学讲座。但是当时圣严法师的英文无法应付，而翻译人员也并非佛教专业，于是多伦多的弘法及建庙计划，都没有实现。

后来在沈家祯居士的协助下，圣严法师到纽约，担任美国佛教会董事、副会长，纽约大觉寺住持及驻台译经院院长。东初老人于1978年圆

[①] 朱居士曾跟笔者提到，圣严法师年轻时曾帮忙办《菩提树》杂志，而朱居士则负责将读者来函分类及回信的工作，所以两人曾在台中一起工作过。

[②] 圣严法师说："我不想回台湾，我在那儿有云水僧之名，而且是个有争议性的云水僧。自从我赴日本求学后，台湾佛教界就不欢迎我再回去了，他们对台湾佛教界的现况非常满意。"参考圣严法师《雪中足迹》第十四章，陕西师范大学出版社2009年版。

寂后，圣严法师自美返台承继法务，来年并应聘为"中国文化学院"佛学研究所所长及哲学研究所教授；此外，法师也在东吴大学及辅仁大学兼课，展开他推动佛教高等教育的理想。有感于美国弟子们的求法热诚，圣严法师于1979年在美国纽约创立"禅中心"，后来扩大、迁址并更名为"东初禅寺"。此后，圣严法师便固定往返于美国与台湾两地弘化，经常在亚洲、美洲、欧洲等地著名学府及佛教社团宣扬佛法，不遗余力。回顾圣严法师这段美国弘法经验，笔者认为可以从外推的理念加以反省。

多伦多大学沈清松教授发展维也纳学派华德纳等人"建构实在论"（constructive realism）的"外推"（strangification）观念，让这一观念从原来的科际整合的脉络，拓展为"不断自我走出，走向他人，走向社会，走向其他学科、其他文化，走向自然，走向理想与神圣的动力，其中蕴含着愿意自我走出的原初慷慨，并藉此而在相互丰富之中完成自我"①。同时，沈教授也将"外推"再细分为语言、实践及本体三个层次。若放在圣严法师的脉络中，本文要凸显语言及实践两方面的外推。

就"语言外推"（linguistic strangification）而言，在西洋推动禅学，必然涉及将中华禅学向外推置于西方语言背景，所以圣严法师在美国弘扬禅法，必然涉及"语言外推"层面的问题。

就"实践外推"（pragmatic strangification）而言，汉传佛教在美国的传播，也涉及走出原来东亚文化圈，而进入西方当代社会之中，这就涉及时间上，从古代到现代的外推；以及空间上，从东土到西洋的外推。而汉传佛教在具体实践上，必须因应当地文化而进行调整，否则就只能自限在华人群体之中，而不能真正进入西方社会；同时也要能把握当前现代社会的特性，否则也不能走出传统佛教的窠臼。但是，无论具体的调整是什么，重点是在实践中，一方面要保持汉传禅法的特性，另一方面要有效地因应当地的需要。所以在外推实践之中，既要忠于传统，也要勇于创新。

总之，笔者认为圣严法师的美国经验，主要表现为在中华汉传佛教文化的基础上，所进行的适切的"外推"，具体表现为"语言外推"与"实践外推"两方面；其特性是走出传统及迎向世界，并借此而跟西洋当代文化相互丰富，积极地为华人佛教传统的全球化，尽一份努力。现在让我

---

① 沈清松：《对比、外推与交谈》，台北五南图书出版公司2002年版，第514页。

们先讨论语言外推的层次，然后再分析实践外推。

三 语言外推：翻译与自我翻译

到西方传法，首先会遇到语言问题。在圣严法师来美之前，已经有一些华裔法师到达北美，譬如多伦多的诚祥与幻化法师等，但当年因为语言隔阂，许多法师的活动多局限于华人圈，甚至是唐人街之内，[①] 只有少数几个，譬如宣化上人能稍微突破这方面的限制。

圣严法师刚到北美时，也遇到了语言困难，所以一开始他无法在多伦多立足；后来到了纽约，也只能简单地应对，勉强应付；不过，圣严法师回忆道："因为我无法用英文讲述太多佛法，所以就把事情简单化。当学生问：是什么原因？我会说：没有原因。他们似乎也懂了。有一次，有人在电梯里问我：法师，什么是真实相？我说：没这种事。他回答说：太好了！"[②] 幸而，禅并不必然依赖文字。

圣严法师因东初老人圆寂，奉命回台湾接受农禅寺等工作，并展开在台湾的工作。但不久，圣严法师又回到纽约。这次在美国，确实非常辛苦，一段时间内，他几乎过着流浪者的生活，晚上到面包店捡面包吃，还经常到咖啡店或公园睡觉。

但此时，他也很幸运地遇到了一些好弟子。他的第一批洋弟子，非常发心，除了学习佛法外，还陪法师流浪，教会法师在街头生活的方式。圣严法师说："我的僧众大多数是穷学生。他们非常了不起。我们一起出外扫街。在这段不安定的日子里，当我忙着找地方安置弟子们时，那群弟子仍持续跟着我修行。有位学生在曼哈顿下城格林威治村有一间仓库式的公寓，在那里，我带着大约二十五位学生修行。周六上午我们在那里上课。我们打坐，然后由我开示，在主人卧房中进行个人的小参。这个团体是后来帮助我成立第一个禅中心、出版《禅新闻》（*Chan Newsletter*）、《禅杂

[①] 圣严法师曾提道："那时候的中国寺院集中于中国城，没有接引西方众，也不讲英文。他们的信众来自中国大陆（包括香港和台湾）、越南、缅甸。有十多间寺院散布在中国城地区，这些僧众不愿意离开中国小区。"参考圣严法师《雪中足迹》第十五章，陕西师范大学出版社2009年版。

[②] 参考圣严法师《雪中足迹》第十五章，陕西师范大学出版社2009年版。

志》(*Chan Magazine*),和成立法鼓出版社的核心支柱。"① 也就是说,开始的时候,圣严法师有时还得在公园流浪,但还是坚持传扬佛法。

而由于他在哥伦比亚大学附近活动,所以很快吸引了一批对东方思想,特别是对佛教有兴趣的年轻人。于君方教授就是1996年第一次禅训班的学生之一,她回忆当年的第一次禅修课,只有四名弟子,两名华人,两名美国人;② 而这批弟子也就开始替法师解决部分翻译问题。从1996年起,来自香港的王明怡也开始协助翻译,就这样一直当了法师的首席翻译二十年。③ 其后,法师的翻译者还有后来的俞永峰教授(果谷法师)以及李文娟(Rebecca),俞教授及李女士两人都是在北美长大的华人,至于李女士更以英文为第一语言;后来台湾的张瓈文教授也协助法师的翻译工作,由于这些人的协助,圣严法师也就部分解决了外推文化所遇到的语文翻译困难。

但是,圣严法师还是得面对自我翻译的挑战;其实,使用母语以外的语文来表述佛教,圣严法师并不欠缺这一方面的经验,法师用日文在大正大学攻读并获得了佛学博士学位。但中日毕竟同样属于东亚文化圈,许多佛教名词以及概念,大致还相当容易找到对译;但一旦来到北美,就必须从基础做起,这种彻底使用他者的语文经验,是一种克服自我、进入他者的诠表过程,可以称为"自我他者化";这并非仅将自我用非母语之语文形式表达而已;反之,自我他者化,是在翻译过程中,把个体外推到对象之语文中,进而在他者的文化经验中,找寻相关经验,期待能在他者中唤起相类似的经验。这就必须从原来的母体文化中释放出来,并外推到他者的视域,并在他者经验中选取合适的形式来加以表达。所以自我他者化,就是把握双重文化,从而移入他者经验视域所进行的表述工作。

所以自我翻译要求作为译者的自我走出熟悉的自己,迈进自我陌生化的历程;从而通过异己语文的把握,让自我以陌生他者的位置,去设想翻

---

① 参考圣严法师《雪中足迹》第十七章,陕西师范大学出版社2009年版。

② See Yu Chun-fang, "A Manifestation of Guanyin Bodhisattva's Compassion and Wisdom", in *Encounters with Master Sheng Yen IV*, Taipei: Sheng Yen Education Foundation, 2014, pp. 33 - 61, esp. pp. 41 - 42.

③ For details, see Ming Yee Wang, "Shifu's Deep Concern for the Transmission of Dharma", in *Encounters with Master Sheng Yen VI*, Taipei: Sheng Yen Education Foundation, 2015, pp. 53 - 75.

译能否被理解，而最能迫使个人进入异己文化，从而调节自身原有的理解方式，这就进入实践的外推了。

四　实践外推

圣严法师五十岁才当禅师，开始的时候，他还要请教日常法师，渐渐才摸索出他的道路。由于要在外国教导禅，所以也必须适应当地的文化。曾担任圣严法师英文翻译二十年的王明怡，就曾表示法师会因应听众而用不同方法说法，如果有更多外国人，法师就不用传统的讲经方式。① 事实上，圣严的禅法，并非完全依照中国禅修的办法；有关这一点，圣严法师非常自觉：

> 我的方法与中国禅堂中用的不一样。中国禅堂，除了在每炷香的禅坐之间，加入"快步经行"外，没有别的运动。在我的禅修教法中，除了快步经行外，还融合了南传的"慢步经行"。我也运用了印度瑜伽及中国的太极拳与按摩。西方人似乎很喜欢这种多元化以及动静参半的方法，他们有很好的响应。②

这已经清楚表示，圣严的禅法沿用了中国禅的快步，也吸收南传的慢步，同时，还活用印度瑜伽，以及中国太极拳与按摩。可见圣严法师灵活运用，善于综合。更不应忘记的是，他教导别人入手时，就用数息；中国佛教本来也有使用数息的方法，但圣严法师却是从日本人那边学习过来的。

他说："我尝试用一种不同的方法去教西方人禅修，以符合在家居士的生活，这种方法适合那些只能够在寺里待上几天的人。我不赞同以前的禅修方法，不觉得要求他们立刻做到三无是可能的。我先教他们数呼吸，

---

① Wang stated that "In the early years Shifu was often invited to universities in the US and Canada to give public talks…During those years, I noticed hos Shifu gradually adjusted his ways of giving Dharma talks." See Ming Yee Wang "Shifu's Deep Concern for the Transmission of Dharma", in *Encounters with Master Sheng Yen VI*, Taipei: Sheng Yen Education Foundation, 2015, p. 61.

② 参考圣严法师《雪中足迹》第十七章，陕西师范大学出版社2009年版。

这是从我日本老师那儿学来的，它也被南传小乘佛教和中国天台宗所使用，尽管是极少数的人。"①

但是圣严法师并非放弃中国禅法修心到三无的做法，他在美国将之转换成三个阶段的教法，圣严说：②

在美国，我把修心至三无的过程分成几个阶段：首先是集中心，然后是统一心，最后是无心。

所谓集中心，就是修行禅定，让心念集中注意于某一点。统一心，则求身与心的统一。然后让身心与环境统一，并进而与宇宙合而为一。最后是无心，即不再把身体、心和环境看作是自己。但依然清楚地觉知你的心、身和环境，但不再有自我在里面。这种教法，实际上已经是圣严法师个人的创新之处。

此外，对西方弟子教授礼佛，也得改变重点；圣严法师有些西方学生把佛前礼拜当成是谦卑自我的练习，也有人则当成是在崇拜偶像。但拜佛消业的观点，对西方人来说是难以了解的，所以圣严法师强调礼佛带来的放松身体的效果。③

总而言之，在具体的教法上，圣严法师在美国的弘法经验，让他必须贴近西方人的心灵与习惯，所以在技巧上，吸收日本与南传的禅修法，并配上他个人的综合与创造，开发出有他个人特色的禅法。所以在第一届圣严思想研讨会中，圣严法师亲自致开幕词，他特别强调："我对禅是有开发性的，并不是说人家传统是怎么讲我就怎么讲，人家怎么教我就怎么教；我是有开发性的，我要适应当时，当地，这些人的需要，我把禅在西方开发出来。"④

但是，值得注意的是，虽然圣严法师重视适应西方而开发出新的修禅方法；但是他还是立足于中华禅，最明显的是他发挥慧能定慧不二的精神，他非常强调在定中生慧，让人在清静的状态下，客观地认识事物，这就是慧。

更重要的是他同时发挥看话禅与默照禅，圣严法师说：他在 2004 年

---

① 参考圣严法师《雪中足迹》第十七章，陕西师范大学出版社 2009 年版。
② 同上。
③ 同上。
④ 圣严法师在第一届圣严思想学术研讨会上的发言，2006 年 10 月 18 日。

已出版了《圣严法师教默照禅》，2009年初又出版了《圣严法师教话头禅》，此书的出版，使"中华禅法鼓宗"的禅学教法更加完整。

他是在坚持汉传佛法的理念下，用他的体会，恢复了默照禅；并且让历史上互相排斥的看话禅与默照禅，一起相互为用，而这是为了让中华禅法更完整地承传下去。

本来话头禅与默照禅，传统上多视为相互对立的禅法。临济宗的大慧宗杲（1089—1163年）提倡话头禅，而曹洞宗的宏智正觉（1091—1157年）则倡导默照禅，而大慧宗杲曾斥责默照禅为邪法，可见两者差别很大。而兼用话头禅与默照禅，却成为圣严法师禅法的特色。

什么是默照？依照圣严法师的理解："放舍我执是默，清清楚楚是照，这就是默照禅。"放下我执，才能断除因我而起的瞻前顾后，而仅就当下认取；当下是什么就是什么，这就跟本来面目相应。[①] 他认为："默的功夫是对于所照的心境要默，默那些所知、所觉、所想、所受的身心状况，不再被它们影响下去，也就是默其所照。"所以笔者认为，圣严法师论默照的大旨就是从自知与自主立论，照就是自知，默则为自主。能照见自身的觉受为自知，而能不随之而动，则为自主。到最后，是追求"无住生心"，方法是收心、摄心、安心与无心。圣严法师说："从安心而至无心，是持续用功，不断地放舍诸相，一直到了无心可安亦无相可舍的状况。在这过程之中，收心的层次要舍过去、未来；摄心的层次要舍杂念、妄想；安心的层次要舍身心环境正在发生的状况；无心的层次要舍妄、舍真，不执有无两边，也不着中间。一如《永嘉证道歌》所说的不除妄想不求真，但也不是躲在无事窟中享受安逸，而是随缘摄化，悲智无量。"[②] 这一点除了显示圣严法师扣紧《金刚经》的空义外，更重要的是他把向内收摄的修炼，转出悲智无量，接连到积极入世的人间佛教取向，所以才会特别否定无事窟中享受的讲法。

而话头也是修禅的方法之一，行者在面对种种杂念妄想时，可以用话头去取代它们。话头可以指话语之前，或话的要点。话头是让人生疑问的引子，常用的话头有"什么是无？""念佛的是谁？""本来面目是什么？"

[①] 圣严法师：《圣严法师教默照禅》，台北法鼓文化2004年版，第19页。
[②] 同上书，第29页。

"万法归一，一归何处？""拖死尸走的是谁？"等等。这些问题都可以产生疑情，于是就能形成思索体会话头的状态。圣严法师将参悟话头的情况，分为念话头、问话头、参话头及看话头四个层次。念是收摄散乱的心，集中于话头之上；而问话头则在追问；而追问再三，全不放手，以致自我生命跟话头合一，则成为参话头，参到彻悟；然后，还要长养这一圣胎，也就是要保任的功夫，这就是看话头。[①] 圣严法师的贡献在于他整理出次第，系统地具体地说明话头禅的修行；当然，他也将《六祖坛经》的精要，配合说明，将无念为宗、无相为体、无住为本的禅宗思想重新诠释，依照圣严法师，无念是宗旨，也就是没有自我中心的执着；无相就是没有自我与非我的对立的相；最后是无住，这是指心无所住；能明白心无所住，则生智慧心与慈悲心，这就是《金刚经》所谓"应无所住而生其心"。而无住就是开悟后的境界。[②] 同理，圣严法师的话头禅，除了要协助人开悟之外，更提出要生出悲智两心，以便度众，这自然也是大乘的精神了。

无论是话头禅还是默照禅，圣严法师都结合文献与自身体验，探幽发微，整理系统，条理次第，对于中华禅修实在贡献极大；而他兼有临济与曹洞的法脉，所以因应众生不同需要，而能兼明话头与默照两者，遂使中华禅法更完整地流传下去。而中华禅的法鼓宗，就是包容完整中华禅法的新法脉。

五 结论

圣严法师以其深厚的禅修经验、新颖的禅修观念和方法指导东、西方人士修行，在亚、美、欧等洲教授禅修，是国际知名华人禅师；圣严法师提供适合现代人之具体可行的人生观与修持方法，影响很大。

本文重点分析其在美国的经验，他在新的环境中，面对许多问题，尤其在没有佛教基础的美洲，更难筹募资金以及吸收信众。所以圣严法师在外推禅法之时，适应了当地文化，又在新文化环境制约下，发展了他的

---

① 圣严法师：《圣严法师教话头禅》，台北法鼓文化2009年版，第141—145、154—162页。
② 同上书，第164—165页。

禅法。

因此，圣严法师在北美弘扬佛法，并非只是单向地将已有的中国佛法，一成不变地输出到外国；实际上，圣严法师适应当地环境所需，而作出了必要的改变。譬如有鉴于原来汉传佛教在西方难有接班人的情况，圣严法师指出需要改变：

> 它的症结所在，不外乎西方的社会环境，迥异于中国寺院的生活方式。我们这一代从中国大陆寺院出身的出家人，很难揣摩和应运现代西方社会中的生活观念。这个问题，可能要到我们的下一代才能够解决。如何接引下一代和培养下一代，必须要有生长在西方社会的青年，发心到东方寺院出家，还要能死心塌地的发长远心，然后设法将佛教的信仰、观念和生活，适应并落实在西方社会之中才行。①

筚路蓝缕，圣严法师终于以大摄受力，让果忍（Paul Kennedy）及果谷等外国弟子受戒出家，不过，这两位外国弟子，先后还俗；可见文化差异，确实难以简单克服。我们从果谷的追忆中看到了文化的距离，譬如圣严视果谷如孩子，因为看着他长大，而且又是自己多年的侍者；所以在法会中，也就容易拿果谷开玩笑；但这却无意中伤害到他，当事过境迁，果谷当然可以明白这是接引大众的方便，但当时，却让这个美国大男生，感到难堪。② 但无论如何，通过这批西方弟子，圣严的禅法，得以在美洲传播开来。

面对经历科学及实用主义洗礼后的美国心灵，传统中国佛教的仪式，并不容易得到肯定；至于神通等神秘成分，也不容易被理性化的心灵所接受，因此圣严法师在美国传扬佛法，强调理性部分，而不强调神秘；他要向美国的知识青年传达禅法，而且就算在禅法方面也改弦更张，灵活地吸

---

① 圣严法师：《加拿大的两位法师》，收入《东西南北》，第88页。
② Jimmy Yu, "That was the way Shifu trained his disciples. He could be tough on you at one moment, and then gentle with you the next – poking you with a needle and then giving you a lollipop. This is the way he groomed us: firm and soft hard and gentle. I could not see that then." See his "Paving the way for Chinese Buddhism", in *Encounters with Master Sheng Yen IV*, Taipei: Sheng Yen Education Foundation, 2014, p. 124.

收南传与日本的禅法，发展出中华禅法鼓宗的独特禅法。

但是，在适应外国文化之需的同时，圣严法师非常重视中华禅法，它并未因为适应西方社会，而放弃中国禅法；最明显的是他除传授看话禅外，更依照自己对默照禅文献的体会，而恢复默照禅；圣严法师对这两个传统的并重，反映出他对中华禅法的重视，所以在圣严的美国弘法经验中，我们不但看到文化的外推，也同时，观察到文化的回归，外推让圣严的禅法更适应现代，而回归则让圣严的禅法更能坚守中华法脉。前者，是传统禅法的开展性新发展；后者，让法鼓山禅法维持与中华禅法的传承关系。所以综合来说，圣严法师的美国经验，呈现出外推与回归的双轨性发展，而中华禅法鼓宗，也是立足中华传统的新法门。

《南海寄归内法传》对中印佛教交流之价值刍议
——兼论义净法师对于海上丝绸之路开凿的杰出贡献

上海佛学院　金易明

众所周知，中国佛教不是本土产生的，佛教是印度的产物，是公元前586年的印度古迦毗罗卫国的太子悉达多·乔达摩，因其29岁在北印度菩提伽耶附近尼连禅河畔的森林中苦修六年的基础上，于菩提伽耶的菩提树下入定而证得无上正等正觉而创立的。后因其49年的教化，逐步从印度众多的宗教中脱颖而出，在近三百年后的阿育王时代，因阿育王的推崇和信奉，佛教终于成为印度的国教，并开始向周边的国家传播，并在兴都库什山脉北麓的西域地区被首先接受和弘传。东汉年间，随着张骞通西域以及商贸往来，为河西走廊至西域乃至于中亚地区与中原之间架起了丝绸之路，西域的佛教僧侣以及信奉佛教的商人等逐渐将佛教信仰带入中原。无论是"伊存口授浮屠经"还是"白马驮经"等具有标志性意义的事件，都是发生在丝绸之路上，佛教由此而长期、持久地输入中原，并逐渐为中原地区上至王公贵胄，下至贩夫走卒所了解、接受。因此，丝绸之路在佛教传入中国这一对中华文明的发展格局，以及中原民族的价值取向、信仰要求具有极其重要影响的事件中，所承担的重要角色是不可低估的。

然而，在中国接受由丝绸之路而来的佛教的同时，中国社会自身的发展也使文明的步伐向着江南乃至跨越五岭向着岭南地区走去。魏晋以后，江南地区、岭南地区这一曾被称作南蛮地区的历史被刷新，中国九州大地的物质文明和文化氛围在江南一带得到了迅速的推广和创新。此时，恰逢世界进入中古时代的商贸发展高潮，随着中国发明的指南针技术在欧亚诸多海洋国家的运用，极大地提升了人类的航海技术，航海的距离大大增长，南洋诸国都已经拥有了沿着大陆架穿梭于沿海诸大陆、岛屿之间的航海技术。由此，虽然真正跨洋远航的技术和船只还需等待十个世纪，但在公元5世纪后，沿着大陆架的近海航行，却已经成为南洋诸国，包括如今东南亚各沿海国家之间，以及它们与中国、日本等东亚国家之间贸易往来的主要工具。无论是当年法显法师于5世纪初由南洋归来，还是6世纪中叶菩提达摩由广州而南京而登封，一路弘传祖师禅风，以及无数次来往于中国沿海地区和日本之间的遣隋使、遣唐使，他们所走过的艰险海路，都无不说明，不仅中原与世界有一条从长安到西域、中亚及整个欧亚大陆的物质、文化、人才交流的陆上丝绸之路，还有一条由中国南方在中世纪即已成为相对经济发达、海运畅达的福建泉州、广东广州一带，连接东南亚、南亚诸国的海上丝绸之路。这条丝绸之路，在我国与东南亚诸国之间的物质、文化、人才交流方面，亦发挥着重要的作用，向世界传播着、分享着中华文明的成果，也推进了中华民族了解、接受和分享其他文明的物质、精神成果。

义净法师生活于唐代的早期，历唐太宗、高宗、后周武后时代以及中宗、睿宗、玄宗时代，作为一代高僧乃至于圣僧，其在公元635—713年78年的生命历程中，有25年是在南洋苏门答腊、斯里兰卡等地考察游历三十余岛国，特别是在印度那烂陀留学11年。其自公元671年的十一月由广州搭乘波斯商船出发，踏上远航之征程，至679年随商船回到广州；并再次带上笔墨等物品，于当年十一月再度回到苏门答腊，691年，派遣大津法师将其所著的《南海寄归内法传》《大唐西域求法高僧传》，以及其所翻译的二十余部译典带回国内；直到695年，在完成了在南洋地区的佛教数据的收集等项事务后，已届六十有一的义净法师才在贞固等弟子的陪同下，由苏门答腊启程回国，并最终抵达当时的东都洛阳。海上丝绸之路为其提供了学习、接受和引进南洋、印度等地佛教的基本路径。因此，当我们在回顾、总结义净法师对于中国佛教所做的巨大贡献，并继承其留赠后人的巨大精神性、知识性财富之际，不能不想到中华文明与人类其他文明之间交流的这条神奇的海上丝绸之路，其乃继陆上丝绸之路后的、中华文明与世界其他文明之间交流交往的又一重要纽带。

一 义净法师西去求法之经历回顾

义净法师留赠后人的重要文化遗产之一，即其作为一代求法高僧，25年在南洋和印度求法参学、考察游历的不凡经历。

义净法师在其所著的《大唐西域求法高僧传》的开篇即叙述道："观夫自古神州之地，轻生殉法之宾，显法师则创辟荒途，奘法师乃中开王路。其间或西越紫塞而孤征，或南渡沧溟以单逝，莫不咸思圣迹、馨五体而归礼；俱怀旋踵、报四恩以流望。然而胜途多难，宝处弥长；苗秀盈十而盖多，结实罕一而全少。寔由茫茫象碛长川吐赫日之光，浩浩鲸波巨壑起滔天之浪。独步铁门之外，亘万岭而投身；孤漂铜柱之前，跨千江而遗命（跋南国有千江口也）。或亡餐几日啜饮数晨。可谓思虑销精神，忧劳排正色。致使去者数盈半百，留者仅有几人。"① 对于外来文明成果的佛教，中国僧人满怀虔诚的信仰情愫，以谦逊的姿态，前赴后继地前往西域和印度本土，数十年如一日，如饥似渴地在异国他乡汲取佛法之智慧、收集佛教之典籍、参访佛陀之遗迹，为中华文明注入了源自异质文明的精神之营养、信仰之元素。他们是丝绸之路上的思想探寻者，也是博采众长、内涵丰富的中华文明的构建者。在络绎不绝的西去求法高僧名讳中，义净法师与法显、玄奘一起，是其中三位最为灿烂的、光照千秋的巨星。义净法师之所以能够成为继法显、玄奘之后的一代西去求法高僧，乃是其殊胜因缘的际会。

首先，义净法师所处的初唐时代，"贞观之治"给大唐带来经济稳定、政治昌明、文化繁荣的盛世风采，不仅为玄奘大师赢得了归国后至诚隆重的迎接，也有力助推了正信、正统、虔诚的佛教信仰在中原大地的再度兴盛，同时，也影响了包括义净法师在内的诸多高僧大德一生志向的树立。义净法师诞生之年，正值贞观九年，10年之后的贞观十九年，玄奘大师西去求法、载誉而归所获得的盛大迎接以及其展示的丰硕成果，想必在街谈巷议之中，给义净法师这位张家少爷心中所留下的印象，应该是播撒于其心底的未来志向的种子。确实，贞观十九年正月，房玄龄等迎接玄

---

① 义净：《大唐西域求法高僧传·序》，《大正藏》第51册，第1页。

奘大师荣归故国的场面，给当时的民众留下了深刻的印象。《大慈恩寺三藏法师传》第六卷伊始，对当时迎接玄奘大师的场面，以及玄奘大师带回的经卷佛像等，有详尽的渲染："贞观十九年春，正月景子，京城留守左仆射梁国公房玄龄等承法师赍经、像至，乃遣右武侯大将军侯莫陈寔、雍州司马李叔眘、长安县令李乾祐等奉迎，自漕而入，舍于都亭驿，其从若云。是日有司颁诸寺，具帐舆、花幡等，拟送经、像于弘福寺，人皆欣踊，各竞庄严。翌日大会于朱雀街之南，凡数百件，部伍陈列。即以安置法师于西域所得如来肉舍利一百五十粒；摩揭陀国前正觉山龙窟留影金佛像一躯，通光座高三尺三寸；拟婆罗痆斯国鹿野苑初转法轮像，刻檀佛像一躯，通光座高三尺五寸；拟憍赏弥国出爱王思慕如来刻檀写真像，刻檀佛像一躯，通光座高二尺九寸；拟劫比他国如来自天宫下降宝阶像，银佛像一躯，通光座高四尺；拟摩揭陀国鹫峰山说《法花》等经像，金佛像一躯，通光座高三尺五寸；拟那揭罗曷国伏毒龙所留影像，刻檀佛像一躯，通光座高尺有五寸；拟吠舍厘国巡城行化，刻檀像等。又安置法师于西域所得大乘经二百二十四部，大乘论一百九十二部，上座部经、律、论一十五部，大众部经、律、论一十五部，三弥底部经、律、论一十五部，弥沙塞部经、律、论二十二部，迦叶臂耶部经、律、论一十七部，法密部经、律、论四十二部，说一切有部经、律、论六十七部，因论三十六部，声论一十三部，凡五百二十夹，六百五十七部，以二十匹马负而至。"[①]基本上，在描写其所受到的隆重礼遇之余，开列了一张玄奘大师取经的物品清单。可见，当时的人们对玄奘大师荣归场面的深刻印象。由此，玄奘大师成为义净法师一生的楷模，乃是时代给予义净法师的馈赠，"观夫自古神州之地，轻生殉法之宾，显法师则创辟荒途，奘法师乃中开王路"的感叹中，表露的是义净法师的志向。

其次，义净法师孩提时代出家，而能成就其佛门法将、龙象之宏业，不仅与其家庭出身密切相关，而且更与两位慈祥明理、含辛茹苦培育其道心、五蕴身的师父为其恃怙之故。义净法师乃是山东齐州山茌县人士；另外，在《大唐龙兴三藏圣教序》中，说其是河北范阳人士。从目前考证

---

① 慧立：《大慈恩寺三藏法师传》卷六，《大正藏》第52册，第252页。

结果看，似乎应以山东齐州山茌人士为准。① 孩提时代出家，乃是隋唐时代世家子弟之风尚。当年河南偃师之陈家亦属世代为官读书之家，孩提时代的玄奘大师即随其兄长捷法师在寺院生活，后于12岁出家为僧。义净法师7岁出家，亦是受当时世家子弟幼年出家的风尚影响所致。固然，7岁出家为沙弥，殊难说是其自身的愿望，在此点上，12岁出家为僧的玄奘大师可谓出自其"远绍如来，近光大法"②的愿望，但义净法师的出家，应该是其父母的安排，体现的是其父母对他的期望。这与元明清直至民国时代大多数幼年出家者乃是家贫之故不同，义净法师的出身并不贫寒，"俗姓张氏。五代相韩之后，三台仕晋之前，朱紫分辉，貂蝉合彩。高祖为东齐郡守，仁风逐扇，甘雨随车；化阐六条，政行十部。爰祖及父，俱厌俗荣，放旷一丘，逍遥三径，含和体素，养性恬神，摘芝秀于东山，挹清流于南涧，可谓寻幽丹峤栖偃白云皋鹤。于是，吞声场驹以之执影。法师幼挺明晤，夙彰聪敏，才逾辩李之岁"③。由此可见，不仅其祖上曾经世代在北朝为官，更有其祖父、父亲两代纯属精神贵族一般的"摘芝秀于东山，挹清流于南涧"之生活处世态度、风格，这一切可谓家族的烙印，对义净法师一生风骨的影响，绝不可小觑。由此，将7岁的张文明送往离齐州城西约四十里的土窟寺出家为僧，以当时的风尚，应属正常、平常之举。

对于其早年出家的经历，无论是智昇、圆照，还是赞宁等，在有关义净法师的传记中都未有记载，也许是以后辉煌的义净高僧，有太多需要记载的事，故似乎对其37岁出海西去印度前的经历都有所忽略。其实，成年后的辉煌，与其早期的教育及由此形成的格局、志向密切相关。对于义净法师早年的出家修学生活，我们从其在《南海寄归内法传》《大唐西域求法高僧传》等著作及一些译著的注释等相关记载中，得以组织起相对完整的概貌。7岁进入土窟寺后，天生具有法将潜质和龙象之命的义净法

---

① 可参照王邦维《义净籍贯考辨及其它》，《中华文史论丛》1984年第4期（总第32期），上海古籍出版社1984年版。其中的结论是："义净祖籍范阳，但本人籍贯齐州。又'山庄'一地，名不见经传，未详在齐州何地，似为一小地名。颇疑'山庄'为'山茌'之误。唐初齐州辖数县，山茌为其一。"见该书第80页。

② 慧立：《大慈恩寺三藏法师传》卷一，《大正藏》第50册，第221页。

③ 唐中宗：《大唐龙兴三藏圣教序》，《乾隆藏》第32册，佛陀教育基金会版，第3—4页。

师，因缘际会，适逢善遇和慧智两位慈祥而智慧的师父，他这是平生求学、悟道、弘法道路上最早的也是非常关键的两位大善知识。根据义净法师的回忆："且如净亲教师，则善遇法师也。轨范师，则慧智禅师也。"①义净法师的这两位师父其来历并非平常，其意境也绝非一般："斯二师者，并太山金舆谷圣人朗禅师所造神通寺之大德也。俗缘在乎德贝二州矣。二德以为，山居独善寡利生之路，乃共诣平林俯枕清涧，于土窟寺式修净居。即齐州城西四十里许，营无尽藏食，供养无碍。所受檀施咸随喜舍，可谓四弘誓愿共乾坤而罔极，四摄广济等尘沙而不穷。敬修寺宇，盛兴福业。"② 德州隶属于如今的山东，属山东西北部，而贝州隶属于河北邢台地区，两位法师均出自济南附近金与谷的神通寺，在山东与河北一带弘传佛法，后驻锡于土窟寺。义净法师没有明言，但两位法师对义净法师关爱有加，也要求严格。加之义净法师"幼挺明晤，夙彰聪敏，才逾辩李之岁"，其悟性远超其同龄人，故与善遇法师正是"善遇"，一位精通佛经六艺，对天文地理、阴阳历算都有很高造诣的法师，成为一位天资远超同龄人的沙弥之亲教师，义净法师的启蒙教育无疑是扎实的、完整的，这为日后义净法师的成就奠定了基础。可惜的是，贞观二十年即公元646年，义净法师十二岁时，善遇这位亲教师却故世了。幸好，在善遇法师处接受了系统启蒙教育的义净法师，尚有慧智禅师继续培育。追随慧智禅师学习的义净法师，将主要精力集中于佛教经律论的学习。而在其学习期间，正值玄奘大师的译场有计划、成规模地译出玄奘大师带回的经律论，而各宗也多在酝酿而呼之欲出之中，这对于义净法师而言，无疑开阔了其博大的学术眼界；而此时又有通达、开明的慧智禅师的循循善诱，加之自身的"昼夜勤六时而不倦，旦夕引四辈而忘疲"，义净法师的进步之快，当可想象。两年以后的公元648年，慧智禅师为他授受了具足戒，并劝导这位前途无量的年轻比丘前往当时佛教重镇洛阳、长安，展开其更为广阔的发展前景。面对如此通达明理、精心培育他的两位师父，义净法师在公元691年由苏门答腊带回的《南海寄归内法传》中，满怀感激地将两位师父的养育之恩、仁德慈爱总结为七大德性：博闻、多能、聪慧、度量、

---

① 义净《南海寄归内法传》第四卷之"四十古德不为"，《大正藏》第54册，第231页。
② 同上。

仁爱、策励、知命,并有详尽的阐述。① 总之,对于义净法师早年出家并受惠于两位难得的、具备上述义净法师所总结的七大德性的师父的经历,应该引起学界的关注。因为良好的家庭背景、殊胜的时代背景、适宜的学修氛围,对将一位天资聪慧的僧人造就为佛门法将,具有相当决定性的作用。

嗣后,义净法师还是在师父慧智禅师处学习了一段时期,随后赴当时佛教重镇洛阳、长安等地,学习当时由玄奘大师所译的有关经论,并坚定了其效法玄奘大师、赴印度求法的宏愿。在此期间,其师父对他的一段教诲,颇为令人感动,也不难理解义净法师在远离自己的师父二十余年后,对师恩始终念念不忘的缘故:"每亲承足下不行远听,便赐告曰:'我目下且有余人给侍,勿废听读而空住于此。'乃杖锡东魏,颇沈心于《对法》《摄论》;负笈西京,方阅想于《俱舍》《唯识》。来日从京重归故里,亲请大师曰:'尊既年老,情希远游,追览未闻冀有弘益,未敢自决。'师乃流海曰:'尔为大缘,时不可再。激于义理,岂怀私恋?吾脱存也见尔传灯,宜即可行勿事留顾。观礼圣踪我实随喜,绍隆事重尔无间然。'既奉慈听难违上命,遂以咸亨二年十一月,附舶广州举帆南海,缘历诸国振锡西天。"② 在师父的鼓励和督促下,义净法师完成了在长安和洛阳学习玄奘大师所译介的唯识学等方面的经论著作,后又在诸多外缘的支持下,终于于670年,在山东向自己的亲教师善遇之墓叩首辞行,向年迈的师父慧智依依惜别,下扬州奔广州,开始其人生经历中最为辉煌的西去求法的经历。

公元671年,即唐高宗咸亨二年,已届37岁的义净法师,于这年的十一月,在多方帮助下,特别是一路上从扬州到广州与其同行的、欲赴广西上任的州官冯孝诠的资助下,终于搭上了波斯商船,开始了长达25年之久、游历三十余国的求法历程。可以想象的是,法显和玄奘等由陆路通过河西走廊上的丝绸之路,其艰难险阻固然在法显的《佛国记》和慧立的《大慈恩寺三藏法师传》中都有精到的记载,而义净法师以当时航海

---

① 参见义净《南海寄归内法传》卷四之"四十古德不为",《大正藏》第54册,第231—232页。

② 同上书,第233页。

船只的造船水平、航海技术而言，其危险性亦非今日的人们所能想象。九死一生的陆路与海路两条丝绸之路上的旅行者，无疑都是勇敢的探险者。义净法师本人在扬州时，即已有多人愿同去印度求法，然而在广州最后登船成行者，却仅有其徒弟善行与其同行，可见当时的求法之路有多么的艰险。义净法师自己在《题取经诗》中，对西去求法之路的艰险，亦有描述："晋宋齐梁唐代间，高僧求法离长安。去人成百归无十，后者焉知前者难！路远碧天唯冷结，沙河遮日力疲殚。后贤若不谙斯旨，往往将经容易看。"① 而自己这次航行，虽说相当顺利，"未隔两旬果之佛逝"，仅仅用了二十天时间，即到达如今的印度尼西亚，然而，正如他所描述的那样："至十一月，遂乃面翼轸背番禺，指鹿园而遐想，望鸡峰而太息，于时广莫初飙，向朱方而百丈双挂；离箕创节，弃玄朔而五两单飞。长截洪溟，似山之涛横海；斜通巨壑，如云之浪滔天。"② 惊涛骇浪中的惊心动魄，这种艰险的旅程，非为巨大的利润之商人或怀抱神圣的使命者，又孰能为之？

在古代印度尼西亚苏门答腊岛上的大国室利佛逝停留六个月，此间，其徒弟善行因身患疾病，不得已搭船归国，义净法师则努力学习当地和印度的语言文字，并对当地的佛教界留意考察，与当地的王室等广结人脉，为自己赴印度求法做好准备、争取资助。公元672年年中，义净法师踏上了南亚次大陆的印度，在遭遇一次抢劫的历险后，来到了50年前玄奘大师曾经留学过的那烂陀寺，于该所印度佛教的最高学府一住即是11年。其间，义净法师游历了佛陀的各处圣迹，包括菩提伽耶的大觉寺、拘尸那城、鹿野苑、灵鹫山等，也包括佛陀大弟子迦叶的道场鸡足山、维摩诘居士所居住的城镇方丈城等；而对于其留学的那烂陀寺，更有细致入微的观察和记录，从寺院的僧团律仪到寺院运作规范，从僧人的日常生活到修学内容，从寺院的布局到建筑细节，各方面的内容都在其了解和记录的范围，为此他还为那烂陀寺画了一张图，但可惜已经佚失。这一切后来成为其撰写《南海寄归内法传》的基本依据；当然，义净法师在那烂陀寺也如饥似渴地拜访名师，在智月法师、宝狮子大德等各位名师座下请教，学

---

① 普润：《翻译名义集》卷七《统论二谛篇第六十四》，《大正藏》第54册，第1178页。
② 义净：《大唐西域求法高僧传》卷下，《大正藏》第51册，第7页。

习佛教的经典、义理和律仪等。其所学习的内容，不仅包括那烂陀寺这所印度佛教最高学府的强项，如中观学、瑜伽学、因明学、俱舍论等，他还尤其对印度佛教的律学倾注了巨大的努力，并注意收集相关梵本佛教经典，准备带回祖国；同时，在那烂陀寺学习期间，义净法师还注意联系和接触在印度求法学习的中国僧人，对他们的留学经历，以及从丝路上过来一路的所见所闻，都予以了记录，这一切为其日后撰写《大唐西域求法高僧传》提供了相当丰富而真实的第一手数据。在其著作中所记录的玄照、佛陀达摩、慧轮、道琳、智弘、无行等法师，都是他在印度期间曾经见面和交流者；在印度学习期间，特别是在那烂陀寺经过数年的教理、经典以及语言上的训练，义净法师在印度和室利佛逝的时候，已经着手尝试翻译佛教经典，如《根本说一切有部毗奈耶颂》《一百五十赞佛颂》等，只是回国后又经其译场进一步依照翻译规范、程序加以校勘和润饰。

总之，自公元672年五月，义净法师由室利佛逝到羯荼国，再由羯荼国泛海抵恒河入海处，即如今印度西孟加拉国邦米德纳普尔县之塔姆卢克附近的耽摩立底国登岸，经多年求学、游历印度各地，包括在那烂陀寺的11年学习生涯后，义净法师在武后垂拱元年，即公元685年离开那烂陀寺，自耽摩立底登舟，沿原路东归。中途于公元687年抵达室利佛逝，在此地留住多年著述、翻译，公元691年，其在《南海寄归内法传》中感慨道："仰蒙三宝之远被、赖皇泽之遐沾，遂得旋踵东归、鼓帆南海，从耽摩立底国，已达室利佛誓，停住已经四年，留连未及归国矣。"① 直到公元693年，即武则天武周长寿二年，义净法师终于结束了其在海外的求法历程归国，回到广州，直到公元695年，即武则天证圣元年，方抵达洛阳，前后整整25年，扣除路途上的时间，在南洋、印度，义净法师也整整学习、参访、译经、著述了二十年。满载而归的义净法师得到了当时的女皇帝武则天亲自出城迎接的隆重礼遇："凡所历游三十余国，往来问道出二十年，以天后证圣之元乙未仲夏还至河洛。将梵本经律论近四百部，合五十万颂，金刚座真容一铺，舍利三百粒。天后敬法重人，亲迎于上东门外；洛阳缁侣备设幢旛，兼陈鼓乐，在前导引；敕于佛授记寺安置，所

---

① 义净：《南海寄归内法传》卷四之"三四西方学法"，《大正藏》第54册，第229页。

将梵本并令翻译。"① 当"年十有五志游西域，仰法显之雅操，慕玄奘之高风"②的义净法师，终于在37岁之际因缘际会而踏上法显、玄奘大师等同样的西去求法之路时，他前面的路途是艰险的；然而，在已过甲子之年而返归故国时，他已经是与法显、玄奘齐名的西去求法之法将了。

　　当然，在西去求法的过程中，义净法师所游历的国家没有玄奘大师多，玄奘大师从西域到印度，其在以后的名著《大唐西域记》中记录的国家多达138个，其中，有28个国家是其根据听闻而记录的，其他的110个国家都是其亲历的。因此，玄奘大师所留下的记录对于了解中古时代西域和印度地区的地理、风物、信仰、政治、经济等诸方面的情况，是丰富而可贵的、不可多得的文献资料。而从海上丝绸之路往返的义净法师在其名著《南海寄归内法传》中记录的国家，仅有其到达过的三十余国，但是，这些国家都是其海路往返过程中途经的南亚、东南亚诸国，以及印度南方诸国。由于陆上丝绸之路和海上丝绸之路的路径不同，两位大师所记录的国家也有所不同，因此，其记录可谓相得益彰。但限于《大唐西域记》乃是玄奘大师的奉命之作，故其关注点在于各国的历史现状及地理地貌、物产风俗，而《南海寄归内法传》系作为求法僧的义净法师对南洋诸国和印度的观察记录，重点放在僧团律仪、修学仪轨上，涉及国家之历史和现状、物产和风俗等，仅是其记录中的附带品而已。由此，除同将佛教典籍带回祖国以外，义净法师与玄奘大师相比，其求法过程中的收获颇有不同，此乃其西去求法的不可替代的特殊价值，亦即其被后人确立为与法显、玄奘两位前贤比肩的三大西去求法僧之一的原因之所在。

二　义净法师译经之特色浅述

　　义净大师自印度归国后，致力于佛经翻译，功绩卓著，多次受到唐王朝诸帝王褒奖。武则天曾特制《大周新翻三藏圣教序》令标经首，后唐中宗又为其亲制《大唐中兴三藏圣教序》，并镌碑立于义净大师故里的四禅寺中。义净法师于695年回到洛阳后，并未立即着手自己带回的佛教典

---

① 智昇：《开元释教录》卷九，《大正藏》第55册，第568页中。
② 同上。

籍的翻译工作，而是协助实叉难陀法师将八十卷本《华严经》译毕，才开始着手自己的译场建立、动笔翻译佛教经典。"初共于阗三藏实叉难陀翻《华严经》，久视已后方自翻译。即以久视元年庚子至长安三年癸卯，于东都福先寺及西京西明寺。"① 久视元年庚子月，应该为公元700年11—12月期间，事实上已经接近这年的年底了，也就是说，在实叉难陀的译场帮助其翻译《华严经》几乎达6年的时光，而正式开始自己的译经事业时，义净法师已经是65岁的老人了。正是由于其长期在印度和南洋的学习和译经实践，加之有支由中外教界饱学之士组成的译场团队，尽管自公元700—713年，仅有14年的时间，但义净法师还是留下了高质量的翻译经典六十一部，两百三十九卷。事实上，在公元712年，78岁高龄的义净法师已经出现生命力衰竭的迹象，病痛的煎熬已经使这位勤奋工作了一辈子的老人不得不停止其译经和教授后生的生涯了。

根据《开元释教录》的相关记载，义净法师与玄奘大师一样，组织了有系统的译场，其中，不仅有中外僧侣，亦有饱学的中外居士，还有高官显宦。《开元录》中对协助义净翻译经典的译场之证梵义、证梵文、证梵本、证义、证译、笔受、润色、监译者名单，都有明确的记载，是他们协助义净法师完成了诸经典的翻译，也是初唐国家文化宗教事业繁荣、宽松时期，朝廷对包括译经在内的各项文化、信仰建设事业颇为支持和鼓励的殊胜因缘的结果。根据记载，从700年到712年，13年间，义净法师先后建立了东都洛阳福先寺及西京长安西明寺、东都内道场和长安大荐福寺四座译场，② 这不能不说是从则天武后到唐中宗等对其译经事业的关怀和支持辅助的结果。

作为中国佛教界与罗什、真谛、玄奘齐名的四大译师之一，义净法师所译的佛教典籍的内容，有其侧重面。其中涉及咒经有八部，涉及戒律、律仪、仪轨的经典占据其主要部分，仅属于"根本说一切有部"的戒律、律仪、仪轨等经典即有十七部，还有其他的经典涉及从般若学到唯识学等。另外，其所译的《药师瑠璃光七佛本愿功德经》二卷，虽然与包括

---

① 智昇：《开元释教录》卷九，《大正藏》第55册，第568页。
② 可参见智昇《开元释教录》卷九有关义净法师小传部分，《大正藏》第55册，第568—569页。

玄奘大师在内的前三个译本均系药师如来法门之经典，但其与玄奘大师等所依据的本子显然不同，故其所译的《药师经》的价值比较独特。而义净法师所译的不少经典，如《金光明最胜王经》《能断金刚经》等，虽然在中国佛教界影响很大，但一般都有前贤的译本存在，因此其译本所具有的则是参考、参照的价值。

中国佛教经典的翻译，自东汉后期安世高译《安般守意经》、支娄迦谶译《道行般若经》以来，来自西域和印度本土的佛教典籍，不断地由来自西域和印度的僧俗弟子带入，并以出家僧众为主导译出，在汉语系佛教界流通、传播；而自龟兹国来华的一代译经高僧鸠摩罗什法师于公元401年到达长安城后，根据后秦皇帝姚兴的安排，在逍遥园、西明阁建立了由其弟子僧叡、僧肇等八百多人组成的译场，其翻译的质量、数量远远胜过其前辈。特别是作为一国之君的姚兴亲自赴译场参与，虽仅仅是象征性的，但对于推动中国佛教译经向译场形式转化，形成严谨的译经机制，具有相当重要的意义。而嗣后最具规模、组织最为严谨的是玄奘大师的译场，其道场不仅集中了窥基、圆测、道宣等一代英杰，更有一代开国老臣房玄龄等的参与和担任监护大臣；其译场的组织系统、各司其职的细致分工，为所译经典的信、达、雅三方面，提供了基本的保障。

根据《宋高僧传》的记载，隋唐时期以玄奘、义净、不空法师为代表的译场，将译经组织分为十部。包括：一、译主：译经的核心人物，宣读梵文原文，一般译主是对所译经典以及对佛学最为权威的人士，玄奘、义净等都系在译场中发挥主导地位的译主；二、笔受：即将译主对梵文的讲解转写成汉语，故笔受乃是精通梵汉两种语言的汉语转写者；三、度语：一般仅在译主不懂汉语时才需要设立此职，将译主所宣讲的梵文先以汉语作出口译，并予以一定的说明，以帮助其他参与翻译者能比较透彻地领悟所译内容由表面的字义到字面后的义理内涵；四、证梵本：负责检查所译的文本内容与梵文本原文的一致性，其方法是将汉文之译文再回译至梵文，与原文作比较；五、润文：又谓润色，负责对汉文译文进行润色加工，在忠实于梵文原文含义的前提下，以达到文字典雅、文体一致、文采庄重的效果；六、证义：佛教经典的汉译，不仅要求其文字的通顺、文法的优雅和庄重，文体和词汇的准确、一致，更要求其核心即信仰、义理和律仪的思想性表达是否正确、明确而没有歧义。此宗教义理上的思想正确性乃是译经成败之关键，故一般由多人担任；七、梵呗：负责主持佛教典籍翻译前后的佛教宗教崇仰、祈祷仪式，以此整肃、摄受参与译经人员的内心和仪表，并启发其生起神圣的护法之慈心悲愿，这是宗教性典籍翻译过程中相当重要的步骤；八、校勘：负责在汉语特殊的文字学意义上，对典籍译文的文字进行校勘，一般而言，由文字学、音韵学、训诂学方面深有造诣的小学大师担任；九、监护大臣：发挥译场与朝廷之间协调作用的、代表朝廷承认并监护译场者，一般由朝廷派德高望重的高级官员担任，玄奘大师的译场就曾经由房玄龄亲自担任监护大臣一职；十、证字：负责汉语中生僻、异体字的甄别遴选。[1] 虽然义净、不空、实叉难陀等法师的译场，并非完全按照赞宁所列的上述十大部分，或者其名称并不一致，但是译场组织机构之精细、翻译程序之精密，以保证翻译事业的严谨、慎重和神圣，则是一脉相承的。然而，义净法师的译经，在译场的组织上、所译经典内容的选择上以及译经的风格上，相比玄奘大师的译经而言，具有鲜明的自身特征。

首先，玄奘大师所译经典的内容，也是由其所处的教界之思想背景所决定的。中国南北朝至隋、唐初的僧界，对《瑜伽师地论》等经论的相关教理内容，在理解上存在颇多的迷惑和争执；怀揣着解惑的渴望，玄奘大师发出了"贫道为求大法，发趣西方，若不至婆罗门国，终不东归。纵死中途，非所悔也"[2] 那惊天地泣鬼神的庄重誓言，并于在印度的12年时间中，努力寻求有关义理的原典，其归国后的主要译经内容，也集中于涉及印度佛教义理内容的经典之作，如《大般若经》《瑜伽师地论》，以及涉及佛教基本义理的根本说一切有部的《发智论》等"一身六足"等。但是，义净法师无论是其著作《南海寄归内法传》，以及其翻译的经典之重点，都放在印度正统的佛教僧团律仪、戒律介绍和阐述方面，这无疑与其思想意趣、信仰的倾向性，以及其对初唐时代中国佛教僧团的感受，密切相关。（容下节展开讨论）

其次，在译经风格上，义净法师作为重要的译师，对原典的忠实应该

---

[1] 上述陈述，可参阅赞宁《宋高僧传》卷三最后"论曰"部分，《大正藏》第55册，第723—725页。

[2] 慧立：《大慈恩寺三藏法师传》卷一，《大正藏》第50册，第223页。

说是必须遵循的前提，但其所具有的灵活性，应该说是基于对原典的深刻理解上的圆融把握的结果。目前可作比较并得出相关结论的是，义净法师所译的《根本说一切有部律》，于1931年在迦湿弥罗一座古塔中找到了梵文的残卷，依此梵文与义净法师的译文作对校，可以发现："义净的译文对原文确实是很忠实的，但这只限于散文部分，一提到韵文部分，所谓伽陀（Gāthā），情形就有点不同。……义净大概把那些诗都删掉了，没有译。假如我们这个推测对的话，所谓义净译经对原文忠实也只限于散文部分，韵文部分就不然。"① 从季羡林先生对照《根本说一起有部律》的梵汉文本所做的阐述中，我们可以窥见义净法师的译经风格严谨、忠实，同时又有灵活而不拘泥的一面。其实，就忠实于原典而言，义净法师所组织的译场，译经各个环节应该说是都得到了严格保证的。因此，其所取所舍，遣词概念，是经过慎重考虑和严谨校勘、分析的。其译场的组织，相比玄奘大师的译场，某些环节的分工还要仔细。季羡林先生根据《开元释教录》所记载的义净禅师译场的译经分工，比较玄奘大师译场的译经分工，得出过"义净的译场对以前的译场组织有所继承，又有所发展"②的结论。

最后，我们在义净法师的译文中，可发现一个相当有趣的不同于以往译师的特点，即在他的译作正文后，往往有其对正文所做的注释。这些注释的内容，既有属于文字性的，如译音、译义的考证，或其词汇属于梵语之典语还是俗语的辨析等；亦有对于名物、制度等的说明、考核，如对风俗之来源的考证说明；更有一些有关佛教历史的说明，如对印度和南洋诸国僧团律仪风范的具体说明。诸如此类的注释，不仅在义净法师的译作中存在，而且在其自己的作品《南海寄归内法传》和《大唐西域求法高僧传》中也很多。总之，这些注释不仅体现了义净法师严谨、认真的风格，而且也为后人提供了不可多得的文献资料和说明，具有极高的文献价值和学术研究价值。

---

① 季羡林：《记根本说一切有部律梵文原本的发现》，载《季羡林文集》第三卷，江西教育出版社1998年版，第397—399页。

② 季羡林等：《大唐西域记注释》，中华书局1985年版，前言第15页。

三 义净法师弘传律仪与《寄归传》之价值

义净法师《南海寄归内法传》记载的重心与法显、玄奘留下的《佛国记》《大唐西域记》将重点放在地理地貌、风土人情的描写，以及自身于西域往返的历险过程的描述，有着相当的差异。义净法师的《寄归传》将重点放在了对于印度佛教僧团律仪的记述和说明上，从该著的四卷四十小节标题即可明了：破夏非小、对尊之仪、食坐小床、餐分净触、食罢去秽、水有二瓶、晨旦观虫、朝嚼齿木、受斋赴请、衣食所须、着衣法式、尼衣丧制、结净地法、五众安居、随意成规、匙箸合不、知时而礼、便利之事、受戒轨则、洗浴随时、坐具衬身、卧息方法、经行少病、礼不相扶、师资之道、客旧相遇、先体病源、进药方法、除其弊药、旋右观时、灌沐尊仪、赞咏之礼、尊敬乖式、西方学仪、长发有无、亡则僧现、受用僧衣、烧身不合、傍人获罪、古德不为，[①] 每一条所涉及的均是僧团之日常生活与修学规范。义净法师尚未回归祖国之时，已在南洋室利佛逝书就该著，委托弟子先行带回，其目的在于以印度、南洋正统的佛教僧团规范、律仪，对于中国佛教僧团的行持有所影响和制约。但是，平心而论，《寄归传》对中国佛教僧团的行持之影响可以说微乎其微，而义净法师所希冀的制约作用几乎未曾出现过。而在《寄归传》中所详尽记载的印度、南洋佛教僧团的行持、规范，以及各种法务仪式、日常起居的做派等，却成为研究印度佛教史的重要文献资料。近现代印度佛教史大家们，无论是英国的渥德尔，还是日本的平川彰等，无不奉《寄归传》为其学术研究的基本资料和研究方向的嚆矢。相对而言，国内学者对《寄归传》的系统研究，除北京大学王邦维教授[②]之外，尚未引起学界普遍的关注，其研

[①] 义净：《南海寄归内法传》卷第一，《大正藏》第54册，第20页。
[②] 王邦维教授的《南海寄归内法传校注》与季羡林教授的《大唐西域记校注》一样，是目前最好的义净名著的注释和研究本子。而且，其在《南海寄归内法传校注》前长达一百五十多页的前言，也与季先生在《大唐西域记校注》前长达一百四十页的前言一样，系对义净法师全面的论述、评价。因此，笔者以为此当引发义净研究的深入和普及。即使力主佛教中国化者，也应该从义净法师传律而在教界几乎没有影响，玄奘大师传唯识学这一印度佛教认识论精细哲学体系却三代而衰的现实中，总结出印度佛教与中国现实的不适应性，因而导致佛教中国化的必然性，从而发微佛教中国化的内在的元素，更好地把握住中国佛教的特质。

究的重视程度与玄奘大师的《大唐西域记》相比较，相当不够。

根据《开元释教录》《贞元新定释教目录》的记载，并依据《大正藏》律部的目录，义净法师所译的戒律著作有：《根本说一切有部毗奈耶》五十卷、《根本说一切有部苾刍尼毗奈耶》二十卷、《根本说一切有部毗奈耶杂事》四十卷、《根本说一切有部尼陀那目得迦》十卷、《根本说一切有部戒经》一卷、《根本说一切有部苾刍戒经》一卷、《根本说一切有部百一羯磨》十卷、《根本说一切有部毗奈耶颂》五卷、《根本说一切有部毗奈耶杂事摄颂》一卷、《根本说一切有部尼陀那目得迦摄颂》一卷、《根本说一切有部毗奈耶药事》二十卷、《根本说一切有部毗奈耶破僧事》二十卷（内欠二卷）、《根本说一切有部毗奈耶出家事》五卷（内欠一卷）、《根本说一切有部毗奈耶安居事》一卷、《根本说一切有部毗奈耶随意事》一卷、《根本说一切有部毗奈耶皮革事》二卷、《根本说一切有部毗奈耶羯耻那事》一卷等，① 共计十七部。由此可见，义净法师译经在内容上的倾向性非常明确。

这种翻译上的侧重点，源自其在南洋、南亚佛教地区的考察，耳濡目染于南亚和南洋佛教地区的僧团之律仪，因此有比较借鉴和引入严谨之印度佛教律仪的思维路径。众所周知，佛教三藏初入中国，内容上系经论先行、戒律缓至。因此，初期中国佛教就严格的意义上说是不完整、不全面的，存在明显缺陷。由于缺少如法的皈依和受戒形式，僧人也就并非真正意义上的僧人，因为中国僧众缺乏与之相应的佛教毗尼之内在思想行为规范以及僧团修学规制，结果造成中国早期佛教僧人给人以似僧非僧之印象。② 对此，佛教界高僧大德可谓忧心忡忡。东晋佛门龙象庐山慧远大师在给昙摩流支的信中，就曾经感慨："佛教之行，先行上国，自分流一来，四百余年，至于沙门德式，所阙尤多"，因而"不得究竟大业"③。而为罗什大师赞誉为中国"解空第一人"的僧肇大师也充满惆怅地感叹："自大教东流，几五百载。虽蒙余晖，然律经未备。先进明哲，多以戒学为心，然方殊音隔，文以未融，推步圣纵，难以至尽。所以怏怏终身，西望叹

---

① 圆照：《贞元新定释教目录》卷第十三，《大正藏》第55册，第868页。
② 王建光：《中国律宗思想研究》，巴蜀书社2004年版，第17页。
③ 慧皎：《高僧传》卷二《昙摩流支传》，汤用彤校注本，中华书局1992年版，第62页。

息。"① 随着佛教五大律典在汉地相继翻译，特别是一代大师罗什法师、玄奘法师的译经事业的相继开展，经过长达两百年的筚路蓝缕般以启山林的创业，隋唐两朝迎来了中国佛教的全面鼎盛时期，而道宣律师在此盛世仍由衷感慨："而浇末浅识庸见之流，虽名参缁服，学非经远，行不依律，何善之有？情既疏野，宁究真要？对怀守株，志绝通望。局之心首，而言无诣。意虽论道，不异于俗。与世同流，事乖真趣。研习积年，犹迷暗托。况谈世论，孰能体之？是以容致滥委，以乱法司。肆意纵夺，专行暴克。尚非俗节所许，何有道仪得存？"② 由此可见，戒律及其相应的律学在华传播之不尽如人意。道宣律师还颇为悲凉地说过："今时不知教者，多自毁伤云：此戒律所禁止，是声闻之法，于我大乘弃同粪土，犹如黄叶木牛木马诳止小儿。此之戒法也复如是，诳汝声闻子也……今有不肖之人，不知己身位地，妄自安托云是大乘，轻弄真经自重我教，即《胜鬘经》说：毗尼者即大乘学。《智论》云，八十部者即尸波罗蜜。如此经论不入其耳，岂不为悲？"③ 确实，义净法师所处的初唐时期，中国佛教各大宗派正处于酝酿时期，吉藏、玄奘、法藏、道宣、弘忍、神秀等大师级佛教法将，亦都在其时驰骋于法坛。然而，就广大的、普遍的寺院常住清众而言，其戒律的松弛、道场律仪的颠顸，则是当时的教界常态。佛教界的有识之士无不心急如焚、呼吁不止，以图匡正道风、刷新僧制。然而收效甚微。试想，佛教最为兴盛之际的中国教界的实际，尚有如此令人不堪之处，遑论元明清三代及以后的中国教界对于律仪的违逆，无怪乎会激起太虚大师实行"三大革命"的雄心壮志，然而最后亦是无疾而终，不了了之。面对当时佛教盛世下的律制松懈、律仪颠顸的情景，被善遇、慧智两位严谨、虔诚而具有丰富佛教智慧的师父所教诲的义净法师，似乎有将印度佛教僧团律仪介绍给汉语系佛教界僧团的宏大愿望，因此其在印度、南洋期间特别留意僧团的律仪、日常起居的规范等，不能不说是虔诚心切、用心良苦。然而其结局，与千年之后的弘一、太虚等大师差别也并不大。

前述的义净法师受其师父的影响而试图以印度的僧团律仪、戒律对中

---

① 僧肇：《四分律序》，《大正藏》第22册，第567页。
② 道宣：《四分律删繁补阙行事钞》卷上一，《大正藏》第40册，第4页。
③ 同上书，第49页。

国佛教僧团进行匡正，这绝非揣测。其师父慧智在为其授具足戒时，有一段特别令人动容的嘱咐，其语重心长令义净法师终身铭记，故其在《寄归传》中记载："及至年满进具，还以禅师为和上。既受戒已，忽于清夜行道之际，烧香垂涕而申诲曰：'大圣久已涅盘、法教讹替，人多乐受，少有持者。汝但坚心重禁、莫犯初篇，余有罪愆设令犯者，吾当代汝入地狱受之。烧指烧身不应为也。'进奉旨日，幸蒙慈悲赐以圣戒，随力竭志敢有亏违，虽于小罪有怀大惧，于是五稔之间精求律典。砺律师之文疏颇议幽深，宣律师之钞述窃谈中旨。既识持犯，师乃令讲一遍方听大经，乞食一餐长坐不卧，虽山寺村遥亦未曾有废。每想大师慈训，不觉流泪何从。"① 由此足以证明，义净法师在其师父慧智处受戒时，接受的绝非形式上的戒相、戒法，以及拘泥于常规的戒行，更是对于戒体的接受。慧智禅师的嘱咐和感叹，以及其在土窟寺随师父学习法砺系和道宣系律学体系的经历，决定了义净法师对律仪、戒律的重视程度，比起玄奘、法显、罗什大师，更为突出。

　　接受大乘佛教，固然是中土教界之特点，也是中华佛教之幸事，达摩祖师有言："吾本离南印来此东土，见赤县神州有大乘气象。"② 但这一"大乘气象"在华夏崇尚世俗主义、关怀此世实际的民众社会中，一旦广泛流行并占据主导地位，信徒于佛教教义的选择上，即更为注重能带来具体精神安慰作用和物质利养之部分，而对于一般世俗社会所难以践行的波罗提木叉等戒条则有轻视、漠视甚至于无视的倾向，并蔚然成风。③ 这种信仰特质，与印度婆罗多民族的信仰特征相比，确实呈现其异质的个性，因而导致严谨刻苦、缜密细致的声闻乘律法在汉地的传播弘扬、笃实践行，困难重重、障碍绵绵。以至于在中国佛教最为鼎盛的隋唐时期，律宗三大宗派，即法砺之相部宗、怀素之东塔宗和至今尚在艰难维系其法脉的道宣之南山宗，尽管相继登场，但仍然无法改变律学在中国道场和信徒中难以推广之窘境。直到现代，历经明清两代佛教丛林之持续不断的衰微，及近代各种更为复杂的因素的作用，从律典到律仪，从传戒到守戒，基本

---

① 义净：《南海寄归内法传》卷四之"四十古德不为"，《大正藏》第 54 册，第 233 页。
② 道原：《景德传灯录》，《大正藏》第 51 册，第 219 页。
③ 王建光：《中国律宗思想研究》，巴蜀书社 2004 年版，第 93 页。

上或成为学者研究的案头文本"化石",或成为徒具形式的摆设,加剧了律学在中国佛教界的边缘化,毗尼圣典即使在出家众中也基本上无人问津;即使在受戒寺院中,在受戒期间,违反戒规的现象也司空见惯。因此,在中国佛教界,倡导义净法师之律学思想,理解教界具有虔诚信仰的有识之士之苦口婆心的宣弘和劝勉,即使对于当今的教界自身建设而言,其借鉴和鞭策之意义,仍然具有强烈的现实性。

※※※※※※※※※※※※※※※※※※※※※

诚然,义净法师是继法显、玄奘之后第三位在中国佛教史上伟大的西去求法者,其所取得的成果彪炳史册,惠及整个中国佛教界和社会各界。鲁迅先生说过:"我们从古以来,就有埋头苦干的人,有拼命硬干的人,有为民请命的人,有舍身求法的人,……虽是等于为帝王将相作家谱的所谓'正史',也往往掩不住他们的光耀,这就是中国的脊梁。"[①] 在舍身求法的人中,既有法显、玄奘的英名,也有义净法师的英名,更有无数被义净法师于《大唐西域求法高僧传》中所记录的,或者根本就无从知晓其名、更无从考证其行的众多西去求法之僧侣。他们在海上丝绸之路和陆上丝绸之路上,成为中国最早接受"一带一路"诸国文明成果的先贤,他们为人类文明的交流、交融,做出了巨大的、然而是踏实又默默无闻的贡献。在这些优秀僧侣的身上,闪耀着和平的、谦逊的、友好的、虔诚的文明使节风范,彰显着优秀的文化素养和坚韧不拔的毅力。义净法师穿梭于"浩浩鲸波巨壑起滔天之浪"[②] 的海上丝绸之路上,是中国求法僧人中与法显、玄奘等大师齐名的功勋卓著、成就斐然者,其所留下的精神的、文献的遗产,给后人以极大的启发:文化和信仰,可以发挥连接各文明之间的纽带,推进各文明之间的相互了解、相互影响和相互推进;其在译经事业上所做出的巨大贡献,与伟大的开元三大师之一的不空法师,共同书写了中国译经史上继罗什、真谛、玄奘三位大师之后最为浓墨重彩的一笔,可谓承前但却缺乏后继者;其在中国佛教律仪方面的巨大努力、详尽译经,特别是其通过著名的《寄归传》所介绍的印度佛教僧团的律仪行制,

---

① 鲁迅:《中国人失掉自信力了吗?》,载《鲁迅全集》第六卷《且介亭杂文》,1938年鲁迅先生纪念委员会编印本第一版,第119页。

② 义净:《大唐西域求法高僧传·序》,《大正藏》第51册,第1页。

在当时的中国佛教界影响并不大，后人亦因各种缘由或是忽视、或是故意忘却，但其对于中国律宗的弘传，对于印度佛教律仪古制的介绍，不仅完整保留了南亚与南洋诸国所盛行的佛教信仰中关涉僧团律仪、行制方面的诸多珍贵数据，而且也在一定程度上佐证了一个不可回避的事实：中国佛教的律仪制度、僧团行制与印度的佛教信徒特别是僧团行制方面的巨大的差别，这种差别既源自文明禀赋和文化属性的差异，也源自地域环境的差异，更源自中国佛教扎根于儒道文化的丰厚土壤中，儒道传统文化不仅深刻、普遍、长期地左右着中华民族的思维习惯、价值取向、伦理规范，而且也对印度佛教在中国的接受、传承，对中国僧团的行制律仪，产生着深刻而普遍的影响。由此，也启发着、激发着人们对于中国佛教界为何会出现百丈怀海禅师制定特殊的丛林《清规》，为何其中会有诸多的纯粹的中国元素，做出更为深入、透彻与切合中国佛教界实际的研究和探索，以期客观评价佛教的中国化，更好地实践人间佛教的理念、构筑中国佛教的框架。

　　玄奘大师和义净法师的译经事业，对中国佛教界广大信徒的影响有限，他们所弘传的义理、戒律、律仪等几乎成为绝学。中国僧俗大众高举着佛陀的旗帜，却对佛陀的教义、僧团的律制在随缘的口号下进行着符合华夏传统思想观念、伦理规范、政治制度、民间风俗的中国化改造。这究竟是中国佛教的福音还是中国佛教的悲哀，见仁见智。但是，义净法师则是海上丝绸之路上虔诚的佛教文化使者，是意志坚定的佛教文化传承弘传者，是伟岸的、与玄奘大师足可比肩的民族的精神和信仰脊梁，又是中华民族宝贵的精神财富，是如今仍在为"一带一路"倡议的实现而努力着的人们的楷模！

留学日本的黄辉邦居士

江西省社会科学院宗教研究所　欧阳镇

黄辉邦（1905—2000年），江西清江县（今樟树市）人，出生于一个乐善好施的富商家庭。7岁上私塾，16岁由父母安排娶妻成家，20岁生长子黄掉昭，同年随叔父黄英赴日本求学。在求学期间接触佛教，从此也开始他一生追求佛法和学佛的经历。

艰难求法

在日本求学期间，黄辉邦居士就开始思考人生的问题。他就读日本名古屋第八高等学校时，"黄老对人生的根本大事有了进一步的思考。……而到这时黄老想得更多的却是即使国治好了，天下也太平了，但岁月如流，一切都会如流水一般逝去，人生到底怎样才是一个永恒的东西呢。特别是人，终归要死亡，不知生从何来，死又向何处去。这一疑问，久久困惑着当年的黄老。于是他到图书馆，自己也买了不少哲学、伦理学乃至宗教学的书籍来读。从古希腊的亚里斯多德、苏格拉底等，直到近代的康德、黑格尔等；从天主教、基督教到伊斯兰教、佛教都广泛涉猎，认真探究，对哲学特别是人生哲学十分感兴趣"[1]。这也正是他求法的最初动机。此后，黄辉邦居士开始艰难求法的历程。

1930年3月，从日本名古屋第八高等学校毕业后，黄辉邦居士旋即考入东京帝国大学。报考时，黄辉邦居士第一次违背父母让他学经济法律

---

[1] 何明栋：《黄老，您老走好——追记原江西省佛教协会副会长黄辉邦居士》，《丛林》2001年第3、4期合刊。

专业的嘱咐，毅然选择了哲学专业，就读于文学部中国哲学系。在这里，黄辉邦居士接触和了解了佛教。"一读'缘起论'、'三法印'等，黄老倍感亲切与投入，感到这些正是解决自己对人生大事疑问的良方佳药。越学越投入，更加感到佛教的伟大，是自己人生的归依。……黄老觉得人生的意义更加充实，学佛的信愿更为坚定，禅宗、净土宗、天台宗等广泛涉猎。"①

1932 年，黄辉邦居士得知印光老法师弘扬净土法门很有建树，就写信去求教，并利用东京帝国大学第三学年暑假回家探亲的时间，专程前往苏州报国寺亲近印光老法师。当时他由德森法师引领，得到正在闭关的印光老法师破例接待。印光老法师在关房里打开窗户进行了开示，办理了皈依，赐法名慧辉。临别时，印光老法师又赠许多佛书，并嘱其好好念佛。自此，黄辉邦居士学佛信念更加强烈，立志以净土为归，发愿往生西方净土极乐世界。

1933 年，黄辉邦居士大学本科毕业，获文学学士学位。本来按当时的学业管理规定，黄辉邦居士有机会进入欧美的大学深造，但考虑到日本的大学哲学科目很齐备，这里开设有天台宗、真言宗、净土宗等课程，于是决定留在日本学习。为了便于攻读和修学佛法，黄辉邦居士特地报考专门的佛教大学——东京大正大学，并被录取为该校研修院研修生。在这里，黄辉邦居士主要学习了日本的东密（即日本空海大师入唐向慧果阿阇梨所习唐密带回日本东大寺弘扬的法门）和台密（即日本修天台宗的僧人到中国学密宗，回国后与天台宗合并的密宗）。为了完整系统地学习密宗，黄辉邦居士在大正大学研修院特地延长了一年学习时间。他在日本东密和台密寺院进行了实修，得到了东密、台密两方面的灌顶传承，为其回国后学习藏密打下了坚实的基础。

1937 年秋，云南密宗大德圣露上师在南京毗卢寺启坛传授破瓦法，黄辉邦居士闻讯后立即赶去赴会。经七天修法后，黄辉邦居士与蒋维乔等全部都功德圆满，开了顶门，并插入吉祥草，以示印证。同年冬，藏密贡噶呼图克图到成都弘法，黄辉邦居士得知后立即前去座下皈依，礼为上

---

① 何明栋：《黄老，您老走好——追记原江西省佛教协会副会长黄辉邦居士》，《丛林》2001 年第 3、4 期合刊。

师，并时时亲近。

1947年7月，黄辉邦居士应聘到国立昆明师范学校任教授，其间恰逢贡噶活佛来此弘法，他即前去亲近。黄辉邦居士在贡噶活佛的指导下，开始修加行，叩完十万大头（即行拜十万拜），诵念六皈依和金刚萨埵百字明十万遍，以及修不同的施身法、供曼达和习上师相应法等。与此同时，黄辉邦居士还发起请贡噶活佛传授大圆满特别加行。这次亲近贡噶活佛后，黄辉邦居士在佛法修持上也更加精进了。

1956年9月，黄辉邦居士与母亲和夫人专程步行上云居山真如寺，礼拜虚云老和尚，受三皈五戒，虚云老和尚为黄辉邦居士赐法名宽邦。另为其母亲和夫人授三皈，三人跪请虚云老和尚打香板消业障。而后，黄辉邦居士还多次前往拜见虚云老和尚，参加寺院的禅七活动，聆听虚云老和尚所讲的各种开示。

黄辉邦居士晚年依然外出求法。1989年，他以84岁高龄赴藏区参访，亲近了登宁玛活佛和来藏区弘法的不丹国师谛可钦尊仁波切法王，并接受他们的灌顶。1991年冬，黄辉邦居士再次前往藏区求法。他克服了冬天的严寒和旅途的艰辛，成就了圆满功德。在藏区，黄辉邦居士亲近了晋美彭措法王，得到了文殊大圆满灌顶。归途路过成都时，黄辉邦居士又得到了羊戎大师的特别灌顶，同时还亲近了清定上师，得以饱承法乳。

刻苦学法

黄辉邦居士学习佛法相当刻苦，不仅深入钻研佛学理论，而且认真行持佛法实修。可以说，黄辉邦居士是一位真正将佛学理论与佛法实修相结合的典范。

在佛学理论上，黄辉邦居士曾撰写过文章探讨佛法的宗旨、佛法的修持以及佛教与儒学的关系等问题。他在《复性返本之观照般若》一文中首先提出修法的目的就在于要做到："我人时时观心，就是要安住在灵明空寂之中。佛的般若思想讲得透彻，因其觉悟了宇宙的实相。空寂是实相般若，是体；灵明是观照般若，是用。空寂不碍灵明，灵明不碍空寂；即体即用,体用不二。"① 其次,他根据佛法的宗旨阐述了佛法的修持应做到:"我人用功,要安住在真空实相里,时时灵明空寂,不分别而破妄想,时时观照,破六、七识。转第六识为妙观察智;第七识亦转为平等性智;自然第八识转为大圆镜智;前五识转为成所作智。这时整个的光明就是诸佛三世的光明,具足乐觉受的明空三昧,乐、明、空三无差别,诸法皆实相。"接着他还进一步论述道:"我辈用功,要寂寂惺惺、惺惺寂寂。习气来时,正是生死关头,时时站稳脚跟,方能与道相应。待证到法身无我,真心独照时,方能任运自在。"对于佛教与儒学的关系,黄辉邦居士在1981年撰写有《佛教与克己复礼》一文,他在文中以佛教的缘起论等基本观点与克己复礼的契合加以探析,论证了佛教与儒学的互融性,对于佛教的进一步弘法,尤其是人生佛教在当下的推进,阐述了不少新见。同年,黄辉邦居士以此文参加日本东京大学哲学年会,得到中日两国学者和佛教界的一致好评。

黄辉邦居士由于在佛学理论上有很高的造诣,这也导致他对佛教书籍的保护极为重视。他曾慨叹过一生有过两次失掉佛教书籍的经历。一次是在1945年,黄辉邦居士在南昌,日本总投降仪式后,因惦记着在南京的那些从日本带来的佛教书籍,就急匆匆赶往南京,可到南京才发现,所有的佛教书籍都化为乌有,当时他深感痛哉!另一次是在1966年"文革"初,黄辉邦居士家中的所有佛教书籍和佛像都被抄光。当时佛教书籍被抢去时,他不禁大声痛哭流泪,如丧考妣。后来家人来劝,他却说出自己的心声:"法本被抢,断我慧命,怎能不痛哭流泪?"

在佛法实修上,黄辉邦居士切实履行这么两点:一是发菩提心;二是躬行修持。关于发菩提心,他不仅自己要发菩提心,而且经常劝告与其接触的居士。笔者记得,他曾自己花钱印刷省庵大师的《劝发菩提心文》,免费赠送给大家结缘。由于他发心广大,因此他认为信佛、学佛是光明正大的事。他公开自己的信佛立场,不管遇到什么运动,从不隐瞒。

对于躬行修持,黄辉邦居士数十年如一日,从未间断过。就拿吃长斋来说,黄辉邦居士从29岁开始,一直坚持到往生,即便是"文革"中也未间断。据他自己说,他发愿吃长斋时有一个故事。当初,他阅读许止净

---

① 黄辉邦:《复性返本之观照般若》,《丛林》1999年第3期。

老居士的著作,里面介绍往生传记时,讲到往生西方极乐世界的人多是吃长斋念佛的人,因此他为求稳当生净土起见,也发愿吃长斋念佛,并在阿弥陀佛像前请示,以两张纸条为签,一张纸条写上"吃长斋",另一张纸条写一"否"字,均放入笔筒内,然后用筷子拈,并默想如果佛赞成我吃长斋就连拈五钧。第一次拈出"吃长斋",再顶礼并照前观想,结果连拈五钧,所以他深信佛菩萨灵验。他从此就把吃长斋定下来了。"文革"期间,他在福建师范学院和农村都待过,也未放弃吃长斋。在福建师范学院任教时,一次在公共食堂吃斋被领导看到,炊事员怕他挨批评以讲卫生为之掩饰,然而他却坦然承认自己是佛教徒,并说吃斋是修持之需。在下放农村劳动时,吃大锅饭,荤素一锅,别人以为这次他总得开斋了,事情并未如想象的那样,他在这种不得已的情况下学习六祖慧能大师只吃肉边菜,仍不吃荤。后来有人问到这件事,他说当时他是这样想的:"三军可夺帅也,匹夫不可夺志也。"从此可看出他吃长斋决心之大。

佛教法事也是黄辉邦居士躬行修持的重要内容。为了弘法利生,黄辉邦居士也开展一些佛教法事活动。他既重视超亡放生,又注重传道释疑。对于超亡,他认为最初七七四十九天对亡人最要紧。1941年,黄辉邦居士在成都接到电报,获悉父亲在家乡去世的噩耗后,由于当时战事甚急,道路不通,来不及回江西奔丧,又恐耽误七七四十九天的佛事,他遂决定遵佛门规制来到成都几个寺庙为父亲做超度佛事,并在新都宝光寺长住四十九天,天天诵经回向,直到超度法事结束才返回江西老家。对于放生,他经常捐出净资,参加放生。1980年以后,黄辉邦居士每月都要从微薄的退休工资中拿出一大部分用于放生。这一善举,深受南昌信众赞叹,这也表现出佛教的慈悲为怀和善待生命的崇高思想境界。如果说超亡放生只是对即将失去的生命一种挽救,那么传道释疑才是一种让生命永存的最好方式。在传道释疑方面,黄辉邦居士也做出了表率。他对于前来求学请教的人,总是满腔热情,谆谆教导。直到生命的最后一刻,还在病床上不断地为求教者解疑释难。

执着护法

黄辉邦居士信仰虔诚,修持认真,因而在佛教界具有一定的声望,这为其执着护法奠定了重要基础。他的执着护法主要表现在维护佛教道场的合法权益。

抗战胜利后，为了振兴和发展江西佛教文化教育事业，黄辉邦居士主动联络曹浩森居士等组织成立了江西省佛教会（后更名为中国佛教协会江西省分会），会址设在当时南昌最大寺庙圆通寺内，同时在南昌的绳金塔寺和佑民寺设立办事处。后得众推举，黄辉邦居士当选为江西省佛教会副会长。受命之后，他提出要"维护和保护好南昌的寺庙"。这些寺庙主要是指当时还保存完好的道场，诸如南海行宫（又名圆通寺）、佑民寺、水观音亭、普贤寺等。同时，他又着手准备修复遭战争破坏的各地寺庙，亲自徒步跋涉，先后多次上云居山，到宝峰禅寺等礼拜，探究恢复重振之策。后因种种困难和障碍，此举未能实现。到晚年，黄辉邦居士一直为此深感不安。

1985年，江西省佛教协会得以恢复。1986年元月，黄辉邦居士又一次当选为江西省佛教协会副会长。受命之后，他尽心尽力，为佛法的弘扬、祖庭的恢复重振，多方联络，广募善缘。"文革"期间，云居山真如寺成为云居山垦殖场的范围。为了恢复云居山真如寺这个著名祖师道场，黄辉邦居士坚持上山找寺庙的住持婺源和尚商量对策，探讨如何使云居山垦殖场退还寺庙所有的一切设施。后经多方努力，此事终于得到较好的解决。

1989年前后，为了南昌水观音亭的落实政策，黄辉邦居士自费到省、市图书馆、档案馆收集复印资料，整理后分送中央、省、市有关领导，多次上门向有关领导进言。这里，特别值得一提的是，黄辉邦居士专门写了一份《呈请保护建自唐代的千余年来名胜古寺南昌湖心观音亭》的报告。在这份报告里，黄辉邦居士明确列出三个理由：一是除《重修南昌湖心观音亭志》外，尚有江西省志、南昌府志、旧刻碑石，均载明南昌湖心观音亭（即水观音亭）为建自唐代的千余年来的名胜古寺，为稀有国宝，且为江西省会诸名胜中之历史最久者。志中略云："据《南昌府志》内载，该寺在东湖中洲渚上，自唐创建，旧立有碑。至清乾隆五十三年，由沙门僧果传重行修葺。水环四面，形似姑山。前亭供祀观音，后殿满载佛像。虽其间治乱靡常，而庙貌巍巍，香烟缭绕，历千年而无间。……民国初建，庙址畿圮。绅等爱遵内务部咨行各省保存古物暂行办法，凡古代楼观祠宇台榭亭塔，其有关地方名胜者，应由地方官或公共团体筹资修葺之类，会同该寺住持，依就故址，重创兴工。计自民国五年经始，七年落成；共费大洋一万五千余元，并议提取募创余资，于庙后隙地建立民屋数间，以岁入租款，津贴本庙僧徒承奉香火。而庙内房屋永不租借，以免摧残庙宇，污蔑名迹。况此次重建古刹，颇费多金；对本省名胜，略壮观瞻。为缔造之艰难，宜保持于永久。除呈请督军省长照章保护外，呈请赏准立案。""民国八年三月四日奉江西省长戚批：呈图均悉。查省城内湖观音亭古迹，著名洪都之纪，自始李唐之朝，绵力千年，回环一水。……该绅等暨住持僧得缘，力扶倒影，誓发大心。……宜与保存，同维义举。矧弥名迹，允迪前光。自应准如所请立案。"报告中引用上述例证后说，以上证明南昌湖心观音亭为自唐代以来有千余年历史的名胜古寺，中经清乾隆时沙门僧果传重修，民国时又经该寺住持僧得缘和佛教四众弟子集资重建；并已经时任江西省长正式立案，昭示永久保持。铁证如山，永宜为国家政府重点保护的名胜古刹。故请政府特别保护此千年来的名胜古刹水观音亭，永护此国宝，为四化争光也。二是保护修建名胜古寺，是国家兴盛之表现，功德无量。倘不保护而反废之者，则过错极大；故应当机立断，知过即改，见义勇为也。三是即使作为旅游参观之胜地，亦更应保存久享胜名的"湖心观音亭"这一遐迩皆知的名胜古寺和名称，方能吸引更多的中外游客，且可帮助国家增进旅游事业，多收外汇。因南昌"湖心观音亭"，系与杭州灵隐寺、苏州寒山寺同样，同属中外驰名的名胜古刹；倘若废除湖心观音亭这一名胜，而用"杏花楼"这很少有人知的名称，则犹如废除"灵隐寺""寒山寺"，而换用其他名称，则决定不能那样吸引中外旅游者来参观朝圣也。——何况这全部地址（包括最近拆掉了的寺后隙地民屋数间，志中有记载）都是水观音亭的范围，而不是杏花楼的地址，更不是画院的地址。欲建杏花楼与画院，应在另处建立，三者应当各不相妨碍也。最后，黄辉邦居士在这个报告结尾总结道："总之，无论从落实政策，保护名胜古寺，促进四化建设着想，或从作为旅游参观地着想，都应保护创自唐代的千余年名胜古刹湖心观音亭，保护此稀有国宝也。功过在于一念之差，故望当机立断，见义勇为，切莫毁废名胜古寺，致贻后悔；四化幸甚，国家幸甚，众生幸甚！"不知是何原因，黄辉邦居士在这个报告末尾又作了一个补充说明，他说："再者：承蒙政府，为国为民，决定修复佑民寺，人天欢喜，众等赞德。但不可因复兴一寺而废除另一寺，况南昌市是江西省会，佑民寺与湖心观音亭都是名胜古寺，两寺并存，并不为多。且这两名胜古寺相隔不远，既便于佛事活动，更便于吸引旅游者来参观。为社会主义的物质和精神两种文明建设增光，好极好极。人民更将歌颂政府功德无量也！"从这段文字来看，想必这其中另有隐情。黄辉邦居士在上交这份报告时，还附有《重修南昌湖心观音亭志》复印件。此举虽然没有得到最后解决，但他这种护法精神却一直得到教内外有识之士的赞誉。

从黄辉邦居士一生追求佛法来看，信仰的力量是巨大的。由于黄辉邦居士有了坚定的佛教信仰，在他的一生中就出现了艰难求法、刻苦学法、执着护法等事迹，因此造成他的一生行为发生极大变化，最后也导致他的人生轨迹的改变。也可以说，信仰的力量就像是人生的一个轴心，人的其他一切行为基本上会围绕这个轴心运行，由此人的命运也将随之发生改变。

高丽后期僧俗通过海路对蒙山禅的接受

韩国东国大学教授、日本佛教大学客座研究员　黄仁奎

一　序言

韩国佛教中虽然有金刚山榆岾寺[①]或伽耶佛教[②]、新罗的迦叶佛宴坐石或皇龙寺丈六像等[③]通过南方海洋传来的印度佛教的痕迹，但从中国传来的仍属大部分。新罗下代对禅宗的接受或高丽初期依靠义通和谛观而来的吴越佛教等可以说属于通过海洋交流的情况。高丽后期韩国佛教主流禅宗的核心思想之一便是蒙山禅风。

蒙山禅以九山禅门中主导宗教界的阇堀山门和迦智山门系高僧为中心被大众接受，信徒们也信行之。[④] 高丽僧侣是经海上直接接受蒙山德异（1232—?）之禅的。

高丽佛教界还延请了蒙山的弟子铁山绍琼，铁山的门徒们也直接来高丽做了交流。14世纪前期，蒙山的弟子铁山绍琼和印度僧人指空禅贤的访问在高丽佛教界引起了很大的反响。14世纪中后期，两山门的高僧们前往中国参礼临济宗高僧石屋清珙和平山处林以及印度僧人指空，并接受

[①]　李谷：《东游记》卷71记；崔瀣：《送僧禅智游金刚山序》，《拙藁千百》卷1文；《东文选》卷84序；《新增东国舆地胜览》卷45，江原道，高城郡山川。

[②]　《三国遗事》卷2《纪异·驾洛国记》。

[③]　《三国遗事》卷4《塔像4·迦叶佛宴坐石》；《三国遗事》卷4《塔像·皇龙寺丈六》。

[④]　蒙山禅风的代表性研究介绍如下：南权熙：《笔写本诸经撮要中收录的蒙山德异与高丽人物门的交流》，《图书馆学》第21卷，1994年；许兴植：《高丽所遗留的休休庵之光：蒙山德异》，创批2008年版；许兴植：《高丽所遗留的铁山琼行迹》，《韩国学报》第39卷，一志社，1985年；印镜：《蒙山德异与高丽后期禅思想研究》，佛日出版社2000年版；赵明济：《高丽后期看话禅研究》，慧眼2004年版。

了蒙山禅风。因此,高丽后期禅宗界接受了蒙山德异的禅风,元朝末年接受了及庵宗信的门徒石屋清珙和平山处林的禅风。这样,中国佛教被直接地积极接受,说明了在高丽后期中国佛教被高丽佛教界看得非常重要。本文将就此事实及其意义做一番考察。①

二　蒙山德异与高丽僧俗

蒙山德异的禅风由禅宗系九山门中的阇堀山门修禅社和迦智山门系率先接受。了庵元明长老是在跟蒙山的相遇中起主导作用的修禅社高僧,②与其一起起到重要作用的觉圆上人是在《蒙山和尚法语略录》中以《蒙山和尚示觉圆上人》③之题被引用的重要高僧。了庵元明为了直接见到蒙山德异,于1295年来到中国,当时不仅有修禅社高僧们,还有迦智山门系高僧们大举同行。即,1295年(忠烈王21年)冬天,了庵元明长老、觉圆上人、妙浮上人等八名道友从高丽来驻锡;次年1296年(忠烈王22年)夏天,仲浮上人等四名道友回到高丽。这些被记录在了庵元明为了具备针对十松的蒙山之颂、序和后序来传给后代而以整理、板刻为目的所做的《法门景致后序》中。④ 在此记录中,蒙山说明了松的来历,将自身比作找来的十松来解释入道的顺序和步骤。⑤ 十松中的戒松是在1315年

---

① 注:本文是在作者前期的研究中追加整理了高丽后期通过海路的佛教交流部分而成。(黄仁奎:《牧牛子知讷与高丽后期、朝鲜初期佛教界高僧》,《普照思想》第19卷,2003年;黄仁奎:《高丽后期修禅社与阇堀山门》,《普照思想》第28卷,2007年;黄仁奎:《高丽后期阇堀山门修禅社高僧与中国佛教界》,《佛教学报》第47卷,2007年)

② "元贞二年丙申(1296年,忠肃王22年)四月旦日,高丽国全罗道修禅寺了庵明长老请祝赞驸马高丽国王丙申上甲普说。"(《普照思想》第19卷附录《蒙山和尚普说》;黄仁奎:《牧牛子知讷与高丽后期、朝鲜初期佛教界高僧》,《普照思想》第19卷,2003年;黄仁奎:《高丽后期、朝鲜初期佛教史研究》,慧眼2003年版)

③ Wonsoon 译解:《蒙山法语》,法供养2006年版,第26—41页。

④ 南权熙:《笔写本诸经撮要中收录的蒙山德异与高丽人物门的交流》,《图书馆学》第21卷,1994年,附录《法门景致》。

⑤ 依据《朝鲜寺刹史料》,参与1341年举行的转藏法会的人物中可以看得见定松惠松(前定慧社社主)。除此之外,慧松还作为前定林社社主和大都监智识参加了1353年召开的转藏法会。而且了庵也作为堂佐参与了1341年召开的转藏法会。以此情况来看,十松似乎是修禅社系高僧。

忠肃王行次内愿堂时受敕命作诗的禅宗界重要人物，被推定可能为幻庵混修的出家师继松。①

另外，以作为迦智山门高僧于1313年被册封为王师的普觉国尊一然（1206—1289年）的门徒宝鉴国师混丘（1250—1322年）为首的高丽僧俗于1295年（忠烈王21年）前往蒙山的驻锡处休休庵。次年，十余人的高丽僧俗也访问了平康府休休庵的蒙山。即，1296年9月，忠烈王和齐国大长公主带领众多臣僚到元朝访问，后于1297年3月回到了高丽。混丘跟蒙山德异通过书信交流，通过往来于海洋的船舶沟通书信，后来又起了"无极老人"的称号。修禅社第十世社主慧鉴国师万恒（1249—1319年）也因倾慕蒙山给他寄了书信、偈颂和十余编答状，还号为"古潭"。② 万恒在做禅源社社主时——1298年（忠烈王24年）通过船舶上的商人求得蒙山德异本《六祖大师法宝坛经》，并于1300年在禅院社刊行。③

动安居士李承休（1224—1300年）之字乃蒙山驻锡过的庵名"休休"，晚年交游时曾停驻在交通非常不便的深山幽谷之三陟头陀山的看藏庵，并从高丽的金方庆前往元朝之时在船舶上获得了蒙山的法语。④

三 铁山绍琼与高丽僧俗

圆明国师雪峰冲鉴（1274—1388年）于1304年末延请蒙山弟子铁山绍琼经高丽江华岛归国。依据中国佛典，铁山在"高丽铁山琼禅师"一项中乃湖南省湘潭县人；⑤ 而依据其他记录，铁山"后住南岳，道风大

---

① 《高丽史》卷34，忠肃王1年3月癸丑；黄仁奎：《幻庵混修的生涯和佛教史的位置》，《庆州史学》第18卷，1999年。

② 李齐贤：《曹溪宗慈氏山莹源寺宝鉴国师碑铭并序》，《益斋乱藁》卷7碑铭；《东文选》卷118碑铭"中吴蒙山异禅师，尝作无极说附海舶以寄之"。

③ 朴相国：《六祖坛经·刊行·流通》，《六祖坛经》，世界民族社1989年版，第183页。

④ 李承休：《旦暮赋》，《东安居士集》；李承休：《上蒙山和尚谢赐法语》，《东安居士集》杂著一部。"中吴法乳，旁流东国，航海法参者，帆相属也。顾如老夫，人身朽迈，动必借人，乌能尔耶？但翘诚景仰，瞻之在前，有年矣。越前年八月初七日，伏承四月十二日垂示法语一封。"

⑤ 《高丽铁山琼禅师》，《增集续传灯录》卷五。据《续灯录》称，作为汾阳昭的法嗣之临济六世孙的石霜慈明禅师曾在此驻锡。

播。高丽国王请为国师,声振海外。后复还石霜,嗣雪岩焉。千岩长公跋师开示语曰:铁山和尚,一条硬脊骨扭不折,亲承仰山慧朗老人之记,为高丽一国之师"①。据此铁山也有是高丽人的可能性。尽管铁山的高丽之行只知有高僧雪峰冲鉴同行,②但其弟子无闻思聪和道伴虚谷希陵也一起随行了。③虚谷希陵跟高峰原妙、铁牛持定、牧浅圆至、及庵宗信一起都是雪岩祖钦的门徒。④无闻思聪以香山人的身份先是侍奉了独峰,后奉铁山为嗣法师,⑤被推定为跟《蒙山法语》的《蒙山和尚示聪上人》中登场的聪上人是同一个人。

铁山访问高丽时,据说是安珦之子安于器受王命迎接的,⑥安于器的长男就是大禅师顶音——慧鉴国师万恒的弟子。⑦铁山于1306年(忠烈王32年)冬天在《梵网经卢舍那佛说菩萨心地戒品》卷末附上跋文并将其刊行。⑧

铁山曾在扬州桧岩寺,不久之后,印度僧人指定重名其为那烂陀寺,并让修禅社系的懒翁惠勤及其弟子无学自超将此寺作为高丽末期兴法的本山来重建了。⑨所以朝鲜初期的文人金守温说:"桧岩寺留有1305年(忠

---

① 《八十八祖传赞》卷四《铁山琼禅师传(补)》。
② 李稿:《彰圣社真觉国师大觉圆照塔碑铭》,《韩国金石全文》中世·下;黄仁奎:《水原的高僧真觉国师千熙与高丽末佛教界》,《水原学研究》第3卷,2006年;黄仁奎:《高丽时代佛教界与佛教文化》,国学资料院2011年版。
③ 《高丽国大藏移安记》云:"宣授江西道远州路宣春县大仰山当代住持传法虚谷大禅师希陵。"
④ 嗣法门人昭如希陵等编:《雪岩和尚语录》卷一,《雪岩和尚住潭州龙兴禅寺语录》;《雪岩和尚语录》卷五十《南岳下第二十一世·仰山钦禅师法嗣·杭州径山西白虚谷希陵禅师》。
⑤ 《五灯会元续略》卷二下《铁山琼禅师法嗣·汝州香山无闻聪禅师》:"适铁山从高丽回,在石霜。"《续指月录》卷七《汝州香岩无闻思聪禅师》:"值铁山琼和尚从高丽回至石霜,师往见,琼问何处人。"《继灯录》卷五《铁山琼禅师法嗣·汝州香山无闻聪禅师》:"适铁山从高丽归在石霜。"
⑥ 《高丽史》卷32,忠烈王世家·忠烈王30年7月己卯及8月丁亥。
⑦ 安轴:《谨斋集》;《安于器墓志铭》,金龙善:《高丽墓志铭集成》(第三版),翰林大学亚细亚文化研究所2001年版。
⑧ 《梵网经卢舍那佛说菩萨心地戒品》卷10,卷末戒序:"瞿昙老人架铁船……秋潘湘古樗散人绍琼敬题。"
⑨ 黄仁奎:《无学自超的兴法活动与桧岩寺》,《三大和尚论文集》2,1999年;黄仁奎:《无学大师研究——丽末鲜初佛教界革新与对应》,慧眼1999年版。

烈王31年）铁山绍琼留下的匾额，指空指定了其遗址。"① 铁山带着《大藏经》回到了元朝，高丽金刚山成佛庵的僧侣一牧、铁山的弟子无闻思聪、道伴虚谷希陵等同行。②

铁山作为雪严祖钦的嫡传弟子还被评价为释迦的大儿子，③ 不仅对僧侣，而且对信徒们都产生了很大影响。例如，权呾（1228—1311年）在铁山一到高丽之时，就到开城东边长湍的禅兴寺出家了，并号为野云。④ 其子宗顶也是出家后被广福君册封为曹溪宗都摠摄大禅师两街都摠摄⑤的迦智山门的高僧。与权呾之子权溥以四学士身份一起活动过的杏山朴全之（1250—1325年），据说中国的小林长老为其画过像，铁山为其作赞。其自称杏山蒙泉居士，更为切实地探究过无字话头。这些都是蒙山禅风的影响。⑥

文人金䐈（1249—1301年）和夫人于1304年在铁山处受戒。金䐈的四兄乃1299年入寂的华严业的僧统坦如，金䐈的第三子幼时出家并以瑜伽业（宗）的三重大师清悟玄卡住持感恩寺，金䐈的第四子如璨曾以宝鉴国师混丘弟子的身份前往浙江天目山⑦，似乎还参礼过中峰明本。

金䐈的夫人（1255—1324年）于1315年（忠肃王2年）出家为比丘尼，入寂后被追封为卞韩国大夫人真慧大师，其与朝鲜正祖时被追封的定有（1717—1782年）一起是韩国不多的女大师。⑧ 真慧在无禅师1302年

---

① 金守温：《天宝山桧岩寺重创记》，《拭疣集》卷2。
② 闵渍（1248—1326年）：《高丽国大藏移安记》；周南瑞：《天下同文》前甲集7，"高丽圆金刚山成佛兰若护送大藏经白室沙门释一牧立石"；许兴植：《1306年高丽国大藏移安记》，《高丽佛教史研究》，一潮阁1986年版。
③ 闵渍：《高丽国大藏移安记》。
④ 《高丽史》卷107《权呾列传》；《权呾墓志铭》，《海东金石苑》附录 上。
⑤ 李齐贤（1287—1367年）：《权溥妻柳氏墓志铭》；金龙善：《高丽墓志铭集成》（第三版），翰林大亚细亚文化研究所2001年版。
⑥ 朴孝修：《上护军延兴君墓志铭并序》，《竹山朴氏派谱》1938；金龙善：《高丽墓志铭集成》（第三版），翰林大亚细亚文化研究所2001年版。"中朝小林长老一见奇之，写影传真，南岳铁山赞之，则可知高风爽气感激达人之襟怀也。自号为杏山蒙泉无垢居士，常颂金刚般若无话尤切。"
⑦ 金开物：《金䐈妻许氏墓志铭》，金龙善：《高丽墓志铭集成》（第三版），翰林大亚细亚文化研究所2001年版。
⑧ 蔡济恭（1720—1799年）：《女大师定有浮屠碑铭》，《樊岩集》卷57；许兴植：《朝鲜的定有和高丽的真慧——两个时代女大师的比较》，《精神文化研究》27-4，2004年。

从元朝坐船自江淮而来的时候就悉听其法要，1304 年在铁山处受大乘戒。①

四　无极·古潭与高丽僧

之后铁山的门徒无极和古潭来高丽，并跟丽末三师的太古普愚、懒翁惠勤等交游过。无极就是铁山的弟子寂照无极导。无极乃吴兴赵氏之子，从铁山出家，参礼雪岩后驻锡玉峰山的寂照禅院。② 铁山及其弟子无闻思聪访问高丽三十年后，蒙山的孙弟子才到访。

太古普愚（1301—1382 年）得到了无极的教示，重视蒙山禅风的宗师印可，于是去找湖州霞雾山的石清珙。普愚以向无极呈送偈颂等方式与其进行交游。③ 无极晚年驻锡慈云谷，与其弟子景楚同住一段时间后，比无极一步先回到了钱塘。④ 普愚从中国回国后还跟元朝的临济宗高僧古潭交游过。⑤ 古潭以寂照玄明被推定为跟蒙山的四大法语中登场的古潭为同一人物，⑥ 作为铁山的孙弟子说不定跟无极是同门。古潭 1367 年来杨平迷原县隐圣寺，在此读了太古庵歌，后欲拜见普愚，于是前往小雪山参访。⑦ 古潭已经于 1360 年左右在懒翁惠勤（1320—1376 年）驻锡五台山

---

① 金开物：《追封卞韩国大夫人真慧大师行阳川郡夫人许氏墓志铭并序》；金龙善，翰林大亚细亚文化研究所 2001 年版。"壬寅无禅师自江淮航而来，夫人慕见，始闻法要。甲辰铁山南来施化，次受大乘戒。"

② 《补续高僧传》卷 12《铁山琼禅师传》："……无极导公师剃度弟子……"；《补续高僧传》卷 13《无极导师传》；《五灯全书》卷 57《常州宜兴玉峰寂照无极导禅师》；《续灯正统》卷 8《常州府宜兴玉峰寂照无极导禅师》，《常州宜兴玉峰无极导禅师》。但在中国佛典中却找不到无极游历高丽的记录。

③ 维昌：《太古和尚行状》，《太古和尚语录》，《韩国佛教全书》5 "有唐僧无极，杭海而至，宏才博辩，勘破诸方。一日与师偶话，肃然心服曰，某甲所见止此耳。"

④ 李谷（1298—1351 年），《次无极师韵，送其徒景楚归钱唐》，《稼亭集》卷 14《古诗》，"佛说本无言，儒行不在服。未遇拈花笑，恐见操戈逐。甚欲评此理，吾膝未曾促。海东佳山水，贤圣有遗躅。已知无极师，送老慈云谷。子归独何先，飘然谢羁束。"

⑤ 维昌：《太古和尚行状》，《太古和尚语录》，《韩国佛教全书》5 "时有古潭，寂照玄明禅师，哲人也。客迷原隐圣寺，看太古歌，顶戴而加，叹恭拈小雪。"

⑥ 蒙山四大法语乃指《皖山正凝禅师示蒙山法语》《东山崇藏主送子行脚法语》《蒙山和尚示众法语》《古潭和尚法语》。

⑦ 许兴植：《转移到高丽的印度灯火——指空禅显》，一潮阁 1997 年版，第 170—171 页。

象头庵时往来于杨平龙门山，并通过书信进行了交流。① 蒙山的禅风对以丽末三师为首的高丽末佛教界产生了巨大影响。其极端性事例便是高丽末最后被册封为华严宗系国师的千熙（1307—1382）于1364年（恭愍王13年）乘船抵达杭州，并参拜了供奉于休休庵的蒙山影堂。

五　结论

整理以上所考察内容的重点如下：修禅社社主慧鉴国师万恒通过书信跟临济宗高僧蒙山德异进行了交流，还刊行了德异本的《六祖坛经》。跟蒙山有关的名为"法门景致"的书中可以找到围绕修禅社高僧了庵元明长老与十名禅僧（十松）、迦智山门系混丘等高丽禅僧等与蒙山的对话内容。

自那几年后第二修禅社——禅源社的高僧雪峰冲鉴圆明国师乘船前往中国江南延请蒙山的弟子铁山绍琼一同回归高丽。其道伴虚谷希陵和弟子无闻思聪等同行，几年后铁山携《大藏经》归国，金刚山成佛庵禅僧一牧随行。他在中国佛书中以高丽人的身份出现，也有可能是跟蒙山对话的十松之一。因铁山访问高丽，蒙山禅风的影响在僧侣和信徒中都非常巨大。例如动安居士休休李承休、安珦之子安于器、野云权㫜及夫人卞韩国大夫人真慧大师（女大师）、杏山蒙泉无垢居士朴全之等都是其中的代表。

之后，1340年末，铁山的弟子、无闻思聪的道伴——无极导访问高丽，跟太古普愚交游。1350年代，蒙山的孙弟子古潭寂照玄明也来到高丽跟懒翁惠勤和太古普愚交游。

如是这般，以代表着高丽后期禅宗界的阇堀山门修禅社系和迦智山门为中心，蒙山禅被接受了。高丽的僧俗为了参拜蒙山乘船渡海，其弟子铁山绍琼也由高丽圆明国师冲鉴前往中国直接延请，铁山的弟子无极和古潭也与主导高丽禅宗界的丽末三师之懒翁惠勤和太古普愚交游。如此，高丽后期蒙山及其弟子、孙弟子三代跟高丽僧俗通过海洋进行直接或间接交游的事实在佛教史或佛教交流史上都是唯一的，非常值得注目。

---

① 觉宏：《懒翁和尚行状》，《懒翁和尚语录》，《韩国佛教全书》5 "随机说法至庚子秋，入台山象头庵居焉。时浙僧古潭来住龙门山，通信书，师以颂答"；许兴植：《转移到高丽的印度灯火——指空禅显》，一潮阁1997年版，第151—152页。

二十世纪泰国华宗佛教之缘起与传播

马来西亚道理书院讲师　关瑞发

一　引言

早在1940年，泰国华人知识界便很关注他们身处古暹罗文明体系的氛围，这一佛教氛围不同于他们原乡的汉传佛教文化。那时泰国最早期华文报刊《中原报》——"二战"期间唯一被准许出版的畅销刊物，出版过一份《中原月刊》，1943年曾登载 P. K. Landon《泰国宗教的趋向》之翻译，其中"古代泰国传统之小乘佛教"告诉华人读者，泰国传统佛教之有别于中国等地在于："佛教为泰国传统的宗教，其所奉者为小乘，系自锡兰传入，古一曰南派，文字以巴利文（Pali）为主，与盛行于中国汉地、藏地及日本之北派大乘教以梵文（Sanskrit）为主者不同。"[1] Landon的文章接着又说："考佛教之传入泰国，与传入中国同其久远，当西历纪元前一百年间，佛教由云南传入中土，路经泰国，曾因此引起战祸，因泰人疑僧侣为间谍也。第一世纪时，泰王孔隆据云曾自称为一佛教徒，其转变之原因，系因汉明帝遣使泰国之结果，但王所信奉之大乘教，并未深切影响到民间，不久之后，即为由南方侵入之小乘教所掩也。"[2]

20世纪40年代思想传播主要靠报刊，而《中原报》与《京华日报》也是当时少数两家极畅销的权威报纸，至今泰国的《京华中原联合日报》和《新中原报》都延续了其名称。受两大报纸影响，至今泰国华人民间仍有普遍的民俗认知，相信泰国南北传佛教"同源"于"唐三藏取经"，

---

[1]　《中原月刊》第一卷第八期，泰京中原报出版，1943年5月31日，第48页。
[2]　同上注，第50页。

认为二者均有中原关系，只是同源不同流。

而历来关于华人下南洋的著作甚多，且其中也多有说明华人自唐朝南下暹罗的事迹。这其中普为人知者，集中在明朝郑和多番下西洋，及以后明清两代之海上贸易。至清末民初，华人南来泰国从事商贸、文化等活动者更是络绎不绝，甚至居留斯地，或久居泰国娶妻繁衍后代。相关事迹，不论早期中文《华侨志》之《泰国》册，或西人史金纳之《泰国华人社会史的分析》等书，皆有叙述或讨论，在此不予赘言。可是，在这个盛行南传各宗派的国度里，当地华人引进本土的汉传佛教，真正建立寺庙系统，并且立足传播，却是20世纪的事情。因为汉传佛教主要由华人带入，且主要传播于华人之间，与原来泰国南传各宗派有很大区别，自20世纪以来，泰皇即承认"华宗"并敕封"华宗大尊长"，以此肯定其合理合法的存在。

这样一种"华宗"的定位，既避开了"大乘"与"小乘"的对称，也不说"汉传""南传"或"北传"的分别，当然也不必细究原来"华宗"涉及之不同宗门的传承。

可是，值得注意的是，Landon文中，他也提及暹罗成为佛国的渊源，认为泰国佛教源于十四五世纪时暹罗僧人和斯里兰卡僧人的交流互访，泰国僧人学成归国后宣扬佛法，为清迈王所重。文中说："至十四世纪及十五世纪之间，与锡兰一地，始正式有僧侣往来。至十六世纪，缅人即已建有多所佛寺，因当时之国土，尚多在缅人之掌握中也。……披耶安颂蓬（英文不清，引者注）事，安氏原系马特班一莫派僧寺之住持，于1331年往锡兰受戒，迄其回国，以佛学专家著称于世，其时速可台雅（Sukhodaya）有高僧二人，一名披耶阿诺马太（Phrase Anomata Sri），一名披耶赛马拿（Phra Sunana），方修学于大城，亦往马特班，就教于安氏。迄后回速可台雅，开坛讲经。十年之中，造就青年佛学人材不少，清迈王闻其名，遣使致聘，就道者十人，由是新教大行，竟致全泰成为佛国。"①

自佛教被认为是泰国之"国教"，经历了数百年的朝代更替，并无重大的变迁。而更值得关注者，是十四五世纪以来的泰华民间社会，长期耳濡目染、潜移默化，相信泰国主流的南传上座部，但同时又会到"华宗"

---

① 《中原月刊》，第一卷第八期，泰京中原报出版，1943年5月31日，第51页。

寺庙烧香拜佛，并且，也信仰泰国上座部各系统吸收和改造婆罗门教因素以抚慰信众趋吉避凶心态的方便法门。诚如 Landon 文中的第二节《泰国佛教中之婆罗门教》所指出，泰国佛教徒自生至死诸多际遇，如剃顶礼、婚礼、新年、祀象、春耕等诸典礼，无不依据婆罗门教原来风俗；即使泰国流行已久之"佛教"文物仪式，如"小佛牌"崇拜，也本非佛教或婆罗门教原有，而是贫苦者无能力制作巨像，而变通以价廉的小佛牌施泽于贫者，体现了佛教的"众生平等"精神。① 久而久之，当地华人同化于环境，又受政策鼓励其暹罗化的影响，对其中某些风俗习惯也是趋之若鹜，包括把原来供应贫困者得见佛像生欢喜心的佛牌转变成珍藏古玩市场，一些"华宗"寺庙也不免从俗，造佛牌，及造刻在铜片、藏在铜管中的巴利文和暹文符咒。这是汉传佛教在泰国华人民间延续的普遍演变现象。

不过，碍于篇幅，本文的主要目标是交代 20 世纪以来"华宗"形成因缘以及其传播概况。

二 汉传佛教在泰国形成"华宗"

基于历史和地理渊源，泰国华侨最早参与僧庙建设，始于吞武里王朝，但一开始也不是纯粹的汉传系统。当时参与汉传佛教建庙者有两大群体，一为越南人，当时越南人来泰谋生日多，且信仰大乘佛教；二为明代遗民后裔组成的"明乡人"族群。其时越南南部的文化风尚与华人文化同气连枝，不少宗派以中国为祖庭。于是便有华人与越人在曼谷与吞武里二府共建佛寺之事，但主持僧则为越僧。②

这一现象，来自台湾的煮云法师在其《东南亚佛教见闻记》之《中国宗教的传入》中也有记录："在速古台皇朝、大城皇朝、吞武里皇朝时，泰国境内，并没有中国式的寺宇或僧侣，只有中国的神庙而已。当时泰国境内的华人，也有行佛教的宗教仪式，但这是泰国式的，他们也会随喜当时的皇上，而铸造俱胝佛像。吞武里皇朝时，中国、越南的移民者愈多，而这两个国家，都是信仰大乘佛教，加上两国的风俗文化大同小异，

---

① 《中原月刊》，第一卷第八期，泰京中原报出版，1943 年 5 月 31 日，第 51 页。
② 《泰国华侨社团史集·龙莲寺简史》，（曼谷）中兴文化出版社 1960 年版，第 111 页。

也就共同创建佛寺,到了曼谷皇朝时,就有华越僧众的团体成立,并在曼谷共建佛寺。泰国的大乘佛教,是中越人士共同发起的,但在仪轨、修持方面,则完全依照越南的佛教。"①

问题在于煮云法师文中也提及"泰国的大乘佛教,是中越人士共同发起的,但在仪轨、修持方面,则完全依照越南的佛教"。严格地说,越南佛教早在汉传禅宗六祖慧能之前,已经有了自己的道路,以后中国禅宗传入,又和前者合流,后来更是在陈朝仁宗(1258—1308年)时结合越南南北传显密各派并糅合儒家,既收摄了结合民间信仰与密教的本土毗多流之派、草堂派和无言派传承,又包括了后期传入的传承,才形成了国教主流的竹林禅派。这一来,作为泰国国教的竹林禅派算不算是汉传?为何以后越南禅寺不列入"华宗"?确有权衡思考的必要。

(一) 泰国华宗及华僧的发展

1. 开山始祖续行法师——第一位受泰皇敕封为大尊长的华僧

根据现在的说法,续行法师是第一位到泰国弘扬佛法的华僧,也被视为汉传佛教真正落地生根泰国之开始。观续行法师的事迹,他是在暹罗拉玛五世皇(1868—1910年)时到泰国传教,后被敕封为首位华宗大尊长。因此,他也被泰华社会誉为华宗的"开山始祖"。

《北柳龙福寺重建各殿落成暨新塑诸佛圣像开光纪念刊》内载《开山祖师续行法师传》,其中记录法师生平主要行谊,说:

> 续行大师,原籍中国广东省嘉应州(梅县)湾下乡人,俗姓侯,家世以务农为生,皈依广州归德门关帝庙,礼法持上人为师,受戒于鼎湖,护法于龙山,被聘为龙台寺住持。大师以慧根深种,悟彻本心,尝自戒曰:"善当行,不当止,善当续,不当绝。善偶见机即赴,善有机见即迎。"因之名为续行。大师向往泰国上自王侯下至黎庶对佛教极为尊崇,因此毅然南渡,初驻足于泰京叻察旺四角普福寺旁观音殿荒屋。大师具大智慧,孜孜勤学,除深研奥妙佛典外,旁及

---

① 煮云法师讲,门人慧严记:《东南亚佛教见闻记》,(台湾)菩提树杂志社1972年版,第119页。

医卜星相之学，义务为人谈相治病，指点迷津。大师以慈悲为怀，受中泰大众所崇敬和爱戴，皈依门下为弟子者日众。时华僧来参拜者甚多，因此信众集资兴建永福寺供大师主持。泰国拉玛五世皇陛下亦深器大师之德高望重，常聘入宫说法，并敕封为辅翼。后华僧在泰弘扬敷教者日多，永福寺院址狭小，不足以容僧众，大师乃择胜地开山，获中泰佛子极力襄助，耗时八载而成，为泰国华僧最宏伟庄严之大禅院，即泰京石龙军路之龙莲寺。开光之日，五世皇赐该寺之泰名外，晋升大师为"拍阿庄真汪沙昧智越"僧爵，及首任华宗大尊长阿阇黎真。与左右两僧长，并赐以沙门器物，如钵多罗（僧钵，俗称饭斗）、象牙团扇、袈裟、锡杖、如意、幢盖、钟、鼓等，华僧能得当地之帝王如此尊重，有此殊荣者，以大师为第一人。大师临寂前召弟子果悟付以衣钵，嘱"凡诸善行，努力续行，毋忘师号也"。弘扬佛法遗志由中泰华僧前仆后继，为汉传佛教苦心深耕，终有所成就。①

当地普遍传言，现在人们尊称"朱拉隆功"的拉玛五世，知道了续行和尚想要建造属于佛教自身的寺院，便御赐曼谷石龙军路旁的一块面积四莱（约为9.6市亩）的土地作为建寺用地，并令担任朝廷官员的华人披耶初侣色提（汉名刘建兴）帮助建寺，龙莲寺遂于1871年建成；到1902年，拉玛五世首次颁布泰国《僧伽管理法》，为了加强华僧管理，规定在泰国僧团内部设立"华僧大尊长"以及左右副尊长，续行和尚也是在这年被敕封为暹罗首任"华僧大尊长"。龙莲寺长期供奉六祖慧能，显然属禅宗传承，而华宗诸任大尊长，也是如此说法。

2. 华宗在泰佛教地位的发扬与巩固——普净大尊长

续行法师以后，继任的泰皇御封华宗大尊长依次为果悟、庐庆、用宾、常义，一直到第六世普净法师，普净法师于1986年圆寂，继任的现任泰皇御封华宗大尊长是仁得法师。②

虽然汉传佛教走入以泰国本土佛教为主流的历史，即使有了续行法师

---

① 《北柳龙福寺重建各殿落成暨新塑诸佛圣像开光纪念刊》，（泰国北柳府）龙福寺1970年印行，第48页。

② 普门报恩寺官方网站，http：//www.pumenbaoensi.com/pad4.html，查阅时间：2016年10月29日。

开荒，以及此后陆续之华僧的活动，但是，早年华僧的社会活动形态，与当地本土上座部僧众素质相比，差距很大，后者比前者更重视修行与从事社会活动，即便是当地华人也会生起分别心。泰国僧人普遍日起托钵，过午不食，有结夏又有寺院组织的社会劳动，还要严守对待金钱与赠品的戒律。对比早期华僧，当地不论泰裔华裔都会觉得他们靠标价赶经忏、卖香火维生，威仪不足，戒律不谨，难受人尊重；而且，如此状况声名远播，连台湾的僧界也略有所闻。[1] 这确实对华僧佛教带来很大的冲击。正如煮云法师观察到，华侨会对待华人僧人的负面印象逐渐增长，认为"出家人为游手好闲的份子"[2]。一直到 1955 年（佛历二四九八年），普净法师（Phochaeng，Mahathera，1901—1986 年）受泰皇及僧皇敕封为华宗大尊长以后，因泰国皇室对普净法师引领华僧修行与投入泰国社会的器重，大众对于华人僧人的负面印象才发生了巨变。

已故普净大尊长被认为是对泰华宗的成就具有最大之影响力者，至今犹是。大尊长受泰皇僧皇的封爵（七次受爵，见附表一"普公师晋爵录"），建造许多寺庙及培养不少德高望重的僧徒（见附表二"上师之广度成就"）之外，其最大贡献为对泰华宗许多僧团制定了明文规范，实践僧伽生活，改变了泰华宗过去无所作为的负面印象。大尊长为修行精进，不辞劳苦数度往返祖国拜师，最终回泰国弘法及建立完善华宗僧团制度，引领僧众与信众走向康庄信仰大道。普净大尊长的一生，其过去在北碧府兴建与住持的"普仁寺"，也曾印有《普净公上座传略》，供善信了解，现转录如下：

> 上师法名普净，以嗣律宗千华法脉。又号能持。生于一九〇一年，祖籍广东揭阳。俗姓黄。早失怙，慈母张太夫人养育之。一九二七年，仰慕泰国为佛教之邦，南渡来泰。后依隆源大师出家，虔诚修学。一九三四年至一九五〇年间数度往返祖国，习修佛法。一九四八年回返曼谷，开坛传戒及传授密乘，善信日众，皈依求剃者日多。大

---

[1] 圣严法师：《真正大好年》，（台北）法鼓文化 2003 年版，第 220 页。
[2] 煮云法师讲，门人慧严记：《东南亚佛教见闻记》，（台湾）菩提树杂志社 1972 年版，第 203 页。

师即在北碧府兴建"普仁寺"广纳。

一九五〇年返泰后，蒙泰皇上敕封僧爵。僧皇敕封为华僧第一位剃度大阿阇黎。泰王及僧皇颁赐奠石结界，依律行"僧伽羯磨"，成为华僧的第一所合法寺院。之后，大尊长制定出家仪轨，丛林清规，乃至开山之奏请敕赐界石，举行结界典范，每年之结夏及解夏供僧，在家之延僧供斋，加持福泽，种种轨法。上师又先后兴建或重修本京内地刹寺，旁及社会福利。大尊长力行不息，德学荣高。使华僧地位，日益增高。屡获泰皇及僧皇颁爵位，并授予重要僧务职位，领导华宗为泰国佛教做出巨大贡献，奠定泰华宗与泰僧受尊崇同等地位。[1]

此中种种称颂，源于其七十寿诞，弟子曾印特刊庆祝之文中所撰。[2] 普净大尊长眼见在泰华僧及寺院的散漫，不受小乘及一般俗家的尊重，于是决心改革，振兴华僧在泰的声誉与地位。其改革被泰皇、僧皇，小乘、大乘僧界及各界信众所公认。主要项目转述如下[3]：

一　华僧有传戒正范（即华僧出家剃度仪轨）

在泰华僧，皆由祖国来泰，华侨子弟，以无合制道场，而不能具戒，只能出家受沙弥戒。欲受比丘戒者，须返祖国另受。自上师开山普仁寺，始依僧羯磨举行结界，成为泰国第一敕赐寺界华寺。前僧务院长，并为制定华僧传戒正范，规定凡出家受沙弥戒或比丘戒者，须向泰僧王所敕任之传戒师受戒，上师即为第一位敕任华僧传戒师。在普仁寺为诸族姓子弟授戒，每年自各府来求戒者甚多，传戒仪轨与泰僧同，可依愿受戒或返俗，安居期中。上师更制定有受戒者之学教。

二　华宗僧委员会之成立

自五世皇以来，华僧相继来泰，散居本京，各自建立寺宇。佛历

---

[1]《普净公上座传略》，载《泰国华宗大尊长普净上师七秩寿诞特刊》，（泰国曼谷）普门报恩寺1971年印行，第3页。

[2] 同上。

[3] 煮云法师讲，门人慧严记：《学佛行仪》，载《东南亚佛教见闻记》，（台湾）菩提树杂志社1972年版，第11—12页。

二四九六年，僧务院长，始制定华僧委员会，管理华寺，并委上师为主席。至佛历二五一二年六月二十三日，泰僧皇新敕任华僧委员及传戒师三位如下：

华僧委员会主席：普净上师

副主席：龙莲寺仁照大师

委员：永福寺福果大师、龙莲寺仁章大师、报恩寺仁意大师、永福寺仁恕大师、报恩寺仁晁大师、龙莲寺仁宪大师、报恩寺仁音大师

传戒师三位：龙莲寺仁照大师、普仁寺仁和大师、报恩寺仁得大师

三　实行供养迦提那衣礼（供养僧侣袈裟）

阅读上述三项，可知上座部主流的"僧皇"或称"僧王"有权确定华僧受戒是否如法，也规定受戒地点以"敕赐"地位别于他寺，而不是各自到自己的宗门寺庙受戒。另外，又有规定，重新接受与结夏修学的制度与"供养迦提那衣礼"息息相关，可说"华宗"当时已经演变出一些不同于原乡汉传佛教的制度。

普净大尊长除了改革华僧僧团戒律外，又规定华宗僧寺庙产权向政府登记，并不得私人买卖，"一、寺产全部向宗教厅登记为'僧伽住处土地'，自此任何人不得买卖，永远为经教的财产。二、各寺皆奏请御赐寺界"[①]。除了这些明确的规定，他的其他贡献包括：各寺先后设立学法堂及医院，普为当地人治疗；刊印中泰文大小乘经论流通。大尊长无私慈悲之善举，以及制定了较严体制防止负面演变，博得了普世赞赏。

普净大尊长于1986年9月25日圆寂，世寿八十五岁。泰国各阶层莫不惋惜。皇室、各政府政要、华人社团领袖闻人382位组成"资荐委员会"，礼佛诵经四十九天。并即席成立"维护华宗佛教基金会"，公推林渭滨、黄同青、张昭荣为筹备委员。谢绝各界挽联挽轴，改为善款充实基金。澳洲、寮国等佛学会响应，并为"维护华宗佛教基金会"献金。[②]

[①] 煮云法师讲，门人慧严记：《东南亚佛教见闻记》，（台湾）菩提树杂志社1972年版，第204页。

[②] 《泰皇御封华宗大尊长普净上师上生纪念·传略·华僧之实在情况》，（泰国）普门报恩寺1986年印行。

"维护华宗佛教基金会"的成立，足见世人对大尊长华宗复兴成就的肯定，并决心延续维护大尊长之苦心经营。

（二）华宗庙宇及佛教机构

1. 永福寺

第五世皇时，原籍中国广东嘉应的续行祖师因听说泰国佛教盛行而买棹南来泰国参礼圣迹，最初驻足于泰京叻察旺四角普福寺旁观音殿荒屋，平时除深研奥妙佛典外，旁及医卜星象，义务为人谈相治病。其慈悲为怀及戒行严谨，获拉玛五世皇器重，常聘入宫中说法，并敕封为辅翼。当地中泰大众对他极为崇敬与爱戴，遂集资兴建永福寺，供养祖师。① 此为泰国中式佛教寺院之始。

2. 甘露寺

续行法师名声大噪后，请求皈依者日众，华僧来参拜者亦多，时有湖南比丘海山法师，挂单于万茂街一荒寺中，续行法师即号召各方信众重修该寺，卒成今之甘露寺。

3. 龙莲寺

华僧南来弘法者日众，大都驻锡于永福寺，续行法师以永福寺院址狭小，不足以容纳僧众，于是选择胜地开山，于泰京石龙军路建寺，中泰信众莫不为其尽力，历八年而功成，为泰国华僧最宏伟庄严的第一大华僧寺——龙莲寺。开光日，五世皇赐该寺泰名外，更晋升大师为"柏康那庄真达摩三昧智越"僧爵及首任华宗大尊长阿阇黎，与左右两僧长，并赐沙门器物，成为泰华宗僧皇第一人。

4. 北柳龙华寺

续行法师对于弘扬大乘佛教及建设道场寺庙之成就为华社崇敬，完成龙莲寺的建设后数年，北柳与万迈二府有二善信李天恩与乃慈专诚皈依三宝，献赠大片土地，恭请续行大师往北柳府建设龙福寺，师与弟子果隆法师同往，于同治十二年（1873年）秋竣工。之后又打算在尖竹汶府建龙华寺，可惜未成行即圆寂，传钵遗训于弟子果悟："凡诸善事，努力续

---

① 《北柳龙福寺重建各殿落成暨新塑诸佛圣像开光纪念刊》，（泰国北柳府）龙福寺1970年印行，第48页。

行，毋忘师号也。"

以上仅仅展示了最初时主要寺庙建立之过程，受华僧宗管理的中式寺院之后的发展，据资料显示，截至1976年共有二十一座（以下转引自《普净公上座传略》）：

一　　普门报恩寺——京畿府，然那哇县沙脱巴立路。
二　　龙莲寺——京畿府，炮台县石龙军路。
三　　甘露寺——京畿府，京畿县万望区。
四　　普仁寺——北碧府，他目胶县洛梗埠。
五　　仙佛寺——春武里府，府治县纲宣区。
六　　普德寺——春武里府，是拉差县是拉差埠。
七　　永福寺——京畿府，三攀他旺县耀华力路。
八　　龙福寺——北柳府，府治县万勿区。
九　　慈善寺——宋卡府合艾埠。
十　　清水寺（现交与政府改为养老院）——北标抱木山。
十一　　龙华寺——尖竹汶府，龙信县。
十二　　普同寺——暖武里府，挽磨通县。
十三　　弥陀精舍——京畿府，不卡罗路。
十四　　玄宗精舍——京畿府，帕是作能县。
十五　　振兴善堂——京畿府，越长盛区。
十六　　常义念佛林——京畿府，孔堤洗盛成。
十七　　觉园念佛林——京畿府，炮台县。
十八　　灵鹫精舍——京畿府，拍耶泰县三升路。
十九　　香芽小苑——京畿府，素坤逸路洗通罗。
二十　　崇本精舍——京畿府，孔堤洗盛成。
廿一　　光明精舍——京畿府，哇拉节路。

（三）佛学社的成立

汉传佛教自续行法师建设华人寺庙始，经过多位高僧努力宣扬佛教，于民间也自发建立起附属于佛教的佛学研究组织，协助各位法师宣传佛教思想价值。佛学研究组织之介绍，据史料记载，以最早创社之四个为例：

第一，中华佛学研究社——创始于1930年底，为泰京华侨首创之佛教社团。创办人：杜少庭、陈汉臣、陈克文、陈慕禅、陈侣豪、高缉于、刘济之。缘由：演培法师于1928年底率"中华净业团"由上海南来泰国，时杜少庭、陈汉臣、陈克文、陈慕禅、陈侣豪、高缉于、刘济之数次请法师开示，并承尤惜荫居士示导组织佛社大纲，1929年发起组织"中华佛学研究社"，会址暂寄陈慕禅寓所，并向泰政府注册。1930年元旦正式成立。陈汉臣任第一届社长。恭请海山法师讲《佛说阿弥陀经》，陈慕禅译为潮语。后谋购越鹄疗养医院旧址对面二一五三号建设社址，1950年（佛历二四九三年）请常义法师揭幕。

第二，泰京莲华佛教社——创始于1933年（佛历二四七六年），发起人吴圣如、张绎虚、陈志鸿、林耀南、蔡明柳、马其福、梁妙华、黄心如、陈邦基、李常农、黄国丰诸先生。宗旨在于"弘扬佛法，研究佛学，交换知识，联络感情"。社址初附设在赵厝巷万金福寿坛内。后因社员日众，另购地兴建社址，即今泰京廊绿良乍能猜巷门牌二十七号。

第三，暹罗龙华佛教社——创始于1934年（佛历二四七七年），现址于泰京铁桥头母里博路武里隆第二巷一一九号。发起人徐省吾、陈雪涯、陈呆民、李广明、洪仰波诸居士，以崇信佛教为宗旨，发起组织，得志同道合之佛教教友，经过一番筹备而创社。其宗旨在于虔诚礼佛，研究经典。历届理监事领导有方，会务日进千里，社友参加日众，今拥有二千余会友，为一最具规模之佛教社团。其对于汉传佛教之功献颇巨，先后刊印《华严》《法华》《地藏》《药师》等经。经常举办讲经会，请来高僧如等慈法师、竺摩法师等为信众开示。

第四，大光佛教社——创始于1950年（佛历二四九三年），发起人有叶静波、陈昌炎、江晋丰、章士齐、蔡信安、庄文才、姚文韬、李益隆、陈少梅、郭汉舟、林集、许佳有、蔡初万、姚松大、马永强、陈卓然、李美容诸先生。创社宗旨在于研究佛学，交换智识，联络感情，促进慈善事业。初设址于碧武里路之前中华酒厂旧址，后因地主迫迁另觅现址即泰京十八涌水门老哒叻对面港墘门牌三五之一号。佛社成立后即积极参与社会慈善活动，例如：1950年参与潮州会馆山庄、报德善堂山庄、海南会馆山庄等之号召，参加火化先侨法会；1960年参与报德善堂修骸火化先侨轮值诵经礼忏超度亡魂之事宜；又参与彭世洛火灾、万佛岁等地区筹集米粮日用品赈助急需待援灾黎等。

经过诸僧宣扬汉传佛法，以及引领汉传佛教在泰国土地多年的深耕，影响到许多当地知识分子组织佛学社，进行佛学研究与传播。佛学社具一定精专佛学哲理者，以《泰国中华佛学研究社成立廿一周年新址落成纪念刊》为例，[①] 其中记载：黄谨良、陈慕禅、陈君秋、陈克文、孙明法、陈明德、黄以道、黄药园等，都纷纷贡献其专研题目，开坛开经向信众传授佛教知识。自1949年7月起至1951年6月，每逢星期六晚上，中华佛学社即在社内讲坛宣讲，或佛经或哲学或修行方法或佛教人生道理等多样化的内容。仅举数则为例：陈慕禅讲过《世间环境与心理》《修菩萨道方法》《十善业道经》《护生痛言》《佛教徒之修养》《净土之因果》《禅宗概要》《六祖法宝坛经》《做人与作佛》《佛学与医学》《真假佛教徒》《佛教前途之展望》《白云法师净土词》等；黄以道讲过《佛教问答》及《有为与无为》；还邀请得马拉拉博士谈《世界佛教运动》，著名的法舫法师讲《什么是佛学》等开示信众。笔者爬梳泰华旧报纸，还发现不少居士们讲经说法的记载，例如中华佛学社为庆祝佛祖释迦牟尼诞辰举行讲经法会，于1963年3月25—29日，一连五晚敦请《佛学》佛刊执笔人黄谨良主讲《佛遗教经》。[②] 这些记录说明，泰国本土居士讲经的选题足以反映他们的佛学造诣，说明自续行开拓到普净带领，在泰汉传佛学主体已经拥有不可多得之居士佛教以支持佛寺的发展。

（四）对外与各地汉传佛教界的继续交流

无论如何，在泰国的华宗佛教组织，整体来说，在大情势下虽然是由泰皇、泰国上座传统的僧王体系支持延续，也因此不能不与泰国本土原来传统的上座部佛教有诸多接触，但整体来说他们还是与中国的汉传佛教组织有更多的接触。"二战"后不久，泰华宗佛学社积极发展及宣扬佛教，邀请法师来泰国做短期访问及弘法，在佛寺及佛学社中定期开坛演说。演培法师、续明法师、银海法师、传谛法师、海印法师等，都曾由中国台湾到泰国驻锡开坛弘扬佛法。

[①] 《泰国中华佛学研究社成立廿一周年新址落成纪念刊》，（曼谷）中华佛学研究社1951年版，第6页。

[②] 曼谷《世界日报》副刊《佛学》第四十七期，1963年4月1日。

只是在 20 世纪 60 年代以前，因中国与泰国的政治关系未能有正常往来，大陆之佛教团体及僧侣与泰国之联系也趋于冷淡。1949 年后，中国台湾地区因主观上认同和争取南洋华人对"出生国"和"祖籍国"的双重认同，同时也希望通过佛教交流争取支持，佛教团体及僧侣也就曾经一再地积极联系泰国各地华宗，联系泰国华宗佛教组织，而有过长期之密切来往。这也使得冷战期间台湾地区汉传佛教比任何其他国家或地区的汉传佛教，赴泰更密，与泰国华宗佛教的交往也更加频繁。

这些活动，一直到 1971 年 10 月 25 日台湾当局退出联合国为止。其间给泰国华宗佛教留存较大印象的包括：

1959 年 12 月，煮云法师率团访问东南亚，访问越南、泰国、新加坡、马来西亚等国家及香港地区。

1963 年初，先有演培法师受邀于龙华佛学社开讲《金光明经空品讲记》；[1] 4 月初，又有星云法师受邀于中华佛学社开讲《六波罗蜜论》[2]。

1963 年 3 月 27 日，台湾续明法师受邀莅泰，在泰期间升坛开讲《金刚波罗蜜多心经》，且由黄瑾良及陈明德二居士翻译为潮语。[3]

1964 年 5 月 3—17 日，中华佛学研究社为庆祝释迦牟尼佛诞，一连十五晚由副社长高向如居士开讲《大方广圆修多罗了义经》。[4]

1966 年 1 月 7 日，礼请台北银海法师宣讲《十善业道经》[5]；2 月 5 日，印海法师受邀于孔堤保宫亭佛教会升座宣讲《菩萨的广大行门》。

1967 年 5 月 29 日，明本法师受邀来泰国，一连十晚以潮语开讲《永嘉禅师证道歌》，为历史上首位用潮语弘法者；[6] 12 月，"中国佛教会"组团访问东南亚，煮云法师任秘书长，该团飞越南参加龙华寺落成典礼，又抵泰、新、马等国家和中国香港地区参观访问。

1967 年，真华法师从台湾南来东南亚各地弘扬大乘佛法，先取道新加坡及马来西亚，之后再转赴泰国，接受龙华佛教社之邀请主持讲经会，

---

[1] 曼谷《世界日报》副刊《佛教》第四十七期，1963 年 4 月 1 日。
[2] 曼谷《世界日报》，1963 年 7 月 4 日第三版。
[3] 曼谷《世界日报》副刊《佛教》第六十期《教讯》，1964 年 5 月 2 日。
[4] 曼谷《世界日报》副刊《佛教》第六一期《教讯》，1964 年 6 月 1 日。
[5] 曼谷《世界日报》副刊《佛教》第七十五期，1966 年 1 月 7 日。
[6] 曼谷《世界日报》副刊《佛教》第九十期，1967 年 7 月 4 日。

开坛宣讲《普门品》十晚,且在清迈府之观音堂、曼谷之中华佛教社、孔堤保宫亭佛教会等处讲解大乘佛理,使当地佛教徒同沾法雨。①

1971年,煮云法师参加般若讲堂佛教访问团,前往泰国,之后与泰国华僧尊长普净联袂前往新加坡参访各佛友丛林,煮云法师在回台后对此次旅程进行口述,由门人慧严记录,整理成《东南亚佛教见闻记》② 一书,并于次年出版。其中《泰国华僧史》一章为泰国汉传佛教传承提供了一定的史料。

综上所述,当时泰国华侨社会对于汉传佛教的热诚,对汉传佛教的认知渴望之殷切,从邀请法师前来开坛讲经之频繁,可见一斑。在1970年,台中慈明寺建"佛教青年活动中心",住持释圣印法师也第一次促成邀请泰国华宗大尊长赴台主持动土礼。③

(五) 报章的佛教传播:副刊《佛学》创刊与其内容

《佛学》由暹罗龙华佛教社弘法组主编。④《佛学》创刊于何时,由于旧报纸的遗缺,未能准确知晓。但从第四十七期之刊登周期为每月一期,推算前所缺四十六期,应为1959年6月创刊。其中刊载多篇文章介绍泰国佛教,对人们了解泰国佛教状况大有裨益。略举数例:

(1)《泰国大藏经译要初稿》⑤,黄谨良译,连载《佛学》版。据黄君谓:"泰国大藏经,向专用巴利文原本,佛历二五〇〇年,始由僧委员会,译成泰文刊行。"该文据此转译为汉文,并言:"故甚望于二稿时,能据日文译本,逐段译述,更望于三稿时,能全译焉。"可见译者之谨慎。

(2) 陈棠花著《佛教对泰族文化的影响》,分期连载。

(3) 净海编撰《缅甸佛教史》,分期连载。

---

① 曼谷《世界日报》副刊《佛教》第九五期,1968年4月2日。
② 煮云法师讲,门人慧严记:《东南亚佛教见闻记》,(台湾) 菩提树杂志社1972年版,第198—204页。
③ 于凌波:《民国僧传续篇》第2卷,(台北) 知书房出版集团2005年版,第379页。
④ 曼谷《世界日报》副刊《佛学》第四十七期,1963年4月1日。
⑤ 曼谷《世界日报》副刊《佛学》第五五期,1963年12月2日。

（六）其他活动

1. 赈灾

佛学社除上述活动之外，也积极参与社会慈善活动，例如赈灾。

1962年3月初，曼谷区正兴街火灾，造成巨大财物损失。中华佛学研究社在社长陈克文等的领导和极力推动下，与其他社团共襄义举，分发应急现金及日常必需品给予灾黎。① 1966年2月初，孔堤大火，龙华与大光佛教社参加报德善堂主持之赈灾，分赈白米等以应灾黎迫切之需。②

2. 火化先友

泰国社会深受佛教无常观的影响，并不避讳天灾人祸造成丧亡的无名尸体，又受慈悲观影响，经常有人自发组织妥善处理这些尸体，从起坟收骨至火化之法会，一应俱全地替死者服务。泰国华人佛寺及善堂受此佛教风气影响，积极从事这方面的活动，为世人称道赞赏，这一活动亦称为"修骷法会"。当地华人以潮人为主，"修骷"即与其方言"收骨"同音，进一步提升了其意义。其中引领者为泰国著名的"报德善堂"，其机构之完善，慈善事业之多元与发达，无出其右；对于无名尸体的妥善处理，更为世人所知并效仿。无名尸体被收埋后，经过若干年因坟地之局限，须起出火化，善堂及泰佛寺出于对亡魂之怜惜与尊重，举办隆重庄严之仪式诵经念忏，少则三日，多则可达三月之久，超度孤魂以升西方极乐，免受轮回之苦，即"修骷法会"之意义所在。

1963年3月1—3日，泰华宗十五个佛教团体：明莲佛教社、寿光佛教社、龙华佛教社、莲邦念佛社、净德佛教社、义和念佛敬德社、万金福寿坛佛社、普觉佛教社、瑶宝亭佛教社、保宫亭念佛社、中华佛学研究社、光华佛教会、万华佛学研究社等，受邀参与越通佛寺一连三日火化十方无主孤骸法会，分组逐日诵经，并于第三日下午一起联合施放一堂"焰口"，超度无主孤魂往生极乐。③ 这是当地华宗佛教联合会尽心尽力修骷法会的早期记录。泰国修骷法会，流行至今，已经发展到不只是佛教团

---

① 曼谷《世界日报》，1962年3月7日。
② 曼谷《世界日报·教讯》，1966年2月7日。
③ 曼谷《世界日报·教讯》，1963年4月1日。

体举办，其他各地善堂、道观及泰庙等，都会各自定期或不定期举行修骷法会，且又都会邀请华僧尊长为法会颂忏超度亡魂，形成风气。有关华僧参与情形，笔者曾考察，并撰述《泰国修骷法会略说》[①]一文，此不赘。

三　结语

总而言之，汉传佛教在泰国演变出"华宗"，可以追溯到19世纪中期续行法师南下，但正式构成体系，则有泰国国王在1902年政策规定之助缘。中国僧人下南洋至泰国弘扬汉传佛教，昭著者如续行法师等历代华宗大尊长，其中续行法师初来寄寓破屋陋宇，以坚韧不拔展现大智慧大慈悲的普度精神使汉传佛教在泰国落地生根，弘法之外又培养僧才，且闻声救难从事慈善事业。尤其是普净法师重视结合当地习俗而建立华宗仪轨，使华僧恢复被尊崇的社会地位，对泰国产生莫大影响，获泰皇僧皇的赞赏，并屡获赐封爵位，民间不论华社或泰人各阶层，无不推崇支持，皈依僧侣日增，寺庙渐多。普净法师所传既是中国大乘佛教之传承，又结合了地气，遂形成了泰国华宗，即大乘华僧宗派。

在泰国汉传佛教形成华宗的过程中，也不乏中国汉传各宗派僧侣到泰国弘法或化缘，或与华宗诸传人交流。如虚云法师也曾在泰国龙泉寺讲经，当时还曾发生一定九天而忘记出定讲经的事情，轰动泰京，因此奉命入宫为国王说法，国王还赠泰南土地给虚云，他转交他所属的鼓山法脉，种植橡胶，作为佛教事业用途。[②]可是这一切毕竟是过路结缘，因此也就不曾纳入泰国要求华宗的演变条件。

华宗僧侣也对南传佛学、梵文、巴利文勤加钻研，净海法师留学泰国期间学习巴利文与泰文，成就《东南亚佛教史》；泰国华宗第六代大尊长僧务委员会主席普净率学者编纂出版《汉梵英泰佛学辞典》，促进了中泰及世界各地的佛教文化交流；以及汉传大乘信众在泰国各地成立"佛学社""佛学研究会"，举办讲经法会、诵经、禅修，或协助赈灾救济待援

[①]　关瑞发：《泰国修骷法会略说》，见《信仰、思想与入世关怀——慈惠堂2015年西王母文化论坛"修己安人，和谐天下"论文集》，马来西亚慈惠堂2015年印行，第62—83页。

[②]　岑学吕编：《虚云和尚年谱》，（台北）天华出版事业股份有限公司1978年版，第42—44页。

难者，编辑出版弘扬佛法刊物，无疑也有助于促进华泰民族的友谊与融合。

随着20世纪下半叶泰中关系正常化，而且各方面交流发展密集，网上也能看到大量材料，可知目前泰国华宗佛教在现任大尊长领导下，以及在当年先辈僧人的祖籍国已经走入的情况下，普净长老时代都无如此频密的交流。当然，相比其他地区的汉传佛教落地生根的形式，泰国华宗有其本土特色，毕竟其华人信徒同时也多是在地生长的华裔，长期生活在泰国当地上座部佛教方便演变的佛教民间化氛围中，僧众度众生也添加了许多结合当地文化内涵的善巧方便。

附录一：普公师晋爵录

  佛历二四九三年四月十三日
泰国皇上敕封为　銮真达摩禄真萨，敕任华宗左僧长
  佛历二四九三年十月卅一日
泰国僧皇敕封为　普仁寺开山住持，并敕封华宗第一位传戒大阿阇黎
  佛历二四九五年十二月五日
泰国皇上御封为　銮真伽那诺真博，敕任华宗右僧长
  佛历二四九七年一月十二日
泰国僧皇敕任为　华宗僧务委员会主席
  佛历二四九七年五月十九日
泰国僧皇敕任为　龙莲寺住持
  佛历二四九七年十二月五日
泰国皇上御封为　柏康那庄真达摩三昧智越，敕任华宗大尊长
泰国僧皇敕赐　　泰国华僧大尊长之印，并敕赐传戒大阿阇黎法印
  佛历二五〇七年十二月五日
泰国皇上御封为　柏康那庄真达摩三昧智越　佛陀波黎萨真毗尼多，敕任为华宗大尊长
  佛历二五一零年十二月五日
泰国皇上御封为　柏康那庄真达摩三昧智越　佛陀波黎萨真毗尼多娑陀聪达摩巴实　波隆那利娑罗努越，敕任华宗大尊长

佛历二五一三年十二月五日　　万寿节日

泰国皇上御封崇高僧爵，即为　柏康那庄真达摩三昧智越　佛陀波黎萨真毗尼多娑陀　威德达摩巴实　波隆那利娑罗努越（译义为殊胜总持、伟大华教宗师、达摩三昧智、禅定行持庄严佛道、明众法王、广度大上座）

附录二：普净上师之广度成就

上师剃度训诲诸弟子众，多能德学俱增，戒行兼优，恩获泰国皇上及僧皇御封敕任者，先后共十七位。

一、仁照大师受敕封为"柏康那庄真达摩康那提迦罗毗沙罗沙门吉作"副华宗尊长，敕任华宗僧务委员会副主席，敕封传戒阿阇黎，委任为龙莲寺副住持、普门报恩寺副住持。

二、仁章大师御封为"銮真毗耶努功"华宗助理尊长，华宗僧务委员会委员，委任为湄江精舍普门报恩寺副住持、龙莲寺助理住持。

三、仁闻大师御封为"銮真伽那诺真博"华宗右僧长，敕封传戒阿阇黎，委任为甘露寺住持。

四、修静大师御封为"銮真达摩禄真萨"华宗右僧长，敕封传戒阿阇黎。

五、仁竹大师御封为"銮真达摩纳真巴攀"副华宗右僧长，委任为立化僧舍副住持。

六、圆铭大师御封为"銮真达摩南真巴博"副华宗左僧长，委任为慈善寺住持。

七、仁和大师御封为"銮真达摩乐真巴作"华宗助理右僧长，敕封传戒阿阇黎，委任为普仁寺副住持。

八、仁得大师御封为"銮真达摩真巴集"华宗助理左僧长，敕封传戒阿阇黎，委仁为普门报恩寺副住持。

九、仁意大师委封为"銮真达摩陀罗"，敕任华宗僧务委员会委员，委任为普门报恩寺副住持。

十、仁崇大师委封为"銮真毗尼陀罗"，委任为普仁寺助理住持。

十一、仁晃大师委封为"銮真波罗多"，敕任华宗僧务委员会委员，委任为普门报恩寺助理住持。

十二、仁音大师委封为"銮真僧伽力",敕任华宗僧务委员会委员。

十三、仁宪大师委封为"銮真沙摩诃",敕任华宗僧务委员会委员。

十四、仁愿大师委封为"銮真摩利迦"。

十五、仁恕大师委封为"銮真波罗多",敕任华宗僧务委员会委员,委任为永福寺副住持。

十六、仁迦大师委封为"銮真沙摩诃"。

十七、仁勉大师委封为"銮真摩利迦"。

参考文献

报刊

《中原月刊》,泰京中原报1943年版。

曼谷《世界日报》副刊《佛学》,1963年。

专著

《泰国中华佛学研究社成立廿一周年新址落成纪念刊》,(泰国)中华佛学研究社1951年版。

《泰国华侨社团史集·龙莲寺简史》,(曼谷)中兴文化出版社1960年版。

煮云法师讲,门人慧严记:《东南亚佛教见闻记》,(台湾)菩提树杂志社1972年版。

《泰皇御封华宗大尊长普净上师上生纪念·传略·华僧之实在情况》,(泰国)普门报恩寺1986年版。

关瑞发:《泰国修骷法会略说》,见《信仰、思想与入世关怀——慈惠堂2015年西王母文化论坛"修己安人,和谐天下"论文集》,马来西亚慈惠堂2015年版。

单张

《普净大尊长传略》,1986(无页码)。

一带一路视域下的印度与汉传佛教比较研析
——从梁陈真谛的唯识古学与唐代玄奘的唯识新学论述印度与汉传佛教的思想差异

华东师范大学哲学系讲师　赵东明

壹　前言：略论印度佛教的部派与分系

传来中国的汉传佛教，丰富多元，有宣称继承印度中观学派与瑜伽行唯识学派思想的三论宗与法相唯识宗；有在印度佛教基础上发展，而属于中国佛教独特创发之教理与教义的天台宗与华严宗；也有继承中后期印度佛教思想的密宗，重视戒律的弘传而有的律宗，以及从阿弥陀佛信仰发展而成的净土宗，等等。

但是，笔者以为，最能体现出汉传佛教文化特质的，还是中国禅宗"直显真心"式的"佛性""如来藏"思想。特别是，禅宗的这种思维，是一种笔者所言的"直显真心"，亦即返本还原式，凸显自心清净本体的本体论式进路。而与三论宗或法相唯识宗，这类重视论证、思辨探求真理的知识论进路，构成两种不同的哲学思维进路。[1] 笔者以为，由于中国人的选择，汉传佛教的文化特质，乃可以用禅宗的"直显真心"式的思维作为代表。不过，在论述这个主题之前，笔者想先简单约略地谈谈印度佛教的部派与分系，以呼应本次会议的主题——"汉藏南传佛教对话交流高峰会"。

众所周知，佛教因为传播的地理位置与语系的因素，而分成北传的汉

---

[1]　这里的两种思维进路，乃是参考林镇国教授的著作而受到的启发，详见林镇国《空性与方法：跨文化佛教哲学十四论》，（台北）政治大学出版社2012年版。

语系佛教、藏传的藏语系佛教、南传的巴利语系佛教，这三大系的佛教。这多少是由于历史上佛教不断从印度本土向外传播而造成的。

而印度本土佛教的部派与分系，在这里笔者仅根据 7 世纪唐代，经由广州，取道海路，抵达印度的僧人义净（635—713 年），在其《南海寄归内法传》中的说法，简略考察当时印度佛教的分派情形。其文记载：

诸部流派，生起不同。西国相承，大纲唯四：

一、阿离耶莫诃僧祇尼迦耶，唐云："圣大众部"。分出七部，三藏各有十万颂，唐译可成千卷。

二、阿离耶悉他陛攞尼迦耶，唐云："圣上座部"。分出三部，三藏多少同前。

三、阿离耶慕攞萨婆悉底婆拖尼迦耶，唐云："圣根本说一切有部"。分出四部，三藏多少同前。

四、阿离耶三蜜栗底尼迦耶，唐云："圣正量部"。分出四部，三藏三十万颂。

然而部执所传，多有同异，且依现事言其十八。①

亦即，在公元 7 世纪的印度，当时佛教的流派，可以分成四大部派，并再由这四大部派，分成十八部之多。义净所说的这四大部派分别是：

一、"大众部"，即义净所言"阿离耶莫诃僧祇尼迦耶，唐云：'圣大众部'"；梵文 Ārya - mahāsaṅghika - nikāya。

二、"上座部"，即义净所言"阿离耶悉他陛攞尼迦耶，唐云：'圣上座部'"；梵文 Ārya - sthavira - nikāya。

三、"根本说一切有部"，即义净所言"阿离耶慕攞萨婆悉底婆拖尼迦耶，唐云：'圣根本说一切有部'"；梵文 Ārya - mūla - sarvāstivāda - nikāya。

四、"正量部"，即义净所言"阿离耶三蜜栗底尼迦耶，唐云：'圣正量部'"；梵文 Ārya - saṃmitiya - nikāya。

---

① 《大正藏》第 54 册，No. 2125，第 205 页上一中。

但是，这四大"部派"（nikāya），究竟为何呢？是我们传统上认为的"小乘佛教"（Hīna‑yāna）之部派吗？根据义净的说法，当时的四大部派，实际上根本并不单纯地是我们传统上所认为的"小乘佛教"。实际的状况应该是，当时这四大部派之中，"大乘佛教"（Mahā‑yāna）与"小乘佛教"①的区分，并没有一定的界线。义净是这样描述的：

> 其四部之中，大乘、小乘区分不定。②

关于这方面，王邦维教授在《南海寄归内法传校注》中早有研究，他的一些总结性看法如下：

> 义净在《寄归传》里讲的部派（nikāya）是什么意思？……义净讲的部派，主要是从律的角度讲的。从这个意义上讲，所谓部派，主要是指共同使用与遵守同一种戒律，按照这种戒律的规定而出家（pravrajana）、受戒（upasaṃpada）等宗教活动，过共同的宗教生活，因而互相承认其僧人身份的某一特定的僧团组织。因此，使用不同律就成为区别不同部派的主要标志。……直到七世纪为止，律仍是区别部派的最基本标准。③

> 大乘与小乘之间，本来就没有一条不可逾越的界线。除了我们在前面已经谈到的它们在律方面的共同性以外，在宗教哲学思想上它们也有不少共同之处。尤其是小乘佛教，大乘佛教"十地"的说法、"功德转让"的思想、"六度"的思想、"阿赖耶识"的说法，实际上都存在其中。从佛教发展的历史过程看，一方面，大乘的一些思想在小乘阶段已见端倪；另一方面，在大乘出现后，小乘的发展实际上又受到大乘影响。因此，在佛教史上，信仰小乘的僧人往往很容易就转变为信仰大乘。信仰大乘的僧人反过来也有放弃大乘，回过头去信

---

① 这里的"小乘佛教"与"大乘佛教"这两个词汇，或许可以用"声闻乘"与"菩萨乘"来取代会更恰当，笔者这里只是采取传统的词汇而已，而希望没有过多的价值评定在其中。
② 《大正藏》第54册，No. 2125，第205页下。
③ 王邦维：《南海寄归内法传校注》，中华书局1995年版，第65—66页。

仰小乘的。<u>从大的宗教思想体系来说，两者之间的差别当然是有的，但是如果把大小乘之间的关系说得界线分明，门户森严，恐怕只是一种脱离实际的看法。而过去的大乘僧人尤其是中国的一些大乘僧人往往因为宗派的偏见故意夸大两者的区别。</u>我们从这个角度来考虑七世纪时印度的佛教状况，也许才能比较地合乎历史实际。① （底线为笔者所加）

笔者在此，对上面王邦维教授的这个看法，亦即"部派"之区分，主要是从"律"（Vinaya）的角度而有的，而并不是大乘与小乘之间的区分与界线，以及"大乘与小乘之间，本来就没有一条不可逾越的界线"，深表认同！

在此基础上，义净在《南海寄归内法传》中，同时也说明了7世纪印度大乘佛教的情形：

> 若礼菩萨、读大乘经，名之为"大"。不行斯事，号之为"小"。所云"大乘"，无过二种：一、则"中观"；二、乃"瑜伽"。"中观"，则俗有真空，体虚如幻。"瑜伽"，则外无内有，事皆唯识。②

根据义净上面的说法，7世纪的印度佛教，"大众部""上座部""根本说一切有部""正量部"，这四大部派，乃至十八部之分，其实在大乘与小乘之间的区分，并没有一定的界线。而大乘与小乘的区分，也并不是部派之间的区分，而是大乘佛教"若礼菩萨、读大乘经，名之为'大'"，亦即大乘佛教是礼拜菩萨，并且读诵大乘经典的。而小乘佛教，则不做这样的事情。

再者，义净上面的这段文字还告诉我们，7世纪的印度，"大乘佛教"不超过这二种，亦即"中观"（*Mādhyamaka*，*Mādhyamika*，"中观学派"）与"瑜伽"（*Yogācāra*，"瑜伽行唯识学派"）。

---

① 王邦维：《南海寄归内法传校注》，中华书局1995年版，第107—108页。
② 《大正藏》第54册，No. 2125，第205页下。

一带一路视域下的印度与汉传佛教比较研析   185

不过，与义净约略同时的华严宗创始者贤首法藏（643—712年），却有着不同的观点，他的观点中含藏着认为印度佛教除了上述的"中观"与"瑜伽"之外，还有提倡"佛性"或"如来藏"一系的思想。① 但是，在印度，确实这一系的思想，在师资传承上是不太清晰明白的。而不像"中观学派"与"瑜伽行唯识学派"一样，有着各自的传承师资。这样的师资传承，例如在藏传佛教"格鲁派"（黄教）中，有所谓的"二圣六庄严"，即除了弘扬戒律的"二圣"：功德光（Gunaprabha，约5—6世纪顷）与释迦光（Shakyaprabha，约8世纪顷），还有"六庄严"：中观学派的鼻祖龙树（Nāgārjuna，约2—3世纪顷）、提婆（Kāṇa-deva，约3世纪顷）；瑜伽行唯识学派的鼻祖无著（Asaṅga，约4—5世纪顷）、世亲（Vasubandhu，约4—5世纪顷），以及佛教因明（逻辑学）的鼻祖陈那（Dignāga，又作 Diṅnāga，约480—540年）、法称（Dharmakīrti，约600—660年），以上这六人。而且约莫除了《宝性论》（Ratnagotra-vibhāgo Mahāyānottaratantra-śāstra）②是以"论"（Śāstra）的方式宣扬此思想之外，"佛性""如来藏"这一系的思想，与中观、瑜伽行唯识这二系，以"论"的方式被广传与递代相承不同，在印度似乎主要都是以"经"（Sūtra）的形式在被宣传着。

不过，到了近代，太虚大师（1889—1947年）与其高弟印顺导师（1906—2005年），都分别提出了与唐代贤首法藏类似的印度大乘

---

① "华严教学宗匠法藏（643—712年），述及当时大乘诸师中，流传着'三乘大乘'、'一乘大乘'两种说法；前者主张三乘定性，后者主张三乘同归一乘，双方各执一词，争持不下。这反映在初唐佛教界中，一乘的争论被视为种性争论的核心。"（廖明活：《法藏的种性观》，《中国文哲研究集刊》第18期，2001年3月，第330—338页）

② 值得注意的是，宗喀巴（1417—1478年）判摄《宝性论》为中观应成见。根据江波的研究："（一）《宝性论》本释是'应成中观见'论著。根据宗喀巴师徒的见解，'弥勒五论'中的《现观庄严论》与《宝性论》并不因为它们出自瑜伽行派创立者之手而将之判定为瑜伽行派的要籍。《宝性论》与《现观庄严论》可相互发明处甚多，如'三宝'、'种性'等节目。所不同的是：他们认为，《现观庄严论》可作'唯识'解、也可作'中观自续'解、或作'中观应成'解，唯独此论必作'中观应成'解。"（江波：《〈宝性论大疏〉与格鲁派"如来藏"学的主要观点》，引见网址：http://www.west960.com/d-22948.html）但是，《宝性论》分明应该是属于"佛性""如来藏"系思想的论典，因此宗喀巴此观点实在仍值得进一步研究与斟酌。

佛教的三系说。太虚提出的印度大乘三系说是：一、法性空慧宗；二、法相唯识宗；三、法界圆觉宗。而印顺提出的印度大乘三系说则是：一、性空唯名论；二、虚妄唯识论；三、真常唯心论。主要的原因，除了印度确实有"佛性""如来藏"这一系思想的提倡者之外，更重要的是因为中国人喜欢这套思想。我们可以说，最能代表传到中国的汉语系佛教的思想，就是这一系提倡"佛性""如来藏"的思想了。因此，笔者下面打算以中国佛教禅宗的这种相关思想，来谈谈汉传佛教的文化特质。

贰　论汉传佛教的文化特质

——从中国禅宗的"直显真心"谈起

元代宗宝（生卒年不详）[①] 编辑的《六祖大师法宝坛经》，有着唐代法海（生卒年不详）本《南宗顿教最上大乘摩诃般若波罗蜜经六祖惠能大师于韶州大梵寺施法坛经》中，所没有出现的这一句话：

菩提自性，本来清净；但用此心，直了成佛！[②]

从这句没有出现在法海本《坛经》中的话，我们可以知道，这种主张菩提自性清净心，亦即"佛性""如来藏"的思想，在唐代时，应该还不是禅宗的主流思想。而且，这两个元代与唐代不同版本的《坛经》，却都有着同一段故事。

《南宗顿教最上大乘摩诃般若波罗蜜经六祖惠能大师于韶州大梵寺施法坛经》：

客答曰：我于蕲州黄梅悬东凭墓山，拜五祖弘忍和尚，见令在彼

[①] 宗宝，元代僧，生卒年与生平皆不详。曾住韶州（今广东曲江）风幡报恩光孝寺。至元二十八年（1291年），校雠三种坛经异本，订正讹误，补缮简略之处，又增编弟子请教机缘，乃刊行《六祖大师法宝坛经》。[释慈怡主编：《佛光大辞典》，（高雄）佛光大藏经编修委员会1988年版，第3169页]

[②] 《大正藏》第48册，No.2008，第347页下。

门人有千余众。我于彼听,见大师劝道俗,但持《金刚经》一卷,即得见性,直了成佛。①

《六祖大师法宝坛经》:

> 客云:"我从蕲州黄梅县东禅寺来。其寺是五祖忍大师在彼主化,门人一千有余;我到彼中礼拜,听受此经。大师常劝僧俗,但持《金刚经》,即自见性,直了成佛。"②

但是,上面这段相同的故事,所表达的思想,其实却是《般若经》一系,即故事中的《金刚般若经》的"空性"思想。由此,我们约略可以看出:中国禅宗从般若、空性的思想,转向融合、会通,最后以"佛性""如来藏"这一系思想为主流思想的痕迹。

因此,虽然中国禅宗的思想,是有混杂、融合、会通般若或中观的"空"思想与"佛性""如来藏"思想的倾向。但是,毕竟仍以"佛性""如来藏"思想为主流。所以笔者在这里想表达的是,笔者认为,汉传佛教的文化特质,乃是体现在中国禅宗中的"佛性""如来藏"思想,也就是笔者本文所说的"直显真心"!

当然,也许这里还值得关注的一个历史事件是,汉传佛教与藏传佛教在历史上的一次大辩论:亦即约8世纪末(781或792年),在拉萨发生了一个后来被称为"拉萨论诤"或"桑耶寺论诤"的重大事件。③ 这次事件是中国禅宗的僧人摩诃衍及其追随者,与来自印度以莲花戒(Kamalaśīla,约740—795年)为首的瑜伽行中观派(Yogācāra - Madhyamaka)的印度及西藏僧人,这两方面的辩论。当然,在这里,笔者仅仅只是因为这次会议的主题,而提出这样一个历史事件,作为抛砖引玉的探讨而已。

回到我们的主题,笔者以为汉传佛教的文化特质,亦即中国禅宗

---

① 《大正藏》第48册,No.2007,第337页上。
② 《大正藏》第48册,No.2008,第348页上。
③ 巴宙:《大乘佛教廿二问研究》,(台北)慧炬出版社1992年版,第160—161页。

"直显真心"式的"佛性""如来藏"思想，是什么呢？笔者以为，这或许可以用宋代柴陵郁禅师（或称茶陵郁禅师，约 11 世纪顷）的一首诗，作为代表：

我有明珠一颗，久被尘劳关锁；
今朝尘尽光生，照破山河万朵。①

笔者以为，上面这首诗其实已经表达得很明白了。亦即中国禅宗这种"直显真心"式的思想，就是认为，我们每一个众生、生命体，心中都本来就有着清净圆满的"佛性""如来藏"。修行的目标，就是体悟到自己的这个本具的清净觉悟之心。也就如大珠慧海禅师所言的"即心即佛"。而中国禅宗之所以认为体悟到这一点，乃是非常重要的，是基于就像在宗宝本《六祖大师法宝坛经》中所讲的："不识本心，学法无益！若识自本心，见自本性，即名丈夫、天人师、佛"② 这样的思维（"不识本心，学法无益！"此语也见于法海本《坛经》）。

另外，"直显真心"这样的观点，其实和佛教的教义理论，一样可以搭配。例如在同时作为华严宗与禅宗传人的唐代圭峰宗密（780—841 年）的著作中，就将当时之佛学教义，分为"禅"和"教"两大系统，并进行会通。以下的图示为日本学者镰田茂雄将宗密的《原人论》和《禅源诸诠集都序》中依据佛教教义所做的分类判释，列表如下：③

```
   《原人论》           "教"        《禅源诸诠集都序》                    "禅"
(1) 人天教 ——————————— (Ⅰ) 人天因果教 ——┐
(2) 小乘教 ——————————— (Ⅱ) 断惑灭苦教 ——┼── (一) 密意依性说相教
(3) 大乘法相教 ——————— (Ⅲ) 将识破境教 ——┘
(4) 大乘破相教 ———————————————————————— (二) 密意破相显性教
(5) 一乘显性教 ———————————————————————— (三) 显示真心即性教
```

---

① 《白云守端禅师语录》，《卍续藏》第 69 册，No.1351，第 295 页上。
② 《大正藏》第 48 册，No.2008，第 349 页上。
③ 转引自冉云华《宗密》，（台北）东大图书 1988 年版，第 109 页。

由上表，我们可以知道：宗密将禅宗的"显示真心即性教"，也就是本文所谓禅宗的"直显真心"①，归类判摄为与华严宗视之为佛教最高教义理论代表的《华严经》所要说明的"一乘显性教"相当。由此，我们能够知道，其实从唐代开始（这里是宗密），就有将禅宗的"直显真心"，视作与佛教教义上最高佛教义理相并列的教法。而这个禅宗的"直显真心"，亦即揭示我们每个众生内心中都本来具有着清净、光明、圆满的"佛性""如来藏"的思想，正是汉传佛教最重要的文化特质！

叁 从梁陈真谛的唯识古学与唐代玄奘的唯识新学论述印度与汉传佛教的思想差异

下面，笔者将从梁陈真谛的唯识古学与唐代玄奘的唯识新学，论述印度与中国佛教的思想差异。首先，论述近代因为梵文本发现而引起的唯识学的新、古学之争。

一 近代唯识学的新、古学之争

唯识学在中国，即汉传唯识学，古来即有新、旧译（或今、古学）之分别。旧译（古学）是以真谛（Paramārtha，499—569年）的传译为主；新译（今学）则以玄奘的传译为主。降及近代，法国学者列维（Sylvain Lévi）在尼泊尔发现了印度论师安慧《唯识三十颂释》的梵文本，并于1925年在巴黎出版②，随后藏文译本③也在整理后出版，接着更有多个

---

① 其实本文所谓禅宗的"直显真心"一词，正是受到宗密这里所说的"显示真心即性教"，这一词汇的启发。
② *Vijñaptimātratāsiddhi. Deux traités, de Vasubandhu, Viṃśatikā(la Vingtaine) accompagnée d'une explication en prose et Triṃśikā(la Trentaine) avec le commentaire de Sthiramati*, Paris, 1925.
③ 见寺本婉雅《梵、藏、汉、和四译对照安慧造唯识三十论疏》（西藏传圣典译注佛教研究第三辑），（东京）国书刊行会1933年印行。

日文①、英文②、德文③、中文④译本相继出版。

而日本学者宇井伯寿于英国剑桥大学留学时，曾受学于列维，宇井根据安慧的梵文本，重新审视唯识古学，认为玄奘对唯识学的理解，已偏离世亲的原旨。宇井的弟子上田义文（1904—1993年）则进一步发挥其师之见解，认为安慧—真谛一系的唯识古学，才贴近无著、世亲唯识学的原义；而护法—玄奘一系的唯识新学，则因主张唯心论，而背离了早期唯识学的宗旨。

然而在另一方面，列维的早期弟子，法比学派著名的佛教文献学家普桑（Louis de la Vallée Poussin），于1928年在巴黎将玄奘翻译的汉译本《成唯识论》法译出版。⑤ 而此时在欧洲随普桑学习的日本学者山口益，在唯识学的问题上却对宇井伯寿的观点持保留态度，认为玄奘并未

---

① 日文译本有：（1）荻原云来：《三十颂了别释》（收于《荻原云来文集》），（东京）大正大学1938年版，第628—677页。（2）宇井伯寿：《安慧·护法唯识三十颂释论》，（东京）岩波书店1952年版。（3）长泽实导：《梵藏汉对照唯识三十颂释语汇》，《大正大学研究所纪要》No.40，（东京）大正大学1955年版，第1—54页。（4）荒木典俊：《唯识三十论释》，收于长尾雅人、梶山雄一监修《大乘佛典15：世亲论集》，（东京）中央公论社1976年版，第31—190页。其他日文相关著作还有：上田义文：《梵文唯识三十颂の解明》，（东京）第三文明社1987年版。竹村牧男：《唯识の探究——〈唯识三十颂〉を読む》，（东京）春秋社1992年版。横山纮一：《わが心の构造〈唯识三十颂〉に学ぶ》，（东京）春秋社1996年版。

② 英文译本为：K. N. Chatterjee, *Vasubandu's Vijñapti - Mātratā- Siddhi with Sthiramati's Commentary* (Text with English Translation), Bhadaini, Varanasi: Kishor Vidy Niketan, 1980.

③ 德文译本有：Hermann Jacobi, *Triṃśikā- vijñapti des Vasubandhu: mit bhāṣya des Ācārya Sthiramati*, Ammersbdk bei Hamburg: Verlag an d. Lottbek Jensen, 1932.

④ 中文译本有：（1）吕澂：《安慧三十唯识释略抄》，收于《内学》第三辑，支那内学院1926年版，第115—142页。又收于张曼涛主编《现代佛教学术丛刊》第29册（《唯识典籍研究（一）》），（台北）大乘文化出版社1982年版，第291—313页。（2）霍韬晦：《安慧〈三十唯识释〉原典译注》，香港中文大学1980年版。（3）徐梵澄：《安慧"三十唯识"疏释》，中国佛教文化研究所1990年版。（4）韩镜清：《唯识三十颂》，《甘露》第26期，九华山佛学院1998年版，第64页（此仅有颂文）。（5）苑柳：《藏传的唯识学史》，收于张曼涛主编《现代佛教学术丛刊》第96册（《唯识学的论师与论典》），（台北）大乘文化出版社1982年版，第315—326页。（6）刘定权：《藏文三十颂汉译》，收于《唯识三十颂易解》，（南投）莲因寺1988年版，第1—7页。此中霍韬晦、徐梵澄是根据梵文本中译；而韩镜清、苑柳、刘定权乃根据藏文本中译；而吕澂之译本，则根据藏文译本，并曾比对列维（Sylvain Lévi）之梵文本。

⑤ 此《成唯识论》的法文译本为：Louis de la Vallée Poussin, *Vijñaptimātratāsiddhi: La Siddhi de Hiuan - Tsang*, Paris: Librairie Orientaliste Paul Geuthner, 1928.

偏离世亲的原意。而山口益的弟子长尾雅人，则继承乃师，在唯识学的问题上，曾与宇井伯寿的弟子上田义文进行过正面的交锋。当时其他的日本学者，如横山纮一、胜吕信静等，也参与了这场源于古代印度传译至中国的安慧—真谛一系之唯识古学，与护法—玄奘一系的唯识新学，再肇因于近代欧洲梵文本之发现，而发生在日本的新、古唯识学的"哲学"论争。

而关于这场近代瑜伽行唯识学派—"佛教唯识哲学"的国际争论，虽然在汉语学界中，亦有学者将安慧的三十颂颂文或注释或翻译，诸如吕澂（1896—1989年）的《安慧三十唯识释略抄》、霍韬晦（1940—2018年）的《安慧〈三十唯识释〉原典译注》，以及徐梵澄（1909—2000年）《安慧"三十唯识"疏释》等，以及当代学人吴汝钧（1946— ）的研究①。然而吾人在此研究领域须取法欧美、日本学者的研究之处，还有很漫长的一段路要努力。

二 关于"转依"

"转依"，是玄奘法相唯识宗（唯识新学）对修行成果的翻译词，现代学界认为"转依"有"两种梵文词汇（*āśraya-parivṛtti/āśraya-parāvṛtti*）"②，粗略地说，即转染成净、转迷启悟、转识成智、转凡夫依成圣人依。站在

---

① 见吴汝钧《唯识现象学（一）世亲与护法》及《唯识现象学（二）安慧》，（台北）学生书局2002年版。

② 关于"转依"一词，梵文原文有两种"*āśraya-parivṛtti/āśraya-parāvṛtti*"，中文又有译作"转身"（"转"字又译作"回"字），真谛（Paramārtha，499—569年）还曾将其译作"阿摩罗识"，本文即在探讨此问题。"转依"，英文有译作"the transformation of the basis" "fundamental transformation" "reversion of the source [of such depravities]" "revolution of the basis" "overturning [the basis on which the ātma-dharma circuit] depends"，分别见：Masaaki Hattori（服部正明），"The Transformation of the Basis (Asraya-parivṛtti) in the Yogācāra System of Philosophy", in D. Henrich (ed.), *All-Einheit Wege eines Gedankens in Ost und West*, Stuttgart, 1985, pp. 100-108. 此文中译见服部正明《瑜伽行哲学的转依义》，赵蕙详译，刊于国际佛学研究中心编译《国际佛学译粹》第一辑，（台北）灵鹫出版社1991年版，第59—70页。Ronald Mark Davidson, *Buddhist System of Transformation: Asrayaparivrtti/Paravrtti among the Yogacara*, University of California, Berkley, 1985, p. 154. David J. Kalupahana, *The Principle of Buddhist Psychology*, Albany, State University of New York Press, 1987, p. 213. Dan Lusthaus, *Buddhist Phenomenology: A Philosophical Investigation of Yogācāra Buddhism and the Ch'eng Wei-shih lun*, London: Routledge Curzon, 2002, p. 303.

思想史的角度而言，是大乘佛教瑜伽行唯识学派（Yogācāra School）对修道之成果，即"解脱"的独特诠释。可以说，"转依"理论，是继承自印度的护法论师（Dharmapala，约 6 世纪顷）所传之瑜伽行唯识学派的戒贤（Śīlabhadra，约 6、7 世纪顷）—玄奘—窥基（632—682 年），这一系中国法相唯识宗（唯识新学）的解脱论或救度学（soteriology）之核心。

"转依"，简单地说，是指一种身、心状态的转变或转换，意味着身、心状态由粗重、烦恼转变为轻安、清净。就认识论而言，"转依"，意谓着认识状态的改变，而使得生命存在的状态跟着改变。当然，这也可以说成是因生命存在状态的改变，因此对事物的认识也跟着有所改变。凡夫的认识是"分别"（conceptual construction）的，意谓着掺杂着概念与语言化（verbalization）的思维，而有主体、客体（能、所）这样的二元分别认识。而在佛教中，圣者的认识是"无分别"或"离分别"（free from conceptual construction）的，意谓着超克了主体、客体的二元分别认识，而产生被唯识学派称为"无分别智"（nir-vikalpa-jñāna）的认识，这是一种认识事物实性（"真如"，tathatā）时所生起的特殊认识。这种认识，正是"转依"的关键枢纽，在《成唯识论》中被称作"能转道"。①

"转依"的"转"（parivṛtti/parāvṛtti）字，有许多的意义，诸如转变、转换、转化、转舍、转得、转灭、转证。总之，这意谓着从某种状态转变成另一种完全不同或相异的状态。可以说，这个"转"字，说明了佛教

（接上页）关于印度瑜伽行唯识学派的"转依"理论，国外已有以此为题的两本博士学位论文研究：Ronald Mark Davidson, *Buddhist System of Transformation: asrayaparivrtti/paravrtti Among the Yogacara*, University of California, Berkley, 1985. Hidenori S. Sakuma（佐久间秀范），*Die Āśrayaparivṛtti-theorie in der yogācārabhūmi*（Teil ⅠⅡ），Franz Steiner Verlag Stuttgart（German），1990. 又，"转依"意义的相关说明及两种梵文原文争论之介绍，可参考赖贤宗《"转依"二义之研究》，《中华佛学学报》第 15 期，（台北）"中华佛学研究所"2002 年版，第 93—113 页 [此文后来又收于赖贤宗《如来藏说与唯识思想的交涉》，（台北）新文丰 2006 年版，第 45—82 页]。以及可参看拙稿《"转依"理论探析——以〈成唯识论〉及窥基〈成唯识论述记〉为中心》，《玄奘佛学研究》第 11 期，2009 年 3 月，第 1—54 页。及笔者的博士学位论文《转依理论研究——以〈成唯识论〉及窥基〈成唯识论述记〉为中心》，台湾大学哲学研究所博士学位论文，2011 年。

① 《成唯识论》的"转依"有四种"义别"，亦即："能转道""所转依""所转舍""所转得"。详见笔者的博士学位论文《转依理论研究——以〈成唯识论〉及窥基〈成唯识论述记〉为中心》，台湾大学哲学研究所博士学位论文，2011 年。

认为生命状态是可以改变的，显示了佛教对生命状态朝向完善、清净、圆满的宗教伦理预设，亦即认为生命可从凡夫的烦恼、分别与执着的状态，经由修炼而转变为圣者轻安、无分别与自在解脱的生命状态之实践哲学与伦理学。

"转依"的"依"（*āśraya*）字，则是指"所依"。"所依"一词，一般来说，是和"能依"的主体相对，因此具有客体性基础、依附处之意思。"所依"有许多的解释，可以指物质性的身体，也可以指非物质性的心灵。在《成唯识论》中，给予此"转依"的"所依"二种特殊的意义：亦即作为"持种依"的"阿赖耶识"（*ālaya-vijñāna*）与作为"迷悟依"的"真如"（*tathatā*）。

在上面关于"转依"一词的简短说明后，笔者将在下面探析真谛将玄奘在《瑜伽师地论》中翻译的"转依"（*āśraya-parivṛtti*/*āśraya-parāvṛtti*）一词，翻译为特殊之"阿摩罗识"一词的问题。

三 梁陈真谛翻译"转依"为"阿摩罗识"的问题

真谛翻译之《决定藏论》（*Vinirṇīta-piṭaka-śāstra*），一共三卷。《大正藏》题为"梁天竺三藏真谛译"[①]。此论仅有《心地品》一品，而分成上、中、下三卷，即《心地品》之一、二、三，是玄奘《瑜伽师地论》（*Yogācārabhūmi-śāstra*）卷第五十一《摄决择分中五识身相应地意地》的异译。[②]

然而问题是，在真谛翻译的《决定藏论·心地品》第一之一（卷上）中，真谛却将玄奘在《瑜伽师地论》卷第五十一《摄决择分中五识身相应地意地》之一中，所翻译的"转依"（*āśraya-parivṛtti*/*āśraya-parāvṛtti*）一词，都译为"阿摩罗识"。这是为什么呢？本文希冀能做一个

---

① 《大正藏》第 30 册，No. 1584，第 1018 页中。
② 有学者认为《决定藏论》其实并不是真谛的翻译，例如台湾政治大学的耿晴在他博士学位论文中提出的观点：Ching Keng（耿晴），*Yogācāra Buddhism Transmitted or Transformed? Paramārtha（499-569 CE）and His Chinese Interpreters*, Ph. D. Dissertation, Doctor of Philosophy in the Subject of the Study of Religion, Cambridge, Massachusetts, Harvard University, May, 2009. 本文对此历史文献的症结问题则并不想深究而卷入很难解决的麻烦，仅依照传统而认为此《决定藏论》是真谛的译作。

尝试性的探讨。

关于真谛翻译的"阿摩罗识"一词，日本学者岩田良三认为"阿摩罗识"的梵文应是"amala-jñāna"而不是"amala-vijñāna"。岩田谛静则认为"无垢智"（nirmala-jñāna、amala-jñāna）是真谛翻译"阿摩罗识"一词的可能渊源。[①]

以下，笔者将分成四个段落：（一）真谛译《决定藏论》与玄奘译《瑜伽师地论》二译对照，（二）岩田谛静的研究，（三）印顺的观点，（四）牟宗三的看法，这几个方面，来论述真谛翻译"转依"为"阿摩罗识"一词的问题。

（一）真谛译《决定藏论》与玄奘译《瑜伽师地论》二译对照

以下，笔者以表格的方式，将真谛与玄奘之汉译并列排出，以方便对照、比较，并将该相关文字分成五个段落（下面之数字及底线为笔者所加）：

真谛译《决定藏论·心地品》第一之一《大正藏》第30册，No.1584，第1584页中	玄奘译《瑜伽师地论·摄决择分中五识身相应地意地》之一《大正藏》第30册，No.1579，第581页下
1. 一切行种烦恼摄者，聚在阿罗耶识中。得真如境智增上行故，修习行故，断阿罗耶识，即转凡夫性，舍凡夫法，阿罗耶识灭。此识灭故，一切烦恼灭，阿罗耶识对治故，证<u>阿摩罗识</u>。	1. 修观行者，以阿赖耶识是一切戏论所摄诸行界故，略彼诸行，于阿赖耶识中，总为一团一积一聚；为一聚已，由缘真如境智修习多修习故，而得<u>转依</u>。<u>转依</u>无间，当言已断阿赖耶识。由此断故，当言已断一切杂染。当知<u>转依</u>由相违故，能永对治阿赖耶识。
2. 阿罗耶识是无常，是有漏法；<u>阿摩罗识</u>是常，是无漏法。得真如境道故，证<u>阿摩罗识</u>。	2. 又阿赖耶识体是无常，有取受性；<u>转依</u>是常，无取受性，缘真如境圣道方能<u>转依</u>故。
3. 阿罗耶识为粗恶苦果之所随逐；<u>阿摩罗识</u>无有一切粗恶苦果。	3. 又阿赖耶识，恒为一切粗重所随；<u>转依</u>究竟远离一切所有粗重。

[①] 李秋奉（释仁宥）：《摄论宗思想之研究——以心识说为中心》，"中国文化大学"哲学研究所硕士学位论文，2002年，第17—19页。

真谛译《决定藏论·心地品》 第一之一 《大正藏》第 30 册，No.1584，第 1584 页中	玄奘译《瑜伽师地论·摄决择分中 五识身相应地意地》之一 《大正藏》第 30 册，No.1579，第 581 页下
4. 阿罗耶识而是一切烦恼根本，不为圣道而作根本；阿摩罗识亦复不为烦恼根本，但为圣道得道而作根本。阿摩罗识作圣道依因，不作生因。	4. 又阿赖耶识是烦恼转因，圣道不转因；转依是烦恼不转因，圣道转因。应知但是建立因性，非生因性。
5. 阿罗耶识于善无记不得自在。阿罗耶识灭时，有异相貌：谓来世烦恼不善因灭，以因灭故，则于来世五盛阴苦不得复生。现在世中烦恼恶因灭故，则凡夫阴灭。此身自在，即便如化。舍离一切粗恶苦报，得阿摩罗识之因缘故，此身寿命便得自在。寿命因缘能灭于身，亦能断命，尽灭无余，一切诸受皆得清净。	5. 又阿赖耶识，令于善净无记法中不得自在；转依令于一切善净无记法中得大自在。又阿赖耶识断灭相者，谓由此识正断灭故，舍二种取，其身虽住，犹如变化。所以者何？当来后有苦因断故，便舍当来后有之取；于现法中一切烦恼因永断故，便舍现法一切杂染所依之取。一切粗重永远离故，唯有命缘暂时得住。由有此故，契经中言，尔时但受身边际受、命边际受。广说乃至即于现法一切所受究竟灭尽。

从上面二译对照来看，很明显地可以看出，真谛所译的"阿摩罗识"，即是玄奘译的"转依"一词。除了上面表格中引用真谛与玄奘二译的差异外，以下，仅以岩田谛静、印顺及牟宗三的观点，来作一说明与介绍。

（二）岩田谛静的研究[①]

根据日本学者岩田谛静的研究，真谛所翻译之"阿摩罗识"的梵文原文应该有："*pratyamitta*"（玄奘译：相违）、"*āśraya-parivṛtti*"（玄奘译：转依）、"*āśrayaparivṛtti-balādhāna*"（玄奘译：转依力）、"*viśuddha-vijñāna*"（玄奘译：净识）。

除了《决定藏论》之外，真谛翻译中出现"阿摩罗识"的，还有《转识论》《三无性论》《十八空论》。《十八空论》中的"阿摩罗识"，梵

[①] 岩田谛静：《真谛の唯识说の研究》，（东京）山喜房佛书林 2004 年版，第 159—182 页。另参考释圣凯《摄论学派研究》（下），宗教文化出版社 2006 年版，第 377、383 页。

文原文相当于《中边分别论》的"*prabhāsvaratva – citta*";"阿摩罗清净心",则为"净识",梵文原文为"*amala – viśuddha – citta*"。如此"*viśuddha – vijñāna*"(玄奘译:净识)与"*amala – viśuddha – citta*"同义。

而《转识论》中的"阿摩罗识"梵文原文有"*lokōttara – jñāna*""*āśraya – parivṛtti*"(玄奘译:转依)。因此,可以确定的是,"阿摩罗识"的"阿摩罗"是清净、无垢之意,其梵文原文应是"*amala*"。

此外,岩田谛静还通过《决定藏论》与《瑜伽师地论》汉、藏译本对比之研究,得出《瑜伽师地论》藏译中的"*dgra bo*"(=梵文"*pratyamitta*",玄奘译:相违)、"*gnas gyur*"(=梵文"*āśraya – parivṛtti*",玄奘译:转依)、"*gnas gyur paḥi stobs bshyed pa*"(=梵文"*āśrayaparivṛtti – balādhāna*",玄奘译:转依力)、"*rnam parśes pa rnam par dag pa*"(=梵文"*viśuddha – vijñāna*",玄奘译:净识),真谛在《决定藏论》中则都翻译为"阿摩罗识"。而藏文"*dgra bo*"(=梵文"*pratyamitta*")则是"反对"之意,玄奘译为"相违",是表示"转依"是"阿黎耶识"(*ālaya – vijñāna*,即玄奘译的"阿赖耶识")的对治,两者的性质正好相反之意。

(三) 印顺的观点①

"转依",是否可以译为"阿摩罗识"?真谛又为什么将"转依"译作"阿摩罗识"?印顺法师在《以佛法研究佛法》一书中认为,这点应先从真谛翻译的"阿摩罗识"一词开始理解。如印顺曾说道:

> 真谛译中,以如智无差别为转依,为阿摩罗识,应从这点去了解。②

而且,印顺又以为真谛翻译的"阿摩罗识"一词,具有如下的三种意义③:

---

① 释印顺:《以佛法研究佛法》,(台北)正闻出版社1992年版,第273—286页。
② 同上书,第280页。
③ 圣凯亦以三种角度来说明"阿摩罗识":(1)阿摩罗识是境识俱泯之实性;(2)阿摩罗识是究竟果位之净识;(3)阿摩罗识是自性清净心。[释圣凯:《摄论学派研究》(下),宗教文化出版社2006年版,第378—386页]

1. "阿摩罗识"是"境、识俱泯","境、智无差别"的"实性":
此种意义,如真谛下面的几段译文所呈现的:

(1) 此"境、识俱泯",即是"实性","实性"即是"阿摩罗识"。(《转识论》,"陈代真谛译"①)

(2) 由修观熟,乱执尽,是名无所得,非心、非境,是智名出世"无分别智",即是"境、智无差别",名"如如智",亦名"转依"。(《转识论》,"陈代真谛译"②。值得注意的是,此处真谛使用"转依"一词来翻译)

(3) 明正观唯识,遣荡生死虚妄识心,及以境界,一切皆净尽,唯有"阿摩罗清净心"也。(《十八空论》,"陈天竺三藏真谛译"③)

(4) 先以唯一乱识遣于外境,次"阿摩罗识"遣于乱识,故究竟唯一净识也。(《三无性论》,"真谛三藏于广州制旨寺翻译"④)

(5) 第五相唯为"真实性"所摄者,此不执着名义二相,即是"境、智无差别""阿摩罗识"故。(《三无性论》,"真谛三藏于广州制旨寺翻译"⑤)

以上几段引文,都是在说明,当出世的"无分别智"(nir-vikalpa-jñāna)生起时,与其所认识的对象或所缘的对境,即"真如"(tathatā),构成一种"境、识俱泯"或"境、智无差别"的合一状态。这"境、识俱泯"或"境、智无差别"的合一状态,真谛将其以"阿摩罗识"来翻译说明。当然,在上面第(2)段引文中,真谛也使用"转依"一词来做翻译解释("是智名出世无分别智,即是境、智无差别,名如如智,亦名转依")。

---

① "陈代真谛译",此为《大正藏》所题记,《大正藏》第31册,No.1587,第62页下。
② "陈代真谛译",此为《大正藏》所题记,《大正藏》第31册,No.1587,第63页下。
③ "陈天竺三藏真谛译",此为《大正藏》所题记,《大正藏》第31册,No.1616,第864页上。
④ "真谛三藏于广州制旨寺翻译",此为《大正藏》所题记,《大正藏》第31册,No.1617,第872页上。
⑤ "真谛三藏于广州制旨寺翻译",此为《大正藏》所题记,《大正藏》第31册,No.1617,第873页下。

而这种"境、识俱泯"或"境、智无差别"的合一状态，真谛认为也就是"三性"[tri-svabhāva，或作"三自性""三自相""三相"①，是指：(1)"遍计所执自性"（parikalpita-svabhāva）；(2)"依他起自性"（paratantra-svabhāva）；(3)"圆成实自性"（pariniṣpanna-svabhāva）这三种"自性"]中的"圆成实自性"（或"圆成实性"），这是玄奘的翻译，真谛则翻译为"实性"或"真实性"[见上面引文第(1)(5)段]。

---

① 在这里，"三性"或"三自性"（tri-svabhāva）的梵文都是指三种"自性"（svabhāva），而"三相"，则是三种"自相"（svalakṣaṇa）。它们都有"特性"（characteristic）、"本质"（essence）的意义。
此"三性"或"三自性"的译词："遍计所执性""依他起性""圆成实性"，为玄奘的译词，在其他译本里还译作如下：
菩提流支译：(1)虚妄分别相；(2)因缘相；(3)第一义相（《深密解脱经》）
佛陀扇多译：(1)妄想分别相；(2)他性相；(3)成就相（《摄大乘论》）
真谛译：(1)分别性相；(2)依他性相；(3)真实性相（《摄大乘论》及世亲释）
达摩笈多译：(1)分别相；(2)依他相；(3)成就相（世亲《摄大乘论释》）
玄奘译：(1)遍计所执相；(2)依他起相；(3)圆成实相（《解深密经》《摄大乘论》）
　　　　(1)遍计所执自性；(2)依他起自性；(3)圆成实自性（《成唯识论》）
此部分佛陀扇多（Buddhaśānta，意译觉定，北魏译经僧）与达摩笈多（Dharmagupta,？—619年）的译词，参考田中顺照《空观と唯识观》，（京都）永田文昌堂1963年版，第177页。
另外，根据横山纮一的研究，这"三性"，日本及欧洲的学者曾有以下的译词：
(1) parikalpita-svabhāva(-lakṣaṇa)："遍计所执性（-相）"（玄奘译）、"被假想的存在形态""被妄想的事物""被构想着的实在""imaginary knowledge""the object, which has no reality whatsoever, apart from the consciousness of it""house, trees, mountains, etc., existing independent of consciousness""a construction of our imagination"。(2) paratantra-svabhāva(-lakṣaṇa)："依他起性（-相）"（玄奘译）、"依存于他的存在形态""依赖于他的事物""他（成为条件）的保持生成之实在""relative knowledge""the phenomenalized aspect of the Real""the modifications of consciousness""a moment of pure consciousness dependent on other preceding"。(3) pariniṣpanna-svabhāva(-lakṣaṇa)："圆成实性（-相）"（玄奘译）、"被完成的存在形态""被成就于完全的事物""完全的实在""absolute or perfect knowledge""the Absolute""pure consciousness, the Absolute""the Ultimate, the Absolute Reality"。此处的资料出处，参考横山纮一《唯识的哲学》，（京都）平乐寺书店，1984年版，第279、289页。服部正明、上山春平：《认识と超越（唯识）》（《佛教的思想4》），（东京）角川书店1973—1974年版，第139页。长尾雅人、梶山雄一、荒牧典俊：《大乘佛典15：世亲论集》，（东京）中央公论社1974年版，第193、224页。A. B. Keith, *Buddhist Philosophy in India and Ceylon*, Oxford: Clarendon Press, 1923, p. 242. A. K. Chatterjee, *The Yogacara Idealism*, Banaras Hindu Uni., 1962, p. 488, l. 4, ll. 6-7. Sarvepalli Radhakrishnan, ed., *History of Philosophy Eastern and Western*, Vol. I, London: Allen & Unwin, 1952-53, p. 211, ll. 19-20, l. 27, ll. 30-31. Th. Stcherbatsky, *Madhyānta-Vibhanga, Discourse on Discrimination between Middle and Extremes*, Bibliotheca Buddhica, xxx, 1936, p. 37, ll. 19-23.

2. "阿摩罗识"是"分别性"与"依他性"并泯的"实性":
此点,则如真谛下面之译文:

（1）如此识转不离两义:一、能分别;二、所分别。所分别既无,能分别亦无;无境可取,识不得生。以是义故,唯识义得成。何者立唯识义？意本为遣境遣心。今境界既无,唯识又泯,即是说唯识义成……问:遣境存识,乃可称唯识义;既境、识俱遣,何识可成？答:立唯识乃一往遣境留心,卒终为论,遣境为欲空心,是其正意。是故"境、识俱泯",是其义成。此"境、识俱泯",即是"实性","实性"即是"阿摩罗识"。亦可卒终为论,是"阿摩罗识"也。（《转识论》,"陈代真谛译"①）

（2）此乱识,即是"分别""依他",似尘识所显。由"分别性"永无故,"依他性"亦不有;此二无所有,即是"阿摩罗识"。惟有此识,独无变异,故称"如如"……惟"阿摩罗识"是无颠倒,是无变异,是"真如如"。（《三无性论》,"真谛三藏于广州制旨寺翻译"②）

上面引文第（1）段,一样也说明了"阿摩罗识"是离开能分别与所分别的一种"境、识俱泯"的"实性"（即玄奘译的"圆成实性"）。第（2）段引文,则特别说明了"阿摩罗识"是永远没有"分别性"（即玄奘译的"遍计所执性"）,因此"依他性"（即玄奘译的"依他起性"）亦不有的状态;因为仅仅只有此"阿摩罗识",是单独无变异的,所以又称为"如如"或"真如如"。

3. "阿摩罗识"是究竟的净心:
此点如真谛以下之译文:

明唯识真实,辨一切诸法唯有净识。无有能疑,亦无所疑,广释

---

① "陈代真谛译",此为《大正藏》所题记,《大正藏》第31册,No.1587,第62页中—下。

② "真谛三藏于广州制旨寺翻译",此为《大正藏》所题记,《大正藏》第31册,No.1617,第872页上。

如《唯识论》。但唯识义有两：一、者方便，谓先观唯有"阿梨耶识"，无余境界，现得"境、智两空"，除妄识已尽，名为"方便唯识"也。二、明"正观唯识"，遣荡生死虚妄识心，及以境界，一切皆净尽，唯有"阿摩罗清净心"也。（《十八空论》，"陈天竺三藏真谛译"①）

这段引文是说明唯识的真实情形，是指一切诸法唯有净识，即"阿摩罗识"。但唯识的意义则有两种：一种是方便，意味着先修观唯有"阿梨耶识"（即玄奘译的"阿赖耶识"），而无其余的境界，而呈现得到"真如"之境与"无分别智"构成"境、智两空"的情形，因泯除虚妄之识已毕尽，所以名为"方便唯识"。另一种是"正观唯识"，这是指彻底地遣荡轮回流转生死的虚妄之识心，以及虚妄的境界，一切皆清净毕尽，而唯独只有"阿摩罗清净心"而已。

以上是印顺法师认为，真谛翻译的"阿摩罗识"一词，所具有的三种意义。在这里，印顺还认为玄奘的法相唯识宗（唯识新学）对有漏与无漏、如与智、性与相，始终采取差别论的说明。而真谛的摄论学派（唯识古学）则是采取如、智无差别，泯相即性的说明。如印顺说道：

但由于摄论宗及唯识宗的看法不同，达到不同的结论。这问题在：对有漏与无漏，如与智，性与相，唯识宗始终取着差别论的说明。而摄论宗是：在一般的说明上，也作差别说明；而在无漏智证的显现上，却重于转有漏成无漏，如智无差别，泯相即性的说明。所以性相、如智，尽管可以作差别说明，而决非对立物。②

从此处来说，也就是印顺法师认为，这可以说是玄奘与真谛两人在汉译上之差异的思想立足点。这就不仅仅只是翻译的问题，而是学派思想的差异所造成的影响了。

---

① "陈天竺三藏真谛译"，此为《大正藏》所题记，《大正藏》第31册，No.1616，第864页上。

② 释印顺：《以佛法研究佛法》，（台北）正闻出版社1992年版，第280页。

(四) 牟宗三的看法①

牟宗三认为,真谛将"转依"拆为灭"阿赖耶识"证"阿摩罗识",转八识为九识,这在翻译上是一种增益的译解。牟氏对真谛将玄奘译"转依"翻译为"阿摩罗识"的看法,以哲学的进路,析论出以下三点:

1. "转依"是虚述语,"阿摩罗识"是实体字

牟宗三认为,"转依"一词是"虚述语",即转"一切法等依"之阿赖耶识。"转依"是转阿赖耶依为法身依,"转依"这个虚述语只可做圣道的建立因(凭依因),然而其所转到之"法身"却是实体字。真谛译之"阿摩罗识"是"实体字",是"把那虚述语真实之以转灭阿赖耶识而证阿摩罗识"②。并认为真谛此做法,实影响甚大。牟氏说"转依"是"虚述语",从哲学的角度来看,是颇适切的。因"转依"是指圣道之果位(涅盘、菩提),而非实践圣道的方法或产生圣道的原因,因而说其为"虚述语"是合理的。

2. 真谛译"阿摩罗识作圣道依因,不作生因"是有问题的

牟宗三又认为,玄奘译的"转依"一词,是圣道法转现的"建立因"而非其"生因"。亦即凭借着"转依",可以建立圣道法转现之说法,因此是一种"虚说的逻辑关系"。他认为玄奘一系是以"妄心派"为背景,所以对他们而言,圣道法之"生因"是由于正闻熏习种子而生,是从"最清净法界之等流"而生,是依"我法二空之真如空理而起加行"而产生。圣道法仅凭依真如空理而生,而非以之为生因。

而牟氏认为,真谛译"阿摩罗识作圣道依因,不作生因"便会产生问题,因他认为真谛属于"真心派",若译"转依"为"阿摩罗识",则"阿摩罗识"因是一清净之真常心,故应该要作为圣道法的"生因"才是。在这点上,牟氏确有其敏锐的哲学慧见。因为真谛这样的翻译,在其文字脉络下,确实显示出矛盾不通之处。

3. "转依"是转阿赖耶依为法身依,"阿摩罗识"是"境智无差别""非智非境"

---

① 牟宗三:《佛性与般若》上册,(台北)台湾学生书局1997年版,第349—355页。
② 同上书,第351页。

牟氏又认为,"转依"虽然是虚述语而只能作圣道之建立因,但其所转成的"法身"却是实体字。但此实体字的"法身",在玄奘一系这样妄心的系统中,是不好说成作为圣道法之生因的。因在妄心系统中,并无本有之真如心,因此若以"法身"为清净法之生因,便会造成循环论证(因"法身"是正闻熏习所成之清净法,不能再反过来作为清净法之生因)。因此宗玄奘所传之唯识者,坚主"自性寂",而不主"自性觉",其可主法身是常,但并非本有。

牟氏又认为,若依真谛,"阿摩罗识"是"境智无差别""非智非境",非境之境即是智,非智之智即是境,混而为一,只是一真常心朗现,即是心真如,亦名"法身"。此与妄心派将境智分能、所,而作差别说者不同。依真谛,"法身"是如来藏自性清净心,因此"法身"非但是常,而且亦是本有,并可以作为圣道之生因。此外牟氏还认为,真谛译瑜伽系之论典,但又依真心派之思路,益之以真心系之义理,乃显出其刺谬也。

以上,是关于真谛翻译玄奘译"转依"为"阿摩罗识"一词的一个学术介绍与说明。这方面所产生的问题,其实还值得我们再进一步更深入地继续研究。笔者在这里所进行的工作,仅仅只是一个开端而已。

肆 结语

上面,我们以梁陈真谛的唯识古学与唐代玄奘的唯识新学的角度,论述了一些印度与中国佛教的思想差异。从上述关于真谛翻译玄奘译"转依"一词为"阿摩罗识"的问题,其实还可以引申出真谛系的摄论学派(唯识古学)认为"三性"或"三自性"(真谛译为"分别性""依他性""实性"或"真实性"。玄奘则译为"遍计所执性""依他起性""圆成实性")中的"依他性"(玄奘译"依他起性")是否可以被灭除的问题。

这是因为真谛认为在出世的"无分别智"生起时,与其所认识的对象或所缘的对境,即"真如",构成一种"境、识俱泯"或"境、智无差别"的合一状态(如上已经说过)。也就是说"依他性"(即玄奘译"依他起性")在"分别性"(即玄奘译"遍计所执性")被遣除时,也会跟着被遣灭消除。

但是，玄奘、窥基一系的法相唯识宗（唯识新学）却认为"根本无分别智"与其所认识的对象或所缘的对境"真如"，这两者其实是构成"智、如不二"或"智、如不一、不异"，亦即"证真如智与真如平等、平等"[1] 的关系。亦即"依他起性"并不可被灭除，这是因为他们以为即便是圣者如诸佛菩萨们的认识，仍然必须具有一种清净分别"依他起性"（即真谛译"依他性"），以分别与认识日常生活中的各种形态的现实事物。不过，关于"依他性"（玄奘译"依他起性"）是否可以被灭除的问题，笔者在这里仅仅想提出作为结语，以期抛砖引玉之效，暂时在此不进行深入细致的研究，希望有待于之后能有更深入的研究与探讨了。

在此，笔者基于上面的论述，从梁陈真谛的唯识古学与唐代玄奘的唯识新学，总结其几点差异，以及从此立论印度与汉传佛学的思想差异如下：

一、唐代玄奘的唯识宗（唯识新学）对凡夫的有漏位与圣人成佛的无漏位、真如与无分别智、法性（本质）与法相（现象），始终采取一种差别论的分别倾向来说明。

二、而梁陈真谛的摄论学派（唯识古学），则是采取真如与无分别智的如、智无差别，泯相即性的合一倾向来说明。

三、上面这点，可以说是玄奘与真谛在汉译上之差异的思想立足点。

四、而此点，也可以说是印度与汉传佛学思想的一个差异点。可以说：印度的佛学倾向强调分别式的论说，而汉传佛学则着重圆融式的论说。

参考文献

一、古籍原典

1. （陈）真谛译：《转识论》，《大正藏》第31册。
2. （唐）玄奘译：《瑜伽师地论》，《大正藏》第30册。
3. （唐）玄奘译：《成唯识论》，《大正藏》第31册。

---

[1] 《大正藏》第31册，No.1585，第49页下。

4. （唐）玄奘译：《摄大乘论本》，《大正藏》第 31 册。

5. （唐）玄奘译：《摄大乘论释》，《大正藏》第 31 册。

6. （唐）窥基：《成唯识论述记》，《大正藏》第 43 册。

7. Sylvain Lévi, *Vijñaptimātratāsiddhi. Deux traités*, *de Vasubandhu*, *Viṃśatikā*（*la Vingtaine*）*accompagnée d'une explication en prose et Triṃśikā*（*la Trentaine*）*avec le commentaire de Sthiramati*, Paris, 1925.

二、专书

（一）中文

1. 霍韬晦：《安慧〈三十唯识释〉原典译注》，香港中文大学出版社 1980 年版。

2. 冉云华：《宗密》，（台北）东大图书 1988 年版。

3. 徐梵澄：《安慧"三十唯识"疏释》，中国佛教文化研究所 1990 年版。

4. 巴宙：《大乘佛教廿二问研究》，（台北）慧炬出版社 1992 年版。

5. 释印顺：《以佛法研究佛法》，（台北）正闻出版社 1992 年版。

6. 井上玄真：《唯识三十论讲话》，白湖无言译，（台北）世桦印刷企业有限公司 1994 年版。

7. 王邦维：《南海寄归内法传校注》，中华书局 1995 年版。

8. 牟宗三：《佛性与般若》上、下册，（台北）学生书局 1997 年版。

9. 印顺：《唯识学探源》，（台北）正闻出版社 1998 年版。

10. 周志煌：《唯识与如来藏》，（台北）文津出版社 1998 年版。

11. 林国良：《成唯识论直解》，复旦大学出版社 2000 年版。

12. 印顺：《摄大乘论讲记》，（台北）正闻出版社 2000 年版。

13. 释昭慧：《初期唯识思想——瑜伽行派形成之脉络》，（台北）法界出版社 2001 年版。

14. 吴汝钧：《唯识现象学（一）世亲与护法》，（台北）学生书局 2002 年版。

15. 吴汝钧：《唯识现象学（二）安慧》，（台北）学生书局 2002 年版。

16. 横山纮一：《唯识思想入门》，许洋主译，（台北）东大图书 2002

年版。

17. 杨白衣:《唯识要义》,(台北)佛陀教育基金会 2005 年版。

18. 释圣凯:《摄论学派研究》(上、下),宗教文化出版社 2006 年版。

19. 吴汝钧:《佛教的当代判释》,(台北)学生书局 2011 年版。

20. 林镇国:《空性与方法:跨文化佛教哲学十四论》,(台北)政大出版社 2012 年版。

(二) 英文

1. A. B. Keith, *Buddhist Philosophy in India and Ceylon*, Oxford: Clarendon Press, 1923.

2. Th. Stcherbatsky, *Madhyānta - Vibhanga*, *Discourse on Discrimination between Middle and Extremes*, Bibliotheca Buddhica, xxx, 1936.

3. Sarvepalli Radhakrishnan, ed., *History of Philosophy Eastern and Western*, Vol. I, London: Allen & Unwin, 1952 - 1953.

4. A. K. Chatterjee, *The Yogacara Idealism*, Banaras Hindu Uni., 1962.

5. K. N. Chatterjee, *Vasubandu's Vijñapti - Mātratā - Siddhi with Sthiramati's Commentary* (Text with English Translation), Bhadaini, Varanasi: Kishor Vidy Niketan, 1980.

6. Ronald Mark Davidson, *Buddhist System of Transformation*: *Asrayaparivrtti/Paravrtti among the Yogacara*, Ph. D. Dissertation, University of California, Berkley, 1985.

7. David J. Kalupahana, *The Principle of Buddhist Psychology*, Albany, State University of New York Press, 1987.

8. Dan Lusthaus, *Buddhist Phenomenology*: *A Philosophical Investigation of Yogācāra Buddhism and the Ch'eng Wei - shih lun*, London: RoutledgeCurzon, 2002.

(三) 法文

1. Louis de la Vallée Poussin, *Vijñaptimātratāsiddhi*: *La Siddhi de Hiuan - Tsang*, Paris: Librairie Orientaliste Paul Geuthner, 1928.

(四) 德文

1. Hermann Jacobi, *Triṃśikā - vijñapti des Vasubandhu*: *mit bhāṣya des*

Ācārya Sthiramati, Ammersbdk bei Hamburg: Verlag an d. Lottbek Jensen, 1932

2. Hidenori S. Sakuma（佐久间秀范），*Die Āśrayaparivṛtti – theorie in der yogācārabhūmi*（Teil Ⅰ Ⅱ），Franz Steiner Verlag Stuttgart（German），1990.

（五）日文

1. 寺本婉雅：《梵、藏、汉、和四译对照安慧造唯识三十论疏》，西藏传圣典译注佛教研究第三辑，（东京）国书刊行会1933年版。

2. 荻原云来：《三十颂了别释》（收于荻原云来文集），（东京）大正大学1938年版。

3. 宇井伯寿：《安慧·护法唯识三十颂释论》，（东京）岩波书店1952年版。

4. 深浦正文：《唯识学研究》上、下，（京都）永田文昌堂1954年版。

5. 富贵原章信：《护法宗唯识考》，（京都）法藏馆1955年版。

6. 长泽实导：《梵藏汉对照唯识三十颂释语汇》，《大正大学研究所纪要》No. 40，（东京）大正大学1955年版。

7. 田中顺照：《空观と唯识观》，（京都）永田文昌堂1963年版。

8. 服部正明、上山春平：《认识と超越（唯识）》（《佛教の思想4》），（东京）角川书店1973—1974年版。

9. 长尾雅人、梶山雄一、荒牧典俊：《大乘佛典15：世亲论集》，（东京）中央公论社1974年版。

10. 荒木典俊：《唯识三十论释》，收于长尾雅人、梶山雄一、荒牧典俊《大乘佛典15：世亲论集》，（东京）中央公论社1974年版。

11. 横山纮一：《唯识の哲学》，（京都）平乐寺书店1984年版。

12. 上田义文：《梵文唯识三十颂の解明》，（东京）第三文明社1987年版。

13. 富贵原章信：《唯识の研究——三性と四分》，（东京）国书刊行会1988年版。

14. 竹村牧男：《唯识の探究——〈唯识三十颂〉を読む》，（东京）春秋社1992年版。

15. 横山纮一：《わが心の构造〈唯识三十颂〉に学ぶ》，（东京）春秋社 1996 年版。

16. 太田久纪：《成唯识论要讲——护法正义を中心として》（一~四册），（东京）中山书房仏书林 1999—2000 年版。

17. 岩田谛静：《真谛の唯识说の研究》，（东京）山喜房佛书林 2004 年版。

三　博硕士学位论文

（一）中文

1. 李秋奉（释仁宥）：《摄论宗思想之研究——以心识说为中心》，"中国文化大学"哲学研究所硕士学位论文，2002 年。

2. 赵东明：《转依理论研究——以〈成唯识论〉及窥基〈成唯识论述记〉为中心》，台湾大学哲学研究所博士学位论文，2011 年。

（二）英文

1. Ching Keng（耿晴），*Yogācāra Buddhism Transmitted or Transformed? Paramārtha（499 – 569 CE）and His Chinese Interpreters*，Ph. D. Dissertation，Doctor of Philosophy in the subject of The Study of Religion，Cambridge，Massachusetts，Harvard University，May，2009.

四　单篇论文

（一）中文

1. 吕澂：《安慧三十唯识释略抄》，收于《内学》第三辑，南京：支那内学院，1926。又收于张曼涛主编《现代佛教学术丛刊》第 29 册［《唯识典籍研究（一）》］，（台北）大乘文化出版社 1982 年版，第 291—313 页。

2. 苑柳：《藏传的唯识学史》，收于张曼涛主编《现代佛教学术丛刊》第 96 册（《唯识学的论师与论典》），（台北）大乘文化出版社 1982 年版，第 315—326 页。

3. 刘定权：《藏文三十颂汉译》，收于《唯识三十颂易解》，（南投）莲因寺 1988 年版，第 1—7 页。

4. 服部正明：《瑜伽行哲学的转依义》，赵蔼详译，刊于国际佛学研究中心编译《国际佛学译粹》第一辑，（台北）灵鹫出版社 1991 年版，第 59—70 页。

5. 韩镜清：《唯识三十颂》，《甘露》第 26 期，九华山佛学院 1998 年版，第 64 页。

6. 廖明活：《法藏的种性观》，《中国文哲研究集刊》第 18 期，2001 年 3 月，第 327—365 页。

7. 赖贤宗：《"转依"二义之研究》，《中华佛学学报》第 15 期，（台北）"中华佛学研究所" 2002 年，第 93—113 页。此文后来又收于赖贤宗《如来藏说与唯识思想的交涉》，（台北）新文丰 2006 年版，第 45—82 页。

8. 赵东明：《"转依"理论探析——以〈成唯识论〉及窥基〈成唯识论述记〉为中心》，《玄奘佛学研究》第 11 期，2009 年 3 月，第 1—54 页。

9. 江波：《〈宝性论大疏〉与格鲁派"如来藏"学的主要观点》，引见网址：http://www.west960.com/d-22948.html。

（二）英文

1. Masaaki Hattori（服部正明），"The Transformation of the Basis (Asraya-parivṛtti) in the Yogācāra System of Philosophy", in D. Henrich (ed.), *All-Einheit Wege eines Gedankens in Ost und West*, Stuttgart, 1985, pp. 100-108.

五 辞书及数据库

1. 荻原云来编纂、辻直四郎监修：《汉译对照梵和大辞典》，（台北）新文丰 1979 年版。

2. 释慈怡主编：《佛教史年表》，（台北）佛光出版社 1987 年版。

3. 释慈怡主编：《佛光大辞典》，（高雄）佛光大藏经编修委员会 1988 年版。

4. 平川彰编：《佛教汉梵大辞典》，（东京）灵友会 1997 年版。

5. 林光明、林怡馨合编：《梵汉大辞典》，（台北）嘉丰 2005 年版。

6. "中华电子佛典协会"（CBETA）：http://www.cbeta.org/index.htm。

7. "香光尼众佛学院图书馆"：http://www.gaya.org.tw/library/。

8. "佛学数字图书馆暨博物馆"：http：//buddhism. lib. ntu. edu. tw/BDLM/index. htm。

9. 释惠敏等："《瑜伽师地论》数据库"：http：//ybh. chibs. edu. tw/。

10. 日本"印度学佛教学论文数据库"：http：//www. inbuds. net/tchi/index. html。

汇通"禅""茶"的荣西禅师

——以《吃茶养生记》为中心的讨论

江西省社会科学院宗教研究所副研究员 王彬

"海上丝绸之路"在沟通古代中国与亚欧交通贸易中发挥了极其重要的作用。除了经济贸易的功能外,"海上丝绸之路"在促进中华文明向海外传播,尤其是向东亚和东南亚一些国家,如日本、韩国等传播古代的中国文明中,同样发挥了至关重要的作用。在相当长的历史时期中,中国曾经是茶叶、丝绸等商品的出产大国。中国很早即形成饮茶的习俗,至唐宋时期,已经积累了极其丰富的茶文化资源,通过中国与日本的文化交流,将茶文化的精髓传播到日本,经过历代日本茶人的推广,形成了具有鲜明民族特色的日本茶文化。日本的"茶道"已经成为世界公认的具有日本民族特色文化的重要组成部分。日本的茶文化,与中国古代的茶文化有着深厚的历史渊源,并且中国茶文化向日本传播的过程中,佛教也是一个非常重要的联系纽带。其中对茶叶及茶文化在日本流传起到至关重要作用的一位人物,即日本的荣西禅师,他在中日佛教交流史和茶文化史上,可以说是一位里程碑式的重要人物。荣西禅师的功绩,至今仍是中日文化交流史上的一段佳话。

一 荣西禅师的生平和行迹

明庵荣西(1141—1215年)是日本镰仓时期著名的佛教僧人,也是日本临济宗的开宗祖师。荣西禅师俗姓贺阳,字明庵,号叶上房,备中(冈山)吉备郡人。他的父亲是当地神社的祠官。相传荣西禅师幼年时即天资聪颖,11岁时在吉备郡安养寺师从静心上人,潜心修习《俱舍论》

《大毗婆沙论》等深奥的佛学经典。13岁前往比睿山参学，比睿山是传法大师最澄从唐朝求法返回日本后创立的著名道场，是日本天台宗山门派的总本山。14岁时，荣西在比睿山剃度出家并受具足戒，后又重返安养寺修行。荣西19岁时再度回到比睿山，随有辩法师修学天台宗教义。应保二年（1162年），日本全国疫病流行，荣西返乡省亲，又拜伯耆大山的基好法师为师，受金胎两部灌顶，学习密教法义，后又回到比睿山，在显意法师座下重受密法灌顶。此后，荣西在比睿山闭关八年，专于阅藏修行。

佛教在公元6世纪上半叶传入日本。从公元7世纪初至9世纪末，日本先后派出十几批遣唐使团来唐朝学习中国文化，日本与唐朝之间的交流往来较为频繁，这一时期，有不少日本僧侣来华求法，也有唐朝僧侣东渡传法，至奈良时期（710—794年），佛教在日本已经非常兴盛，从中国传播到日本的佛教宗派至少有三论宗、法相宗、华严宗、律宗、俱舍学派、成实学派等。平安时期（794—1192年），日本又派遣僧人入唐求法，天台宗和真言宗也传播到日本，并且与日本本土的神道教相结合，发展出新的教义。至荣西禅师所处的镰仓时期（1185—1333年），天台宗、真言宗和法相宗已经成为日本影响最大的三大宗派，并且都与政治有着较为紧密的联系，法义上的纷争也较为激烈。荣西禅师于阅藏修行之间，也深切感受到当时日本佛教存在种种问题，于诸家学说及法义诤论难以取舍，由此开始萌发赴中国学法的念头。

当时距离日本停止派遣唐使入华已有300余年，海上航行风险极大，但这并没有阻止荣西来华的决心。仁安三年（1168年）四月，27岁的荣西首次渡海，来到南宋王朝统治下的明州（今浙江宁波）。荣西在天台山万年寺参谒时，见到种种瑞相；后在诣阿育王山时，又见舍利放光。荣西通过在明州的参访，对禅宗也有了进一步的领悟。是年九月，荣西返回日本，并将携回的60卷天台宗经卷呈给天台座主明云僧正，获得褒誉。

荣西归国后不久，即返回故乡从事弘法活动，同时继续修行，前后约近20年。这一时期，荣西于禅教和密教皆有修持，而对密法尤其注重，并撰写了《出缠大纲》《胎口诀》《誓愿寺缘起》《教时义勘文》《盂兰盆一品经缘起》等密教著述。由于荣西曾驻锡于比睿山叶上房，后世把荣西所传之密法流派称为"叶上流"，为台密山寺六流派之一，"叶上流"

派以荣西为初祖。

荣西在日本弘法修学期间，又萌生赴印度瞻仰释迦八塔的愿望，后于文治三年（1187年）又再次远渡重洋，抵达南宋王朝都城临安。荣西本来只是以此地为中转，打算继续前行赴印度参礼佛塔，但不料赴印的行程受阻，无法前行，最后不得不放弃赴印度的打算。荣西在乘船回国时，因在海上遭遇逆风，船行至浙江瑞安地区被迫上岸。荣西原打算寻找包括禅宗在内的一些宗派的名僧求教，但后来却没有能够找到禅宗之外其他宗派的名师，因为只有禅宗较为兴盛，当时临济宗黄龙派七世法嗣虚庵怀敞禅师驻锡于天台山万年寺，荣西来到万年寺，拜在虚庵怀敞禅师门下修学，虚庵怀敞禅师后又移居天童寺，荣西亦随师至天童寺修学。荣西在虚庵怀敞禅师座下参究佛法，修学极为精勤，"在宋五年三阅藏经"，终于悟入心要，在虚庵禅师印可之下，受衣钵法器成为临济宗法脉的正宗传人。虚庵禅师对荣西寄予厚望，勉励荣西归国后，要把临济禅法弘传下去。荣西在中国居住五年后，于建久二年（1191年）乘船返回故土。

相传荣西在返回日本的前一年，曾从天台山道邃法师所栽种的菩提树上取下树枝，并交付商船运回日本，种植于筑前国（福冈）香椎神祠。荣西曾言："我国未有此树，先移植一株于本土，以验我传法中兴之效，若树枯槁，则吾道不行。"结果这株菩提树在日本扦插成活，也预示着荣西在日本弘传禅宗的事业将大为兴盛。后荣西又于建久六年（1195年）和元久元年（1204年），将菩提树分种于东大寺和建仁寺，流传至今，仍是枝繁叶茂，而荣西所传的临济法脉也遍布日本，成为日本影响最大的禅宗派别之一。

荣西在天台修学期间，亦多行善举。当时南宋发生疫病，宋孝宗下诏延请数位高僧祈福，希望能够降伏疫情，但并未见效。后宣诏荣西禅师做法事，"师奉诏一日之后疫已除，二日之后死者苏"，为此宋孝宗特赐荣西"千光大法师"称号。当荣西得知天台宗智者大师灵骨归葬的塔院遭到破坏后，即"舍衣资营土木"，捐资重修塔院。虚庵怀敞禅师想重建天童寺的千佛阁，荣西回到日本后，又特地派人在日本寻找优质木材并运至天童寺，以助重建千佛阁。

在荣西之前，禅宗虽然已经传入日本，但并未产生多少影响。荣西回到日本后，开始在日本大力宣传介绍临济宗的禅法。但在荣西初弘禅宗的过程中，遭到来自天台宗势力的攻击，比睿山僧人受到鼓动，向朝廷上奏诋毁禅宗，导致朝廷一度宣令禁禅。荣西据理力争，并继续宣扬推广禅宗。建久六年（1195年），荣西在博德建立圣福寺，四方来此参禅者云集，这是日本历史上第一所禅宗寺院。建久九年（1198年），荣西撰写了著名的《兴禅护国论》，强调"兴禅"可以"护国"，从而把禅宗与国家的关系紧密结合在一起。荣西后又得到新掌权的第三代镰仓幕府将军源实朝的支持。建仁二年（1202年），镰仓幕府创始人源赖朝家族在镰仓建造寿福寺，又在京都建造建仁寺，并请荣西住持弘法。荣西在建仁寺创立真言院和止观院，兼弘天台、密宗、禅宗三宗，后融和此三宗而形成日本的临济宗。按荣西所言，当时他在建仁寺"一唱佛心宗，学徒云集，习禅修定，广流菩萨大戒，兼修台密事业，大兴梵行遍布道化。每黑白月布施说戒无有阙如。久而都下信而归之"，可谓盛况空前。在荣西及其弟子的努力下，临济宗作为日本历史上出现的第一个禅宗派别，其影响也逐渐扩大。临济宗在日本的兴起，也是日本禅宗产生的标志。荣西也因此被尊为日本临济宗的初祖。荣西于建保三年（1215年）六月五日圆寂，世寿75，僧腊63。

荣西也是一位密教大师，他在渡海来中国之前，已经有较为深厚的密教行习基础。在《大正藏》中还收录了一部《金刚顶宗菩提心论口诀》（No. 2293），是关于密教经典《金刚顶经》中三种菩提心及修法诀窍内容的问答，亦为荣西禅师所撰录。文后有荣西题记云："荣西者，显密兼学，就中于真言者山门穴太门流也，而师主多多。然而以习禅房阿阇梨喜好为正师，爰喜好最至极印信未传之。"

后世评价荣西禅师的重要贡献主要有两个方面：一是把临济宗传播到日本，荣西不仅是日本临济宗的创始人，也是日本禅宗的创始人，为禅宗在日本的弘扬做出了重要贡献。荣西禅师的另一个重要贡献，即在他对日本茶文化的贡献。荣西禅师从中国带回茶种在日本种植，并撰写了日本第一部茶学著作《吃茶养生记》，在他的倡导和影响下，吃茶逐渐在日本普及开来，最终成为日本民众普遍的生活习惯，对日本茶道文化的形成和发展起到极大的推动作用。因此，荣西又被誉为日本的"茶祖"。

二 《吃茶养生记》的撰著及影响

荣西禅师撰著的《吃茶养生记》（收录于《大藏经补编》第32册，No.0175）被公认为日本历史上最早的一部茶学著作，在日本茶文化史上，《吃茶养生记》有着里程碑式的地位，影响极为深远。值得注意的是，《吃茶养生记》的内容主要源于荣西在中国修学佛法时的见闻。在书中，荣西引用了很多中国典籍中关于茶的记载。

中国的茶文化源远流长，早在商周时期的农书《夏小正》中，即有"取荼""灌荼"的记载。汉魏时期出现的医书中，对于茶叶的药用功效也有不少记载，但茶叶在早期是被作为菜肴或药物得以应用的。魏晋南北朝时期，出现了一种新的现象，即茶不再被局限于药用，而成为一种时尚的饮品，成为当时贵族及文人士大夫中流行的喜好。如现存最早一部歌吟茶事的文学作品，即是晋代文士杜育所撰的《荈赋》，虽然篇幅短小，但对茶叶种植、生长环境、采摘时节、烹茶选水、茶具选择、品饮茶汤等，都有着生动的描绘，其文曰："灵山惟岳，奇产所钟，厥生荈草，弥谷被岗。承丰壤之滋润，受甘霖之霄降。月惟初秋，农功少休，结偶同旅，是采是求。水则岷方之注，挹彼清流；器择陶简，出自东隅；酌之以匏，取式公刘。惟兹初成，沫成华浮，焕如积雪，晔若春敷。"从此赋中可见饮茶在当时已经成为具有文化意义的一项活动。

隋唐时期，饮茶风气更为兴盛，且围绕茶的种种观念和器物配置愈加精细。如唐人封演在《封氏闻见记》中记载："楚人陆鸿渐（陆羽）为《茶论》（即《茶经》，引者注），说茶之功效，并煎茶、炙茶之法，造茶具二十四事，以都笼贮之，远近倾慕，好事者家藏一副……于是茶道大行，王公朝士，无不饮者。"[1]陆羽的《茶经》是一部集唐及之前茶文化之大成的茶学经典，也是世界上最早一部完备的综合性茶学著作，对于后来日本茶道文化的形成与发展也产生了重要影响。

隋唐时期，饮茶的习俗也被引入佛门，如在作为禅门丛林制度的《百丈清规》中，在一些活动中都有供应茶汤的规矩，并设有茶院、茶堂

---

[1]（唐）封演著，赵贞信校注：《封氏闻见记校注》，中华书局2005年版，第51页。

等，有专门的茶头执事。寺院崇尚饮茶的风气，也对民间产生了很大影响。如《封氏闻见记》中有记载："南人好饮之，北人初不多饮。开元中，泰山灵岩寺有降魔师大兴禅教，务于学禅不寐，又不夕食，皆许其饮茶。人自怀挟，到处煮饮。从此转相仿效，遂成风俗。"①当时茶叶的生产和贸易已经成为国家重要的经济来源，茶叶贸易极为兴盛，"其茶自江、淮而来，舟车相继，所在山积，色额甚多"②。

隋唐时期，日本来华学习的人员众多，在把中华文化传播到日本的过程中，茶及其文化也随之传入日本。如日本佛教天台宗的创始人——传教大师最澄（767—822年）于延历二十三年（唐贞元二十年，804年）曾来中国求法，他在天台山修学时，也注意到中国普遍有饮茶的习俗。最澄在归国时将天台山的茶种带回日本，并种植在后来成为日本天台宗总本山的比睿山。至今在京都比睿山的东麓还立有一块"日吉茶园之碑"，碑文记载了最澄从中国携回茶种辟园种植的经过。这也是日本最早引进茶种种植的文献记载。虽然在唐代，茶叶作为一种商品已经传播到日本，但在之后300多年间，饮茶这一在中国已经盛行的习俗并未在日本产生多少影响。而真正促使饮茶习惯在日本推广开来，并逐渐成为日本人普遍认可的习俗，与荣西禅师的宣传和推广有着直接的联系。

荣西禅师来华时，当时的南宋王朝虽然因战事败溃而退守偏安于江南，但其所辖地域多有富庶之地，饮茶之风更是风靡。荣西禅师在比睿山修学多年，且比睿山又是日本最早种植茶树的地方，因此在他来华之前，对于茶应该有所了解。荣西禅师在天台山修学时，也注意到僧俗普遍都有吃茶的习俗，后在返回日本时，又从天台山采集了茶树种子携回日本，种植于筑前背振山及博德圣福寺等地。之后又赠送茶种栽植于母尾，后又分植于京都地区的宇治，逐渐使茶得到更广泛的种植，宇治所产之茶，后来成为日本著名的三大名茶之一。从《吃茶养生记》的内容可以看出，荣西禅师不仅阅读过很多关于茶和医学的相关著作，其本人也有不少直观的体验。荣西禅师从建久二年（1191年）回到日本，至承元五年（1211年）完成《吃茶养生记》；但到他去世前一年（建保二年，1214年）才

---

① （唐）封演著，赵贞信校注：《封氏闻见记校注》，中华书局2005年版，第51页。
② 同上。

把《吃茶养生记》献给幕府源实潮将军①，中间间隔约25年。在大力弘扬佛教教法的同时，荣西禅师也在他住持的寺院中，把饮茶作为一项重要的活动进行推广。应该说在这么长的时间里，荣西禅师对茶的应用有着更直接的感受，尤其是对茶在促进健康养生及禅修的功效方面，积累了更多更深刻的体会，这也是促使荣西在晚年撰写《吃茶养生记》的重要原因。

荣西禅师在《吃茶养生记》的卷首有一段自序，从中可以看出他对茶的认识及撰写该书的缘由。"茶也，养生之仙药也；延龄之妙术也。山谷生之，其地神灵也。人伦采之，其人长命也。天竺、唐土同贵重之。我朝日本曾嗜爱矣。古今奇特仙药也。不可不摘乎？谓劫初人与天人同，今人渐下渐弱，四大、五藏如朽。然者针灸并伤，汤治又不应乎？若如此治方者渐弱渐竭，不可不怕者欤。昔医方不添削而治今人，斟酌寡者欤。伏惟天造万像，造人以为贵也。人保一期，守命以为贤也。其保一期之源，在于养生。其示养生之术，可安五藏。五藏中，心藏为主乎。建立心藏之方，吃茶是妙术也。厥心藏弱，则五藏铃生病。宴印土婆而二千余年，末世之血脉谁诊乎？汉家神农隐而三千余岁，近代之药味讵理乎？然则无人于拘病相，徒患徒危也。有于请治方，空灸空损也。"②

在荣西禅师看来，茶是"养生之仙药""延龄之妙术"，凡有茶生长之山野则具灵气，而采摘饮用茶则能延年益寿，所以茶是上天赐给人的一种奇特仙药，应该被人好好地应用。荣西禅师认为，当时日本的民众身体羸弱，四大不调，五脏受损，通常医者采用针灸进行治疗，往往会导致对身体的进一步损伤，而用汤药治疗，往往又难以奏效，因此常用这些方法来治疗，结果只能使人身体越来越弱，应当引起警醒。究其原因，主要在于当时的从医者对医道缺乏真正的掌握。人一生中要好好爱惜生命，其关键就在于按照合理的养生方式，使四大、五脏调和。而在五脏中，又以心最为主要，而饮茶则是心保持健康的绝佳方法。

荣西所处的时代，已非数百年前的泱泱大唐的极盛时期，且三百余年

---

① 现今流传下来的《吃茶养生记》有两种略有差异的文本，一种卷首荣西禅师撰写的自序段末时间为"承元五年辛未（1211年）"，另一文本的卷首自序段末时间为"建保二年甲戌（1214年）"。通常把前者称为初本，后者称为修订本。所以可以确认在"承元五年（1211年）"时，《吃茶养生记》一书已经成稿。

② 《大正藏补编》第32册，第419页。

间，日本也再未向中国大规模地派遣使者，但中日两国民间的交流往来却仍比较频繁。宋朝在整体国力上仍远超日本，日本也仍然视中国为其学习的榜样。荣西对中华文化也怀着崇敬和向往的心情，认为当时的日本仍需要向中国学习。"偷闻今世之医术，则含药而损心地。病与药乖故也。带灸而夭身命，脉与灸战故也。不如访大国之风，示近代治方乎。仍立二门，示末世病相。留赐后昆，共利群生矣。"① 从荣西所言，可以看出他对当时日本从医者的水平非常不满，认为他们采用药物或针灸等方法为病人治疗时，往往达不到疗效，甚至反过来进一步损害患者的健康，这都是因为他们未能正确地辨别病因病症，所以使用药物和针灸等方法也不能达到对症治疗的效果，因此主张与时俱进地向比日本先进的中国学习，从中国寻找治疗疾病的有效方法，既能在当世济世活人，也能够流传后世，利益众生。而在中国兴盛的饮茶方式，可谓是一种有效的治疗方法，可以通过饮茶来调养身心，起到养生和治疗的效果，这也是《吃茶养生记》的主旨所在。

从饮茶习俗传播的途径来看，中国与日本有明显的差异。中国是从一般社会群体中产生饮茶的风气，然后才影响到佛教寺院把饮茶作为一项必要的活动。在日本则恰恰相反，饮茶首先主要是从佛教寺院中兴起的，然后再逐渐扩大到民间。从这个意义上讲，佛教对于日本茶文化及生活习俗的影响更为显著。虽然在荣西禅师之前，传教大师最澄已经把茶种带到日本并进行种植，但真正推动茶走入日本民间，在实际意义上开创了日本茶文化的，当属荣西禅师无疑。荣西禅师撰著的《吃茶养生记》，在继承中国传统茶文化精髓的基础上，真正从完整意义上建构了日本茶文化的基本体系。也正是从这个意义上讲，荣西禅师也成为日本茶文化真正意义上的开创者，也是日本茶文化建立和发展的重要推动者之一。随着茶叶在日本本土栽培成功及种植规模逐渐扩大，茶叶也不再是贵族人士的专享之品，吃茶的习惯从王室、寺院到民间流传开来，逐渐成为普通民众日常生活的重要组成部分，吃茶之风逐渐遍布日本，并且发展出融合哲学思想并极具礼仪美感的日本茶道，后世更成为日本民族的特色文化之一。

---

① 《大正藏补编》第 32 册，第 419 页。

三 《吃茶养生记》成书性质再探

荣西禅师把他的这部著作命名为《吃茶养生记》，从书名上看，这确实应该也是一部介绍吃茶与养生之间关系的著作，并且荣西禅师在书中介绍了很多他在中国所了解到的茶叶知识，对茶叶的功用褒赞有加，把《吃茶养生记》的性质定位为一部关于茶叶的专书似乎也没有多少问题。但是在通读《吃茶养生记》全书内容之后，我们却发现，在该书中，实际上与茶叶相关的内容，大体上至多只占了不到一半的篇幅，还有很多内容与茶叶并无多少关联。由此我们联想到，荣西禅师在撰写《吃茶养生记》时，是否在介绍茶叶养生之外，还有其他的目的——这实际上牵涉到对《吃茶养生记》这部著作的性质定位，即荣西禅师撰写此书的目的是什么。在对《吃茶养生记》的内容及相关历史背景进行仔细梳理后，我们得出的结论是：荣西禅师撰写《吃茶养生记》的初衷，可能是为习禅者提供参考的一部参考著作，具体地说，主要是针对那些习禅者容易出现的各种"禅病"。所以说，《吃茶养生记》并非只是单纯阐释吃茶养生的道理，而且是为了让习禅者认识到通过饮茶及汤药等方法，可以有效对治禅修者可能发生的疾病。如果从这个意义上讲，《吃茶养生记》又可以被认为是一部关于习禅的辅助参考性著作。

荣西在《吃茶养生记》自序中指出"仍立二门，示末世病相"，《吃茶养生记》的内容框架也分为"五脏和合门"和"遣除鬼魅门"两大部分。荣西这样安立著作框架是否有特殊的原因，这是我们在考察《吃茶养生记》时产生的一个疑问。我们推测，荣西禅师在《吃茶养生记》中如此安排，实际上是把"调和五脏"和"遣除鬼魅"作为两个基本的疾病对治原则来阐述的。也就是说，在荣西看来，"五脏失调"和"鬼魅作祟"是两种引起疾病的主要原因，所以他针对这两种病因来进行分析，并提出对治的方法。如果我们回顾一些禅法经典的内容，可以发现，荣西所述的这两大病因，与相关经典中论说的习禅者易感疾病的病因几乎是一致的。

按照佛教的观念，"禅病"系指修习禅定者的种种病魔。具体地说，所谓"禅病"是指修禅者在习禅过程中由于生活起居不当或身心调节失衡可能引起的各种身心障碍（即生理性障碍和心理性障碍，或二者兼有）的总称。如果发生这些疾病，无疑会对禅修起到阻碍作用，所以对于习禅者而言，预先知晓各种可能出现的疾病障碍及其对治方法是非常必要的。关于"禅病"，在古代的佛教经典中也有详细的论说。例如为人们熟知的《楞严经》中所描述的"五十阴魔"，即是修行者出现的各种身心障碍，也可以归为"禅病"，且是具有代表性的"禅病"现象。

现存关于"禅病"较早的一部经典是南北朝宋孝武帝孝建二年（455年）由北凉安阳侯沮渠京声所译的《治禅病秘要法》（收录于《大正藏》第15册，No. 0620）。按经附记可知，此系沮渠京声从"于阗国衢摩帝大寺金刚阿练若住处，天竺比丘大乘沙门佛陀斯那……亲面禀受"[1] 而出。《治禅病秘要法》之内容是关于修行者在阿兰若处修禅定时遇到的种种身心问题及其对治方法，对于每一种"禅病"，均从发病原因、症状及对治方法等三方面详细说明。经中叙说了十二种"禅病"及治法，即：（1）治阿练若乱心病之七十二种法；（2）治噎法；（3）治行者贪淫患法；（4）治利养疮法；（5）治犯戒法；（6）治乐音乐法；（7）治好歌呗偈赞法；（8）治水大猛盛，因是得下法；（9）治因火大，头痛眼痛耳聋法；（10）治入地三昧，见不祥事，惊怖失心法；（11）治风大法；（12）初学坐者，鬼魅所著，种种不安，不能得定治之法。按经前有"尊者舍利弗所问，出《杂阿含》阿练若事中"文句可知，此经系自《杂阿含经》中将"禅病"相关内容摘要而成。《治禅病秘要法》在后世的著作中也多被引述，也体现了此经的影响。

隋代天台智者大师在其著作中，对《治禅病秘要法》的内容也有引述，并对"禅病"亦多有阐释。例如《修习止观坐禅法要》第九部分即是关于"禅病"的内容，但叙述较为简略。而在《释禅波罗蜜次第法门》中，对于"禅病"则阐释得较为详细。

智者大师指出："明治病方法，行者既安心修道，或本四大有病，因今用心，心息鼓击，发动成病。或时不能善调适身息心三事，内外有所违犯，故有病发。夫坐禅之法，若能善用心者，则四百四病，自然差矣。若用心失所，则动四百四病。是故若自行化他，应当善识病源，善知坐中内

---

[1] 《大正藏》第15册，第342页。

心治病方法。若不知治病方法，一旦动病，非唯行道有障，则大命有虑。"① 从上述引文可见，智者大师对于"禅病"非常重视，强调修习止观者对"禅病"的病因、症状及对治都要有清晰的认识。智者大师把"禅病"归纳为三大类别："复次行者应知得病有三种不同：一者四大增损故病，如前说。二者鬼神所作，及因魔事触恼故得病。三者业报所得病。如此等病，初得即治，甚易得差。若经久则病成身羸，治之则为难愈。"②

智者大师认为："治病之法，乃有多途。举要言之，不过五种。"即用五类方法来应对各种复杂的病症，这五类方法是：（1）气息治病，（2）假想治病，（3）咒术治病，（4）用心主境治病，（5）观析治病。在上述每一类方法中还有各种数量或多或少的具体方法。实际这五类方法都可以归纳为止观的方法。这在《修习止观坐禅法要》中说得更为简洁。这里要注意的是，智者大师强调以"止"和"观"的方式来对治"禅病"，并未涉及一般医学中用汤药或针灸等治病的方法。智者大师还指出："若是鬼病，当用强心加咒以助治之。若是业报病，要须修福忏悔，患则消灭。"③ 所以从智者大师的观点来看，一切"禅病"均可以归因为三种：即（1）四大不调，（2）鬼神作祟，（3）业报所受。这三类"禅病"均可以用"止"和"观"的方法来进行对治，但在用止观对治时，对于鬼神作祟引起的"禅病"，需要再另以持诵经咒的方法来辅助治疗；对于往世或现世的业力所引起的"禅病"，则还需要通过修习忏法，多行善以增加福报来辅助对治。

如果我们把《吃茶养生记》中所列的"五脏和合门"和"遣除鬼魅门"二类"禅病"与智者大师总结的三类"禅病"相比较，可以看出这两者之间颇有相似。从荣西禅师的经历来看，他早年在日本天台宗的总本山比睿山修学多年，对于天台教义也极为推崇。我们有理由推断，荣西对于智者大师著作中的"禅病"内容并不生疏。后来来华修学时，虽然其师为临济宗法脉传人，但在"禅病"问题上，荣西仍接受了智者大师的

---

① 《大正藏》第46册，第503页。

② 同上。

③ 同上。

观点，并且在他撰著《吃茶养生记》时沿用了智者大师的"禅病"观念，以"五脏和合门"对应于"四大不调"类病症，"遣除鬼魅门"对应于"鬼神作祟"类病症，并以此框架来展开叙述。

在《吃茶养生记》中，荣西虽然采用了类似智者大师概括的"禅病"框架，但在涉及具体的治疗方法时，却并未如智者大师那样强调止观的方法，而是尝试以饮茶或验方汤药的方式来进行治疗。这可能是由于止观修习具有一定难度，若掌握不当，甚至容易出偏。关于这一点，智者大师实际上也注意到《治禅病秘要法》中阐述的止观方法若不掌握得当，反易出偏。智者大师在《释禅波罗蜜次第法门》中曾有云："明假想治病者，具如杂阿含治禅病秘法七十二法中广说。但今人神根既钝，作此观想，多不成就，或不得其意。非唯治病不差，更增众患。故诸师善得意者，若有秘要，假想用之，无往不愈。但不可具以文载。"① 荣西禅师可能也据此认为止观方法不适用于一般人，所以没有强调。荣西在《吃茶养生记》中也采用密教所重视的诵念咒语等方式来对治疾病。这也与荣西禅师对密教的重视有关。所以笔者推断：从表面上看，《吃茶养生记》确实是一部与茶和医药相关的著作，但在更深层的原因上，荣西禅师所要论说的实际上是如何对治"禅病"的问题，从这个意义上讲，《吃茶养生记》可被视为一部辅助性的禅修著作。这也是我们对《吃茶养生记》一书性质的另一定位。

《吃茶养生记》所涉及的范围除了茶以外，也包含一些医学内容。其中收录了一些验方，虽然与一般专业性的医著相比，该书收录的验方数量并不算多，但仍很有价值。这是因为荣西禅师在著作中收录的疾病疗法，都是他多方了解验证甚或亲身体验，认为确有效验方才收录，而并非道听途说、人云亦云地记录。正如荣西禅师在文末所言："上末世养生法，聊得感应记录毕，是皆非自由之情，以此方治近比诸病，无相违乎。"② 这也体现了荣西禅师理性慎重的态度。

例如关于"丁香"的应用，通常按一般人理解，"丁香"只是被作为药材或调料使用，荣西在书中却记录了关于"丁香"的另外一种用途，

---

① 《大正藏》第46册，第503页。
② 《大藏经补编》第32册，第424页。

这是他本人的亲身体验。

> 荣西昔在唐时,从天台山到明州,时六月十日也,天极热,人皆气绝。于时店主丁子一升,水一升半许,久煎二合许,与荣西,令服之而言:法师远涉路来,汗多流,恐发病软,仍令服之也云云。其后身凉清洁,心地弥快矣。以知大热之时凉,大寒之时能温也。①

上述所谓"丁子",即为"丁香"。通常认为"丁香"的药性属温热性质,若以一般的用药原则,温热性质的药物主要是用来对治寒症,而从荣西描述的情况来看,当时天气极热,明显是出现了受热中暑的症状,明显是属热症的情况,但店主却用丁香煎汤让荣西服下,似与一般观念中以寒克热相悖。荣西饮用后,中暑症状很快消除,而觉"身凉清洁,心地弥快"。从他自己的亲身体验,并由此了解到"丁香"一药有"大热之时凉,大寒之时能温"的作用。另外从这个例子也可以看出,"丁香"在当时还如同茶一样被用作一种祛暑饮品,从此也可管窥到宋代民众的生活史的一面。

这里要说明一点,从习禅者的角度而言,或由于习禅不当,或由于起居饮食不当,或外感诸邪,都可能引起各种"禅病",但非修习禅法的普通人,也可能因为生活起居、感受内外诸邪而导致疾病,并且同一种疾病表现出的症状也大致确定,例如荣西在《吃茶养生记》中着重提到的五种疾病(饮水病、中风病、不食病、疮病、脚气病),并非只有习禅者才会得病,普通的非习禅者也同样会得病。因此荣西的这部著作,虽然是从习禅者的立场出发,但其涉及的病因症状及治疗方法是具有普遍意义的。另外荣西禅师也是一位密教修习者,他在《吃茶养生记》中也记录了一些密教对治疾病的方法。从茶文化的角度来看,《吃茶养生记》也是日本最早一部茶文化著作,具有开创性的意义。综上所述,无论从茶文化的角度、从宗教学的角度、从医学史或社会生活史的角度来看,《吃茶养生记》都是一部非常具有价值的重要著作。

---

① 《大藏经补编》第 32 册,第 424 页。

"宝烛僪"制度与清末民初中国僧人下南洋的开枝散叶

马来西亚道理书院院长　王琛发

一　概言

从南洋汉传佛教史的角度，南洋未出现完整汉传丛林制度以前，"宝烛僪"制度就已经盛行，这种权宜方便的制度其实是清末民初南洋汉传佛教普遍的现象，一度是汉传佛教早期在南洋的主流形式，也是清代到民国初年，一直到太平洋战争爆发以前中国僧人在南洋赖以落脚并使各个宗门得以开枝散叶的主要依托制度。

以马来西亚槟城极乐寺来说，这座佛寺作为南洋最早实践完整汉传佛教丛林制度的佛寺，原本也只是间小茅屋。在1904年，清廷敕赐《龙藏》以及封赐住持妙莲长老紫金袈裟，并送来慈禧御笔"海天佛地"与光绪题写的"大雄宝殿"，正式定位"敕赐极乐禅寺"，后寺僧还游走英属七州府、缅甸仰光、荷属苏门答腊，以及暹罗所领各地，共一百七十余埠，方才结得善缘，初有规模，可见建寺之不易。进一步看，极乐寺最初购地置产还是在妙莲长老以鼓山涌泉寺住持之身份到南洋广福宫等民间香火庙承包"宝烛僪"以后的事，而极乐寺寺僧即使一百年后也未放弃承包"宝烛僪"，由此便可知此一制度之方便实用，并且贯穿南洋汉传佛教历史具体发展之过程，源远流长。[1]

实行"宝烛僪"制度的庙宇，产权往往属于当地民众之共同社会组

---

[1] 参考王琛发《远去的菩萨身影：论清代马来西亚汉传佛教》，载郭莲花、梁秋梅合编《马来西亚佛教回顾与前瞻》，（吉隆坡）马来西亚佛教学术研究会2010年印行，第47—76页。

织,本来就是民间香火旺盛的庙宇。例如,槟城闻名的旅游胜地"蛇庙",本名青云岩"福兴宫",就是马来西亚槟城福建公司在当地西南望嘉兰山区的香火庙,供奉闽南清水祖师;福建公司辖下另外又有供奉准提菩萨的金和社,以及供奉福德正神的受天宫,初时亦是地方信仰,民国以后都交由僧尼承包。根据这种"宝烛僱"制度,产业信托人或拥有人之职责在于专心管理庙产,日常庙务及宗教事务则交由另一单位或个人承包经营。承包者为着交换双方在议定时间内的经营权利,就必须交纳双方同意的固定数目的基金给庙产管理单位,以取得在庙内主持宗教仪式以及贩卖香烛等祭祀用品的住持权力。如此制度,僧人不论原则上、法律上、制度上都不是由地方士绅请住供养,而委任住持之法律原则是基于承包合约,因此僧人实质上就是出资承包经营权的契约承包商。这样一来,住持僧人也必须要有极大公关与经营魄力,才能承担和承包庙宇的运作。他们首先要能融入地方上的民情生活,既要有能耐维持经济收支平衡,又要有能力在当地树立僧众威仪。

但这一种关系的承包期一般不会很长,除了承包者必须自负盈亏,庙产管理方也会依照庙方章程按年检讨效绩,决定双方合约期满后续约或转交他人处理。如果某一年,有意承包者超过一个单位,各承包者为了争取经营权,就可能要各自出价竞投。通常申请经营权的投标函件都会密封,到申请日期截止后方才由庙产管理单位经过开标程序决定,而管理方所考虑的还包括承包者的信誉以及各种社会关系,因此也不一定是价高者得之。有时,不同宗门之间为了取得立足之地或扩大影响,也会出现竞争投标的局面。

自清末一直到太平洋战争爆发,"宝烛僱"制度能在南洋盛行,也有其具体的历史背景。那时许多华南老百姓因为战乱贫困,离乡背井,正巧英、荷殖民地经济起飞,于是南洋各地引入大量华裔人口;各地华人村镇兴起,华人落地生根,就要面临继承祖先传统以及维续养生送死的精神需要,信众人口和当地社会经济状况亦促进了僧人承包庙务的信心。这一时期到新马承包"宝烛僱"的僧人,几乎都是直接从中国南下的宗教事业开拓者,又拥有回馈中国大陆丛林建设及教育事业的共同特征。而本文之重点,在于综述与探讨清代到太平洋战争发生之前,马来半岛,包括新加坡在内,英属殖民地盛行"宝烛僱"制度留下来的零散记录,以期梳理中国闽浙僧人下南洋历史的浮光碎影，理解那一时代的南洋汉传僧人如何在缺少正规佛教丛林的异地依赖"宝烛僱"制度而生活，实现他们异地传法的悲愿，因此也支持了中国的宗教与教育事业。

而马新两个国家，在太平洋战争以后，是未曾实现过对华人的同化政策的，也未发生过剧烈的长期排华政治事件，亦留下较多堪足集中讨论的文献与集体记忆，至今仍有广泛延续当年制度的实践。

至今，在新加坡和马来西亚，"宝烛僱"仍然普遍存在，不少属于会馆或宗祠公产的香火庙，以及一些社区性的民间公庙，虽历百余年依然采用这一制度。其中最突出的例子，莫如广福宫，这间老庙曾经是地方华人政治与社会事务协调中心，自1800年以来，历经委任住持到"宝烛僱"制度的转变，近年的承包权又回到历史上南洋第一大寺极乐寺僧众手中，极乐寺也是马来西亚佛教总会的会长单位。

这些接受僧侣承包"宝烛僱"的宫庙，所供奉的神明不一定属于佛教信仰系统，庙宇布局以至信仰仪式也不一定按照佛教礼制，而且可能渗入了更多属于道教或民俗活动的成分，甚至因着地方各族长期交流也会出现印度教神像，但是承包"宝烛僱"的依然是僧众，若论其中原因，自有历史渊源。不过，限于文献缺乏，现在也只能从有限文字中爬梳其梗概。

二 "宝烛僱"造就的民初南洋汉传佛教历史景观

过去少有研究触及新马两地"宝烛僱"制度的历史，现在也少有文字说明其源起何时。笔者所追查到的最早具体文献证据，仅有《槟城鹤山极乐寺志》，其中足证英殖马来亚有"宝烛僱"名词与制度，不会迟于1887年。甚至，根据《槟城鹤山极乐寺志》卷七和卷八，鼓山涌泉寺住持妙莲和尚，最初到槟城为涌泉寺化缘，以后之所以在当地落地生根，其因缘也由于这位曹洞僧人和当时管理槟城华人信仰中心的地方豪绅互相讨论，双方谈出一套广福宫前人未曾实行过的庙宇管理制。《槟城鹤山极乐寺志》卷七《外记·极乐寺缘起述略》有记载说："屿绅邱天德、胡泰兴、林花锴、周兴扬诸公均雅重其器；戊子秋，即辞去广福宫旧僧住持焉。"接着又说："广福宫者，屿之公庙也，其香烛由师等售卖，每年责以缴款二千余金，名曰香烛僱，且限住僧十二人，足应侨人两家佛事之请。"①而《辞住广福宫原因》中谈及历史公案，其叙述则是："前清丁亥岁，妙莲禅师再渡槟城，绅邱天德、胡泰兴、林花锴、周兴扬诸公，因请之住持广福宫香火，而责以二千余金之餐供，名曰宝烛僱，是归鼓山僧住持广福宫之始。"②

在这以前，在马来半岛的槟城、新加坡、马六甲，早有僧人居留在这三个主要海港都市。而那时的僧侣，或是栖身在马六甲青云亭、槟城广福宫等分散各地的香火庙，或是栖身在南洋人俗称"义山"的义冢，支持着当地华人养生送死的需要。但是，在妙莲禅师创立号称"鼓山下院"的极乐寺以前，也就是南洋真正出现一处完整汉传丛林制度之前，那些僧众多是依赖"香资"度日。根据"香资"制度，庙产信托管理单位作为公共机构也负责筹集经费供养僧众，每年会规定泊港船户、地方士绅以及地区上的店铺分担不同数额的基本捐款，再拨出规定数目给僧众作为固定收入；同时，正如新加坡道光十七年（1837 年）《恒山亭重议规约五条》，大众也立下各种公约，包括规定未缴费船户不准到公墓下葬船员，以确保僧人生活，支撑地方民众生死大事的宗教需要。如此制度对僧人的好处，是保障比丘能在信众人口有限的异域生活下去；弊病却在庙产管理人常是不谙佛法僧制的地方权威士绅，他们在僧人应守的僧律之外，也会因为担心僧人良莠不齐，另定条规约束出家人操守及工作范围，甚至附加许多要求。这样一来，一旦某些管理者观念态度拿捏不住，所定规则也与严格的僧律有出入，这一制度就可能出现弊端，施主与僧人的关系极易异化成"支薪雇佣法师"的"主雇关系"。③

根据上述《槟城鹤山极乐寺志》卷八《辞住广福宫原因》的文字脉络，可以清楚广福宫实行"宝烛僱"是广福宫信理诸公处在主导地位，同意妙莲法师出任住持的条件，是妙莲法师回应庙方一定数目的岁供。基于当时英殖政府普遍对赌场、酒类和鸦片实施市场统制，也是以竞投承包的"饷僱制度"交代给合法的承包者经营，广福宫规定法师缴纳岁供之

---

① 释宝慈：《槟城鹤山极乐寺志》卷七，（槟城）极乐寺1923年印行，第84页。
② 释宝慈：《槟城鹤山极乐寺志》卷八，（槟城）极乐寺1923年印行，第109—110页。
③ 参见王琛发《换取"香资"度众生——从文物碑铭探讨18、19世纪马六甲海峡三市的华僧活动》，《无尽灯》36/182期，2004年，第4—12页。

后自负盈亏，以及由广福宫的信理人按年检讨僧人承包"宝烛偈"效绩以决定续约或转交他人承包处理，似乎都是从英殖民政府的政策得到灵感。据《槟城鹤山极乐寺志》所记载，托请妙莲法师住持广福宫的"绅邱天德、胡泰兴、林花锴、周兴扬诸公"，当年都是槟城家喻户晓的豪富，又都是涉及承包烟赌饷偈老手。

当然，若根据华南在地历史以来的宗教现象，明清僧人住持民间香火祠庙，包括官祠，并不罕见，其事迹常散见于各处碑记。可是，不同的是，这些僧侣可能是庙方聘任，可能是寄居祠庙服务民众，形成僧人与庙方的共生关系，所以清朝初年刘献廷（1648—1695年）在《广阳杂记》中撰写其在衡岳韩公祠所见，才会抱怨："今天下之书院祠祀，十之八九皆守之以僧，名不正，言不顺，莫此为甚。儒有书院，而无主持其事之人；僧则不居兰若，而为俗士守祠……"① 但是，罕能找到类似"宝烛偈"的做法。更何况，"宝烛偈"契约毕竟是按照西方法律制度互签的法律合约，遇有纠纷是可以到地方上的民事法院依法辩论公道。

从另外一些资料可以发现，此前英殖民政府曾在1887年插手广福宫事务，委任胡泰兴、许武安、邱天德、许森美、谢德顺等二十名英殖民政府觉得可靠的广东与福建商绅组成广福宫新信理员，赋予他们委任和罢免僧人的权力，② 可旧僧因反对这一规定而被辞退，他们不但曾向总督 Sir Cecil Clementi Smith 申诉，甚至在被拒绝后还引发了帮会干涉。③ 可见那一年发生旧僧被辞和新僧引进"宝烛偈"，确实都是新生事物。以后也牵连其他被这个东方最大自由港口都市辐射所及的市镇。

而依照上述《辞住广福宫原因》，庙宇拥有者或信托人向僧人"责以二千余金之餐供"，首先是解决了庙方筹备之例常经费，其次也免下负担僧众的开销，庙方就能专心做好监察者，确保承包的僧人妥善处理庙务及

---

① （清）刘献廷：《广阳杂记》，中华书局1997年版，第61页。
② *Penang Gazette & Strait Chronicle*, 21, Feb, 1888. 转引自 Tan Kim Hong, "A Historical Sketch of Kong Hock Keong"，载广福宫纪念特刊编委会《槟榔屿广福宫庆祝建庙188周年暨观音菩萨出游纪念特刊》，（马来西亚槟城）广福宫1989印行，第39—40页。
③ *Report of the Chinese Protectorate, Penang for the Year 1887*. 转引自 Tan Kim Hong, "A Historical Sketch of Kong Hock Keong"，载广福宫纪念特刊编委会《槟榔屿广福宫庆祝建庙188周年暨观音菩萨出游纪念特刊》，（马来西亚槟城）广福宫1989印行，第39—40页。

宗教服务，满足信众的需要。而法师作为承包者，实际上预支经费给庙方维持庙产，僧人地位便不再有"香资"制度的弊病，让管庙士绅因着比丘只能依靠供养维生，发生雇佣僧人的错觉。法师与庙产主人之间有更平等的社会地位，亦不再让老百姓误会僧人"寄人篱下"或"受人雇佣"，更能维护僧人在民间的威仪，其结果是僧人对宗教事务有较大自主权，亦方便弘法事业。妙莲和尚既被"请之住持广福宫香火"，又被"责以二千余金之餐供"，大和尚能欣然接受，说明在当时是各方咸认合理的制度。

妙莲法师之后，还有更多法师到马来西亚各地承包"宝烛傦"，许多庙宇也采用了同一制度。不过，基于过去史料散佚不齐，笔者手头资料不敢说齐全，这里仅就林博爱从1924年到1939出版的几辑《南洋名人集传》中，找出七位太平洋战争之前到达新马两地承包民间香火庙"宝烛傦"的法师，从他们的生平事迹讨论"宝烛傦"的影响。另外，在妙莲长老圆寂以后，继任极乐寺住持的本忠法师一直到1920年之前尚继续住持广福宫的香火，直到当年鼓山僧"辞住广福宫"为止；但由于忠法师后期的主要活动集中在建设极乐寺及到各地弘法，并以民国年间中国佛教会财政长身份回国出资支持护教，本文就不把其生平列入讨论中。

为让读者有一全面而客观的理解，同时，也使绝版孤本资料可以更广泛保存，这里尽可能全录林博爱编辑的原文，以期阅读诸君有机会从不同角度解读和理解这些清末到民初在南洋承包民间香火庙的法师，了解他们的佛学修为及风范。这些僧人的个人行谊，事实上也构成他们自己给当地社会留下的印象，是他们个人得以年年投标同一地方香火庙"宝烛傦"的原因，保证其法脉后来在当地的传承与散播，也保障他们在中国的原来寺庙的经济来源。文献虽然有限，但也足以反映清末民初南洋"宝烛傦"之普遍，是佛门中人不能不适应的客观存在。虽然法师们住持的民间香火庙或者佛道混杂、或者莘素不分，严格追究其建制不见得合乎佛制，但前人文字足证这几位出家人慈悲为怀，有佛学修养也有弘法悲愿，承包香火庙不以谋利为主，而是随顺机缘为弘法利生寻找立足的基础。

在槟城的五位，据林博爱所编述，生平如下：

广通上人

广通上人，福建闽侯人，俗姓魏，名子培，父竹泉，宦游政界，所履有循声。母林氏。师自幼颖异慧敏，稍读书便能文。年十六，弃读从商，素厌凡世念念有劫，尘尘无际，遂在浙江南海普陀山鹤鸣庵落发为僧，以师事该庵文莲方丈。时师年三十一矣。翌年则在该庵为当家，历二十余年，民国六年旋闽，八年跋涉缅甸礼佛，舟次槟城，闽粤绅商闻师名，延为天公坛住持。坛貌固剥蚀欲敝，师到始集资重新之。九年，绅董复延师住持广福宫；本年吉隆坡福建公所总理卢有水君等，欲整饬该埠观音亭一切事，邀师同往，推为当家，师既莅任，为之立规章，举百废，阖坡翕然称智能焉，现犹遥领其职。宁波孤儿院，施用浩繁，经济缺乏，派人来屿捐题，师以五百金应之，曰人类最动人怜者，有什于孤儿乎？是而不救，非空门也。师精俞跗术，尝以针灸医病人，愈不受谢，贫者车仪亦不使给，于槟城遂有生佛名。

有某甲者，问于师曰，师于医不受费，始终不怠倦，顾恒情乎？师曰："沙门慈悲为本，老衲浅道，恨不能作大愿船，以普度众生耳。区区赠医，何足道哉？且布施为波罗蜜首事，靡论僧俗，力所能到者，皆当为之耳。"甲又问昔者文殊问于维摩诘曰："何谓不二法门，维摩诘不答。文殊曰：妙哉不答，无语言，无文字，真不二法门也云云，敢以训诂请。"师曰："此不过一空字。"甲曰："现有众生你我，非实乎？何云空？"师曰："此眼前实耳。大千世界，一成一毁，自其变者而观之，曾不能一瞬息。你我乎？众生乎？万物语言文字乎？皮之不存，毛将焉附？故实有限年，而空则无穷期矣。此谈空者所以胜。"甲闻叹息至再："其能了悟空实有如此者。"至于为僧守清规，修禅定，运慈悲，自是佛门本色，可无须编者归美之也。①

梦观上人

梦观上人号如是，生长于闽之莆邑，幼颖异，性慈和，沉默有大志，髫龄就读，即持出世主义，慨人世功名，有同粪土，富贵朝露，何异昙花。年廿二，遂决然皈依三宝，依莆之近天寺为僧。翌年转广化寺，得具足戒缁衲，遂周游浙东谒南海普陀并四大名山，访搜师

---

① 林博爱编：《南洋名人集传》，（槟城）点石斋印刷民国十三年承印，第117页。

傅，研求经典，梵行精修，东南诸名寺争延主席。历任闽垣法海寺、延郡慈林寺住持，时年已三十矣，南渡后，任星洲天福宫、槟城天公坛、观音寺、广福宫诸忏悔事务，立规章，举百废，海外禅风为之一振。素好游山水。名胜之区，多其履迹，由是兼精眼科并奇难杂症医法，医不受费，愈不受谢。佛门以慈悲为本，方便为门，若上人者，良不愧为佛门弟子矣。①

昌莲上人

昌莲师，小字海松，生于闽之延郡。父讳郑荣福，懋迁有无，营商业颇广。母王氏，因己身孱弱，纠于病魔，愿送其子住紫云西山普通禅寺。时师仅髫龄，已披缁衣为佛门弟子矣。性颖悟，于经文古典及国学方言，靡不通晓。于是一衲翩然，历国内诸名山巨刹，求禅门宗别。胜清末叶，游鼓山，遇妙莲和尚，船室谈经，恨相见之晚，遂应聘来洋，驻槟岛焉。缅暹二邦，为小乘派最盛之国，与身毒邻。身毒者佛之诞生地也。师既南渡，乃周历缅暹身毒各州，以溯渊源，为同异之考证。其笃志力行如此。辛酉年，槟城广福宫住持广通上人器重师，聘师赞襄一切，恃之如左右手。师诚佛门之佼佼者哉。②

意通上人

意通师，原籍闽安溪，俗姓陈，名钦田，字相步。父为商人，名基种，母氏尧。兄弟三人，君为仲者，幼随父往延平为菜商，年十八，娶黄氏为妻。至二十岁，适黄死，一女亦死。时思出家，被阻。再娶继室林氏，无何林氏亦死，又遭家不造，坎坷艰难。遂觉大千世界，一切皆空，嗒然出家，在鼓山唱水岩落发。迨民国前九年，乃南来槟城在鹤山极乐寺为当家。嗣移保生帝庙为住持，颇能守佛门清规，本年圆寂。③

---

① 林博爱编：《南洋名人集传》第二集上册，（槟城）点石斋印刷民国十三年承印，第156页。
② 同上书，第192页。
③ 林博爱编：《南洋名人集传》第四册，南洋民史纂修馆民国二十八年印行，第114页。

仲兴上人

仲兴师，本姓朱，福建仙游顺芸乡人；少好读书，能文，年二十余，始南游石叻。初为佣作，颇耐劳苦，民国十一年，师不知有何感觉，忽思日斋夜禅，皈依释氏，志愿既坚，遂师祥云而落发。未几，适望嘉兰祖师庵住持拜兴回国，师遂瓜代之。师尝谓万物皆空，金钱何所用，故所有香烛之溢息，除粗衣食外，尽以济人。槟中学校如中山、如中国幼儿园、如泉州孤儿院、新港崇正学校等，皆曾捐资，并任其职员，是真能行菩萨道之和尚也。①

综上所述，可知上述文字提及的香火庙至今依旧实行"宝烛偈"，本是清末民初流传至今。这其中，仲兴法师住持的望嘉兰祖师庵，上文已经提及，即是今日以"蛇庙"闻名的旅游名胜，庙中迄今流行供蛋养蛇。从仲兴法师传记，还可知道他的前任尚有一位后人尚未查得生平事迹的拜兴法师。而文中提及意通法师住持保生大帝庙，即槟城日落洞的"清龙庙"，亦属福建公司所有，过去曾长期维持僧人投标承包制度。广通法师之同时住持槟城广福宫、天公坛与吉隆坡观音亭，以及梦观法师之到华人俗称星洲的新加坡住持庙宇，还有广通在承包广福宫"宝烛偈"以后邀请昌莲法师"赞襄一切"，这等等文字，也都反映着这一制度普遍存在于各地，以至有些法师同时投标数间庙宇，请来师友支持，他们也善用庙宇空间发展徒众。

先后兼任几间香火庙住持的著名法师还不止广通其人，林博爱编著的《南洋名人集传》另外提到有位达明法师，也是先后住持过马来西亚霹雳州的凤山寺、广福岩，以及新加坡的天福宫、天公坛。编者并留下亲聆法师谈论清规及生平的记录：

编者一度游星，访达明上人，入餐室，上人方食。但见椁中清粥，盐醒一碟，此外无长物。讶曰："抑何俭也？"师曰："不然，佛门三欲，饮食其一，荤血不茹，教务且有明训，非俭也云云。"是真能守佛门清规者矣。（师）字宾聪，十二岁出家，于文学，善博闻强

---

① 林博爱编：《南洋名人集传》第四册，南洋民史纂修馆民国二十八年印行，第147页。

记，虽未能登峰造极，顾尺牍杂作，随事得于应心，靡不如意。年十三，南来霹雳，挂锡凤山寺、广福岩等，凡七八年，至二十二岁，乃来居星洲，初住天福宫，嗣住持天宫坛，天公坛较清寂，僧侣才四五人。①

另外，新加坡还有转尘师父亦是相似的情况。林博爱载说：

转尘上人，字海净，闽南安六都仁宅人，俗姓黄，父祖二代，皆持斋什诚，以遗传性论，则上人禀自先天，故已六根清净，脑刻觉海玄门矣。已而于年十六，则在杨梅山雪峰寺落发。时其师喜静，深喜得上人为徒。于是住寺十余年，嗣飞锡厦门南普陀，在该处为当家。又十七年，移泉州承天寺，住持其间。五年之后，始来新加坡，住持顺天宫。该宫自来蠹耗不修，香火不盛。上人既挂锡其宫，遂集星中诸善信，议修葺之……上人于泉州开元寺孤儿院、石叻后港光洋学校、泉州承天寺、莺山学校、南山学校、石叻天南坛、南安会馆等，皆能捐赀，更有尊为名誉董事者。②

很显然，以上各位法师曾住持的各处香火庙宇，包括槟城的广福宫、天公坛、保生大帝宫、望嘉兰祖师庵、霹雳的凤天宫、新加坡的天福宫，今时今日依然是广为公众熟悉的社区老庙。结合这些实例，足以看出清末民初闽浙僧侣下南洋，初到当地都不是一开始就有能力开山立寺。相反，他们依靠承包"宝烛偈"住持香火旺盛的民间庙宇，才能更快取得落脚处，并因着驻锡在人们熟悉的老庙，接近当地民众而事半功倍。相对于南洋其他地方、其他民族传承的佛教发展，包括19世纪初以前的暹罗、缅甸佛寺都是由僧众化缘建庙，而妙莲法师在槟城草创极乐寺之前以承包者姿态住持香火庙，以后陆续有其他来自闽浙的僧侣都是如此跟进，可以说是相当特殊的佛教文化景观，但这一现象在新马又曾经极为普遍。这才是直到20世纪初期南洋华人佛教真实的普遍面貌。

---

① 林博爱编：《南洋名人集传》第四册，南洋民史纂修馆民国二十八年印行，第103页。
② 同上书，第124页。

三 宝烛僞制度影响下的汉传佛教生态

总结上述几位法师的生平事迹，还会发现他们从中国南下马来半岛从事弘法事业，各自有各自的僧侣生涯，却互相有着几处相似之特点。这或可反映太平洋战争爆发前，南来马来半岛的中国法师在本土共同面对着相似的社会状况，以致他们虽身处不同的具体地区，但遭遇的环境人情相当一致。

首先，应当觉察到，如上所述，直到民初，从中国南下马来西亚的法师初到当地都不一定有能力建立完整的佛教道场，他们往往是接受当地士绅聘委住持香火庙的聘约，其中不少庙宇具有浓厚的民间信仰色彩。这些僧人常驻不是纯粹的佛寺，但以个人毅力与魄力，通过"宝烛僞"实现其使用、改造、弘法、收徒，乃至法脉开枝散叶的宏愿。

以广通法师来说，他先后主持天公坛及广福宫的宗教事务，这两间庙宇都是由同一批信理员掌管庙产，为广东及福建两个群体作信托；① 天公坛原本供奉福建民间道教的神明系统，广福宫则是保持了佛道以至民间教派神明共聚一堂的风格，并以观音为主祀，带有民间信仰的烙印。梦观师父及昌莲师父都曾协助过这两间庙宇的事务，前一人负责"诸忏悔事务"，而昌莲则为广通法师"赞襄一切"，与广通法师走在同一条路上。从上面所引的资料中，我们看到，昌莲法师是游鼓山遇到妙莲和尚方才受聘驻在槟城，但是翻查1923年出版的《鹤山极乐寺志》，却找不到昌莲法师的名字。② 这可能由于昌莲法师本来的出身不属于鼓山曹洞宗系统，因着妙莲法师聘他南来槟城，方才一直留在广福宫；但等到妙莲法师开山极乐寺，以后回到鼓山圆寂，继承的本忠法师等人不再承包广福宫香烛僞，昌莲法师显然就与极乐寺僧众分开，留下来协助新任的广通师父。天公坛供奉的广通法师牌位称誉广通是"重兴天公坛传临济正宗第四十四代"③，似乎是暗喻着在他之前住持广福宫的鼓山系统极乐寺诸僧，据

---

① 参《广福宫章程》，（槟城）广福宫1950年印行，单张。
② 《大正藏》第70册，第20—34页。
③ 王琛发：《槟城道观佛地天公坛》下篇，《无尽灯》26/171期（马来西亚：佛教总会，2001年4月至6月），第35—36页。

《虚云和尚法汇》云："鼓山自明代以来，临济曹洞并传。"① 广通法师在马来西亚的临济法脉，又显然是随着他在各处承包庙宇而传开的。

至于妙莲法师以广福宫弘法利生的零星记录，较可观者包括其徒孙虚云老和尚在自述年谱中的一些记载。当青年虚云于光绪三十一年（1905年）遵妙莲嘱咐来到广福宫，妙莲长老正要回闽南重修龟山古寺，临行前就吩咐虚云在那边讲《法华经》结缘，虚云等送长老上船后开讲，皈依者数百人。② 历任海峡殖民地各地官职的 J. D. Vaugham 曾在 1879 年出版的著作中提及，他在新加坡遇到华人僧人手拿来自中国的经典，但不明白自己在念什么，只知道自己的声音具有神秘力量；③ 而到妙莲法师把自己的徒孙叫去系列香火庙向庙中信徒演讲结缘时，则严格建议信徒听讲完一部经才可皈依。由此可见，原来的公共庙宇在适当的僧人手中，就很有益于那时期的南洋汉传佛教传播，起着结缘众生、提供修学场所的作用。

意通法师，他的记录也见于《槟城鹤山极乐寺志》，其中说"意通监院：历年佐理常住，甚著勤劳"④；他住持的保生大帝庙迄今一直由槟城福建公司信托管理，是奉祀福建同安道士医师吴夲的道庙，同祀的则有神农大帝及清水祖师。⑤ 这是曹洞宗僧人在当地传播的最早记录。而仲兴法师所领的"望嘉兰祖师庵"是位于槟岛望嘉兰山区的安溪清水祖师分香，迄今也同样属于槟城福建公司信托管理，早期庙中多蛇，因人们到此看蛇及以蛋饲蛇而以"蛇庙"的俗称驰名世界。清水祖师生为禅师，为禅师立庙建祠原是民间崇功报德之意，但从此处地方上荤素不分的饲蛇信仰，可以看出人们对祖师的信仰已经民俗化，带有乡土神的认同意义。⑥ 意通

---

① 释虚云著，岑学吕编：《文记·附录禅宗五派源流·附记》，《虚云和尚见闻事略/法汇要集》，（台北）佛陀教育基金会 2004 年版，第 267 页。

② 释虚云著，岑学吕编：《虚云和尚年谱》，（台北）天华出版事业有限公司 1978 年再版，第 39 页。

③ Vaugham, J. D., *The Manner and Custom of the Chinese of the Straits Settlements*, Kuala Lumpur: Oxford University Press, first published 1879, second impressions 1977, p. 60.

④ 《大正藏》第 70 册，第 31 页。

⑤ 据庙前由龙溪郡廖廷璋撰的刻碑，我们知道 1891 年之前，已有人在当地崇祀三神，在丙戌 1886 年因林百蚌献地而建"清龙宫"，庙建在福建人为主的社区，而庙中亦有槟城福建帮领袖邱天德等人敬献之物，廖廷璋也有颇多墨迹出现在槟城福建公冢。

⑥ 望嘉兰清水祖师庙正名为"福兴宫"，根据本庙 1880 年之《重建清云岩碑记》载："清云岩祀清水祖师也。原曰福兴宫，踞岩之左，溯厥由兴，盖福建之筑公所也，已数十年矣。"

法师在庙中常驻，有利于提醒当地人谨记清水祖师"属于佛教"。

另外，达明上人所住持的凤山寺，虽名为"寺"，香火源自福建奉祀广泽尊王的"凤山寺"，延续了大陆及南洋各地的闽南民间道教神明信仰。而达明法师到了新加坡住持的天福宫，则是奉祀天上圣母，以关公、保生大帝、观音及乡土神苏玉娘娘附祀。而后来他所住持的天公坛与槟城的天公信仰一般，是源于民间道教传承的玉皇殿。转尘法师挂锡的顺天宫，则是东狱大帝庙，附祀城隍及阎罗王。[①] 它们的共同之处在于都明显不是佛寺，却方便法师接触当地的社会，甚至弘法和授徒。

这些香火庙的规模固然可大可小，但是，碍于庙的所有权不在法师，法师只是承包香火以及负责宗教仪式，而且，承包的时限多以年约为限，因此，也就很难苛求当时的法师有能力把汉传丛林制度完整地引进所承包的香火庙。事实上，到目前也尚未见到相关证据。只不过，熟悉马来西亚与新加坡华人社会者，单是凭着《南洋名人集传》这些名单看清末到民国这几位法师住持的几间庙都是凝聚地方社会力量的信仰中心，当可明白这是方便宗教传播的最佳法门。

其次，从上述几位法师的生平简历，可知他们驻锡的庙宇和当地的福建乡群势力息息相关。法师多从闽语流行区南来，当然都能讲福建话，而聘请他们的庙宇，有的由福建乡群组织信托管理，有的则是福建乡群在管理组织里占了极强的比例。又由于这些法师多源于闽浙，熟悉福建各地风俗，同时依靠住持闽南众为主体的民间香火庙，造就了20世纪上半叶南洋佛教多以闽语诵经、祖山非闽浙不说的历史渊源。

以槟城的天公坛来说，天公坛属于广福宫信理部管理，它目前的庙宇文物显示主体建筑的捐款人几乎都是当时的福建人，尤其是赞助人叶祖意及五位玄像的功德主，其中谢自友、林成辉、邱天榜、杨碧达四位是福建人；而广福宫，则有一半的信理员是由福建公司派出的。[②] 又如新加坡的顺天宫，光绪二十八年（1902年）重建碑记说，它原本是福德正神庙，始由闽商新顺成号暨黄玉琤劝捐，后有殷商梅端成号捐地而增拓，"所需

---

① 参邱新民《新加坡宗教文化》，（新加坡）南洋商报·星州日报1982年印行，第283—284页。

② 参郑永美《广福宫已故总理、信理及董事生平略历》，载陈剑虹主编《槟榔屿广福宫庆祝建庙188周年暨观音菩萨出游纪念特刊》，（槟城）广福宫1988年版，第86—100页。

木石工料七千余金，均出自坡中闽人之好义者"①。至于槟城的保生大帝庙及清水祖师庙、霹雳凤山寺、新加坡天福宫、玉皇殿，在历史上更是打下了福建社群拥有管理主权的烙印。②

太平洋战争爆发之前，新加坡和马来西亚华人社群尚未摆脱帮群社会形态，从中国大陆下南洋的人们，不论是居住了几代或者是新客，都很注重乡谊，理由就在地缘和语系结合的主体乃是保障个人生活的社群力量。有些人甚至可以一生听不懂其他籍贯方言，只是生活在自己的群体关系中。尤其是闽南籍僧侣，与地方上的福建乡群士绅语言上沟通方便，而且面对地方上民众对生命礼仪的需求，他们的经忏科仪的做法也适应源自中国南方的生活习惯及信仰风俗。以福建人为主导的香火庙，交由来自福建的僧人承担维持香火之重责，是可以理解的。

最后一点，也最值得重视的，是当时僧侣热心本土及中国的社会公益事业。这可以从上述广通、转尘、达明以及仲兴等诸法师的事略证实。看来，承包"宝烛佣"，是僧侣支持社会福利事业，以及僧人来往汉地和南洋弘法的经济来源。像广通和昌莲法师能在当地免费医治贫病者，在医药缺乏而昂贵的时代，无疑是大善举，正如他们参与当地一些慈善捐款，都在体现佛门救苦救难、利人济世的悲愿。可是，进一步亦应关注，法师们在南洋各地住持香火庙，固然支持了当地慈善及教育事业，同时还把他们从马来西亚取得的经济收入，反哺中国的佛教慈善与教育事业。

重温林博爱《南洋名人集传》，当知被收入书中的这几位僧人，被誉为"名人"是当之无愧的。上述广通上人传略中，便提及他"捐款五百金"与宁波孤儿院，这在20世纪初叶的经济水平来说，可不是一笔小数目；而达明法师省俭，也是由于他"于兴化梅峰光孝寺一处，每年垫款二千有强"。这足以说他和广通一样，是将其收获的香油钱大笔大笔地送回中国结缘，支持弘法利生。另外，转尘法师捐款给泉州开元寺开办孤儿院，也是一个承包地方民间庙宇香火支持中国弘法与社会事业的例子。转尘法师分别支持着泉州承天寺、莺山学校、南山学校，新加坡当地天南

---

① 参陈荆和、陈育崧编著《新加坡华文碑铭集录》，香港中文大学出版社1970年版，第153页。

② 有关槟城保生大帝庙与清水祖师庙，参见第234页注⑤和注⑥；有关新加坡天福宫与玉皇殿参同注。

坛、南安会馆，以及位于后港的光洋学校。而仲兴法师把自己的粗茶淡饭说得更彻底："所有香烛之溢息，除粗衣食外，尽以济人。槟中学校如中山、如中国幼稚园、泉州孤儿院、新港崇正学校等皆曾捐资，并任其职员。"此外，在1913年以前，早于极乐寺僧人终止承包广福宫之际，《槟城鹤山极乐寺志》卷五提及其监院住世时候的行谊，还转引《浙鄞传砚耘》的记载说："极乐寺有善庆和尚者，曩为育婴抚孤等事赴暹罗垦荒，适遇大盗，致受重创，而慈善之心仍不稍懈。"[1]

就以上这几处例证，可知法师选择远渡重洋到异域承包香火庙，依靠替人赶经忏或者售卖香烛金银宝换取香油钱，不见得纯以营利为出发点。法师在经济蓬勃的殖民地住持香火庙，确实需要有很大魄力，既要长袖善舞，又有盈利的压力。而且，这些"宝烛偊"法师身在香火庙可以经常接触基层群众，身处洋人殖民地，既能看到他人之长，也会发现自身内部之危机，因此他们很早就提出参与社会事业。其中，一边修建极乐寺还一边继续承包广福宫的鼓山/极乐寺僧众，早在1913年就提出过要搞"佛教实业公司"，在《槟城鹤山极乐寺志》卷八《外纪》另外收录的《佛教实业公司概述》中，把公司目标定位为："……盖欲藉其财力以救济佛门，从慈善业而收时誉，将使天下各处皆有其所刱之医院学校等。"[2] 如果佛教公司后来不是遇上欧战，再加上1920年代全球经济大崩溃的挫折，其实践可谓早在后来教界提倡"人间佛教"之前。所以《槟城鹤山极乐寺志》收录的《重游佛教公司序》才会最终以无奈结语，说："然而今之所遭竟若此，其天也。不然，胜善之隆将未艾也。况执其事者，志勤而耐劳，其所处又地腴而物阜，则斯公司也以佛教红十字会称也。"[3]

四 宝烛偊制度的局限与保留的必然

从益处去说，相较于17世纪到19世纪末叶在马来西亚一度盛行的"香资"制度——由庙宇如发薪般发基本津贴给僧人，可能陷入"主雇关

---

[1] 《大正藏》第70册，第69页。
[2] 同上书，第107页。
[3] 同上书，第52页。

系"的误解，宝烛偈制度是针对其缺陷的一种变通。首先，其特点在"承包责任"和"自负盈亏"，把香火庙的庙产管理权以及宗教活动的管理权分开，让僧人有更大自主权按所知所学和宗教理念去处理庙宇内的宗教事务；如此，庙宇的管理单位，就可专心定位在监察与支持的位置，确保不至于发生不愉快事件。其次，在这样一种制度下，比之在"香资"制度下的"受聘"身份，僧人相对于庙产的信托人或拥有人，拥有较平等的地位；僧众在经济上不仅不依赖对方，甚至是庙产维持固定收入的保障者，这对维护僧伽的尊严与地位有一定的帮助，平反了"香资"时代庙产管理人以在家人身份订规矩管理僧人的"主雇关系"错觉。复次，僧人自负盈亏承包庙内宝烛偈，也令许多缺乏管理的小庙由僧人以宗教经验全心经营，让不懂宗教知识的庙产的拥有者或信托人免除后顾之忧，增加了香火的同时，也促进了神庙的宗教与社会功能。最后，最重要的是这一制度所缔造的盈利和社会关系，不仅让僧人能支持当地、外国与中国大陆各种修建寺庙、弘法、慈善与教育事业的活动，亦推动了僧人社会形象的转变，为僧人后来扩大信众圈子及建立正规的佛化寺庙，作了先行的准备。

如此，在法师资源有限，民众也缺乏条件去支撑完整佛寺的年代，以承包香火庙的方式掌握地方上的宗教事务，不失为在南洋扎根及发展佛教事业的方法。这使得不少僧众能带领其他同修跟随他们到南洋继续修行和弘法，并且也在当地培养徒众，接着支持徒众以相同方式开枝散叶。而且，法师承包"宝烛偈"最基本之好处就在于可以方便应用原有硬体资源，同时立即就能接触香火旺盛庙宇原来的信众以及赞助者，有利于弘法事业。从上文记载转尘修葺顺天宫、广通一再扩修天宫坛及广福宫，都可以看出他们做出的贡献，以及长期经营的决心。

但是，不能否认，并不是每一位法师都像广通和尚那样有信心可以年年续约，并说服庙产管理方展开长期的重修改造工程，使得广福宫、天公坛、吉隆坡福建观音亭，都留下了署上他法号的不同年代的碑匾。因为宝烛偈制度中庙产主权并不在僧众，而且由于其短期限契约的特征，对僧人也就直接形成了主权的限制。

另外，僧侣之承包前人留下的道教宫观或者民间信仰色彩浓厚的香火庙，中国文化中儒佛道三教融合的传统，毋庸置疑地起着意识上调和各方立场的作用。唯有道教到明清两代进一步巩固历唐、宋、元朝发展的"三教一家"理念，以及中国大乘佛教对待道教教义及其鬼神抱着圆融崇敬之念，才可以让大众和法师对竞投"宝烛僊"这一行为持有理所当然、心安理得的态度。僧侣才能安然栖身庙中，不受外界骚扰，规划发展。但是，僧人处在这种环境中，要如何在自己的修行与弘法生命中秉持佛教信仰的主体性，要如何做到客观平衡，要如何对待偏向道教或甚至远离佛道两教的民间信仰，就成为法师们入主宫庙以后的日常考验，其中包括信仰、处世态度以及弘教手法的多重考验。而释广通和他之前住持天公坛的释镜明长老，似乎树立了典型的榜样：在释镜明的时代，1905年起修建的天公坛旁侧，在1915年已建起"香积堂"，并引进僧众共修。[①] 到释广通1917年前去住持时，原来下殿关帝庙里的关帝不再坐正位，改供药师、释迦及阿弥陀佛于正中，以关帝与韦驮菩萨共同附祀；而其上殿，则保留了天公庙祀奉玉皇大帝等诸天尊的闽南民间道教色彩，巧妙地诠释了华人民间接受佛道并存与互为发展的宗教态度。释广通由此出发，和各方原来善信广结善缘，传播他的临济宗法脉。[②] 更令人敬佩的是，法师抛开名相，融通佛道两家教义，居然在台座介绍神明来历的名牌上，沿用道门说法称呼药师、释迦及阿弥陀佛三位如来"大天尊"。

但毕竟，天公坛本是道庙，不论由源自曹洞的僧众主理，还是释广通将之改造成为佛教临济宗南传胜地，其建设依旧不是正规的佛寺。而且，广通法师成功的例子又正好说明，其成就不仅取决于广福宫信理员对管辖下的天公坛是否认识一致，还取决于广通又是否能沟通信理部、地方群众。天公坛必须依照道教对佛教不生不灭境界之进行对等说法，三尊佛像也各自加上"大天尊"称号名牌，反映了广通对两教教义之认识，更有其不执着名相的圆融与豁达，却也显示出它难以纯粹地成为宗门在南洋的祖庭，这是实际的局限。

何况，若纯粹以道场需求作为出发点，这样一种"寄栖香火庙"环境下成长起来的佛教，也不能不面对各种五光十色的诱惑和其他善缘逆

---

① 参考王琛发《槟城道观佛地天公坛》上篇，《无尽灯》25/171期（马来西亚佛教总会，2001年正月至3月），第25页。

② 王琛发：《槟城道观佛地天公坛》下篇，《无尽灯》26/171期（马来西亚佛教总会，2001年4月至6月），第36页。

缘。最现实者，莫如承包"宝烛偈"的制度总涉及金钱，就难以避免经济上的利害关系。正如妙莲长老当初是受士绅委托为广福宫新住持，受命负责改变旧貌，但其中也发生过旧僧不甘心而引起的会党纠纷，① 而庙产信托人的意见也并不一致，会党斗争以及法师个人操守问题也不见得一定能和气解决。所以，释宝慈在《槟城鹤山极乐寺志》的《极乐寺缘起述略》中才会写道："然而庙居屿市，地狭人器，苟非动静一如之土，便生挂碍，莲师苦之。"② 以后，妙莲最终为长远计另觅土地，肇成极乐寺开山的因缘。

最大的问题在于，出家人想要结善缘，而实践中一旦涉及人事，乃至偶有不同宗门系统的竞争，难免又会引出许多本来不想招惹的因果。当广通法师1920年以后承包广福宫时，释宝慈在《槟城鹤山极乐寺志》的《辞住广福宫原因》中便说道："广福绅商，有另投宝烛偈，视价低昂为去取之议……良由其时世情淡薄，信德渐非，神权堕落之说，遍于中外，宝烛等项来价既昂，消恕不多，此实为自退一大原因也。"③ 接着，同一文又说："然而邱胡林周诸公之知人善任，公平明哲，亦此中之铮铮者，殊令人思之不能忘也。"④ 这样一来，各方也得花费很多时间，让心身多几次"慈悲"与"智慧"的回光返照。

总结来说，僧人面对"宝烛偈"制度，最基本的要有负担成本以及应付盈亏的打算，以及认识到承包年限和双边条件都不由一方决定，甚至必须取决于庙产拥有者/信托者。是否合乎释宝慈要求的"知人善任"和"公平明哲"，这些都有赖于互相交往之深入才能进行判断。香火庙主权毕竟在他人手上，始终不可能让僧众大肆改头换面，因此长期来看难以成为正规汉传佛教丛林或者小群体的修行精舍；加上双方法律上不定长约，甚至法师合作对话的对象也有人亡政息之虞，这几个症结问题，往往让那些有心寻觅弘法道场的法师们感受"宝烛偈"制度的不足。因此，僧人

---

① 王琛发：《槟榔屿广福宫——十八世纪华人佛教南传的最早落脚处》，《无尽灯》20/166期（马来西亚佛教总会，1999年10月至12月），第19页。另参：Penang Gazette & Strait Chronicle, 21, Feb, 1888。
② 《大正藏》第70册，第84页。
③ 同上书，第109—110页。
④ 同上。

要投标"宝烛偈",还得考虑本身性格、交际能力、理财能力、社会活动能力。大概可以说,"宝烛偈"可能适合那些想要尽快落脚当地的僧众;但不管"有利可图"或有助打开局面,毕竟不等于"动静一如之土"。到20世纪下半叶,随着各地人口增多、经济发展较稳定,各地陆续出现更多按照汉传佛制的佛寺,又或小众修行的精舍,已经是另一番的演变趋向了。

然而,像妙莲长老当年的抉择,一边不轻舍承包香火庙的因缘,一边则另图同时办理正规道场,以后极乐寺更是逐步发展成为当时南洋最大本土佛教道场,并企图把寺庙和寺僧承包"宝烛偈"的香火庙形成经济资源网络兼弘法网络,其实也可以代表着当时南洋佛教对宝烛偈制度的一种回应。今人可以发现,这也是至今许多寺庙仍然延续着的做法。

五　后语

随着信众人数的增加,佛教教义广泛流宣,佛教意识也普遍提高,大马近年已出现了不少佛教寺庙及佛教会、精舍、佛学院。现在人看前人,可能不理解老和尚为何有那么多经忏要赶,又要兼卖金银纸和百解符单之类。但是,回到当时情景去考量,"宝烛偈"是特定环境的产物。法师们在没有条件建立本身寺院的情况下,随顺当时的社会风气和民间制度,"宝烛偈"毕竟有利于他们,让其僧人生涯既能贡献当地又能反馈中国大陆的弘法与社会公益事业。而且,承包"宝烛偈"通常也很接地气,能够和当地民众的日常生活互动;由此当思,那些清末民初僧人赶经忏不仅是服务民众养生送死,做到为生者安心、为死者超生积累功德,他们也是以这些钱财支持了中国祖山走向人间社会之公益事业。

当然,僧人在这样一种特定环境下住持属于别人的庙产,要在其中建立完整丛林,或按照寺院制度布局,都不容易。而僧人身处社区尘嚣,比之在寺院修行更受考验。只是,如果我们把这一制度放到它原有的历史背景中去验证,又不能不否认其发挥了多种积极作用,包括:(1)它使得佛教在许多社区深入民间,不经成立寺院,就先有僧人栖身之处,并且已经准备好弘法的对象;(2)它为佛教僧侣在当地建立了深入基层的社会联系,并且创造经济财富,以支持本土及中国大陆的传教、慈善及教育;

(3)它使得法师住持香火庙的过程中不再遭遇"香资"制度的"主雇关系"错觉,也有更大的自主权按本身的理念处理宗教事务。至少,这三项南洋汉传佛教史上的积极演变,都是依靠"宝烛偈"制度而成就的,有文可证。

今日,在南洋各地,尤其是新加坡和马来西亚,承包"宝烛偈"的制度并未消失,不少民间庙宇的章程更是明文规定要由僧人(又或者道士)承标宝烛偈,并有设定好的历年沿用的投标规则,甚至偶尔还能听闻某些社群香火庙传出"抢标"的激烈情况。也不能否认,现代人对某些僧人多从法事营利而少去讲经说法、纯粹靠承包"宝烛偈"营生,也会有闲言闲语,但这已经是另一个有待教界严肃讨论的课题,也是接受投标的庙方为了民众利益应当慎重筛选的问题。而讨论当初这一制度,不能否认确实有利于中国南下僧人落地生根,为汉传佛教在新马民间开枝散叶做出奠基性贡献。这是绝不应否认的。

参考文献

专书

释宝慈:《槟城鹤山极乐寺志》,(槟城)极乐寺1923年版。

林博爱编:《南洋名人集传》,(槟城)点石斋印刷承印1924年版。

林博爱编:《南洋名人集传》第二集上册,(槟城)点石斋印刷承印1924年版。

林博爱编:《南洋名人集传》第四册,南洋民史纂修馆1939年版。

陈荆和、陈育崧编著:《新加坡华文碑铭集录》,香港中文大学出版社1970年版。

释虚云著,岑学吕编:《虚云和尚年谱》,(台北)天华出版事业有限公司1978年再版。

邱新民:《新加坡宗教文化》,(新加坡)南洋商报·星州日报1982年印行。

陈剑虹主编:《槟榔屿广福宫庆祝建庙188周年暨观音菩萨出游纪念特刊》,(槟城)广福宫1988年版。

释虚云著,岑学吕编:《虚云和尚见闻事略/法汇要集》,(台北)佛陀教育基金会 2004 年版。

　　王琛发：《远去的菩萨身影：论清代马来西亚汉传佛教》，载郭莲花、梁秋梅合编《马来西亚佛教回顾与前瞻》，（吉隆坡）马来西亚佛教学术研究会 2010 年印行。

期刊

　　王琛发：《槟榔屿广福宫——十八世纪华人佛教南传的最早落脚处》，载《无尽灯》20/166 期（马来西亚佛教总会），1999 年 10 月至 12 月。

　　王琛发：《槟城道观佛地天公坛》上篇，载《无尽灯》25/171 期（马来西亚佛教总会），2001 年 1 月至 3 月。

　　王琛发：《槟城道观佛地天公坛》下篇，载《无尽灯》26/171 期，（马来西亚佛教总会）2001 年 4 月至 6 月。

　　王琛发：《换取"香资"度众生——从文物碑铭探讨 18、19 世纪马六甲海峡三市的华僧活动》，载《无尽灯》36/182 期（马来西亚佛教总会），2004 年。

单张

　　《广福宫章程》，（槟城）广福宫 1950 年，单张。

近代中国汉传佛教与印度的交流[*]

——以太虚、道阶和谭云山为中心

中国社会科学院哲学所博士后 体 恒

自佛教传入中国开始，中国汉传佛教界就与印度保持密切的交流长达一千余年。随着印度被异教占领及佛教在印度的消亡，两国的交流——特别是汉传佛教与印度之间的交流，也冷却了近千年。清末、民国以来，随着中国佛教的再度复兴及国际交流意识的加强，汉传佛教与印度的交流再次活跃并密切起来。民国期间，汉传佛教既有到印度朝圣、交流的大德高僧，也有赴印度求法、留学的僧俗弟子，他们不仅重启了两国佛教的交往历史，而且为两国的和平友好、文化交流做出了重要的贡献。下面，本文以太虚法师、道阶法师和谭云山居士为中心，来探讨一下近代中国汉传佛教与印度的交流历史。

一 太虚法师

太虚法师（1890—1947年）是民国期间的四大高僧之一，一生以佛教的改革和复兴为大任，宵旰勤劳，淬砺精进。他提出的"人生佛教"思想，后演化为"人间佛教"，成为近当代中国汉传佛教的最主要发展方向。他"精识五明，殚心三藏，广长有舌，著作等身"，被誉为"古之龙树、马鸣，今之道安、玄奘也"[①]。

太虚法师所处的时代，已经不再是过去闭关锁国的时代，世界交往日

---

[*] 本文为中国博士后科学基金会"面上资助"研究项目的一部分。

[①] 见印顺《〈太虚法师年谱〉序言》，宗教文化出版社1995年版，第1页。

益密切，文化、宗教之间的交流不可回避，他主张中国佛教应该加强与世界的交流。他说当时世界交通的便捷，已经将万里之外的国家变得像邻居一样，远隔重洋也如面对面一样方便，世界各国的思想、文化、政治、经济等方面的沟通交流日益密切，民族、国家和宗教之间如果不能适应这种形势，就会落后。在他的国际交流观念中，印度是最不可缺少的一环。他认为，从人类文化角度而言，无论把世界文明分为三类或四类，中国与印度总是各占其中一种；从地理而言，印度绵亘南北，纵横东西，是海陆都有的一个大国，除了美国，没有任何一个国家具有这样的地理优势。"印度与中国一样，有很大的土地，很多的人民。"① "两国之人，合起来竟占全人类之半数或五分之二，所以今后之世界，设非中印两国国民均得适当之安荣地位，则地球难有三十年之治世。反之，若中印合作而肩起人类文明之任务，则三百年或三千年之长安久治，亦非不可希望。"② 所以，中国与印度的交往至关重要。

他回顾中印之间的关系，认为中印之间两千多年的交流历史中，可以说"实不过印度对于中国片面之输入，且仅为佛教之传承耳"，虽然印度的音韵学、医药学、艺术及数论、胜论、四吠陀等哲学宗教也曾传入中国，但与佛教的影响力相比，算是十分微弱的。佛教从张骞开通西域时就已经开始流入东土，汉明帝时正式被中国官方接受。从汉代的摄摩腾、竺法兰算起，迄于北宋时代，印度的佛教高僧大德来中国的有一千多人，中国佛教高僧赴印度修学的也逾千数，双向交流的成果就是中国出现了六七千卷的汉字三藏佛典。佛教对中国的影响之大，不只是六朝与隋唐的兴盛，佛教的思想已经与儒、道相融合，成为中华民族文化中不可分割的一部分。佛教在中国落地生根，可是在本土却逐渐衰落，"南宋以来八九百年，则印度之佛教既衰隐湮灭，而中印之来往亦阒无所闻"。佛教典籍中，除了佛教思想之外，"且包含有印度及其邻近各国之历史地理风习思想"，所以，他强烈呼吁："印度人应研究中国古代之文化，且可依汉文

---

① 见太虚《中缅印要在佛教中联合起来》，载《太虚大师全书》第27卷《杂藏·演讲二》，宗教文化出版社2004年版，第86页。
② 见太虚《中印之回溯与前瞻》，载《中央日报》，民国三十一年（1942）三月十七日。

佛藏以辅助印度文化之研究；而中国则需研究近代、现代印度而了解之也。"①

太虚法师把世界文化分为印度、中国和西方三种：印度文化为注重修心养性的文化，中国文化是重视伦理道德的文化，西方文化则为强调物质作用的文化。②他认为当时的世界危机，就是由于人们的思想偏于西方极端的物质文化，总是试图战胜自然造成的。他希望未来的世界能够在创造发达物质生活的同时，也注重精神的修养，同时兼顾社会伦理的推行，不偏于任何一端。就印度的文化而言，"印度教士，则求制胜自身，制压内在欲念，以求永生"③，而佛教则兼有物质、伦理与修心的三个特征，所以他在中国"就是想复兴唐玄奘时代最盛的佛教，同时沟通近代流行西藏、锡兰、缅甸、暹罗、日本的佛教，以推行世界，谋人类的和平幸福"④。他也倡议印度应该"把千年以前的佛教也重建起来"⑤。除了著书立说，宣扬印度的佛教，太虚法师还寻找时机，实地考察印度。1940年，他获民国中央政府的授权并划拨经费，组织"佛教访问团"⑥，亲自到印度访问、交流并朝拜圣地，长达一个月的时间。在访问团出发之前，国民政府党国要员还纷纷题词表达期待，龙云题"大法西还"，林森题"巨海南针"，蒋介石题"悲悯为怀"。

当时印度的首都还在加尔各答，所以太虚法师访印首站就在此地。访问团从缅甸乘船到达的时候，菩提学会秘书长法理性海、沙舍那释里和尚、国际佛教大学秘书长戈云达、旅印缅甸佛教会长半地沙、孟加拉国佛教代表、英印各大报记者、中国驻印总领事黄朝琴、领事薛寿衡、中央侨委委员王志远、中国学院谭云山院长，以及加尔各答华侨界的各学校、会

---

① 以上一段内容皆参考太虚《中印之回溯与前瞻》，载《太虚大师全书》第27卷《杂藏·演讲二》，宗教文化出版社2004年版。
② 参考太虚《在摩诃菩提会与尼赫鲁先生谈话》，载《太虚大师全书》第27卷《杂藏·演讲二》，宗教文化出版社2004年版，第155页。
③ 见太虚《佛法与世界文化》，载《太虚大师全书》第27卷《杂藏·演讲二》，宗教文化出版社2004年版，第89页。
④ 见太虚《在加尔各打印度文化协会欢迎会与该会会长谈话》，载《太虚大师全书》第30卷《杂藏·酬对二》，宗教文化出版社2004年版，第141页。
⑤ 同上。
⑥ 同上书，第243页。

馆、工会、协会等，数百余人在码头上迎接，场面十分少见。当地的华文报纸对此也有专门的长篇报道。访问团到达印度的消息一传出来，印度的政治领袖甘地、尼赫鲁、波史等人，立刻函电中国学院谭云山先生，表示欢迎。①

太虚法师一到达，就出席了摩诃菩提学会（Maha Bodhi Society）举行的数百人的欢迎仪式并发表演讲。该会是一个国际性组织，又称摩诃菩提协会，于1891年由斯里兰卡的达摩波罗（Dharmapala，1864—1933年）居士在美国学者奥尔高特（Colonel Henry Stell Olcott，1832—1907年）等人支持下创建，会址设在科伦坡。最初的目的在于从印度教徒手中收回印度菩提伽耶佛陀成道地的塔寺，并复兴印度及世界各地佛教。1891年10月在菩提伽耶召开了首次国际佛教会议。1892年，将总部从科伦坡迁到了印度加尔各答。学会在印度的佛教圣地建立寺院、修葺佛塔、保护古迹，开办图书馆、兴办教育、成立学校、开设医院、施诊所，从事佛经的整理、翻译、出版等工作。学会还在英国、美国、德国、日本、缅甸、斯里兰卡、泰国等地，设有分支机构，是近当代印度佛教复兴运动的核心团体，为佛教在世界的传播做出了很大成绩。太虚法师与摩诃菩提学会的创始人达摩波罗居士早就相识，当杨文会发起佛教翻译事业时，太虚法师就已经是其中一员。当他访问欧洲时，还一度要去探望病中的达摩居士。在欢迎会上，太虚法师对菩提学会在印度佛教复兴事业中所做出的成绩表示随喜赞叹，他认为："印度佛教已非复以前的兴盛，但佛教的精神，仍弥漫在每个人民的内心中。有孟加拉国佛教会、摩诃菩提会等，努力重兴佛教……作复兴印度佛教及传布世界佛教的运动，所以能得一般印度人的赞助。"② 他说："到达印度，好像回到我信仰的佛教老家一样……我对印度的佛地，怀有无上敬意。"③ 随后，他还将蒋中正总统亲自转交的一座银塔赠送给了菩提学会。菩提学会的分支机构为太虚法师的印度之行提供了很大便利，在鹿野苑欢迎会的演讲中，太虚法师则从对四谛法的圆融解释

---

① 参考《佛教访问团日记》，载《太虚法师全书》第32卷《杂藏·文丛二》，宗教文化出版社2004年版，第137—138页。

② 见太虚《祝印度佛教的复兴——在加尔各打摩诃菩提会欢迎会的演讲》，载《太虚大师全书》第27卷《杂藏·时论二》，宗教文化出版社2004年版，第90—91页。

③ 同上书，第91—92页。

上，号召努力团结各国佛教徒："佛在这里转大法轮，平常看为初转的四谛法轮，不及大乘，其实，四谛就是佛法的总持。不过，佛有时多说苦谛，以为声闻乘；有时多说集谛，以为缘觉乘；有时多说灭道谛，以为大乘。故佛法不出乎初转的四谛法轮之外。"[1]

1940年2月16日，太虚法师出席了印度国大党政治领袖波史于"印度文化协会"和"孟加拉国佛教会"举行的欢迎会，太虚法师在会上对印度给中国抗战事业的无条件支持表达了感激之情，而且预感印度将会取得独立斗争的胜利："别的国家帮中国的虽多，但像印度别无企图，完全出于同情和侠义的精神，这甚值得感奋的！我到印度以来，感到印度的国力，已渐长成，不久将要恢复阿育王时代的光荣。"[2] 波史则希望在孟加拉国召开一个更大规模的佛教仪式，来表达对太虚法师的恭敬之心。在这次会上，太虚法师以实际行动展现了自己对两国友好的支持，特别缴纳一百卢比费用，成为"印度文化协会"的永久会员。[3] 孟加拉国一直是近代印度佛教复兴的重点地区之一，"孟加拉国佛教会"对此居功甚伟。当太虚法师发现孟加拉国拥有几十万佛教徒的时候，"真是像哥伦布发现了新大陆一般的愉快"，他希望"孟加拉国佛教会，不仅是繁盛在孟加拉国，而能繁盛到全印度，实现阿育王时代的佛教光荣"。他参观孟加拉国佛教会时，看到那里有巴利文、暹罗文、锡兰文、缅甸文及孟加拉国文的三藏典籍，表示："中国文的藏经，这俟中国抗战胜利后，可以赠送贵会。"[4] 虽然此事后来因法师的早逝而无法兑现，但当时，这份情谊令他们十分感动。

位于孟加拉国邦小镇圣地尼克坦（Santiniketan）的国际大学（Visva-Bharati）是印度诗圣泰戈尔（Rabindranath Tagore，1861—1941年）于1921年创办的，该大学致力于恢复印度优良的文化传统，并促进

---

[1] 见太虚《初转法轮与摩诃菩提》，载《太虚大师全书》第27卷《杂藏·时论二》，宗教文化出版社2004年版，第100页。

[2] 见太虚《在加尔各打与波史先生谈话》，载《太虚大师全书》第27卷《杂藏·时论二》，宗教文化出版社2004年版，第145页。

[3] 参考《佛教访问团日记》，载《太虚法师全书》第32卷《杂藏·文丛二》，宗教文化出版社2004年版，第148页。

[4] 见太虚《在加尔各打孟加拉国佛教会欢迎会讲》，载《太虚大师全书》第27卷《杂藏·时论二》，宗教文化出版社2004年版，第96页。

印度与国际的交流。泰戈尔曾于 1924 年访问过中国，一直对中国与中国文化抱有浓厚的兴趣，后来他请到了谭云山居士帮忙，筹建了国际大学的中国学院。而谭云山正是太虚法师印度之行的促成者与主要联络人，所以太虚法师顺理成章地拜会了泰戈尔，参访国际大学并出席了相关的活动。欢迎中国佛教访问团的会议在国际大学校园一个露天树林内举行，那是一个四方的黄土坛，用白粉画着花纹，中央及四周放着不少花盆，会场还燃着香。尽管泰戈尔已经八十高龄，还是亲自到场主持会议，他"须发皓然……精神矍铄，凝重若神，令人一见，肃然起敬"。当他看到太虚法师进场，虽然起动甚艰，还是"起立合掌抚手为敬"。印度传统的欢迎仪式结束，泰戈尔亲致欢迎辞，他说："能在这里举行欢迎会招待大师，觉得非常的愉快！由此想到千余年前，中印两国往来的高僧，是怎样的圣洁，曾给予世界人类甚多幸福。不过今日的印度，已不是往昔自由印度了。我负责的告诉大师，印度对中国的诚意同情，胜过一切，请转告中国为幸！"①

十七年前泰戈尔到访中国时，太虚法师就在武昌欢迎过他，所以这是再次相见。太虚法师对泰戈尔十分敬重，曾说他的心胸与阿育王一样宽宏大度，"我久仰太戈尔先生……宽博容忍，能上追阿育王的宏度"②。认为无论从人格，还是道德、学识，泰戈尔都是当时印度威望极高的耆老。太虚法师还发表专门文章，论述泰戈尔的思想要旨，他说泰戈尔"是印度吠檀陀派中一个文学的人，哲学的人，修静虑的人，热心济世的人"③。他也曾在另外的演讲中提到国际大学正在做的中印文化沟通工作，赞叹这样才能"成为交互的合流"。他一再指出相互交流的重要性："中国对印度古代的文化，相当了解。但近千年隔绝，故中国对印度近代文化，尚需要了解、传布。印度古代的佛教流传在各国，中国是最完备的……实在有

---

① 以上几处引文，参考《佛教访问团日记》，载《太虚法师全书》第 32 卷《杂藏·文丛二》，宗教文化出版社 2004 年版，第 151—152 页。
② 见太虚《阿育王纪念会献词》，载《太虚大师全书》第 27 卷《杂藏·时论二》，宗教文化出版社 2004 年版，第 103 页。
③ 见太虚《论太戈尔》，载《太虚大师全书》第 33 卷《杂藏·文丛》，宗教文化出版社 2004 年版，第 450 页。

再传到印度的需要。"① 发言中，太虚法师除了表达对泰戈尔的感谢之情，还追溯了印度文化的发展与变化历程，最后指出"真能代表现代印度文化的，就是太先生"②。太虚法师为此赋诗道：

> 佛消梵化一千载，耶继回侵七百年。
> 冶古陶今铸新圣，觉源遥溯育王前。③

诗的意思是说，虽然佛教在印度消亡近千年，外来殖民也有七百多年，但幸运有了泰戈尔这位新圣人的出现，他是吸收阿育王时期的印度古代文明与陶冶现代西方文明而形成的完美结合。这首诗既表达了太虚法师对泰戈尔的敬意与赞美，也寄托了他希望印度文明能够薪火相承的愿望。

尼赫鲁（Jawaharlal Nehru，1889—1964年）是印度国大党当时的实际领袖，在印度民族独立的过程中积累了极高的声望，他曾于太虚法师到达印度前的一年访问过中国，与蒋中正有过交流，当时太虚法师还专门在报刊上发文一篇，表达对他对尼赫鲁到访中国的欢迎，以及尼赫鲁支持中国民族救亡事业的感激，"中国此次抵抗暴寇之侵掠，因为自求民族之生存独立……能整个民族意志发生为热情侠气之援助者，则为印度民族。如去年由印度国民党之派来医药救护团，今又由领袖尼赫鲁先生之亲临我抗战首都者是。因此以激增人类间仁爱之热情，民族间平等互助，急难相救之善意，俾为正义而奋斗者愈加其理直气壮之精神，实无限量！此吾全国上下所由一致欢迎尼赫鲁先生者"④。

印度建国之前，尼赫鲁一直对中国抱有深厚的感情，所以他的著作中，无处不流露着这种基调。他十分了解印度与中国的交往史，"印度一直都是在不断变化进步之中。它与波斯人……中国人……皆有亲密的接

---

① 见太虚《中印文化需要交流》，载《太虚大师全书》第33卷《杂藏·文丛》，宗教文化出版社2004年版，第105页。

② 见太虚《印度文化的复活》，载《太虚大师全书》第33卷《杂藏·文丛》，宗教文化出版社2004年版，第99页。

③ 见太虚《赠国际大学太戈尔诗圣》，《太虚大师全书》第34卷《杂藏·诗存》，宗教文化出版社2004年版，第209页。

④ 见太虚《欢迎印度民族领袖尼赫鲁先生》，载《太虚大师全书》第27卷《杂藏·演讲二》，宗教文化出版社2004年版，第378页。

触"。他觉得印度与中国都是具有深厚文明的古国,这种文明的力量强大无比,"古代印度像中国一样,自成一个世界,它本身就形成一切事物的一种文化和文明。外国的势力灌输进来常常影响了这个文化而又被它同化了"。这种文明是连续的,不为任何外来的影响所中断,"印度的文化传统经过五千年的侵占及激变的历史,绵延不绝,广布在民众中间,并给予他们强大的影响,我觉得是一种稀有的现象。只有中国有这样的传统及文化生活的一脉相传"。他感谢中国人民对印度民族独立的支持和援助,"各处敏感而又热肠的男女们都来援助我们了……尤其是中国政府……虽然自己的富源不足,又有很多本身的困难,还是给予了慷慨的援助"。他热情赞叹中国人的民族活力,认为中国一定会重新崛起,"现在世界上各民族之中我觉得拥有这种活泼的潜在力的民族主要有三个——美国人、俄国人及中国人……中国人的生活力使我感到惊奇。我不能想象这样一个赋有基本力量的民族还会没落下去的"。他也主张对华友好,支持中国的抗战事业,"日本对中国的侵略是怎样深深地激动了印度而使得对中国的悠久友谊又复苏了"。"国民大会党……是印度的一个大党。多年来一贯的反法西斯主义者与反纳粹主义者……始终支持着中国。"①

　　太虚法师到达印度后,他迅速发电表示欢迎。之后,还两度与太虚法师相见。他对太虚法师访问印度表示热烈的欢迎,认为对中印沟通有重要的作用。他劝慰法师,"这次中国不幸,受日本军阀侵略,可是中印两国,却在这种恶劣环境下结合"②。太虚法师赞叹了印度的进步情况,同时转达了蒋介石在送别时的寄语,"印度尼赫鲁先生,是我们中国民族的好友,到印度必要访候"③。他们谈到了中印两国联合与交流的具体措施,太虚法师认为:"中印两国联合了,于未来的世界,必能大有贡献!"④ 他主张:"由中印学会互相研究,在文化上佛教上先取得联络,恢复一千年

---

①　以上一段中的引文见贾瓦哈拉尔·尼赫鲁《印度的发现》,世界知识出版社1958年版,第49、64、51、4、57、5、8页。
②　参考《佛教访问团日记》,载《太虚法师全书》第32卷《杂藏·文丛二》,宗教文化出版社2004年版,第251页。
③　见太虚《在贝勒纳斯国民党主席普拉卡沙先生欢迎会与尼赫鲁先生谈话》,载《太虚大师全书》第30卷《杂藏·酬对二》,宗教文化出版社2004年版,第153页。
④　太虚:《在摩河菩提会与尼赫鲁先生谈话》,载《太虚大师全书》第30卷《杂藏·酬对二》,宗教文化出版社2004年版,第154页。

前的关系。"尼赫鲁则说:"现在即以中印学会为基础,再进一步多设分会,多派团体代表来往。来往一多,就可以引起研究的兴趣。"太虚法师提议尼赫鲁能提倡恢复印度的佛教圣地,对方则回答:"关于复兴佛教的圣地,我们很早已曾注意……曾关照他们办理。"①

随后,在由摩诃菩提学会主办的"阿育王纪念大会"上,太虚法师与尼赫鲁被并邀为大会的主席,于十万人的大游行中,乘车巡游,主持大会。当天的瓦拉那西城,参与大会的民众,人山人海,摩肩接踵。欢呼声、口号声震耳欲聋。在法师与尼赫鲁所乘坐的车上,沿途民众所献的花环、香、槟榔等不计其数。② 太虚法师以诗记载其盛况:

> 甘地尼赫鲁太虚,声声万岁兆民呼;
> 波罗奈到拘尸那,一路欢腾德不孤。③

在瓦拉那西,太虚还应邀在印度教大学进行演讲,听众多达五六千人,规模庞大。后来,根据民国政府教育部的安排,该大学的罗达克利西那校长还于1944年回访中国,在太虚法师开创的汉藏教理院进行演讲。④

甘地(Mohandas Karamchand Gandhi,1869—1948年)是比尼赫鲁更为知名的印度民族独立运动领袖,被尊为"圣雄"(Mahatma),是印度的"国父"。甘地的一生饱经忧患,历尽坎坷,他出生于英国殖民桎梏下的印度,成长在一个虔诚信奉仁爱、不杀生、素食与苦行的印度教家庭。他的主要信念是"真理之路"(satyagraha),方式就是坚持真理(satya)与非暴力(ahimsa),他认为真理就是神,神就是真理。非暴力是追求真理、认识神的手段。他的道德修养堪称楷模,博得了不同民族、信仰和阶级的人的景仰和爱戴。印度能够迫使英国殖民者撤出印度,获得民族的解放与

---

① 以上三处引文,参考太虚《在摩诃菩提会与尼赫鲁先生谈话》,载《太虚大师全书》第30卷《杂藏·酬对二》,宗教文化出版社2004年版,第156—157页。
② 见《佛教访问团日记》,载《太虚法师全书》第32卷《杂藏·文丛二》,宗教文化出版社2004年版,第174页。
③ 见印顺《太虚法师年谱》,宗教文化出版社1995年版,第213页。
④ 见《欢迎罗达克利西那先生致词》,载《太虚大师全书》第二十七卷《杂藏·演讲二》,宗教文化出版社2004年版,第190页。

独立，甘地主义所起到的作用最为巨大。

佛教的核心思想之一也是不杀生，所以甘地的思想与佛教有诸多相通之处。太虚大师因此也就对甘地有更多敬仰，"我久仰……甘地先生……宽博容忍，能上追阿育王的宏度"①。当太虚法师还没有访问印度的时候，甘地为了印度的民族独立事业，多次绝食，其中一次谭云山为了表达支持，在中国随之绝食。太虚法师为两人生命考虑，特别致电甘地，劝其进食，电报云："印度圣雄甘地鉴：废除阶级，实现人类平等，为佛徒共钦！顷又闻绝食三周，咸恐碍及康寿。吾国谭君云山，因亦随绝食。恳停此举！敬愿印人速从圣雄主张，圣雄应为爱世界众生，即日进食！中国佛学会会长太虚。"②

太虚法师还曾专门撰文，分析甘地非暴力思想的特征，论述其革命理念的特质。他说当时的世界，"是整个被西洋近代文化征服下的世界，无论资本帝国主义的英、法、德、意、美，或社会共产主义的苏俄，和仿学已成功的日本，将成功的土耳其，未成功的中国等，要皆是利用西洋文化所产生的近代文明，冀达到其国民或社会的运动目标"。所以，这些国家与民族都处于近代西方文化的支配之下。唯独甘地所领导的印度国民革命运动，全脱离了近代西洋文化所产生的物质文明，把握住了纯粹东方的印度文化精神，并发展为印度民族、国家复兴运动的主流思潮，"是与现今全世界各运动所对立的一种运动"，具有无比重要的价值。而且，这种运动发起十几年以来，"曾唤起了全印的国民，轰动了全世界人类的视听，成为现代的一种有力行动"。如果这种运动得以成功，那么"全世界人类皆可从近代西洋文化的征服下解放出来，而改变其做人立国之道，其关系于世界文化之伟大可知"。③

太虚法师甚至把甘地比为佛教的菩萨，认为他的境界不是一般人可以比拟的，"甘地所行，颇近于天台宗所云藏教之事六度菩萨……如甘地之

---

① 见太虚《阿育王纪念会献词》，《太虚大师全书》第27卷《杂藏·时论二》，宗教文化出版社2004年版，第103页。

② 见太虚《电劝甘地进食》，载《太虚全书》第29卷《杂藏·酬对一》，宗教文化出版社2004年版，第296页。

③ 以上一段内容引文，皆见太虚《甘地运动的成败关系世界文化》，载《太虚大师全书》第27卷《杂藏·演讲二》，宗教文化出版社2004年版，第294页。

既能极端消极以止恶务尽,又能极端积极以见善勇为,勉行兼济之菩萨行者,卒不可得也"①。太虚法师对甘地评价如此之高,期许如此之深,他访问印度,自然不会错过与他见面的机会。

太虚法师与甘地在他的试验农庄进行了会谈。甫一见到甘地,法师就说:"我是多年钦慕先生了,今能见面,非常愉快!"甘地则表示:"我盼望贵团的来也很久,打一个电报,又打一个电报,一连打了四五次。"可见双方都很重视这一次的会见。甘地询问法师访问印度的主要目的,太虚法师不但叙述了自己的目的,还对甘地先生的运动进行了分析与赞扬,他说:"印度不但是佛教的祖国,在文化上与中国曾有密切的关系,现在又正在先生领导中复兴起来,所以敝团特来访问。……甘地先生的非武力运动,不但……各偏在一端的运动所不能及;在以精神制胜物质的意义上,与能总合古今中西所长的孙先生三民主义也大不同。因为先生的运动,能以精神驾驭物质,令近代物质强力,在甘地先生面前失其骄傲。所以现今能以道德精神制御物质凶暴的,只有甘地先生。"② 甘地对中国的救亡表达了同情之感,之后则说:"中国须要自有适合自己环境的办法,不可模仿他国,作盲目的行动。"③ 甘地的话也有道理,毕竟环境、文化与双方所对应的敌人特征完全不一样,所以中国不可能完全复制印度的模式。当然,其他的模式也不能不谨慎。这种提醒的话出自甘地之口,可见他对中国也不是没有一点儿感情。会谈结束之后,陪同的谭云山说:"今天甘地先生很客气,往日与人谈话,只是数分钟;今天时间谈得久,并且起来接送,从这可以见对中国人的好感了。"④ 太虚法师还有一首诗,把甘地与泰戈尔一同赞扬:

中国古墨子,印度今甘地;要见活庄周,来会太戈尔。

------

① 见太虚《论甘地》,载《太虚大师全书》第33卷《杂藏·文丛》,宗教文化出版社2004年版,第448—449页。

② 见太虚《在西恭与甘地先生谈话》,载《太虚大师全书》第27卷《杂藏·时论二》,宗教文化出版社2004年版,第159—160页。

③ 同上书,第160页。

④ 见《佛教访问团日记》,载《太虚法师全书》第32卷《杂藏·文丛二》,宗教文化出版社2004年版,第196页。

寄语庄墨徒，休徒钻故纸！好从面对时，证知实如此。①

太虚法师对印度的访问，一方面巩固了两国之间的外交关系，另一方面也宣传、展示了中国佛教的新气象。既是对中国抗战形势的有力支持，也加强了中印双方的相互交流。可以说，太虚法师对印度的访问，是近代中印关系史上的一件不可忽视的大事。

太虚法师对印交流方面的成果，不仅只是一次访问，更大的成功还在于人才的培养上。为谋求佛教在印度的复兴及未来中印之间的交流发展，他一直想往印度派留学僧，在组织访问团到印度之前，已经派遣了两位学僧在印度留学。② 从印度回国之后，他又选出了法舫、白慧和达居等三位优秀的学生，并向政府申请资金的支持，使他们得以公派到印度留学。③ 三个学生中，达居后来留在了缅甸，而到达印度留学的法舫、白慧二人，后来都成长为优秀学者，成为在印度学研究、对印文化交流方面的中流砥柱。

法舫（1904—1951年）生性勤奋好学，在去印度之前，已经在太虚法师开办的武昌佛学院毕业，并分别担任武昌佛学院研究部与汉藏教理院的老师多年，还主持过世界佛学苑的图书整理工作，他讲课"义解精当，深受学生欢迎"，平时"戒相庄严，为学精进，深为师友所推重，亦为太虚大师所赏识"。④ 后来的佛门大家印顺、演培、苇舫、智敏等，都曾受教于其门下。当太虚法师1941年访问印度结束之后，觉得对这些佛教国家有进一步联络的必要，于是就与教育部协商，派遣他和白慧等同到印度，后者主要是留学，而他则是以传教师名义而去，同时兼学梵文和巴利语。他们于1944年到达印度，法舫先在国际大学住了三年，从事梵文、巴利语和英语的研究，之后又转到斯里兰卡的智严学院，一边学习一边授课。在授课过程中，他从巴利语翻译为英文的《南传阿毗达磨摄论义》一书，后来在香港出版，深受西方学者的赞许。在太虚大师圆寂之后，法

---

① 见印顺《太虚法师年谱》，宗教文化出版社1995年版，第213页。
② 见太虚《佛教与反侵略的意义——二十八年十月在反侵略中国分会茶话会讲》，载《太虚全书》第27卷《杂藏·演讲二》，宗教文化出版社2004年版，第389—340页。
③ 见印顺《太虚法师年谱》，宗教文化出版社1995年版，第262页。
④ 见于凌波《近代佛门人物志》第四集，宗教文化出版社1998年版，第50、49页。

舫应聘于斯里兰卡国立大学,担任中国佛教文学及大乘佛学教授。

白慧法师就是后来的巫白慧(1919—2014年)先生,也是先就学于国际大学,后来转到南印度的蒲那大学,并获哲学硕士学位。1952年回国,任北京大学东方语言学系讲师。后来,他再度到印度求学,并得到博士学位。1978年,进入中国社会科学院哲学研究所,创建东方哲学研究室,主持印度哲学研究,成为中国当代研究印度哲学的权威学者之一。1992年他荣获"印度总统奖",2006年被选为中国社会科学院荣誉学部委员。他的著作有《印度哲学》《印度哲学与佛学》(英文版)及《奥义书哲学与佛教》等,译著有《圣教论》《大乘二十颂论》(梵汉对照)、《〈梨俱吠陀〉神曲选》及《东方哲学与文化丛书》等,广受好评。

二 道阶法师

道阶法师(1866—1934年),号八不头陀,湖南衡山人,十九岁时出家。曾跟随八指头陀敬安法师修学。后在南岳衡山开讲《法华经》,深受欢迎,声名鹊起。

太虚法师认为他是当时南岳的僧中第一人,"南岳自慧思大师以来,称为僧海,教宗诸祖,历朝光阐其间,道香芬馥播天下,山中人亦弥重乎实学真修,首出之硕僧,往往为一代(宗)师,万世法(表)……而顷年则我阶公当推僧海一人矣!"[①] 太虚法师在求学阶段,曾听他讲经,并由此进入佛教教义的研究,"至天童听公说《妙法莲华经》……又听公说《大佛顶首楞严经》,我之研佛教义,盖权舆于此"[②]。在亲近道阶法师的时候,道阶法师也时常赞叹太虚法师天资聪慧,有祖师之德,亲爱有加,太虚也由此而得到了不少领悟,"由是与公浸稔,尝昕夕侍从数月,公每称我有玄奘、窥基之资,诲之独勤,而获闻公之本事亦详"。光绪二十六年(1900年),他被礼聘为金钱山住持。

道阶法师先后在不同的寺院讲解过《法华经》《天台教观》《弥陀要

[①] 见《南岳道阶法师小传》,载《太虚大师全书》第31卷《杂藏·文丛一》,宗教文化出版社2004年版,第126页。

[②] 同上书,第126—127页。

解》《二时课诵》《弥陀便蒙钞》《成唯识论》《楞严经》等大乘典籍，也曾开坛传授千佛大戒，度僧数百人，盛况空前。还先后担任过包括京师名刹法源寺在内的十余座寺院的住持职务。

光绪三十二年（1906 年）秋，他南游星州的槟榔屿，朝礼缅甸仰光大金塔，又至印度朝拜佛教圣迹，直到第二年春天才回国。他从东南亚和印度带回不少佛像、舍利、贝叶经、佛教各种名迹图、各种法物，东南诸省的信众踊跃欢喜，心生敬仰。这是他第一次到印度朝圣，因其不顾语言不通，冒着各种危险，被赞为有玄奘法师的冒险精神，"夫公以孑然一身，言语不通，援侣遥绝，旅钵又甚清苦，顾能运是累累者以出入数万里风波中而归，不得不谓之坚诚卓越，有玄奘三藏之冒险精神者也"[①]。

清末，内忧外患，天下大乱，佛教也面临各种危机，最大的麻烦来自"庙产兴学"运动，一些地方的人乘机毁寺逐僧，霸占寺产。忧心佛教命运的道阶法师，于是在五台山文殊菩萨像前燃顶，并发下四大誓愿："一、愿保护天下佛像不毁。二、愿保护天下寺院不毁。三、愿保护天下寺产不毁。四、愿化导天下人不骂僧徒。"敬安法师创立的"中华佛教总会"，北方机关部就设于法源寺。当敬安法师赴京为佛教争取利益时，就居住在道阶法师所住持的法源寺，他还亲自陪同法师前往内务部陈情。道阶法师还在法源寺创办了"法师养成所"，以教育青年僧伽，为佛教培养人才。1925 年，他作为团长，带领太虚、胡瑞霖、王一亭等人到日本参加"东亚佛教大会"。1926 年，奉军入关，张作霖的谋臣杨宇庭利用权力，逐走了道阶法师，另请倓虚法师住持法源寺。他因此离开北京，再次前往东南亚与印度弘化。但是当奉军离开之后，道阶法师的弟子德玉被大众推举为住持。后来，德玉也随着师父前往印度。

道阶法师前后三次朝礼印度，不仅为当时少见，就是古代高僧之中，也鲜少有闻。曾陪伴他于民国二十年（1931 年）在印度朝圣的谭云山居士，本来并不信仰佛教，却因接触他而对佛法生起信心，他赞叹道阶法师"清真善良，道高行洁，修炼数十年，功德圆满"，说"道阶老法师，则戒律谨严，经典烂熟，不但为中国佛教老前辈，且为东亚佛教会会长"。

[①] 见《南岳道阶法师小传》，载《太虚大师全书》第 31 卷《杂藏·文丛一》，宗教文化出版社 2004 年版，第 128—129 页。

当他们一起出行时，有时候行程急迫，不能按时进餐，"道阶老法师，持戒谨严，他宁愿饿肚子，凡是可疑为不素与不洁的东西，都绝对不食"。①谭云山对此十分敬佩，因此一再礼请他为朝圣的同伴。甚至还在中印交流的计划中，欲请道阶法师主持与佛教相关的重要事务，只可惜他们同行之后才过三年，道阶法师就舍报圆寂，留下了一个遗憾。

道阶法师在印度朝圣，也曾拜会一些印度佛教界的知名人士，共商佛教发展大计。比如，他也曾与摩诃菩提学会的创始人达摩波罗居士进行过会面与交流，达摩波罗对他以须发皆白的年龄，"巡游佛地，宣扬佛法，也非常赞颂。他并恳切地希望道阶老法师领导中国的佛教与印度的佛教做一个大联合"②。他则把从缅甸带去的一尊玉佛赠送给菩提学会，为其增色不少。在南印度的孟买，他又受当地华侨的安排，与孟买佛陀社（Buddha Society）社长穆卡拉（C. A. Muchhla）及其秘书巴地耶（K. A. Padhye）进行了叙谈。穆卡拉是当地名士，资产富饶，藏书亦丰，家中还供有佛像、法物，朝夕礼拜。他的秘书也是儒雅学者。见到客人，喜悦非常，优礼备至。他们一起谈中印佛法，主张在文化事业中专从佛化上着手联合中印之间的关系。③

道阶法师在印度，每到一处圣地，都会虔诚朝拜、诵经禅坐，还要丈量画图，留下那些遗址的一手资料。可惜的是，由于时代的原因，加上法师半生云水生涯，居无定所，这些资料至今也没有能够披露。

道阶法师离开北京法源寺再赴印度之后，鉴于各圣地都没有中国人建的寺院，于是发愿在佛教初转法轮的鹿野苑建设中华寺。虽然他没有能在有生之年看到寺院的落成，但是随他到印度的弟子德玉法师，则继承其师的遗志，不辞劳苦，从1939年至1956年，用了近二十年时间，把鹿野苑中华寺建设成功，成了为数不多的印度的中国佛寺，为汉传佛教在世界的推广做出了不可磨灭的贡献。德玉在印度，也剃度了一位在印朝礼并居住数年的弟子——雪行演本。演本原名尤惜阴，出家前与弘一大师稔熟。可惜他剃度时已经年逾六十，后来圆寂于马来西亚，没能把德玉在印度的寺

---

① 见《南岳道阶法师小传》，载《太虚大师全书》第31卷《杂藏·文丛一》，宗教文化出版社2004年版，第105、35、81页。

② 同上书，第19页。

③ 同上书，第154—155页。

院继承下来。笔者也曾到过鹿野苑中华寺，虽然地方不大，却建设得十分别致，而且中国特色十分明显，遗憾的是由于20世纪60年代之后，中印两国交恶，两国佛教界也中断了往来，德玉离世之后，寺院最终因后继乏人，落入泰国人的掌握之中。

三 谭云山居士

谭云山（1898—1983年）居士，清光绪戊戌年（1898年）出生在湖南省茶陵，是近代中印交往史上最重要的人物之一。1927年，在新加坡从事教育事业的谭云山遇见了印度著名的文学家兼哲学家泰戈尔，被聘为中文教授，受邀于1928年到印度国际大学工作，负责开展中国的相关研究。从此开始了其在印度近半个世纪的生活。泰戈尔一直对中国有着特殊的感情，1924年初次访华的时候，就希望能与中国建立起文化交流的关系，只是因缘不具足，没有成功。当他遇到谭云山，对这个中国年轻人非常有好感，就发出了邀请，而谭云山也没有辜负泰戈尔的苦心，从此开启了中印交往史上的一段新篇章。

谭云山认为印度这个国家、这个民族，作为中国人，不能够不了解，也不能够不去看看，中国与印度的关系应该是特别重要的。过去中印两国的历史自然不必说，有两千多年的悠久交流。单就当时而言，他也坚定地主张："无论讲世界和平也好，讲世界革命也好，讲人类文明也好，讲人类亲善也好，如果中印这两国民族不切实联合，共同努力奋斗，这种目的是断断达不到的，而且是无法进行的。"① 至于如何联合两个民族，他赞成从文化的方面下手去做。"我以为欲谋两国民族之真切联合，非求两国民族互相了解不可。欲谋两国民族互相了解，又非互相研究两国民族文化不可。"② 所以，当国人对印度视若不存，纷纷趋向"东洋"与"西洋"求学的时候，他却独自效法"白马投荒"，单身匹马到了印度。

谭云山本来不是佛教徒，只是对印度抱有好感，才跟随泰戈尔到了印度。但是当他与佛教界人士，特别是一些高僧大德接触之后，逐渐也产生

---

① 见谭云山《印度周游记》，新亚细亚学会民国二十三年（1934）出版，第28页。
② 同上书，第29页。

了信仰。甚至从来不行跪拜之礼的他，在佛陀成道地的菩提大塔前，居然也不由自主地礼拜下去，向佛陀顶礼，"想起一千三百年前，玄奘法师至此礼佛'至诚瞻仰，五体投地，悲哀懊恼……悲泪盈目。'一时追怀种种，感不自胜，真觉得'生值佛世之难'，我的眼泪也不知不觉地夺眶而出了……走在正中，对着佛像，跪下去，不知磕了好几个头，拜了好几拜了……思佛在世时，每次集会，演说正法，诸大弟子，'阿罗汉'，'比丘'，'比丘尼'，'优婆塞'，'优婆夷'，以及'国王'，'王子'，'国臣'，'国士'，'人非人'等，无不亲诣佛所，'头面礼足，绕百千匝'。然后'却住一面，静聆法音'。实出于至诚至恳，为佛之伟大庄严所动，断非如帝王辈妄自尊大，定法制，立朝仪，屈人以从，亦非后世粉饰虚伪之礼节，欺人以自欺也"①。

虽然在去印度之前，并没有受到过系统的佛法实践训练，也没有阅读多少佛教的典籍，可是他居然能在佛陀成道的菩提树下的金刚座上，摄心静坐，进入了甚深的佛法境界："我坐在上面，虔心诚意，澄怀涤虑，慢慢把心思集中起来，渐渐地便好似入了'金刚定'的样子。"他先把平时的思想，全面检查了一遍，再沉思静观，从自己的人身看起，进而看到人生，看到宇宙，"看来看去，觉得本身真是一个'苦物'，人生真是一件'苦事'，宇宙真是一个'苦海'。释迦佛所说的'苦谛'，真是千真万确的不错。且不但是苦，而且是'腐臭'，'污浊'，'罪恶'，'卑鄙'"。思考到了苦的真谛，但并没有悲观，而是觉得，"我们要善知佛法，善用佛法。我们要自救，并救人救世……我们要除去人生世界之'苦物'，'苦事'，'苦海'与'腐臭'，'污浊'，'罪恶'，'卑鄙'等等，只有在现世之中，与'尘寰'，'苦物'，'苦事'，'苦海'与'腐臭'，'污浊'，'罪恶'，'卑鄙'等等奋斗。要把'尘寰'变成'乐土'，'苦物'变成'甘物'，'苦事'变成'乐事'，'苦海'变成'美池'，'腐臭'变成'甜香'，'污浊'变成'清净'，'罪恶'变成'良善'，'卑鄙'变成'高尚'。……于是越想越远，越想越深，缥缥缈缈，不知所之"②。

---

① 见谭云山《印度周游记》，新亚细亚学会民国二十三年（1934）出版，第40—41页。
② 同上书，第55—57页。

谭云山对佛法有一定的认知，他对于大小乘之分别的观念，不同于当时普通人的想法："所谓'大乘'也只是分别当时佛随缘应机，示教利喜，普摄众生之方便法门而已。至如来大法，根本则一。从来一般人判别教义，以为小乘只是自度，大乘兼度他，此种说法，殊不尽然。不能自度，固不能度他？若不度他，又何能自度？"①

谭云山看到斯里兰卡、缅甸、泰国、日本等佛教国家，都纷纷在印度建立寺院，成立组织，推广佛教与自己的文化，而作为有着悠久历史的佛教大国的中国，唯独一直处于角色缺失的状态。为此，他在中国演讲时提出，世界上不知道中国有佛学，因为我们没有去做。"我们有'道'，有'法'，应该要贡献给世界，不能贡献给世界，便不能尽我们救世界的责任。"所以，他希望中国的佛教徒与佛学者，今后应该"要赶快注重世界宣传。著书立论，讲道说法，不但用中国文中国语，还要用外国文外国语。要把中国底佛学贡献给世界！"他说学佛人应该要多学习释迦佛牺牲救世的精神，勇敢地改革掉历史上滋生的弊病，以崭新的形象走向新世界。他批驳那些误解佛教的观点，"有人说印度亡国是受佛教底影响，这是顶大的错误。说这话的人，大概是没有研究过印度底历史。不知道印度佛教最兴盛的时候，便是国家最兴盛的时候。倒是印度佛教衰了没有了，国家也就乱了亡了"。他说自己对"释迦佛'愿代众生受无量苦，令诸众生毕竟大乐'的精神，是极端赞成而且始终至诚服膺的"。因此，他一再呼吁："希望佛教徒与佛学者，要本诸佛底救世精神，也来担当一份救世的责任。"②

初到印度的时候，他心想，纵然不能像玄奘大师那样在印度居住那么久，至少也要五六年的时间。他计划先以五年住学，从书本研究印度的语言、文学、哲学、宗教、文化等学问。然后以一年或半年时间周游各地，实地考察印度的各种名胜古迹、社会状况、风土人情。在五年中，又打算以三年在东印度诗哲泰戈尔的国际大学，以两年在西印度圣哲甘地的真理学院。然后"再实行中印民族之结合与中印文化之沟通，一面恢复两国

---

① 见谭云山《印度周游记》，新亚细亚学会民国二十三年（1934）出版，第77页。
② 谭云山：《印度佛教之现状与六大圣地》，载《印度周游记》，新亚细亚学会民国二十三年（1934）出版，第239—240页。

过去的旧情义，一面创造两国未来的新关系"①。

他与志同道合的朋友商量，要创办一个东方学会与东方学院。东方学院分艺术、文化、佛学等门类，由高剑父担任艺术方面之创立工作，谭云山则担任文化及其他方面的责任。而佛学方面的责任，拟请道阶法师与太虚法师担任。他们的宗旨与目的是："（一）要替中国与东方的文化与艺术出口气，争口气。（二）要把中国与东方底文化艺术研究整理，发皇光大。（三）要把东方文化艺术与西方文化艺术融合起来，以创造世界新文化新艺术。（四）同时在教育方面，并要创造一种世界新教育。"② 对于具体的落实方法，他认为应该先从小处着手："第一，多招几个中国学者来印度；第二，在国大特别设一个中国学院；第三，多介绍几个印度学者去中国；第四，在中国方面特别办一个学院。"③

于是，谭云山于1931年返回中国，多方呼吁，将泰戈尔中印交流与创建中国学院的想法传达给国内的政界与学界。在他的不懈努力下，"中印文化学会"于1933年在南京正式成立，蔡元培为首任理事长，谭云山则为秘书长。学会的目的在于"研究中印学术，沟通中印文化，融洽中印感情，联合中印民族，并创造人类和平，促进世界大同"。依照学会的工作计划及进行程序，第一件重要工作就是为在国际大学建立中国学院进行筹备。随后，他又开始四处奔波，多方募集资金。再次返回印度之后，"印中协会"于1934年由他们在国际大学创立，礼请泰戈尔担任会长，尼赫鲁担任名誉会长。1937年4月14日，孟加拉国的新年初一，中国学院落成。谭云山将中国学院的研究重点确定为中国佛教，除了自己尽力介绍佛教在中国发展的情况外，还组织中国学者到印度来讲学和研究，和印度学者共同切磋学术，交流看法，并且出版学报、专著，使学院成了中印文化交流的一个重要基地。

国际大学中国学院成立的初期，确实为中印两国培养了不少交流人才，特别是佛教研究学者。太虚法师促成、民国中央政府公派到印度留学的法舫、白慧二人最初都是在这里就读、研究，自费留印的巴宙、周祥光

---

① 谭云山：《印度周游记》，新亚细亚学会民国二十三年（1934）出版，第1页。
② 同上书，第169页。
③ 同上书，第29页。

等，也是在国际大学的中国学院学习。另外，徐梵澄、游韵珊、徐悲鸿等学者、艺术家，也先后在那里任教或从事艺术创作。其中，法舫、白慧、巴宙、周祥光、徐梵澄诸人，后来都成了研究印度语言、宗教、哲学、历史等不同方面的著名专家学者，而游韵珊后来出家即晓云法师，并在台湾创立了华梵大学。无论在理念上，还是校园的建设上，华梵大学都受到泰戈尔和国际大学极深的影响。另外，今天印度一些知名国立大学关于中国研究的著名教授，也有相当一部分是出自国际大学中国学院。

中国学院之所以能够成功开办，除了对中印友好坚定不移的信念的支撑之外，也与谭云山洞察时事，非常善于和两国的政治家、知名社会人士打交道有关。在中国，有一大批社会知名人士和政界官员和谭云山素相友好，从民国到共和国，谭云山都能获得中国政府的认可。而在印度，他与泰戈尔因缘的殊胜，自不必说，就是尼赫鲁、甘地等当时最知名的政治家，谭云山也都与他们有往来。

谭云山曾获得甘地的亲自接见，和他共同散步，共同讨论当时的政治与社会。他对甘地说："中印这两个国家，这两个民族，有必要真正联合起来，才能把世界和平的责任担当起来。故我们现在，急须谋中印这两个国家、这两个民族的切实联合，不但要恢复过去的旧情谊，而且要创造一种未来的新关系。"甘地也表示赞同，回答："你说的很对，我所想的也正和你所说的一样。"[1] 当谭云山向甘地提出为中国青年说几句话时，甘地亲自题词回信，并期待谭云山还能再与他见面。[2] 当抗日战争胜利的消息传到甘地那里时，甘地还特别发了一封电报给谭云山，表达心中的喜悦与祝福。

国内一些人对甘地的思想颇不以为然，多有轻视。谭云山却认为，甘地先生的"真理运动"，绝不是"不抵抗"与"消极"。甘地先生的"真理运动"，不但不是"不抵抗"与"消极"，而且是一种最有力的抵抗与最高度的积极；只是他所用的"抵抗"与"积极"的力量、方法，不同罢了。一般人只认识或只知道用"铁""血"的"残杀暴动"为"抵

---

[1] 见谭云山《印度周游记》，新亚细亚学会民国二十三年（1934）出版，第138页。
[2] 关于甘地给谭云山的信，见谭云山《印度周游记》，新亚细亚学会民国二十三年（1934）出版，第166页。

抗"，为"积极"，而不知道还有一种用"爱""和"的"和平感化"为"最有力的抵抗"与"最高度的积极"。这用铁用血的残杀暴动与用爱用和的和平感化，是世界上两种截然不同的社会救治方法。用诚用爱用和平的和平感化，即我们所说的"以德服人"，也就是"王道"；用铁用血的残杀暴动，即我们所说的"以力服人"，也就是"霸道"。"我把他和世界古今的大圣人、大伟人比较，只有两个人大致和他相似。一个即是释迦牟尼佛，一个即是我们摩顶放踵的墨子……'微斯人，吾谁与归？微斯人，吾谁与友？'"[①] 他对甘地的牺牲与奋斗精神十分敬仰，赞美说："要能为天下之至贫，才能为天下之至富，要能牺牲一切，才能得到一切。这话由甘地先生给我一个恰好的例证。"他总结甘地的思想为："他的根本精神就是一个'爱'字，他无论对于什么人都爱，无论什么人亦都爱他……极力主张'非残暴（No vislence）'。他的一言一行以及种种运动，都是以'爱'为出发点。他自己概称他的种种运动为'真理运动'，他以为真理就是'爱'，'爱'就是'真理'，也就是'上帝'。他自己的生活就是牺牲和刻苦。"[②]

　　谭云山有着极其敏锐的政治眼光，他觉得国大党的实际领袖尼赫鲁"其人极精明干练，思想亦甚清新……说句不忍说的话，万一甘地先生不在世，印度的领袖地位一定是落在他身上"[③]。后来的事实证明，他的预言完全正确。中国学院落成时，谭云山也特别邀请尼赫鲁参加落成典礼。如果不是因为突然而至的发烧，尼赫鲁就亲自到场了。虽然尼赫鲁本人没有去，但是托其女儿带着他的亲笔信连夜乘火车表示祝贺。他在信中说中国学院的落成是一个伟大的成就，说伟大"在于它勾引起对远古往昔的回忆，伟大也在于它使我们寄望于将来的同志关系，能使中印两国更紧密联系起来。过去我们两国有那长久的友好交往和相互影响的历史，从未受到政治冲突和侵略行为的干扰！我们一直是在思想、艺术、文化方面进行交换，取长补短，彼此丰富各自的民族遗产"。

[①] 关于甘地给谭云山的信，见谭云山《印度周游记》，新亚细亚学会民国二十三年（1934）出版，第145—146页。

[②] 以上两处引文，见谭云山《印度丛谈》，申报月刊出版社民国二十四年（1935）版，第14页。

[③] 同上书，第19—20页。

谭云山一边从事中国学院的建设工作,一边进行教学研究,精进不息,一生留下38种英文著作和10多种中文著作,其中相当一部分涉及中印佛学方面。为了表彰他在佛学研究方面取得的成就,1979年国际大学授予他最高荣誉——文学博士学位。在谭云山晚年退休之后,于菩提伽耶中华大觉寺筹办了世界佛学苑。中华大觉寺原来的建筑比较简陋狭窄,谭云山发心兴建两层大殿及僧寮,首层供奉释迦牟尼佛悟道像,上层供奉观世音菩萨,成为印度各地佛弟子集会弘法、礼佛朝圣的主要场所。1980年,黄心川教授访问国际大学时,谭云山告诉他,想把佛学苑办成世界佛学研究的中心之一,不仅研究南传巴利文佛教,也要传习汉传佛教和藏语系佛教,使南北两传佛教和世界的佛教研究接轨。[①] 他为创办佛学苑,耗尽了自己的积蓄,还不辞年迈劳累,去香港、新加坡等地募集资金。后来,佛学苑的大楼终于拔地而起。1983年,谭云山在菩提伽耶中华大觉寺逝世,世寿八十六。

寺院建成后,悟谦法师出任住持,于每年10月至次年3月的朝圣季节举行汉传法会,为从世界各地来到印度菩提伽耶的广大信众祈福,并提供食宿及朝圣等服务。悟谦法师于2010年圆寂,寺院现由一名广东僧人日照接管,每年举办一次水陆法会。笔者在印度留学期间,曾数次到访过大觉寺,还于2007年12月在寺院的客房里住了三天。

谭云山的一生,完全奉献给了中印两国的交流事业,是近当代中印交流历史上最重要的一座文化桥梁。所以,印度总统纳拉亚南在《谭云山百周年纪念文集》的祝词中说:"谭云山是印度、中国文化之间深刻而持久的纽带的化身。"印度前总理英迪拉·甘地夫人也在悼词中赞叹谭云山是"伟大的学者,是崇高的文化人","对增进印度和中国两大文明之间的了解作了巨大贡献"。[②] 巴宙教授说:"先生近十余年来,努力于中印文化事业之沟通及两国民族之团结,宵旰辛勤,席不暇暖。今日印度朝野及各学术机关对我民族及中华文化有更新之认识与估量,因之,中印国交及两国民族友谊日趋融洽者,先生与有力焉。"[③] 太虚法师当年访问印度时,

---

① 见黄心川《源远流长的中印友好关系将永存不断——纪念谭云山教授诞辰100周年》,《南亚研究》1998年第1期。

② 参考谭中、郁龙余主编《谭云山》,中央编译出版社2012年版,前言。

③ 巴宙译:《谭云山〈印度中文研究概观〉》,《教育通讯》1942年7月,译者志。

也曾在诗中褒扬谭云山"恂恂儒雅谭居士,中印文化融合谋",还特别赠诗给他:"曾秉华风游梵土,创从梵海振华澜。梵华道合开新运,净化人间此兆端。"① 谭云山确实开创了华梵道合的新纪元。

太虚法师、道阶法师和谭云山居士,是近代中印交流史上最重要的人物,他们为两国的文化交流事业做出了不可磨灭的贡献,值得我们永远敬仰与师从,也激励着我们沿着他们开创的事业,在中印交流的道路上继续前进。

---

① 载《太虚大师全书》第34卷《杂藏·诗存》,宗教文化出版社2004年版,第208、211页。

近当代中国与斯里兰卡的佛教交流史

斯里兰卡佛学与巴利语大学访问讲师　海　慧

斯里兰卡，旧称锡兰（以下均称斯里兰卡），中国古代曾经称其为狮子国、师子国、僧伽罗。它位于印度半岛南面的印度洋上，在海上丝绸之路上处于连接东西方的枢纽地位。中国与斯里兰卡佛教的交流由来已久。东晋，法显法师留学斯里兰卡携回梵本。南朝元嘉十年（433 年）斯里兰卡铁萨罗等 11 人来华传比丘尼戒，创中国尼僧如律如法从二部僧众受比丘尼戒之始。唐代，不空三藏曾在斯里兰卡依止普贤阿阇黎学习密法，而后成为中国密宗三大创始人之一。中国与斯里兰卡佛教的交流从未间断。近现代是一个特殊的历史时代。中国饱受战乱，"庙产兴学"风潮涌起，佛教寺产被变相侵夺。斯里兰卡沦为英国的殖民地，英殖民者大力推行基督教，并采取种种措施试图废除佛教，斯里兰卡佛教式微。在这样的境况下，中国和斯里兰卡的佛教徒并没有中断联系，而是彼此交流、合作，期以复兴佛教。

一　近现代中国与斯里兰卡的佛教交流史

1894 年初，斯里兰卡人摩诃菩提协会（MahāBodhi Society）会长、"现代印度佛教复兴之父"达摩波罗（Anagarika Dharmapala）居士来华。他首先访问了上海龙华寺，而后与被誉为"近代中国佛教复兴之父"的杨仁山居士于上海会晤，商讨共同复兴印度佛教，将佛教传布于世界，并希望中国能派遣人才到印度弘法。他还在一所寺院发表了演说。此后，他们两人之间还有书信来往。此次会面，直接引发了杨仁山提倡僧学的想法。之后，他建立了祇洹精舍——"高等僧教育之嚆矢"①，培养精通佛学、汉学和英文的人才。他编订《佛教初学课本》的初衷就是想送给达摩波罗，以便让他在印度借以复兴佛教。《杨仁山居士事略》记载："晤印人摩诃波罗于沪渎，缘其乞法西行，兴复五印佛教，志甚恳切。居士于是提倡僧学，手订课程，著《初学课本》，俾便诵读，一以振兴佛学，一以西行传教，庶末世佛法有普及之一日。"② 虽然祇洹精舍仅开课一年就停办了，但它对中国近现代佛教却产生了深远的影响。如民国年间的佛学大师欧阳竟无、太虚等都曾受学于此。达摩波罗与杨仁山的会晤，奠定了近代中斯佛教交流的基础。

太虚大师深觉斯里兰卡佛教地位的重要，早于1928年，即着手组设"锡兰佛教留学团"，初设于福建漳州南山寺，1930年迁入北京的柏林寺。直至1935年7月，斯里兰卡高僧纳罗达（Narada）来华考察佛教，此计划才得以实现。纳罗达在武昌佛学院拜访太虚法师，拟商办律仪学院。他住上海佛教净业社数月，演讲佛学，教授巴利文。他还建议中国佛教会派遣留学僧前往斯里兰卡学习僧伽律仪，研究南传佛教。他的建议得到了中国佛教会和上海佛教界的采纳，于是他们组织了一个锡兰学法团，成员有慧松、岫庐、惟幻、惟植、法周5人。其中，惟幻于1938年回国，旋还初服，为居士，名李荣熙，1982年被增选为中国佛教协会副会长。主要译著有《比丘尼传》《百喻经》《比丘戒本》《法住记》《大唐西域记》的英译，《印度教与佛教史纲》《锡兰佛教史》的汉译，并承担《佛教百科全书》（英文）的编纂工作。法周又名巴宙，后转学印度，获印度国际大学硕士学位及孟买大学哲学博士学位，并执教于印度国际大学及阿拉哈巴大学及锡兰大学，约二十年。后应美国爱渥华大学宗教学院聘请，担任佛学教授。其博士学位论文《梵巴汉藏对照波罗提木叉之比较研究》以英文写作。他的著作还有《梵本摩诃僧祇之波罗提木叉》（梵文与英文）、《大般涅盘经之比较研究》（英文）、《大乘二十二问之研究》（中文）、汉译《南传大般涅盘经》《弥林达问经》等。此外，1933年，上海净业社

---

① 太虚大师：《三十年来之中国佛教》，载《太虚大师全书》第31卷，宗教文化出版社2005年版，第47页。

② 转引自《杨仁山先生年谱》，载《杨仁山全集》，黄山书社2000年版，第597页。

《佛教英文杂志》主编黄茂林也曾赴斯里兰卡学习梵文、巴利文，以便将来回国译经及进行弘法事业。在斯里兰卡期间，他把《成唯识论》首卷译为了英文。

1939年，为联络同教感情，共同反对日本侵略，太虚大师访问斯里兰卡，得到了斯里兰卡政府和佛教界的热烈欢迎。其间与全锡兰佛教大会（All Ceylon Buddhist Congress）主席马拉拉塞克拉（Malalasekera）会面，商讨如何派人到斯里兰卡教授中文、宣扬大乘、修学巴利文佛教和派人到中国教授巴利文。此外，他们还讨论了怎样成立中国与斯里兰卡之间的联络团体，太虚大师以为有两种：一、中锡文化协会，二、世界佛教联合会。太虚大师提出建立"世界佛教联合会"的建议直接影响了马拉拉塞克拉创立世界佛教徒联谊大会（World Fellowship of Buddhists）（简称世佛联）。太虚大师访问斯里兰卡回国时，法舫说太虚大师"在锡兰发起世界佛教联合会等组织"。[①] 马拉拉塞克拉在《世界佛教徒联盟》一文中说："他（太虚大师，引者注）考虑着，决定把世界上佛教徒再集合起来，加强他们血族的同盟。"[②] 这也印证了他建立世佛联受到了太虚大师的影响。太虚大师回国后，请得教育部认可协助，以世界佛学苑名义，派遣法舫、白慧、达居到斯里兰卡学习巴利文佛教。于1946年，又派了光宗、了参前往斯里兰卡。其中，法舫先在印度国际大学进修两年，又转往斯里兰卡智严学院从事巴利文佛教的研究。后应锡兰国立大学礼聘，担任中国佛教文学及大乘佛学教授。译作有《阿毗达磨摄义论》《吉祥经》等。他并会同马拉拉塞克拉博士等组创立世佛联，参与起草世佛联章程，并代表上海法明学会作为中国人参加首届世佛联大会，成为中国首位世佛联执委会成员。会议决议的最重要的议案为：中国被推为大会理事会常务理事之一员，中国为全世界佛教徒友谊组织之"区分中心"之一。由此，中国被视为"世佛联"成立的创始国之一。

太虚大师曾以"从巴利语系佛教说到今菩萨行"为题在汉藏教理院演讲，他认为若要复兴中国佛教应当实践"今菩萨行"，如斯里兰卡通神

[①] 法舫：《欢迎太虚大师回国》，载《法舫文集》第5卷，金城出版社2011年版，第4页。
[②] 马拉啦色格罗：《世界佛教徒联盟》，法舫译，载《法舫文集》第1卷，金城出版社2011年版，第116页。

学会等佛教团体般积极入世，做利他的社会事业。斯里兰卡佛教其教虽是小乘，其行却是大乘行，和中国大乘教小乘行的佛教适得其反。他指出中国佛教衰败的最大的病源是空谈大乘，不重实行，行为与教理完全脱离关系。斯里兰卡佛教关注社会、切近人生，这与太虚大师的人生佛教理念相契。斯里兰卡佛教仿佛就是太虚大师人生佛教理念之现实。

1946年7月，为传播巴利文佛教和学习华文佛教，锡兰摩诃菩提会派遣索麻（Soma）、开明德（Khemimda）、潘那西哈（Pannasiha）三位比丘来华。但是他们滞留上海，不赴西安巴利三藏院。他们无意于学习华文佛教，后经香港离华返回斯里兰卡。

二　当代中国与斯里兰卡的佛教交流史

1955年，斯里兰卡政府和佛教界为纪念释迦牟尼佛涅盘2500周年，发起编纂英文佛教百科全书，要求各国佛教学者给予支持合作。周恩来总理接受斯里兰卡总理的请托，把撰写中国佛教条目的任务交给中国佛教协会，中国佛教协会当即成立"中国佛教百科全书编纂委员会"，聘请国内著名佛教学者撰稿。全部汉文条目400余篇、200余万字。

1957年，周恩来总理访问斯里兰卡期间，全斯佛教大会会长马拉拉塞克拉陪同，在群众大会上做翻译，受到周总理的好评。同年7月，斯里兰卡纳罗达法师到北京，代表斯里兰卡的佛教徒将一颗佛舍利赠送给中国佛教徒。同年，留学于斯里兰卡的了参法师应中国佛教协会赵朴初副会长邀请，回国任中国佛学院上座部研究生导师，同年舍比丘戒，名为叶均。1958年，他开始着手翻译佛典。译著有《法句经》《清净道论》《摄阿毗达摩义论》等，以《清净道论》为最著名。尚有《汉巴辞典》，惜未完稿。

1960年10月，中国与斯里兰卡政府联合举办纪念中国著名高僧法显访问岛国1500周年中国佛教图片展，并向斯里兰卡智增大学赠送汉文佛经。

1961年6月，应斯里兰卡总理西丽玛沃·班达拉奈克的邀请，北京灵光寺佛牙舍利赴斯里兰卡接受巡礼供奉。佛牙在斯里兰卡巡礼两个月，到过八个省份、九个城市、十五个行政区，受到三百多万斯里兰卡人民的虔诚瞻拜。

1963年，斯里兰卡总理班达拉奈克夫人访华，周恩来总理亲自陪同到上海，并让中国佛教协会副会长赵朴初延请64位法师诵颂经典，以佛教仪式纪念夫人的丈夫、故总理班达拉奈克诞辰64周年。班达拉奈克夫人将一尊仿斯里兰卡故都阿努拉德普勒的古佛雕像赠送给中国佛教协会，至今仍供奉在北京广济寺。

在昙摩朗西长老和财长罗尼·德迈尔先生共同建议下，中国政府提供了二百万卢比的援款，重建法显村。此工程于1981年7月16日正式开始。工程包括修建居民住宅、扩建学校、铺设道路、重修法显庙和香客休息室。

1985年5月，斯里兰卡总统贾亚瓦德纳在钓鱼台国宾馆会见了中国佛教协会会长赵朴初，就中斯两国间在佛教方面的交流进行了交谈。

1985年8月，中国佛教协会副会长正果法师将一尊贴金楠木佛像赠送给斯里兰卡国际佛堂供奉，请斯里兰卡驻华大使萨马拉辛哈代为转交。这座由斯里兰卡外交部倡议建立的国际佛堂供奉各佛教国家赠送的具有本国民族形式的佛像。

1986年4月，斯里兰卡著名佛教学者罗睺罗法师一行，对我国进行了友好访问。同行的有印度摩诃菩提会秘书长、世界佛教僧伽大会秘书长、亚洲佛教徒和平大会副主席维普拉萨拉法师及维摩拉斯利居士。罗睺罗法师先后访问了十三座寺院，并在中国佛学院、中国佛学院栖霞山分院、上海佛学院讲学。应罗睺罗法师和维普拉萨拉法师的邀请，赵朴初会长和中国佛学院派遣圆慈、广兴、净因、学愚、建华五名学僧前往斯里兰卡学习巴利语和上座部佛教。他们五人在斯里兰卡都获得了文学硕士学位和哲学硕士学位。之后，净因、广兴、圆慈前往英国伦敦大学亚非学院攻读博士学位，学愚前往美国爱荷华大学攻读博士学位。净因现为南京大学教授；广兴为香港大学教授；圆慈任教于中国佛学院，为中国佛教文化研究所研究员；学愚为香港中文大学教授；建华为中国社会科学院哲学研究所研究员。

1987年4月，以斯里兰卡暹罗派阿南达、钱达南达两位大长老和佛牙寺总管维杰亚拉特纳先生为首的斯里兰卡佛教代表团来华进行了为期13天的友好访问。代表团在京期间，受到班禅副委员长和赵朴初会长的亲切会见。

1989年4月，以斯里兰卡佛教三大派别之一的阿玛拉普拉派大长老塔拉莱·塔玛难达为首的国际文化友好和佛教和平布道团一行四人访问了北京，受到了中国佛教协会会长赵朴初的会见。在京期间，代表团参访了广济寺、法源寺、雍和宫等处，并向中国佛学院师生作了讲演。

韩廷杰，1960年至1965年在北京大学东语系学习梵文和巴利文，毕业后到中国社会科学院世界宗教研究所研究佛教，现为研究员。曾于1987年至1989年赴斯里兰卡研究巴利文和上座部佛教。著作有《南传上座部佛教概论》，译有《大史》《岛史》。

邓殿臣，1966年北京外国语学院僧伽罗语专业毕业，后留校任教，曾先后三次到斯里兰卡工作、研修。1991年出版《南传佛教史简编》。他先后翻译6部南传大藏经佛典《长老偈》《长老尼偈》《即兴自说经》《大隧道本生经·传》《大念处经》及《小诵》（含10部小经）。

1992年7月，斯里兰卡佛教会会长、摩诃菩提会秘书长、著名的佛教艺术家维普拉萨拉长老来华进行友好访问。赵朴初会长在中国佛教协会会见了维普拉萨拉长老，并进行了亲切友好的会谈。

1998年，历时11年的《汉译南传大藏经》完成，由台湾高雄市元亨寺汉译南传大藏经编译委员会编译，是目前唯一较为完整的巴利藏汉译本。包含律藏、修多罗藏（经藏）、阿毗昙藏（论藏）以及藏外佛典，全部70册，约1400万字。

2002年8月，应斯里兰卡佛教部的邀请，中国佛教协会从信奉南传上座部佛教的云南省西双版纳和德宏傣族自治州两地，派遣了六位青年比丘前往斯里兰卡留学。这是中国佛教协会首次正式选派南传上座部佛教僧人赴斯里兰卡留学。

2005年10月，在西双版纳总佛寺内举行了迎接斯里兰卡圣菩提树安奉法会，斯里兰卡佛教代表团暹罗教派阿斯吉里派大长老一行11人从斯里兰卡送来三棵菩提圣树。

2007年2月，中国佛教协会在北京灵光寺举行斯里兰卡总统赠送佛像仪式暨佛像供奉祈福法会，斯里兰卡马欣达·拉贾帕克萨总统与夫人、斯里兰卡政府16位部长和斯里兰卡佛教代表团等贵宾，中国国家宗教事务局局长叶小文、中国佛教协会会长一诚及首都佛教界四众弟子近千人参加了这一盛大仪式。

2007年8月，以中国佛教协会一诚会长为团长、祜巴龙庄·勐副会长为副团长的中国佛教代表团一行9人，赴斯里兰卡参加康提佛牙节。访问团受到了斯里兰卡总统和总理的亲切会见。斯里兰卡佛教界还专门为一诚会长颁发了"弘法旗帜奖"和"弘法功勋奖"。

2007年9月，以阿斯羯利派大导师乌杜噶玛为团长的斯里兰卡佛教代表团一行12人访问中国佛教协会，受到一诚会长的亲切会见。此外，斯里兰卡佛教代表团还拜访了中国国家宗教事务局，朝拜了北京灵光寺佛牙舍利。

2010年11月，应"世佛联"潘·瓦那密提主席与斯里兰卡全锡兰佛教会贾格特·苏玛提帕主席的联合邀请，以中国佛教协会学诚副会长为团长的中国佛教代表团一行64人访问斯里兰卡，出席第25届"世佛联"大会暨成立60周年庆典等活动。学诚法师以"风雨一甲子，携手共明天"为题发表了演讲。

2010年9月，由中国佛教协会、斯里兰卡驻华使馆联合主办，中国佛教文化研究所、北京灵光寺承办的"法显的足迹——纪念法显西渡斯里兰卡1600周年学术研讨会"在北京灵光寺举行。斯里兰卡驻华大使K.阿穆努伽玛、美国加州伯克利大学佛学研究所教授西拉威玛拉长老（Seelawimala）、斯里兰卡佩拉德尼亚大学KNO·达玛达萨教授（KNO·Dharmadasa）等出席了会议。

2014年10月，由中国佛教协会承办的第27届"世佛联"大会在陕西宝鸡举行，斯里兰卡凯拉尼亚大学校长善法长老率代表团出席大会，斯里兰卡总统马欣达·拉贾帕克萨向大会发来贺信贺电。

当代，斯里兰卡学生到中国留学的人数也逐渐增多，已有多人在中国获得佛学方向的博士学位，他们的博士学位论文都涉及汉传佛教，如M. Dhammajothi法师、Moragollagama Uparathana法师、Wimal Hewamanage等，他们现在都任教于斯里兰卡的大学。

除了"文革"期间，中斯两国佛教交流都比较频繁。在此阶段，南传巴利佛典的汉译工作进步很大，如《清净道论》《南传大藏经》的翻译。不同于民国年间的斯里兰卡留学生，当代的斯里兰卡留学生表现出了对汉传佛教的强烈兴趣。中斯两国的佛教得到了进一步的相互认识。

三 结论

　　杨仁山与达摩波罗的会晤奠定了近现代中斯佛教交流的基础。近代中斯佛教的交流主要表现在两国佛教领袖到彼此国家的访问与留学生的互派。佛教领袖之间的访问交流，相互都产生了影响。杨仁山与达摩波罗的会晤引发了杨仁山提倡僧学的想法，此后，他建立了祇洹精舍。太虚大师提出建立"世界佛教联合会"的建议直接影响了马拉拉塞克拉创立世佛联。中斯两国的留学生不仅肩负着学习对方佛教传统的责任，同时也肩负着弘扬自己所传承的佛教传统的责任。如中国的留学生巴宙、法舫后来对南传经典的汉译贡献颇大，而且他们都在斯里兰卡的大学讲授大乘佛教，这极大地影响了汉传大乘佛教在斯里兰卡的传播。法舫还参与了世佛联的创立，中国也由此成为世佛联的创始国之一。

　　1949年以后，由于交通的便利，还有政治交流的需要，中斯两国的高僧到彼此国家的访问更加频繁，佛教活动也有所增多。不论是公派，还是自费，中斯两国的留学生也逐渐增多。南传经典的汉译方面，叶均译出了《清净道论》《摄阿毗达摩义论》等重要著作。台湾元亨寺也完成了南传大藏经的汉译工作，使得国人可以完整地认识南传佛教。总之，中斯两国佛教在近当代的交流极为通畅和友好，这有力地促进了双方对对方佛教传统的深入认识。

参考文献

净海：《南传佛教史》，宗教文化出版社2002年版。

法舫：《法舫文集》第1—5卷，金城出版社2011年版。

邓殿臣：《南传佛教史简编》，中国佛教协会1991年版。

李四龙：《"阿尔格尔"考：杨文会的弘法理念与国际视野》，《世界宗教研究》2010年第3期。

梁建楼：《世界佛教徒联谊会的创立——太虚与法舫对世佛联的贡献》，《世界宗教研究》2014年第4期。

中国和斯里兰卡相互依存的佛教文化领域

斯里兰卡佩拉德尼亚大学历史系
Ven. M. Sobhitha（索毕德）

引　言

斯里兰卡位于亚洲南部，是南亚次大陆南端印度洋上的岛国。很早以前，中国人便知道斯里兰卡。中国古书中零星记载斯里兰卡的名称有30多个，如师子国、已程不国、师子洲、私诃叠国、私诃絮国、斯条国、斯调洲、私诃条国、斯调国、僧加剌、楞加、僧伽罗、狮子国、僧诃罗国、私诃罗国、新合纳的音、信合纳帖音、星哈剌的威、楞伽岛、棱伽山、细兰、细轮叠、悉兰池、西兰山、西仑、西岭、宝渚、宝洲、兰卡、锡兰、锡兰山等。其中最常见的名称为"师子国"。古时的斯里兰卡"多奇宝"，以盛产宝石而闻名。古代印度人称斯里兰卡为"Ratnadvipa"（宝石州）。9世纪时，大食人也称之为"Jaziratal‐Yakut"（红宝石岛）。然而，尽管斯里兰卡的宝石在中国也很有名，但中国的古书中最常见的却是"师（狮）子国"。因为据说那里的人"能驯养师（狮）子"。笔者认为，实际上当时斯里兰卡并不以"驯养师子"著称，汉语里的"师子国"可能是根据"僧伽罗"（sihala、singhala）这个地名翻译而来的，而"僧伽罗"一词本身含有"狮子"的意思。

中国与斯里兰卡虽远隔重洋，但两国人民的友谊源远流长。在斯里兰卡的古书里，称中国为"支那国"（Cinaya）或"摩诃支那国"（Maha‐cinaya）。据《汉书》卷二八《地理志》记载，早在两千多年前，西汉王莽就曾派遣使臣访问"已程不国"（斯里兰卡），开启了中、斯两国最早的官方接触。

一 古代中、斯佛教文化交流的历史背景

魏晋南北朝是中国历史上政权更迭最频繁的时期，长期的封建割据和连绵不断的战争，使这一时期中国文化的发展受到较大的影响。东晋之后，南北分裂，南北朝形成对峙局面。由于各帝王的支持拥护，佛教不再依附儒道，寺院僧尼急剧增多，佛教译经更为盛行，成为中国佛教发展最为快速的时期之一。这一时期佛教的对外交流也全面展开，人员往来频繁，中国与斯里兰卡也开始了文化上的往来，尤其是在佛教交流方面。

东晋时，师子国国王一心想跟中国发展良好关系，当他听到东晋孝武帝（373—396 年）崇奉佛教，便派遣沙门昙摩航海送来极为珍贵的四尺高的玉佛像一尊，历经十年，直到义熙二年（406 年）才到达建康（今南京）。（《梁书》卷五四《扶南传》）此时，中国佛教界涌现出一股出国求法、传法的热潮，很多中国僧人前往印度、斯里兰卡等佛教大国求法取经。东晋时，中国高僧法显是文献记载中第一个从中国西域陆上丝绸之路出国去印度取经，后从南海丝绸之路回国的，法显于公元 410 年到达斯里兰卡。[1]

刘宋元嘉五年（428 年），师子国王刹利摩诃南（即摩诃那牟）派四僧人、二白衣送牙台象来宋。（《宋书》卷九七《夷蛮列传》）元嘉七年（430 年）和元嘉十二年（435 年）都有师子国遣使来宋赠送方物的记载。（《宋书》卷五《文帝本纪》）其间，舶主竺难提于元嘉六年（429 年）带比丘尼来宋；元嘉十年（433 年），舶主竺难提又带师子国尼铁萨罗等十一人来宋。[2] 北魏太安元年（455 年），师子国胡沙门邪奢遗多、浮陀难提等带来的佛影摹件，非常逼真，"去十余步，视之灿然，转近转微"（《魏书》卷一一四《释老志》）。

斯里兰卡和中国佛教的交往，刘宋以后还正常地继续着。据记载，萧齐永明六年（488 年），有一位外国三藏法师（不知其名）带着师子国高

---

[1] 章巽校注：《法显传校注》，上海古籍出版社 1985 年版，第 151 页。
[2] （梁）宝唱撰，王孺童校注：《比丘尼传校注释》卷一《广陵僧果尼传十四》，中华书局 2006 年版，第 88 页。

僧觉音所注的优波离集律藏《善见律毗婆沙》（Samanthapasadika）梵本来到广州，临到登岸又返回去，将梵本付给弟子僧伽跋陀罗。[①] 之后，梁大通元年（527年），师子国王伽叶伽罗诃梨耶（Silakala）遣使致书中国，要和梁朝共弘三宝。(《梁书》卷五四《诸夷列传》)

魏晋南北朝时期，从斯里兰卡来中国的僧人，有的是斯里兰卡本地的，有的则是印度僧人，在斯里兰卡游历之后，又来到中国。比如说求那跋摩、僧伽跋摩、僧伽跋弥、求那跋陀罗等。

唐代，中、斯两国使者的相互访问增多。当时的中国是世界上最强盛的国家，也是中国古代历史上最开放的时期，中外交流相当频繁。中国与斯里兰卡交往也自然增多。中、斯关系进入新的发展阶段。唐朝经济发展、文化繁荣，受到斯里兰卡国王的极大关注。在7、8两个世纪里，斯里兰卡曾六次派遣大使去唐朝。

公元670年（《新唐书》卷二二一下《西域列传》下）、公元711年（《册府元龟》卷九七〇《外臣部》）、公元742年（《新唐书》卷二二一下《西域列传》下）、公元746年（《册府元龟》卷九七一《外臣部》）、公元750年（《册府元龟》卷九七一《外臣部》）、公元762年（《册府元龟》卷九七二《外臣部》），斯里兰卡多次派人来中国访问、赠送珍贵礼品，如珍珠、金丝、宝石、象牙、帷幔等物。他们来的目的，一是通过访问使两国的友谊关系增强；二是借向朝廷赠送珍贵礼品以介绍斯里兰卡的商品，希望在两国贸易方面赢得更多的交流机会。

唐代中、斯之间贸易频繁，在很多诗文中都得以体现。如韩愈《昌黎集》卷一〇《送郑尚书赴南海》："番禺军府盛，欲说暂停杯。盖海旗幢出，连天观阁开。衙时龙户集，上日马人来。风静鹞鸱去，官廉蚌蛤回。货通师子国，乐奏武王台。事事皆殊异，无嫌屈大才。"洪适《盘洲集》卷六六《设蕃致语》："舻人指日欲开樯，泊此需云宠远商。奇物试求师子国，去帆稳过大蛇洋。银杯更尽金杯饮，黑暗仍兼白暗将。方伯使华清彻底，不闻私有囊中装。"卷六五《设蕃乐语》："政容狱市，誉溢康庄。得华裔之欢心，知藩垣之大体。治如方庆，忿息昆仑之酋；诗美郑公，货通师子之国。""迩来唐儿罕到师国，编户以财雄。惟桀贼频啸，重

[①] 费长房：《历代三宝记》，《大正藏》第51册，第153页。

屯娄［屡］赘，多乎战、劳乎戍，人人得累资级，给倍无艺，竭其有共亿，而州骤贫。"① 又，陶安《陶学士集》卷五《送赵心道赴番禺令》："去天万里海南边，甘露清冷洗瘴烟。邑附羊城民按堵，路通师国贾开船。"②

据唐代著名地理学家、唐德宗时期的宰相贾耽（730—805 年）记载，当时中国开往印度洋以西国家的船舶，一般从广州出发，经越南东海岸，到新加坡，过马来西亚海峡，再经尼科巴群岛到斯里兰卡。③对外贸易以海上贸易为重点，分为交广和楚扬南北两线（当时中国重要的航海贸易港口有广州、交州、泉州、扬州、明州、潮州和楚州）。交州和广州担负对阿拉伯帝国、南洋和印度洋国家的贸易。《唐国史补》卷下云："南海舶，外国船也。每岁至安南、广州。师子国舶最大，梯而上下数丈，皆积宝货。至则本道奏报，郡邑为之喧阗。有番长为主领，市舶使籍其名物，纳舶脚，禁珍异。"当时在广州、扬州等主要口岸，就有"南海舶""波斯舶""师子国舶""印度舶"等数十种名称。杜甫在《送重表侄王砅评事使南海》一诗中也咏："……番禺领亲贤，筹运神功操。大夫出卢宋，宝贝体膏脂。洞主降接武，海湖舶千艘。"其中有南海舶、番舶、西南夷舶、波斯舶、昆仑舶、西域舶、蛮舶、南蕃海舶、波罗门舶、师子国舶等商船，使珠江河面呈现出一派"大舶参天""万舶争先"的兴旺景象。诚如诗人刘禹锡诗云："连天浪静长鲸息，映日帆多宝舶来。"（《全唐诗》卷十三《南海马大夫远示著述兼酬拙诗》）从上面的记载可知，当时中、斯两国人民之友好往来和相互通商已很频繁。唐朝还有许多高僧外出求法或讲学，他们沿着陆上和海上丝绸之路往来不绝。两国都有人留居在对方的土地上，据记载，当时外来居民聚集在广州城里的主要有林邑人、爪哇人和僧伽罗（斯里兰卡）人。两国的商船都很大而结实，来往频繁，几乎每年都有，而且已经形成一条很成熟的贸易线。

在支持佛教的辽朝，斯里兰卡大使出访中国，这次拜访的时间是在 989 年［当时斯里兰卡的国王是摩晒陀五世（Mahinda V），他是阿奴拉达

---

① 李昂英：《文溪稿》，暨南大学出版社 1994 年版，第 378 页。
② 陶安：《陶学士集》，书目文献出版社《北京图书馆古籍珍本丛刊》影印弘治刊本，第 100 页上。
③ 李永采：《海洋开拓争霸简史》，海洋出版社 1990 年版，第 101 页。

普拉时期最后一位国王]。辽圣宗统和七年（989年）二月甲寅，师子国来贡。(《辽史》卷十二《圣宗本纪》)但有意思的一点是，大使到达中国的时候，中国的南部正在南宋的统治下，所以他很可能要先经过宋国才能到达位于中国北方的辽国首都。

中国从斯里兰卡进口的商品主要有珍珠、香料、象牙、宝石、珊瑚等，而从中国出口到斯里兰卡的商品主要有丝织品、瓷器、金银、铜钱。斯里兰卡的考古材料也很能说明问题，考古发现的瓷器和古钱币（976—1265年）是说明两国来往的证据。最早的瓷器是唐朝的存储罐和一些瓦罐碎片，最常见的瓷器形状是大的扁平底的、短垂直的颈部带与肩部带六个水平把手的储物罐。这些多在港口地区发现，暗示着当时是用来放在商船里面存储珍贵商品的，也就是说存储罐的价值本身更多体现在存放珍稀商品这点上。

除了这种储物罐，还有带有黑条的石存物罐和深棕色上釉的碎片。它们可能不是为了献给统治者的珍贵礼物，而是商船上盛放珍贵商品或易碎商品的容器。很多这样的储物罐在摩诃帝多（Mahatittha）港口发现，说明唐朝中、斯贸易关系的活跃。从7—10世纪中国五个朝代的不同类型的瓷器碎片也在摩诃帝多（Mahatittha）港口以及阿奴拉达普拉（Anuradhapura）、密兴多列（Mihintale）的寺庙发现。如果这些出土瓷器和碎片仅仅只是在寺庙遗址发现，那它们就不会是证明贸易关系存在的证据了，因为这些瓷器也可能是当时的珍贵物品而作为礼物赠送的。斯里兰卡似乎更钟情于中国瓷器，而高品质的青瓷器和白色陶瓷的进口最多。这些瓷器碎片和许多中国古钱币在后来的首都隆纳鲁伐（Polonnaruwa）和耶波呼伐（Yapahuwa）被挖掘出来。在阿奴拉达普拉港口和寺庙都发现了中国瓷器，说明当时两国之间的瓷器贸易是兴盛的。考古学家陆续在斯里兰卡的摩诃帝多、无畏山寺（Abhayagiri）、密兴多列发现很多不同种类瓷器的碎片和瓷碗，经考证它们是唐五代时的古物。[①]

在斯里兰卡北海岸的阿拉匹底（Allaipiddi），很多宋瓷被挖掘出来。

[①] S. G. M. Weerasinghe, *A History of the Cultural Relations between Sri Lanka and China*, Central Cultural Fund Colombo, 1994, pp. 90–97.

挖掘出来的很多是碗或者碗的碎片，罐子或者罐子的碎片，有一个是类似桶或盆的东西。大桶开始使用的时间可以追溯到11—12世纪初，灰棕色，是由高温火烧黏土做成。表面和里面棕色上釉，底部没有上釉。在平底的上面是向外曲的喇叭形的边条和圆形包边。①

元朝（1271—1368年），是中国历史上第一个由少数民族建立并统一全国的封建王朝。元朝的疆域空前广阔，领土面积超过2000万平方公里，是当时世界上最大的国家。元朝在南宋的基础上，继续发展同南海西洋诸国的友好关系，积极发展海外贸易。元朝商人在南海的贸易十分活跃，这一时期中、斯的交往也较为频繁。

元代时，斯里兰卡又被称为"新合刺的音""信合纳帖音""星哈刺的威""僧加刺"，斯里兰卡的地方城邦有"千里马""大佛山""高郎步"等名。《元史》卷十七《世祖本纪》记曰："至元二十九年冬十月壬寅，信合纳帖音国遣使入觐。"《元史》卷一三四《迦鲁纳答思传》记曰："西南小国星哈刺的威二十余种来朝，迦鲁纳答思于帝前敷奏其表章，诸国惊服。"汪大渊《岛夷志略》："叠山环翠，洋海横络。其山之腰，有佛殿岿然，则释迦佛肉身所在，民从而像之，迨今以香花烛事之若存。"② "大佛山之下，湾环中，纵横皆卤股石……地产红石头，与僧加剌同。贸易之货，用八丹布、斗锡、酒、蔷薇水、苏木、金、银之属。"③ "北与大奋山截界，溪水护市，四时澄彻，形势宽容。……地产翠羽、百合、萝蕨。贸易之货，用铁条、粗碗、苏木、铅针之属。"④

元代时，中国皇帝曾先后四次（1273年、1284年、1291年、1293年）派人去斯里兰卡。1292年，斯里兰卡国王派人到中国，这是元朝唯一一位斯里兰卡到中国的大使，此次派遣大使的国王是波罗伽罗摩巴忽三世（Parakramabahu Ⅲ）。一百年后的著作《卡弗耶·塞迎罗》（Kavyasekharaya），写到这个国王佩带的剑和乐器是从中国带来的，并且中国

---

① S. G. M. Weerasinghe, *A History of the Cultural Relations between Sri Lanka and China*, Central Cultural Fund Colombo, 1994, pp. 90–97.
② 汪大渊著，苏继庼校释：《岛夷志略校释》，中华书局1981年版，第243页。
③ 同上书，第270页。
④ 同上书，第308页。

的士兵还在这个国王的军队中服役过。① 所以我们认为波罗伽罗摩巴忽三世统治时期也是中、斯关系发展史上的重要阶段。

1273年，忽必烈大王派其长子阿不合前往狮子国做药品贸易，到1284年，奉诏返回。不久，元朝统治者又派人前往僧迦剌国（斯里兰卡）学习佛法，并赐予他们许多金银玉缎，1285年，他们从海道返回中国。1291年12月，元政府又派遣左吉前往狮子国。1292年，狮子国派使者来中国访问。1293年，元政府派遣兵部侍郎忽鲁秃花等人前往印度、斯里兰卡，并赐斯里兰卡酋长三珠虎符。《元史》卷八《世祖本纪》记载："至元十年春正月己卯，命诸王阿不合市药狮子国。至元二十一年，……召还。复命使海外僧迦剌国，观佛钵舍利，赐以玉带衣服鞍辔。二十二年，自海上还。至元二十八年冬十一月壬寅，遣左吉奉使新合剌的音。至元二十九年冬十月壬寅，信合纳帖音国遣使入觐。至元三十年冬十月己丑，遣兵部侍郎忽鲁秃花等使阁蓝可儿、纳答、信合纳帖音三国。仍赐信合纳帖音酋长三珠虎符。"可见，两国的关系越来越密切。

明成祖于1403年即位，年号永乐。他派遣太监郑和率领船队探访南方各国。在殖民时期前，中、斯关系发展的最后一个阶段是在明代。明朝时称斯里兰卡为锡兰山。中国的航海家郑和很重视斯里兰卡这个国家。虽然他去斯里兰卡的动机不是特别清楚，但是我们猜想应该就是政治和经济双方面的目的。在1405—1433年期间，中国伟大的航海家郑和曾先后七次到印度洋。1409年，郑和到斯里兰卡。1411年，郑和从斯里兰卡回国时，曾同斯里兰卡国王亚烈苦奈尔和他的妻子等一同来中国。1430年，郑和再次访问斯里兰卡。1433年，斯里兰卡的国王不剌葛麻巴忽剌批访问中国。此后，1445年和1459年，斯里兰卡又两次遣使至中国。

郑和第一次下西洋到达锡兰山国时，国王亚烈苦奈尔妄图加害郑和等人。郑和发觉亚烈苦奈尔之用心，遂告辞出来。郑和第三次下西洋回国

---

① Mahinda Werake, "Sino - Sri Lankan Relations During the Pre - Colonial Times", Senaka Bandaranayake, Lorna Devaraja, Roalnd Silva, K. D. G. Wimalaratne (Ed). *Sri Lanka and the Silk Road of the Sea*, The Sri Lanka National Commission for Unesco and the Central Cultural Fund, Colombo, 1990, p. 225.

时，又经过锡兰山国。在第三次航行中郑和拜访斯里兰卡两次，第一次是从中国到斯里兰卡周围地方去的时候来到斯里兰卡，进贡，带来礼物，宣布中国皇帝的友好敕令。第二次是在回中国途中路经斯里兰卡，但是亚烈苦奈尔对他有敌意。郑和俘虏斯里兰卡统治者，并且由中国皇帝册封其同族取代他的统治权，这是中、斯交流史上发生的史无前例的大事。郑和七次下西洋，每次都访问过斯里兰卡，时间分别是1405年、1407年、1409年、1411年、1417年、1430年、1432年。最后两次拜见斯里兰卡君主主要是为了说服他们继续保持和中国朝廷的友好往来。

明朝时，斯里兰卡多次遣使来朝，《明史》均有记载。《明史》卷七记曰："是年（永乐十四年，1416年），占城、古里、爪哇、满剌加、苏门答剌、南巫里、浡泥、彭亨、锡兰山、溜山、南渤利、阿丹、麻林、忽鲁谟斯、柯枝入贡。"（《明史》卷七《成祖三本纪》）"是年（永乐十九年，1421年），瓦剌贤义王太平、安乐王把秃孛罗来朝。忽鲁谟斯、阿丹、祖法儿、剌撒、不剌哇、木骨都东、古里、柯枝、加异勒、锡兰山、溜山、南渤利、苏门答剌、阿鲁、满剌加、甘巴里、苏禄、榜葛剌、浡泥、古麻剌朗王入贡。"（《明史》卷七《成祖三本纪》）"是年（永乐二十一年，1423年），锡兰山王来朝，又遣使入贡。"（《明史》卷七《成祖三本纪》）卷九记曰："是年（宣德八年，1433年），暹罗、占城、琉球、安南、满剌加、天方、苏门答剌、古里、柯枝、阿丹、锡兰山、佐法儿、甘巴里、加异勒、忽鲁谟斯、哈密、瓦剌、撒马儿罕、亦力把里入贡。"（《明史》卷九《宣宗本纪》）卷十记曰："是年（宣德十年，1435年），琉球中山、哈密、亦力把里、安南、占城、满剌加、锡兰山、撒马儿罕、乌斯藏入贡。"（《明史》卷十《英宗前纪本纪》）卷十二记曰："是年（天顺三年，1459年），哈密、琉球中山、锡兰山、满剌加入贡。"（《明史》卷十二《英宗后纪本纪》）以上来华的斯里兰卡大使都是波罗伽罗摩巴忽六世（Parakramabahu VI）派来的。每次来使都赠送中国珍贵礼物，如珍珠、珊瑚、宝石、水晶、金戒指、西洋布、乳香、木香、树香、檀香、没药、硫黄、藤竭、芦荟、乌木、碗石、驯象之属。（《明史》卷三二六《外国七列传》）此后斯里兰卡沦为葡萄牙的殖民地，天顺三年来华遂成为斯里兰卡沦为殖民地之前的最后一次觐见。

二　中、斯两国佛教文化交流

（一）比丘尼文化

中国比丘尼的发展与斯里兰卡僧尼的帮助有很大关联。元嘉六年（429年）有师子国（今斯里兰卡）比丘尼八人至宋京（今南京）。她们曾询及中国尼僧受戒情况，认为戒本从僧而发，虽二众不全，以从权之故，无妨尼僧得戒。如能重受，当然更好。适求那跋摩经南海至宋，于南林寺建立戒坛，因请求重受。但当时师子国八尼年腊未登，不满十人，所以由于尼师人数不够，求那跋摩也未能为慧果、僧果等人授戒。但他令先行到达中国的斯里兰卡比丘尼学宋语，另托西域船主难提再去斯里兰卡请戒师，为之后她们的"二部受戒"奠定了基础。元嘉十年（433年）难提复载师子国比丘尼铁萨罗（Devasara或Tisarana）等十一人至建康（今南京），十位合格的比丘尼戒师终于具足。且先到的尼师已学会使用宋语，遂可进行二部僧受戒。可惜此时求那跋摩已过世，僧果、慧果等三百人乃共请僧伽跋摩，和铁萨罗等尼师一起，于元嘉十一年（434年）在南林寺设坛传戒，请僧伽跋摩为传戒师，为三百余尼僧重授具足戒。关于这段历史，《比丘尼传》中多处都进行了记载。

《景福寺慧果尼传一》中，慧果曾询问求那跋摩戒律问题。"到元嘉六年，西域沙门求那跋摩至。果问曰：'此土诸尼，先受戒者，未有本事。推之爱道，诚有高例，未测厥后，得无异耶？'答：'无异。'又问：'就如律文，戒师得罪，何无异耶？'答曰：'有尼众处，不二岁学，故言得罪耳。'又问：'乃可此国先未有尼，非阎浮无也？答曰：'律制十僧，得授具戒；边地五人，亦得授之。正为有处，不可不如法耳。'又问：'几许里为边地？'答曰：'千里之外，山海艰隔者是也。'"① 《广陵僧果尼传十四》中也记载了僧果对于汉地受戒的困惑和不自信。该书记载："元嘉六年，有外国舶主难提，从师子国载比丘尼来至宋都，住景福寺。后少时，问果曰：'此国先来，已曾有外国尼未？'答曰：'未有。'又问：

---

① 宝唱撰，王孺童校注：《比丘尼传校注释》卷二《景福寺慧果尼传一》，中华书局2006年版，第43页。

'先诸尼受戒，那得二僧？'答：'但从大僧受得本事者，乃是发起受戒人心，令生殷重，是方便耳。故如大爱道八敬得戒，五百释女以爱道为和上，此其高例。'果虽答，然心有疑，具咨三藏，三藏同其解也。又咨曰：'重受得不？'答：'戒定慧品，从微至着，更受益佳。'"① 由此可见当时的中国女性信众对当时汉地受戒能否得戒心存疑惑。虽然求那跋摩指出可以得戒，但汉地比丘尼为了"增长戒善"，仍然希望能"二部受戒"。

关于"二部受戒"，《广陵僧果尼传十四》中还记载："到十年舶主难提复将师子国铁萨罗等十一尼至。先达诸尼已通宋语，请僧伽跋摩于南林寺坛界，次第重受三百余人。"②《普贤寺宝贤尼传二十一》中也说："惠果等后遇外国铁萨罗尼等至，以元嘉十一年，从僧伽跋摩于南林寺坛重受具戒，非谓先受不得，谓是增长戒善耳。"③《比丘尼传》中还在德乐、净秀、僧敬的传中提到这段"二部受戒"的历史。而当时斯里兰卡十九位比丘尼住在一所御封的尼寺中，为了永远纪念，寺名就称"铁萨罗寺"。④

另外，中国道宣《行事钞》，《大宋僧史略》卷上，《出三藏记集》卷十《后出杂心序》，《出三藏记集》卷十《僧伽跋摩传》中也有相应记载。

从以上史料记载来看，在两批到达中国的斯里兰卡比丘尼的努力下，中国的比丘尼戒才开始通过比丘尼谱系与大爱道相连，进而与佛陀相连，这是中国女性信众"二部受戒"的开端，中国的尼众僧团从此正式地合律法地成立了。这对于佛教徒来说意义非凡，也是中、斯两国佛教交流的一段珍贵历史。

（二）佛教典籍

佛教典籍按文字划分，有梵文、巴利文、汉文、藏文等。其中的汉文

---

① 宝唱撰，王孺童校注：《比丘尼传校注释》卷一《广陵僧果尼传十四》，中华书局2006年版，第88页。
② 同上。
③ 宝唱撰，王孺童校注：《比丘尼传校注释》卷一《普贤寺宝贤尼传二十一》，中华书局2006年版，第108页。
④ 邓殿臣：《南传佛教史简编》，中国佛教协会1991年版，第33页。

典籍[1]是中国佛教典籍的主体部分，而在斯里兰卡佛教典籍中巴利文典籍数目最为庞大（同时，我们必须强调的是斯里兰卡所保存的巴利文佛教典籍也是世界各国之首）。下面将谈一谈从斯里兰卡传入中国的佛教典籍以及斯里兰卡僧人、译师对汉译释典的贡献。

法显在师子国求得《弥沙塞律》（Mahisasaka Vinaya）、《长阿含》（Dirgagama）、《杂阿含》（Samyuktagama）、《杂藏》（Samyuktasanchaya）等诸梵本。[2] 法显从斯里兰卡带回的梵文经典，是中国以前所没有的，也是首批斯里兰卡经书传入中国。其中《弥沙塞律》在宋元嘉元年（424年）被译成《弥沙塞部和酰五分律》三十卷，从而使得上座、大众五部广律在汉译本中保存有《十诵》《四分》《僧祇》《五分》四部。《弥沙塞律》也是律宗四大部之一，对于律宗形成一套完整的理论体系及戒法仪式起到至关重要的作用。《杂阿含经》在宋文帝时期（424—453年）被译成五十卷，是研究原始佛教最重要的经典。现在保存的汉译《四阿含经》中的《杂阿含》，便是译自古代斯里兰卡的梵本。这些经、律成为汉译释典中的重要部分，也有助于对古代斯里兰卡所传上座部巴利文经律的对照研究。

据《贞元释教录》记载，南朝宋义熙八年（412年），有师子国律师僧伽跋弥，在庐山般若台东精舍译出《弥沙塞律抄》一卷。萧齐永明六年（483年），有一位外国三藏法师（不知名）带着北天竺巴利文佛教学者觉音所注《善见律毗婆沙》梵本来到广州，临到登岸又返回去，将梵本付给弟子僧伽跋陀罗。僧伽跋陀罗即在广州竹林寺与沙门僧猗共同译出此律藏。该律藏保存了佛教的重要纪年"众圣点记"[3]，尤为可贵。此为研究佛陀入灭年代的重要资料，也为中国佛教史的丰富和发展增添了分量。

《宋元嘉起居注》中记载："师子国王，遣使奉献。诏答云：'此小乘经甚少，彼过所有，皆可写送。'"可见当时中国对斯里兰卡佛经的需求。

---

[1] 中国汉文佛教典籍包括翻译典籍和中国撰述两大部分。

[2] 章巽校注：《法显传校注》，上海古籍出版社1985年版，第164页。

[3] 据《历代三宝记》卷十一、《开元释教录》卷六、《佛祖历代通载》卷八等记载：佛弟子优婆离于佛陀入灭后结集律藏，是年七月十五日僧自恣竟，以香花供养律藏，即记下一点置律藏前，尔后，众圣年年依其法下一点，表示经过之年数。

6世纪初，扶南国僧僧伽婆罗将佛音尊者在师子国新撰出的《解脱道论》携来建业译出。这本典籍在古斯里兰卡国曾经失传，但是由于中国保存其译本，斯里兰卡遂又将其翻译成巴利文版本，重现了经典。《解脱道论》这一佛典的传播为中、斯的文化交往添上了绚丽的一笔。

到了唐高宗（650—683年）年间，师子国送来了梵本《大乘本生心地观经》（八卷，唐般若译，略称《本生心地观经》《心地观经》，收在《大正藏》第3册）。本经的成立系以《般若》《维摩》《法华》《华严》《涅盘》等大乘佛教思想为基础，再加上摄论家的唯心说、唯识家的唯识说而建立三界唯心唯识说。在实践方面，该经主张弥勒信仰，教人应持守瑜伽、梵网等大乘戒，并劝修《真实经》等所说的三密修行。该经自古以来，即以经中有关四恩之思想而驰名。但该经并不只是述说实际道德的四恩而已，经中也含有甚深的教理，以及修道生活上的主张。又，经中不仅教示在无人之静处，持戒及修十度，并劝勉应依禅定观心；此亦正是该经所以名为《心地观经》①的原因。唐廷"宝之历年、秘于中禁"（《全唐文》卷六三《宪宗八》），直至元和六年（881年），宪宗才诏令翻译。由以后的佛教来看，该经中不管是法华系、华严系、唯识系、唯心系、一乘或三乘、大乘或小乘、显教或密教、瑜伽戒或梵网戒都是一脉相承的。即使就印度末期的大乘思想而言，也是极好的范本。在梵本《大乘本生心地观经》传入之后，龙朔二年（662年），西蜀沙门会宁在诃陵国，遇沙门智贤赍《涅盘后分》自师子国来，两人即对译，成文两卷。（《佛祖统纪》卷三九《法运通塞志》）斯里兰卡又一部佛教典籍走入了古中国人的生活中。

开元二十九年（741年）不空奉唐玄宗之命前往师子国赍送国书，前后三年。他广事搜求密藏和各种经论，获得陀罗尼教《金刚顶瑜伽经》等八十部，大小乘经论二十部，共计一千二百卷。后于天宝五年（746年）回到长安，并从事经书翻译工作。他从师子国带回来的佛教经典对于中国密教的发展和密教经典的完善起到了重要的作用。

---

① 该经之注疏有来舟《浅注》十八卷及《浅注悬示》一卷、《科文》一卷，士安《疏》八卷、宽弘《要文抄》一卷、云普《科》三卷、云晋《大科》一卷、玄信《报恩品科注》二卷。近代则有太虚之《讲记》（收在《太虚大师全书》）。

古代的斯里兰卡僧人还陆续送来梵文的佛教经典，中国载籍中对此有记载的如《大中祥符法宝录》卷八记曰："五月师子国僧佛护与甚①徒五人来朝，献梵经二十夹。……是月师子国僧觉喜献梵经六十二夹、舍利、佛骨、菩提印、白氎画像并白氎书随求真言轮及如意轮坛仪等。"② 又《大中祥符法宝录》卷十一记曰："七月师子国僧觅得啰献梵经十九夹并佛骨舍利菩提印等。"③ 再如《佛祖统纪》卷四十四《法运通塞志》记曰："九年二月，北天竺优填曩国沙门天觉、南天竺师子国沙门妙德、西天竺迦蹉国沙门等来，各进舍利、梵经。各赐紫衣、金币。"他们先后带来了许多梵经和佛舍利、菩提树、画像等，都受到当时宋朝政府的隆重礼遇。由此我们可以看出，斯里兰卡多次向中国进献佛经，是当时中国得到梵文佛经的重要来源之一，同时，这些传入的经、律，经过翻译，充实和丰富了汉译释典。

（三）佛教艺术

在中国与斯里兰卡的佛教交流中，自然也少不了佛教艺术品的交流。东晋时，师子国国王为了表达想跟中国发展良好关系的愿望，他听说东晋孝武帝（373—396年）崇奉佛教，便派遣沙门昙摩航海送来极为珍贵的玉佛像一尊，旅途艰苦，历经10年，直到义熙二年（406年）才到达晋京（今南京）。这尊佛像"高二尺四寸，玉色洁润，形制殊特，殆非人工"，放在京都瓦棺寺内，历经东晋、宋二代，与顾恺之的维摩画图、戴逵的五尊佛雕像合称为"三绝"。④这是中、斯佛教关系的首次记录，可以说它揭开了两国佛教交流的序幕，也使中国人民感受到斯里兰卡佛教艺术品的魅力。

宋元嘉五年（428年）师子国国王刹利摩诃南托四道人遣二白衣送牙

---

① "甚"当为"其"之误。

② 赵安仁、杨亿：《大中祥符法宝录》卷八，《中华大藏经》第七十三册，中华书局1994年版。

③ 赵安仁、杨亿：《大中祥符法宝录》卷十一，《中华大藏经》第七十三册，中华书局1994年版。

④ 关于这段历史，《历代名画记》卷五在介绍画家顾恺之以后的自注中，《梁书·诸夷列传》和慧皎的《高僧传》卷十四《慧力传》中都有记载。

台像，表示对大宋的归德之诚。(《宋书》卷九七《师子传》）北魏太安元年（455年），师子国胡沙门邪奢遗多、浮陀难提等五人来到京都大同，带来佛像三尊和在那竭国佛教圣迹的石谷中临摹下的佛影，佛影摹件非常逼真，"去十余步，视之灿然，转近转微"（《魏书》卷一一四《释老志》），其他画师之作不能与之相比。他们几人到了北魏后，和平年间（459—465年）建造云冈石窟中"昙曜五窟"的造像，产生了一定的影响。这使得云冈石窟这一伟大的佛教艺术宝库，留有中、斯文化交流的斧痕。

同时我们不可否认的是，斯里兰卡的佛教文化在中国的建筑中有了诠释。福建泉州开元寺的须弥座，位于殿前月台上的宋元石雕作品，上面刻着172幅人面狮身青石浮雕，极富异国情调，与殿后廊的2根刻着印度、斯里兰卡等地神话故事的古婆罗门教青石柱雕相映生辉，记载了此一时期宗教东来的历史盛况。

除了佛像艺术品，在中国史籍中还细致生动地记载了与斯里兰卡有关的绘画艺术品。楼钥《攻媿集》卷七五《跋傅钦甫所藏职贡图》："师子国，大通元年，其王迦叶伽罗诃黎邪遣使贡献"，"正字傅钦甫携职贡图见示，不惟画笔精好，其上题字，亦自合作。李龙眠有帖云：梁元帝萧绎镇荆时，作《职贡图》，首虏而终蠻凡三十余国。今此卷才二十有二，必有遗脱者"。《玉海》卷一六《唐贞观方物录》："书目有唐《夷狄贡》一卷，始于北突厥，终于师子国，而以杂记附焉，并唐贞观以来诸国贡献等事。"《全蜀艺文志》卷四二《成都古寺名笔记》："成都画多名笔，散在诸寺观，而见于大圣慈寺者为多。前寺多宝塔，壁画地狱变相，待诏左全笔，画四天王四堵，师子国王一堵，释迦佛一堵。""普贤阁中佛殿殿内壁画维摩居士、师子国王变相，待诏左全笔，释迦佛二堵，待诏杜怀玉笔，前庑东壁画起寺金和尚、高力士像，古迹西壁画汉孝明帝蔡愔、秦景、王遵及摩腾、竺法之像，童仁益笔。"黄修复《益州名画录》卷上《左全》、卷下《有画无名》："左全者，蜀人也，世传图画迹本名家。宝历年中，声驰阙下，于大圣慈寺中殿画维摩变相、师子国王、菩萨变相三。""多宝塔下南北二方天王弥勒佛会、师子国王、菩萨普贤，阁外北方天王。"又，《历代名画记》载："僧金刚三藏，狮子国人。善西域画像，运笔持重，非常画可拟。东京广福寺木塔下素像，皆三藏起样。"这些画师和绘画艺术品进入中国，不仅为中国佛教艺术的发展做出了贡献，还促进了中、斯两国的佛教文化交流。直到今天，在浙江普陀山上还保存着斯里兰卡的佛教绘画①，而敦煌的壁画中也保留有关于斯里兰卡的传说。

中、斯两国的文化交流是双面的，无论其是实物还是一种精神上的链接。建于中唐时期的莫高窟第231壁画中有一幅"摩诃菩提寺瑞像"，也彰显着这一理念。② 虽然此处"摩诃菩提寺"地处印度，但与斯里兰卡的佛教文化息息相关。它是由斯里兰卡国王出资修建的一座寺庙，其中多有斯里兰卡的僧人。那么从这幅画里我们是否可以寻找一些当时斯里兰卡佛教发展的情况呢？是否可以探寻一下古斯里兰卡僧人的生活呢？

我们必须要强调一点：斯里兰卡对中国佛教影响最为深远的便是"十八罗汉"佛教文化。十六罗汉是释迦牟尼佛的弟子。据经典说，他们受了佛的嘱咐，不入涅盘，常驻世间，受世人的供养而为众生作福田。现在中国所有的十六罗汉的典故是依唐玄奘译《大阿罗汉难提密多罗所说法住记》。难提密多罗，此云庆友，是佛灭后八百年时师子国（今斯里兰卡）人。自《法住记》译出以后，十六罗汉受到佛教徒的普通尊敬赞颂，而这种赞颂必然会在图像和雕刻方面打上烙印。梁张僧繇、乾元中卢楞伽以及王维都有关于十六罗汉像这类作品的创作，可参见《宣和画谱》卷二及卷十。从以上所述绘画和雕刻两方面来看，十六罗汉的尊崇是从五代时发展起来的，特别是在江南一带地区，并且由十六罗汉而演变成十八罗汉。而此时我们必须注意到一个奇特的现象，十六罗汉的传入促进了中国绘画的发展，而另一方面此绘画的发展又使十六罗汉演变成为十八罗汉。十八罗汉的产生，不单单是中国佛教文化的前进，也是整个佛教文化的丰富，那么这也必将会对斯里兰卡的佛教文化发展产生影响。

（四）佛牙的巡礼

中国和斯里兰卡是两个受到佛教熏陶较早的国家，两国在历史上的交往也从汉朝就有记录。而两国的佛教交流，自东晋义熙初年（约405、

---

① 王和平：《普陀山在中外文化交流中的地位》，《中国海交史研究动态》1984年第18期。
② 参见孙修身《莫高窟佛教史迹故事画介绍》（二），《敦煌研究》1982年第1期。

406年），师子国国王优婆帝沙一世遣沙门昙摩携带玉佛像来访中国，拉开了序幕。之后，中国僧人法显于东晋义熙六年（410年）到达斯里兰卡，并在斯里兰卡生活两年，这期间法显瞻礼佛牙，观看佛牙供养仪式，巡礼圣迹，并求得经律，之后带回了中国。他的书《佛国记》是最早对斯里兰卡佛牙进行记载的中国史籍，书中对佛牙礼堂、佛牙展览会、其国民对佛牙的崇敬之情等都有详细生动的记录。其文云："城中又起佛齿精舍，皆七宝作。王净修梵行，城中人信敬之情亦笃。其国立治已来，无饥荒丧乱。众僧库藏多有珍宝，无价摩尼，其王入僧库游观，见摩尼珠，即生贪心，欲夺取之。三日乃悟，即指僧中，稽首悔前罪心。因白僧言，愿僧立志，自今以后，勿听王入其库看，比丘满四十腊，然后得入。"① 法显西行求法的经历及《佛国记》的记载，对之后的中国僧人产生了极大的影响。唐朝的玄奘以及其后的义净等数十位僧侣先后西行，都是受到法显及其《佛国记》的鼓励。由于这本书的出现，大大地拓展了汉土僧人的视野，引发了西行求法的热潮。而从《佛国记》中的记载所见，佛灭之后的印度，供养礼敬佛的遗骨、遗物、遗迹，乃至罗汉圣者的遗骨、遗迹，已是普遍的现象。佛教传到了中国，这种源于印度的风俗信仰，也传了过来并影响了中国的佛教，例如供养佛指、佛牙、佛像、佛塔等。所以法显《佛国记》中对于斯里兰卡佛牙的记载以及玄奘对斯里兰卡佛牙的描述也激发了之后的一些中国僧人产生了去瞻礼佛牙的强烈愿望。②

义净在《大唐西域求法高僧传》中曾记载，7世纪中叶的明远、义朗、窥冲、慧琰、智行、大乘灯、灵运、僧哲、玄游、无行等僧人前后赴师子洲，瞻礼佛迹，顶礼佛牙。其中的明远法师，由于对师子国所供养的佛牙仰慕心切，曾"为君王礼敬。乃潜形阁内，密取佛牙，望归本国，以兴供养"。但事与愿违，"既得入手，翻被夺将"，他自己也觉得"颇见陵辱"。这段记载中还提到师子国对佛牙的守卫森严和供养的诚挚，"其师子洲防守佛牙异常牢固，置高楼上，几闭重关，锁钥泥封，五官共印。若开一户，则响彻城郭。每日供养，香华遍覆。至心祈请，则牙出华上，

---

① 章巽校注：《法显传校注》，上海古籍出版社1985年版，第153—154页。
② （唐）玄奘、辩机，季羡林校注：《大唐西域记校注》卷十一《僧伽罗国》，中华书局1985年版，第880—883页。

或现异光，众皆共睹"。传说师子洲若失佛牙就会被罗刹吞食，因此守卫森严，这应该是与斯里兰卡国家起源的传说有关。也有传言说佛牙之神圣，"当向支那矣。斯乃圣力遐被，有感便通，岂由人事，强申非分耳"。① 除了明远、义朗法师到达师子洲，"披求异典，顶礼佛牙"，② 大乘灯法师也"既越南溟，到师子国观礼佛牙，备尽灵异"③，无行禅师也曾"观礼佛牙"④。而且大航海家郑和与斯里兰卡的佛牙也有一段扑朔迷离的故事。由此可以看出，佛牙已经成为一个化身，一个中、斯交往的媒介。中国僧人远赴斯里兰卡观礼佛牙，瞻仰佛礼，实际上，已经成为一种沟通方式，虽然当时这些僧人的目的并非如此，但他们确确实实地充当了文化交流的传话筒。

其实，除了佛牙以外，佛钵也是重要的佛教圣物。元朝时期，汪大渊在《岛夷志略·僧伽剌》中记载："其佛前有一钵盂，非玉非铜非铁，色紫而润，敲之有玻璃声，故国初凡三遣使以取之。"⑤ 由此可以得知，元朝政府曾三次遣使去斯里兰卡取佛钵，应该还连带了佛牙舍利。《元史》卷一三一《亦黑迷失传》记载了两次："（至元）二十一年（1284年）……复命使海外僧迦剌国，观佛钵舍利，赐以玉带、衣服、鞍辔。……二十四年（1287年），使马八儿国，取佛钵舍利，浮海阻风，行一年乃至。"据此记载，佛钵大概被取回了元朝政府，时间大概是1288年。另据《马可波罗行纪》第一六八章《锡兰岛》所记载⑥，元朝政府取回佛钵的时间应该是1284年。但是由于马可·波罗为伊斯兰教徒，加上其所记历史为游记形式，所以应该是元史的《亦黑迷失传》更接近事实。另外，念常《佛祖历代通载》卷二二："忽必烈时，（蜀僧）元一自

---

① 《大唐西域求法高僧传》卷上《明远传》，中华书局1988年版，第67—68页。
② 《大唐西域求法高僧传》卷上《义朗传》，中华书局1988年版，第73页。
③ 《大唐西域求法高僧传》卷上《大乘灯传》，中华书局1988年版，第88页。
④ 《大唐西域求法高僧传》卷下《无行传》，中华书局1988年版，第182页。
⑤ 汪大渊著，苏继庼校释：《岛夷志略校释》，中华书局1981年版，第244页。
⑥ 《马可波罗行纪》第一六八章《锡兰岛》：嗣后大汗闻此山中有元祖阿聃之墓，而其所遗之牙发，供食之钵尚存，于是欲得之，乃于1284年遣使臣往，使臣循海遵陆，抵锡兰岛；入谒国王，求得齿二枚，甚巨。并得所遗之发及供食之钵，钵为绿色云斑石质，甚美。大汗使臣获有诸物后，欣然回国复命，及至大汗驻跸之汗八里城附近，命人请命于大汗，如何呈献诸物，大汗闻讯大喜，命人往迎阿聃遗物，于是往迎并往致敬者甚众。大汗大礼庄严接受之。

西天持佛如来铁钵献帝，帝悦宝之，以镇库藏。"① 汪大渊所说的三次遣使，可能就包括这一次。由于汪大渊和马可·波罗所记载的佛钵材质基本相符合，所以元一所取回的"铁钵"应当是赝品。

佛钵为佛所遗圣物。斯里兰卡佛钵相传为阿育王所赠，今在康提摩厘格华寺中与著名的佛牙一起供养。既然佛牙仍在斯里兰卡，那么元朝政府取回佛钵之事当不可信。但是《元史》与《马可波罗行纪》言之凿凿，元朝政府取回佛钵也应当是事实。这一矛盾暂时没有明确结论，可以推测元朝政府取回观瞻，事后又连带佛牙舍利一起还给斯里兰卡了，到《岛夷志略》成书时（1349年），此佛钵已经归还给了斯里兰卡。无论事实如何，至少从这些史料的记载中可以了解到当时中国统治者及僧人对斯里兰卡佛教圣物佛牙、佛钵的重视和敬仰。同时在这些佛教圣物彼此转送时，两国的交流也在日益加深。

佛教文化交流增进了中、斯友好合作关系和双方的友谊。一方面，斯里兰卡向中国学习，深受其惠，另一方面，古代中国也在对外友好交流开放中，吸取了斯里兰卡优秀的经济、文化成果，促进了自身的发展。

结　　论

通过上述我们可以看出中国和斯里兰卡在佛教文化交流方面取得了很丰硕的成果，也为推动世界文化进步做出了很大的贡献。中、斯友好交往为亚洲的和平贡献了力量。一些西渡求法的高僧，见识广阔，用游记域志记载了当时各国的民俗与地理，对中国和亚洲地理学、历史学做出过重大贡献。如法显的《佛国记》、玄奘的《大唐西域记》、义净的《南海寄归内法传》《大唐西域求法高僧传》等，为中外学界所推崇。《佛国记》记载了印度与斯里兰卡等国的民俗地理，加强了亚洲古代各国彼此之间的了解。

古代中国国力强盛，经济文化发达，处于世界领先地位，对外交通畅通，有发达的交通工具，通过政治外交往来、经济贸易往来、科技文化交流、宗教传播等各种途径和斯里兰卡交往，增进了中、斯双方的了解、联

---

① 《大正藏》第49册，第722页。

系和友谊，促进了中、斯双方的经济文化交流与发展。中国和斯里兰卡是友好国家，两国友好交往的历史悠久，这种传统理念根植于彼此的交往之中。虽然在被葡萄牙、荷兰和英国占领期间，中国和斯里兰卡间悠久的友谊在某种程度上被遗忘，但是随着两国有远见的政治家的积极推动，中、斯两国的古老友谊定会得到复兴和更进一步的发展。

参考文献

一　中文文献

（一）古籍资料

（东晋）法显撰，章巽校注：《法显传》，上海古籍出版社1985年版。

（南朝梁）沈约撰：《宋书》，中华书局1974年版。

（梁）萧子显撰：《南齐书》，中华书局2000年版。

（梁）释僧佑撰，苏晋仁等点校：《出三藏记集》，中华书局1995年版。

（梁）释慧皎撰，汤用彤校注：《高僧传》，中华书局1992年版。

（北齐）魏收撰：《魏书》，中华书局1974年版。

（唐）姚思廉撰：《梁书》，中华书局1973年版。

（唐）李延寿撰：《南史》，中华书局1975年版。

（唐）张彦远：《历代名画记》，中华书局1985年版。

（后晋）刘昫等撰：《旧唐书》，中华书局1975年版。

（北宋）欧阳修、宋祁等撰：《新唐书》，中华书局1975年版。

（北宋）王溥：《唐会要》，中华书局1955年版。

（北宋）楼钥：《攻媿集》，中华书局1985年版（丛书集成初编本）。

（北宋）赞宁撰：《宋高僧传》，中华书局1987年版。

（南宋）李昴英撰，杨芷华点校：《文溪稿》，暨南大学出版社1994年版。

（清）董诰等编：《全唐文》，中华书局1983年版。

释道宣：《续高僧传》，上海古籍出版社1991年版（高僧传合集本）。

大正一切经刊行会：《大正新修大藏经》，（台北）新文丰出版有限公司1983年版。

(二）近人论著（按作者姓名的字母顺序排列）

著作

北京大学南亚研究所：《中国载籍中南亚史料汇编》，上海古籍出版社 1994 年版。

耿引曾：《汉文南亚史料学》，北京大学出版社 1990 年版。

季羡林：《佛教与中印文化交流》，江西人民出版社 1990 年版。

季羡林：《季羡林论中印文化交流》，新世界出版社 2006 年版。

吕建福：《中国密教史》，中国社会科学出版社 1995 年版。

薛克翘：《中国印度文化交流史》，昆仑出版社 2008 年版。

论文

冯铁健：《五台山与斯里兰卡佛教》，《五台山研究》1990 年第 4 期。

耿引曾：《〈二十四史〉中的南亚史料简介》，《南亚研究》1981 年第 1 期。

耿引曾：《以佛教为中心的中斯文化交流》，载《中外文化交流史》河南人民出版社 1987 年版。

何芳川：《古代来华使节考论》，《北京大学学报》（哲学社会科学版）2005 年第 3 期。

黎小明：《广州与古代僧人的海外往来》，《法音》1988 年第 8 期。

李传军：《从比丘尼律看两晋南北朝时期比丘尼的信仰与生活——以梁释宝唱撰〈比丘尼传〉为中心》，《徐州师范大学学报》（哲学社会科学版）2006 年第 1 期。

刘兴武：《中国与斯里兰卡的传统友谊》，《南亚研究》1983 年第 4 辑。

Weragoda Amaramoli Thera (ed.), *Pujavaliya*, Colombo: Ratnakara Press, 1953.

Silva, Roland, Bandaranayake, Senake, Dewaraja, Lorna and Wimalaratne, K. D. G (eds.), *Sri Lanka and the Silk Road of the Sea*, Sri Lanka. National Commission for UNESCO; Central Cultural Fund (Sri Lanka); Sri Lanka Institute of International Relations, 1990.

Gunawardana, R. A. L. H. , "Subtitle Silks of Ferrous Firmness: Buddhist Nuns in Ancient and Early Medieval Sri Lanka and Their Role in the Propagation of Buddhism", *The Sri Lanka Journal of the Humanities*, Colombo, 1990.

Pachow, W., *Ancient Cultural Relations Between Ceylon and China*, Colombo: University of Ceylon Review, 1954.

Weerasngha S. G. M., *A History of the Cultural Relations between Sri Lanka and China*, (An Aspect of the Silk Route.) Centala Cultural Fund, Colombo, 1955.

Werake, Mahinda, "The Abayagiri Vihara and Sino – Sir Lankan Buddhit Relations During the Anuradhapura Period", *The Quarterly of the Cultural Triangle*, Vol. ii, no. 3, 1984.

明末清初遗民逃禅与越南佛教

成功大学历史学系博士后 李贵民

一 前言

越南的佛教深受中国影响，早在一千年前，越南李朝（1010—1225年）时期，中国僧人所传入的禅宗在当地形成三个流派：一即毗尼多流支禅派，由毗尼多流支所创。二即无言通禅派，由唐代僧人无言通所创。三即草堂禅派，由北宋云门宗僧人草堂所创。到陈朝（1225—1400年）时，甚至由陈太宗、仁宗创立新的禅派，即竹林禅派。[①] 越南佛教在中国佛教的影响下，出现了属于自己的黄金时期，[②] 但这样的盛况到黎利建立后黎朝时，发生了极大的转变，其原因主要在于官方大兴儒家思想，抑制佛教发展，原本由皇室所支持的佛教，只准庶民信仰，佛教遂转趋为民间宗教，呈现停滞状态。[③] 但随着后黎朝政权的衰落，形成了南北分裂割据的局面，郑主和阮主为了赢取民心，[④] 对于佛教有不同的态度与做法，使得17、18世纪的越南佛教呈现复兴的迹象，统治阶层也转向佛教寻求心

[①] 黎垂庄：《越南南河地区十六至十九世纪中国禅宗的传播和发展及相关文献的考察》，华东师范大学古籍研究所硕士学位论文，2014年，第2页。

[②] 阮金凤：《越南佛教历史概述》，《佛学研究》2005年，第350—362页。文中提到越南佛教历史，大致上可以分为三个阶段：一，传入时期：公元前3世纪到10世纪。二，黄金时期：从11世纪初到14世纪末。三，衰落与复兴时期：15世纪及其后。也就是从越南的丁朝、前黎朝到李朝、陈朝期间是越南佛教发展最兴盛的时期。

[③] [越]陈正和、宋成有节译：《越南佛教史略——从古至今》，《印支研究》1984年第3期。该文甚至把1407—1848年视为所谓的"苦难时代"，表明越南佛教遭受到极大的破坏与毁谤，到了15世纪后半期，佛教僧侣寥寥无几，而通晓佛教教义的人更是荡然无存。

[④] 阮金凤：《越南佛教历史概述》，《佛学研究》2005年，第355页。

灵上的慰藉。

后黎朝敬宗于1619年为郑松所逼，悬梁自尽。郑主改立敬宗之子黎维祺为帝，自收复升龙城之后，后黎朝实际上由郑氏世袭掌政。北方局势稳定之后，郑主转而攻伐南方的阮主，1627—1672年间爆发了七次大规模的战争，连年的战乱不仅使人民承受沉重的赋役，还饱受摧残破坏之苦。①

皇室大权旁落，成为郑氏傀儡，而为帝者也不思振作，甚至秽乱后宫。如黎神宗在德隆二年（1630年）夏五月：

> 纳从伯黎柱妻郑氏，册为后。郑氏玉桁，枬之女也，初适帝从伯强郡公黎柱，生四子，及柱以逆谋逮下狱，枬夺之，进入宫，寻立为后。阮寔、阮名世等累疏，帝不听。是月淫雨。郑氏既立，天淫雨日夜不止。②

身为皇帝的黎神宗竟然夺取伯父辈黎柱的妻子为后，郑氏玉桁为郑枬之女，其父将女儿视为物品，作为与后黎朝皇室联姻之用。郑氏改嫁之后，被立为皇后，但却转而亲近佛事，甚至拜闽籍侨僧拙公和尚（1590—1644年）为师。③

当时，上从皇帝，下到地方官员都去听拙公和尚宣讲佛法，其中也有关于生老病死的问题。统治阶级转而崇信佛教，显示出长期以来的儒教信仰出现了危机，既然民心思佛，统治阶层便顺水推舟，用佛教来笼络人心。④ 一般百姓对所受中国儒家文化"修身齐家治国平天下"之观念产生疑惑，转而信仰佛教的慈悲救苦和因果业报等观念。⑤

这种现象也发生在南方的阮氏政权，统治阶层为了提供新的信仰，以便在精神和心理上支配民众，此时的儒教思想显然不适合阮氏集团，其分

---

① 陈重金：《越南通史》，商务印书馆1992年版，第188—220页。
② 潘清简修撰：《钦定越史通鉴纲目》卷三十一，总第2904—2905页。
③ 参见越南汉喃院藏《普光塔碑记》。
④ 谭志词：《17、18世纪越南佛教复兴的背景及特点》，参见《闽南佛学》第六辑，http://www.nanputuo.com/nptxy/html/201103/0415103373499.html，浏览时间：2016/08/30。
⑤ 同上。

裂王朝的原罪与儒家正统观念背道而驰。在此情况之下，佛教刚好适合阮氏所需，犹如一剂清凉剂，既解决了南方移民信仰上的饥渴，同时又合法化了其统治问题。① 因此，当时的越南南北朝虽然呈现政局分裂，但却是17、18世纪越南佛教得以再复兴的契机。

当时的中国也正值明清鼎革之际，明万历以降所形成的逃禅之风，尤以岭南地区更为盛行。② 而这股风气也促使许多岭南的禅师远赴越南弘法，其中主要的有拙公和尚、明行禅师（1595—1659年）、绿湖圆景、圆宽禅师、明弘子融、觉峰禅师、慈林禅师、明海法宝禅师、兴莲果弘国师、法化禅师（1670—1754年）、济圆禅师（？—1689年）、觉灵禅师、元韶禅师（1648—1728年）、石濂大汕和尚（1633—1704年）等人，③ 这些来自岭南地区的禅师，不仅带动了越南佛教的发展与改革，甚至在当地开创新的门派，例如：拙公禅派、元韶禅派等，更有甚者还当上阮主政权的国师，如兴莲果弘国师，这都充分显示出中越两地的宗教文化有着紧密的关系。

另一方面，由于越南政权之前对佛教的压制，越南佛教之发展曾一度中断。此时，除了岭南禅师南来弘法之外，越南本地的僧人也曾前往岭南受戒求法，并且带回不少中国佛教典籍。例如性泉湛公（1674—1744年）、水月觉通（1637—1704年）等人。④ 这些禅师大都是18世纪左右的人物，他们已经不满足于逃禅僧人所传入的佛法，为了亲眼所见，以及为求得戒法，不远千里跋山涉水北上，如水月禅师后来得到一句智教大师传法曹洞宗，⑤ 将之传播于越南北方。

---

① 李塔娜：《越南阮氏王朝社会经济史》，李亚舒、杜耀文译，文津出版社2000年版，第177页。
② 蔡鸿生：《清初岭南佛门事略》，广东高等教育出版社1997年版，第17—22页。
③ 当中有些禅师因为史料不足，无法确认其生卒年，故未标示。除了拙公和尚、明行禅师曾在越南中南部弘法，后来才往北在北方郑氏政权领地弘法之外，其余禅师弘法地点主要以南方阮主领地为主。参见谭志词《十七、十八世纪岭南与越南的佛教交流》，《世界宗教研究》2007年第3期。
④ 谭志词：《十七、十八世纪岭南与越南的佛教交流》，《世界宗教研究》2007年第3期。
⑤ 同上。

这对于当时越南的佛教发展产生了极大的影响，尤其是禅宗的影响更大。[①] 但是，过往的研究偏重明末清初遗民僧本身对于越南佛教的影响层面，却忽略了佛教典籍对于其发展的影响。而这些来自中国遗民僧、逃禅僧的佛法思想，借由法脉延续在越南还可以有所传承，但是佛教典籍的传播[②]通过不断的印刷再版，以及重新刊刻，其延续的时间更长，散播的空间更广，其对越南佛教的影响实是有过之而无不及。

二 岭南移民逃禅僧携经入越

17世纪中叶岭南禅师赴越南弘扬佛法，其中以闽籍拙公和尚最具代表性。拙公和尚出境传法是明末中国社会动荡和禅林危机所产生的结果，其中也包含佛教信仰之危机。由于当时社会动荡不安、民不聊生，大量走投无路的下阶层百姓涌入禅门。[③] 他们把出家当生计，虽剃发易服而未脱胎换骨，继续保持俗心俗行。这群人虽名为出家众，实为流民游子，与名

[①] 有关禅宗对于越南佛教的影响，相关研究成果丰硕。可以参看，释清决：《越南禅宗史论》，中国社会科学院，2001年，博士学位论文。阮美珠：《佛教在越南顺化市的影响》，广西民族大学硕士学位论文，2007年。释行心：《中国临济禅系在越南的传承与流变》，台湾师范大学硕士学位论文，2006年。

[②] 有关中国佛教典籍传入越南的状况，在谭志词《十七、十八世纪岭南与越南的佛教交流》一文中也有提及，但是该文仅是列出比较早期传入越南的中国佛教典籍与刊刻状况，并未对相关版本进行比对、校勘，并提到"至于诸典籍于何时、何地，通过何途输入越南，则颇难一一稽考"。事实上也确实是如此，但是如果仔细查阅汉喃院所藏的佛经版本，还是可以看出一些端倪，尤其是性泉禅师传入的中国佛教典籍，有很多是源于《嘉兴藏》的版本。另外，李庆新教授所写的《清代广东与越南的书籍交流》一文，则是从海外贸易的角度来审视书籍贸易的状况，确实有很多值得参考的部分，但是忽略了僧人携入佛经的部分。但来日或也可从书籍贸易的部分，检视有否佛教典籍的输入。参阅李庆新《清代广东与越南的书籍交流》，《学术研究》2015年第12期。

[③] 文中提到圆澄禅师（1561—1626年）认为当时为僧者的原因，有些是不正确的观念："或为打劫事露而为僧者；或牢狱脱逃而为僧者；或悖逆父母而为僧者；或妻子斗气而为僧者；或负债无还而为僧者；或衣食所窘而为僧者；或妻为僧而夫戴发者，或夫为僧而妻戴发者，谓之双修；或夫妻皆剃发，而共住庵庙，称为住持者；或男女路遇而同住者，以至奸盗诈伪，技艺百工皆有僧在焉"；"如此之辈，既不经于学问，则礼义廉耻，皆不之顾，惟于人前装假善知识，说大妄语，或言我已成佛，或言我知过去未来，反指学问之师，谓是口头三昧，杜撰谓是真实修行，哄诱男女，致生他事"。参见谭志词《越南闽籍侨僧拙公和尚出国的原因》，《东南亚纵横》2007年第5期。

刹高僧大异其趣。当时僧界龙蛇同窟，泥沙俱下，表明佛教文化在岭南的展开，并非纯之又纯，而是变异多端的，① 这样的情形，导致像拙公和尚这样的高僧萌生离开中国之意。

其次是禅宗内部激烈的派系斗争阻碍了禅宗的发展，最具代表性的有《五灯严统》之争、② 江苏善权寺常住之争、临济宗内天童圆悟与汉月法藏之争等。还有，明清之际禅林流弊颇多，或思想上因循守旧，或禅法僵化粗俗，一些禅师对此深感不满。但在社会动荡和禅林危机的历史背景下，仍有许多禅僧以复兴佛法为己任，或奔走国内各地，或移居国外，继续弘扬佛法，以存其志节，③ 这也是推动拙公和尚出国弘法的动力。

除了上述两种内推的力量之外，还有来自外部的吸力，16世纪之后东南沿海各省的海上交通非常便利也是一项重要因素。明朝隆庆元年（1567年），福建右佥都御使涂泽民奏请开放海禁，明朝政府审视当时的海禁政策之后，遂于海澄县月港开放海禁，准许私人商船出洋贸易，于是海外贸易迅速发展起来。④ 越南北部的宪铺、中部的会安成为当时的重要贸易中心，拙公和尚当时应该就是乘坐私人贸易商船前往柬埔寨和越南中部顺化等地弘法，⑤ 后来又搭船从顺化北上到河内。

1. 拙公和尚入越传法

拙公和尚《大南禅苑传灯集录》卷下：拙公和尚，大明国福建省漳州府海澄县渐山人⑥，俗姓李，释圆炆，号拙拙。⑦ 大约1607年，拙公赴古眠国（下柬埔寨）弘法长达16年，受到国王及王公贵臣的热情接待。1623年曾一度回福建老家，约同年又到越南中部广南、顺化等地说法长

---

① 蔡鸿生：《清初岭南佛门事略》，广东高等教育出版社1997年版，第14页。
② 定名：《费隐通容〈五灯严统〉与曹洞、临济的批判、辩说》，《佛学研究》2013年，第324—336页。
③ 谭志词：《越南闽籍侨僧拙公和尚出国的原因》，《东南亚纵横》2007年第5期。
④ 林仁川：《明末清初私人海上贸易》，华东师范大学出版社1987年版，第84页。
⑤ 参见谭志词《越南闽籍侨僧拙公和尚出国的原因》，《东南亚纵横》2007年第5期。另外，该文还提到，拙公和尚出国到越南，可能与其自身的原因有关，主要体现在他是一位"云水僧"的观念里，拙公以云游各地、弘扬佛法为己任，加上他受孔子"不怀居"思想的影响，才会离开天朝大国，不辞万水千山到安南、柬埔寨去说法。
⑥ 越南汉喃院藏，《大南禅苑传灯集录》，编号 A.2767。
⑦ 越南汉喃院藏，笔塔寺的《献瑞庵宝严塔碑铭》。

达七八年，受到广南国阮氏政权的厚待。①

到了1630年左右，拙公与弟子明行从广南、顺化北上，1633年抵达河内。到河内不久，越南皇室贵族纷纷拜其为师，他便住持河内看山寺，宣讲佛法。不久转赴北宁省住持佛迹寺，大约在1642年改任北宁省笔塔寺住持，直到1644年于该寺圆寂。圆寂后，被越南后黎朝黎神宗追封为"明越普觉广济大德禅师拙公和尚肉身菩萨"。② 在越南北方弘法期间，拙公和尚创立了拙公禅派，传承10代，绵延近200年，为17、18世纪越南佛教的复兴做出了很大的贡献。他被视为越南北方临济宗的开山祖师，其肉身像至今仍于越南佛迹寺祖堂内供奉。③

17、18世纪越南佛教得以复兴，另一重要的体现就是中国佛教典籍的输入和刊印。当时中国佛教典籍输入越南大多通过两国禅僧南来北往的民间文化交流活动来实现。赴越弘法的岭南禅师带去了大量的佛教典籍，如拙公和尚赴越时就带去了一部分佛经，④ 其中有一种专门祭供水陆孤魂的经书称为《水陆诸科》，⑤ 内容包含寺中请佛、迎师、招魂、接亡灵、洗秽、忏悔等各种仪轨，传入之后，因为符合当时社会环境所需，从此在越南北方寺院中被广泛使用。⑥

后来，又应郑主郑柩的要求，拙公和尚派遣其弟子明行禅师回中国请经，经书请回后就藏在北宁省佛迹寺，其中有一部分已刊刻，刻板均存于佛迹寺。⑦ 但是，根据后来法国学者的调查，在20世纪50年代，该寺的部分刻板已被当作木柴用来烧火做饭，河内法国远东学院曾将这些刻板运

---

① 谭志词：《越南闽籍侨僧拙公和尚出国的原因》，《东南亚纵横》2007年第5期。
② 越南汉喃院藏，笔塔寺的《献瑞庵宝严塔碑铭》。
③ 谭志词：《越南闽籍侨僧拙公和尚出国的原因》，《东南亚纵横》2007年第5期。
④ 谭志词：《十七、十八世纪岭南与越南的佛教交流》，《世界宗教研究》2007年第3期。
⑤ 根据"越南汉喃文献目录数据库系统检索"可以得知《水陆诸科》："今存印本七种，包括景盛五年（1797年）河内海会寺印本、河内海会寺同庆二年（1887年）据景盛五年刻板重印本、成泰六年（1894年）永福寺印本等；又存抄本一种。"该经，"又名《水陆诸科》，佛教科仪，记载寺中请佛、迎师、招魂、接亡灵、洗秽、忏悔等各种仪式。安子山竹林禅派僧人慧灯和尚真源撰于景盛五年（1797年），有清如沙门序。原目编为3640号，题《水陆全集》；另编为3638号，题《水陆诸科》"。数据参阅，"越南汉喃文献目录数据库系统检索"，http：//140.109.24.175/pasweb/。
⑥ [越]阮郎（释一行）：《越南佛教史论》，河内文学出版社2000年版，第535页。
⑦ 但是，笔者日前曾经前往佛迹寺田野调查，询问该寺僧侣，但似乎相关佛教典籍已经不存在。

回该院保存。① 这批资料的保存状况目前并不明朗，而当时刊刻的复印本，有少数典藏于越南汉喃研究院的图书馆。

2. 明行禅师请经入越

明行禅师，俗姓何，法名明行，法号在在，系明末清初江西省建昌府（今江西抚州地区）人。明行禅师可能在1623年左右已到越南广南、顺化一带游历，到越南后才遇上拙公和尚并成为其徒弟。此后，明行禅师便一直跟随在拙公和尚身边。大约在1630年，明行禅师随师傅北上河内，途中他们曾至义安开化天象寺、清化开化泽林寺。大约在1634年或1635年，明行禅师随师傅去住持北宁省佛迹寺（又名万福寺）长达七八年。②

1642年，笔塔寺重修完毕，拙公应邀去住持笔塔寺，明行禅师成为佛迹寺的住持。当时，皇后郑氏玉桁及公主黎氏玉缘、郡主郑氏玉基等均出家到该寺修行，皇后郑氏玉桁拜拙公和尚为师，郑主郑梿则亲自延请明行禅师为公主黎氏玉缘剃度。拙公和尚住持笔塔寺仅两年便于1644年圆寂，明行禅师嗣承其衣钵，住持笔塔寺。1644—1646年，明行禅师忙于处理师傅的后事，其中最主要的是处理拙公和尚的肉身和筹资建"报严塔"，直到1647年才将这两件大事处理完毕。之后明行禅师仍住持笔塔寺前后共15年，直至1659年在该寺圆寂。③

《三经日诵》署名释在在，即明行禅师，而由其弟子妙慧负责重梓

目前在"越南汉喃文献目录"中保存的明行禅师所引入的佛教典籍，

---

① 谭志词：《十七、十八世纪岭南与越南的佛教交流》，《世界宗教研究》2007年第3期。
② 谭志词：《侨僧明行禅师在越南弘扬佛法》，《八桂侨刊》2006年3月第1期。
③ 同上。

可以确认的有《三经日诵》①，又名《佛祖三经》②，现存于汉喃院，然此二书其实是同一本，只是误将欧阳颖侄题之《三经日诵叙》当成经书名来登录。

根据资料推算明行禅师的生卒年代大概是1595—1659年，他于1659年三月二十五日圆寂，所以该书序于癸巳，推测应为后黎朝庆德五年（1653年）。

但此经书的劝募刊刻，主要是由明行禅师的弟子，也就是比丘尼妙慧，号善善所负责，即公主黎氏玉缘。书中所说的"重梓"，③应该是明行禅师携带回越南之后，因为印刷发行之用，故重新刊刻。

另有《般若波罗蜜多心经直说》④一经同为比丘尼妙慧善善所奉刻，该经书刊印于盛德二年（1654年）十一月，故可以看成与《佛祖三经》刊刻的原因类似，也就是由明行禅师将中国佛经带入越南后，其弟子妙慧尼师再重梓刊刻，或因这些经书经过岁月磨耗，故有重刊之需。《般若波罗蜜多心经直说》一书原为憨山德清大师⑤所作，收入《卍续藏》第26册No.0542，此经书属于明末清初的《嘉兴藏》。

可见明末清初的遗民逃禅者已经将中国当时的佛教典籍带入越南，不

---

① 越南汉喃研究院馆藏，馆藏编号 AC.545，越南国家图书馆馆藏编号 TN.059。此书应名为《佛祖三经》，被称为《三经日诵》是因为该经书前有庐陵居士欧阳颖侄题之《三经日诵叙》一文，故登录为《三经日诵》，但据释在在（即明行禅师）所写的序文，名为《佛祖三经序》，故该经书名为《佛祖三经》较为合适。

② 越南汉喃研究院馆藏，馆藏编号 AC.341。根据"越南汉喃文献目录数据库系统"所记载，《佛教三经》版本：今存印本二种，明命十一年（1830年）报国寺重印，释在在作再版序文。页数及版式：170页印本，高26厘米，宽15厘米；98页印本，高29.5厘米，宽16.5厘米。提要：佛经合订本，包括《佛说四十二章经》《佛遗教经》《沩山警策》三种经文，书末有跋语及《增补音释》一篇。另外，越南国家图书馆馆藏中还有一书名为《三经日用》编号 TN.121，也是同一本经书。

③ 越南汉喃研究院馆藏，馆藏编号 AC.545，第29页。

④ 越南汉喃研究院馆藏，《般若波罗蜜多心经直说》，馆藏编号 AC.301。

⑤ 憨山禅师（1546—1623年），名德清，俗姓蔡。为明末清初著名的流放僧，万历二十三年（1595年），他以私创寺院，遣戍雷州，至四十二年（1614年）蒙恩赦。回顾其遣戍生涯，犹如在岭南的漫长梦游，居垒壁间，恩效大慧宗杲和尚，冠巾说法，构丈室于穹庐，时与诸来弟子作梦幻佛事。乃以金鼓为钟盘，以旗帜为幢幡，以刁斗为钵盂，以长戈为锡杖，以三军为法侣，以行伍为清规，以呐喊为潮音，以参谒为礼诵，以诸魔为眷属，居然一大道场也。憨山对岭南佛门的重大贡献，是修复六祖慧能开创的曹溪寺，被誉为曹溪中兴。参见蔡鸿生《清初岭南佛门事略》，广东高等教育出版社1997年版，第16页。

仅是传统佛教所使用偏重仪式的《水陆诸科》等经典，随着像明行禅师这样的中国海外遗民僧到越南弘法，《嘉兴藏》中很重要的明末清初禅宗祖师大德的著作典籍也输入到越南佛教界，使得开创明末清初佛教新气象的佛教思想，也得以传播到越南等地，渐渐没落的佛教信仰，又慢慢有了中兴复苏的迹象。

三　性泉和尚鼎湖山求法请经

1. 肇庆鼎湖山求法受戒

中国遗民僧到越南，也触发了17世纪末、18世纪初的越南僧人前往中国求法，并携回典籍，如性泉和尚到广东鼎湖山庆云寺习禅，回国时，从中国带回经、律、论典籍三百部，共一千余卷，置于乾安寺（在今河内），其中近两百部经书在越南北方刊印传播，当时许多刻板保存在崇福寺和乾安寺。[1]

性泉和尚之所以会前往中国取经，原因在于其师父如澄麟角上士[2]曾

---

[1] 谭志词：《十七、十八世纪岭南与越南的佛教交流》，《世界宗教研究》2007年第3期。
[2] 河内继灯第七十五世祖，莲宗寺离尘院如澄麟角上士，是第一世开山始祖，贯清化省永㮨山人，姓郑，名拾，是晋光王之子，母武氏，怀胎满月生师，当正和十七年（1695年）丙子五月初五日酉时出世。额有日角，熹宗（1675—1705年在位）闻之，以第四公主妻之。虽居紫府之荣，心悬波罗之境，时有私营在寿昌县白梅坊，一区土园池沼六亩，后园有一堆土阜，高七八尺许。一日师命军家，拙土阜于足底寔为深浚，造一涸海放金鱼，忽见一大莲藕，军家呈师，师以为出家之兆，因莲藕之瑞，化家为寺，名莲宗院曰离尘。不入村坊，自是笃志参禅。一日上疏愿舍俗出家，得旨，是日直往东潮之安子山龙洞寺，顶礼正觉真源和尚，时祖行年八十，谓曰："宿缘高会，何见之晚耶？"师曰："师资会合，时至而出。"祖曰："重兴祖祖，是汝一人。"自是日夜研究三藏，无所不通。一日上堂具威仪求进具戒，未几祖曰："我归西时至，我得法于真源和尚。"时祖年三十七。一日谓众曰："四大苦身，岂能长久？"遂回西安坐，付嘱性泉湛公和尚曰："本从无本，从无为来，还从无为去，我本无来去，死生何曾累？"言毕，面西念佛而化，当黎龙德二年（1733年），大众建塔造像，三寺奉事。师平日，开化护国寺，在本县安舍坊。末复择得北宁省桂阳知觉山，修造大伽蓝寺，曰含龙。左枝宝山性燏，住持莲宗寺。右枝净明性山彦，住持含龙寺，下三传雨花法师，下四传正智寂誉祖师，下五传正心大师，下六传真空普箓大师，下七传比丘通荣大师，贯海阳仁杰人，小童出世，先投含龙寺，礼求发度，长成求福田和尚，进授具戒，通修各座犯宇，门徒各居一方，开化道脉，付嘱偈云："心空静寂越圣超凡，意染情生万端系缚。天人诸法尽在其中，彼我一体原本唯心。"参见福田和尚撰《御制禅典统要继灯录》，越南汉喃研究院馆藏，编号AC.158/a，第43—44页。

对他说："时当末法,世隆中衰,大道寥寥,戒律已无闻矣。"于是性泉对其师说："可远求大教,匡复弊端何如耳?"① 可见当时越南佛教界对于戒律之学已经荒废中落,需要有新的元素注入,而到中国去求取佛法与典籍是一项选择。

于是性泉和尚礼谢其师,奉命求法,如澄麟角送性泉和尚偈云："禅林古镜久埋尘,为法忘身几个人,五十三参今古在,八旬行脚也辛勤。"② 自此性泉法师思维深入,发弘誓愿,寻究经律。性泉法师遂诣佛祖前,上香礼拜毕,具奏得旨,时黎永佑间(1735—1740年),③ 自是梯山航海六个月。而性泉求取佛法最重要的是戒律学的部分,所以他到了广州府鼎湖山庆云大禅寺,住寓三关三个月。

当时活跃在岭南佛门的是曹洞宗博山法脉的两支,即宗宝道独、天然函昰座下的广州海云法系和栖壑道丘、在犙弘赞座下的肇庆庆云法系。两系在设教上有明显的不同,海云系"终日讲求本分事,惟以'直指人心,见性成佛'为旨,从不曾有一念一事稍及西方",而庆云(鼎湖)系禅净兼修,又以戒律深严而著称。霍宗瑅在《第二代在犙和尚传》一文称："岭海之间,以得鼎湖戒为重。"所谓的"鼎湖戒",据清释成鹫纂《鼎湖山志》所载,实际是以弘赞的戒律学为理论基础的。④ 故当时性泉禅师闻名而来,亟欲在鼎湖山求得其戒学之传承。

2. 请弘赞法师经论入越

弘赞(1611—1685年),字德旋,号在犙。

> 新会朱氏子,生而颖异,弱冠执二亲丧,断荤腥,阅《坛经》有感,遂矢志参学。端州上迪村有梁长者少川卜地鼎湖山莲花洞,梦神人诃曰："是朱家地,非尔所有。"师至端州,梁遂施此地。崇祯

---

① 沙门如山编:《继灯录》,越南汉喃研究院馆藏,编号 AC.158/a,第45页。

② 同上。

③ 这个年代可能有误,因为其师如澄麟角于龙德二年(1733年)圆寂,性泉禅师出发前,如澄麟角应该还在世。

④ 李福标、朱婧:《论鼎湖山弘赞禅师的律学故事化》,《学术研究》2015年第4期。

癸酉（1633年）始刈棘缚茅，创立精舍，礼栖壑①于蒲涧，薙染受具服，乃延栖壑住鼎湖，已参方以北，住杭之横山，归继席鼎湖，戒律精严，海内宗之，旋辟麻奢宝象林，以七星严白石造塔，藏所得庐山金轮峰舍利。师往来两山，成就甚众，咸以得鼎湖山戒为重，前后著述凡百余卷，藏嘉兴楞严寺行世。（参梁佩兰撰《塔志采访册》）②

弘赞法师早岁习儒为诸生，博雅能文。后遁走为僧，谒广州蒲涧寺栖壑道丘而得印可，又度岭入雪关、平窑、径山、天童、云门诸尊宿之室。还粤，初住广州南海宝象林，继主鼎湖山庆云寺法席。生平特重实践笃履，虽精于禅，而绝不侈言禅道，仅弘律戒。③

弘赞法师生平"以弘护正法为己任，孤高严重，衲子惮之。士大夫则重其直谅多闻，乐与之交。凡三坐道场，得度者不可胜计。传法弟子，慧弓为上首"。并且有许多佛学典籍著述：

《梵纲经略疏》《心经添足》《准提经会释》《兜率龟镜集》《观

---

① 栖壑（1586—1658年），俗姓柯，法名道丘，法字离际，晚号栖壑，广东顺德人。天资聪颖，幼年随母陈氏食素。17岁在广州永庆庵礼碧崖禅师出家。翌年至宝林寺（今南华寺）侍憨山大师，博览典籍，得憨山器重。21岁赴南京，闻教于雪浪、一雨。25岁至杭州，参云栖莲池，得莲池授净土法门并付衣钵。天启三年（1623年）腊月于法性寺受具足戒。天启七年（1627年）春，礼博山能仁寺元来无异参禅。崇祯三年（1630年）命为教授。崇祯四年（1631年），南归广州，驻锡白云山蒲涧寺。崇祯六年（1633年），应请至香山讲《金刚经》。崇祯八年（1635年）秋，栖壑访六祖新州故址，经端州，望见鼎湖山山水秀丽，遂有开山之志。庆云庵主持弘赞闻栖壑至，即迎其入山，力请其为住持。崇祯九年（1636年）农历五月二十六日，栖壑正式在鼎湖山开山主法，将庆云庵扩建为庆云寺，并自号云顶老人。庆云寺自此声名大振，四方之士慕名而来者络绎不绝。南明永历三年（1649年）夏，永历帝朱由榔偕母妃上庆云寺，请栖壑为母妃说法。永历帝拟为庆云寺置田，栖壑闻知，以"舍身出家，期登觉岸"，不能广置田产为由拒绝，并立石为誓，规定今后世代不置田产。栖壑先后应邀往大云龙兴寺、宝安金绳寺、广州长寿寺说法。顺治十二年（1655年）重建庆云寺大雄宝殿。顺治十四年（1657年），应平南王尚可喜之请到广州做法事，超度清兵入城战中惨死的百姓，平南王赠王座作为栖壑法座。栖壑住持庆云寺23年，将庆云寺建成子孙丛林，子孙庙有肇庆附近的峡山寺、白云寺、跃龙庵、梅庵、天宁寺、慧日寺、观音堂、石头庵、华严庵、兴元寺，新兴国恩寺，新会玉台寺，宝安广慧寺，并在罗隐新建憩庵。清顺治十五年（1658年）圆寂。

② （清）黄培芳等纂，道光《新会县志》卷十一《仙释》，（台北）成文1966年据清道光二十一年版影印，第24页，总第328页。

③ 李福标、朱婧：《论鼎湖山弘赞禅师的律学故事化》，《学术研究》2015年第4期。

音慈林集》《释义摩那戒·本归戒要集》《沙弥律义要略》《增注沙弥仪轨颂》，并著《解惑编》《六道集》《沩山警策句释》《木人剩稿》，并撰《须弥世界之图》。前后著述几百有余卷，板藏浙江嘉兴楞严寺行世。夫异量之才不世出，中人以下，未免资绳墨以匡植之。师之担荷宗门，而尤以戒律自任，所以救世也。博山瀛山之风可谓仰而逾扬，欲盖而弥彰者矣。①

这些书籍后来多数被性泉和尚请回越南。当时性泉和尚来庆云寺时，已经是第十二代祖定辉（1733—1736年住持）② 之时，后来在第十三代住持其金光端和尚（1736—1747年住持）之时受戒出家。当初性泉来到广东时原本不得其门而入。

一日维那僧出门外，见师形色忧恼，问曰："汝从何方来？志求何事？"师曰："贫僧是安南小国，远行千里，欲求大法，无由得答，敢烦仁者，转秉和尚，寔贫僧万幸。"维那具禀缘由。和尚曰："善哉。"时师入方丈顶礼其金光端和尚，陈情暴白，光端曰："入挂搭去。"师自此扦劳忍苦，不惜身命，服役三年，三年习学，专持礼诵学习，手不释卷。

当时，幸好遇到僧人外出，见性泉法师面显忧色，问其所求何事？他说求法不得，希望代为禀报方丈。面见其金光端和尚时，性泉法师直陈其来意，得和尚答应入寺学习，经过三年的认真学习后：

时师二十五岁，求进比丘菩萨戒，讳其金，号光端，为和尚。讳正语，号止言，为羯磨师。讳光觉，号寱如，为教授师。尊证七位，明寔大德、七间大德、性具大德、克己大德、慎天大德、定庵大德、维持大德、作持大德，与授具戒。自此寻章摘句，无所不通，取得经律论三百

---

① 释成鹫纂：《清在憯禅师塔铭》，载《鼎湖山志》。
② 广东肇庆鼎湖山庆云寺介绍，http://big5.xuefo.net/nr/article14/136675.html，浏览日期：2016/08/30。

部，一千余卷。供斋一顿，费约精银十笏。六年行满，具禀凯还故国。①

性泉法师除了在庆云寺受了具足戒之外，对于经论也非常通达，并且请回经律论三百部，共一千余卷。回国后，性泉法师：

> 即将三藏经律留在乾安寺，一切僧尼请师为和尚，重受戒法，弘四分律，自师为始。自此潜者复兴，光者复续。时师行年七十，命众鸣钟集僧，谓上足海炯曰："吾道兴隆，岂非汝耶？"付嘱偈云："至道无言，入不二门。"（法门无量，谁是后昆？师跏趺而化，阇维舍利无数。建塔含龙寺、崇福寺二处奉事。时黎永佑十年。）②

至此越南的戒律之学重新恢复。而性泉法师所带回来的经律论当中，主要是弘赞法师的著作，直到现在越南汉喃院典藏中仍有不少典籍，属于明末清初《嘉兴藏》刊刻的一部分佛教典籍。

越南汉喃院所藏弘赞法师著作对照表

弘赞法师著作	越南翻刻书名	编号	备注
般若波罗蜜多心经添足	般若波罗蜜多心经添足	AC.506	
般若心经贯义	心经贯义	AC.506	附在《般若波罗蜜多心经添足》之后
沩山警策句释记	沩山警策句释记	AC.140	
沙弥律仪要略增注	沙弥律仪要略增注	AC.622	有多种版本
八关斋法	八关斋法	AC.143	
六道集	六道集	AC.129	
四分律名义标释	四分律名义标释	AC.669/1-10	
解惑编	解惑编	AC.598/1-2	

---

① 沙门如山编：《继灯录》，越南汉喃研究院馆藏，编号 AC.158/a，第46页。另外，文中提到"还至仁睦村三玄门，上士归西已三年矣（1736?）。"根据《继灯录》记载如澄麟角上士于黎龙德二年（1733年）面西念佛而化。所以，若是其归西已三年则是1736年。

② 沙门如山编：《继灯录》，越南汉喃研究院藏，编号 AC.158/a，第46页。黎永佑十年恐误。后黎朝永佑年号仅有六年，为何会出现永佑十年？

续表

弘赞法师著作	越南翻刻书名	编号	备注
诸经日诵	诸经日诵	AC.258	此书中国典籍中已经找不到
四分戒本如释	四分戒本如释	AC.181/1-2	未确认
式叉摩那尼戒本	式叉摩那沙弥尼律仪	AC.465	未确认
沙门日用	无		
比丘尼受戒录	无		
持诵准提真言法要	无		
兜率龟镜集	无		
供诸天科仪	无		
观音慈林集	无		
归戒要集	无		
礼佛仪式	无		
礼舍利塔仪式	无		
梵网经菩萨戒略疏	无		
七俱胝佛母所说准提陀罗尼经会释	无		
沙弥学戒仪轨颂注	无		

数据源："佛教经藏目录数字数据库",http://jinglu.cbeta.org/;"越南汉喃文献目录数据库系统",http://140.109.24.171/hannan/。

四　汉喃院所藏弘赞法师经论

1.《般若波罗蜜多心经添足》

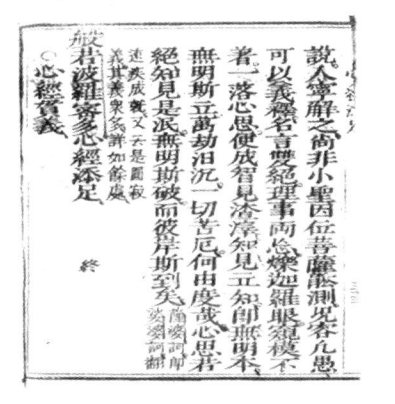

《重刊般若添足序》以及该书后所附的《心经贯义》

《般若波罗蜜多心经添足》虽然重刊于嗣德元年（1848年），由太平省福庆寺重印，附有释朗朗的"《重刊般若添足序》"，文中提道："兹本目名为《般若添足》，弘讚祖师在参和尚批注，极其要约。"① 文中把弘赞法师的名字误写成弘讚，而在惨也写成在参，但仍可以推测此书为弘赞法师所著之《般若波罗蜜多心经添足》。

2.《般若心经贯义》

弘赞法师所著之《般若心经贯义》，越南汉喃院馆藏版则是附在《般若波罗蜜多心经添足》之后，但是没有《卍续藏》所附之《大般若经受持功德》一文。

3.《沩山警策句释记》

基本上越南汉喃院馆藏版弘赞法师所著之《沩山警策句释记》都是使用康熙庚戌年（1670年）的版本。

该书最后一页，照录原书助印者的资料：

> 新安休宁县弟子程日盛，法名开拙，偕男可立、可仁、可权、嘉言，孙士魁、士贤、士奇、士端、士元、士彦、士荣，礼梓《警策句释》上下二卷入藏，以斯功德，四恩总报，三有均资，福慧圆明，早登觉地。②

该助印者、时间注明为"康熙庚戌年秋日弟子日圣君缙和南谨识"。康熙庚戌年为1670年。不过此经书在越南刊刻

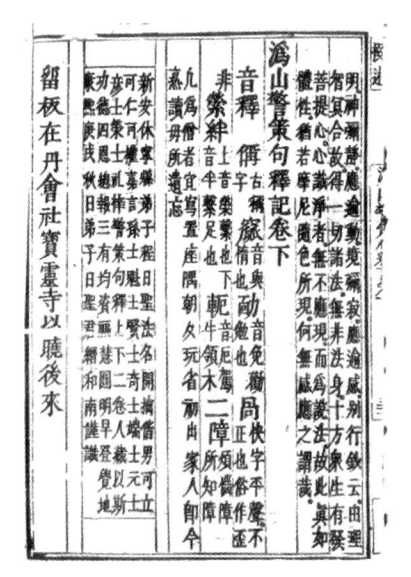

《沩山警策句释记》助印者

时没有注明重刻时间，仅留下"留板在丹会社宝灵寺，以晓后来"的字样

---

① 《般若波罗蜜多心经添足》，越南汉喃院藏，编号AC.506，第2页。
② 《沩山警策句释记》，越南汉喃院藏，编号AC.140，第32页。

而已。①

4.《沙弥律仪要略增注》

该书为云栖袾宏辑、鼎湖山沙门弘赞注，故名为《沙弥律仪要略增注》，在越南汉喃院有六种印本，现存重刻最早的是明命二十年（1839年）海阳省光明寺印本，比丘照耀写了《沙弥律仪要略增注新刊序》一文，其中有言沙弥律仪为"成正觉、登彼岸之津梁也"②。但是，这是旧板所记载的信息，在该经书最末页，有提到"新锓梓留板四岐县高罗社广寒禅寺"，可见又依此明命二十年的旧板重刻了一次。但是，此经书所依的前身是"康熙丁未仲冬鼎湖山经寮梓"，康熙丁未年为1667年。而且此书是由鼎湖山经寮所刊刻的版本，更可以确认性泉和尚所携带回来的经书与鼎湖山有密切关系，而弘赞法师的著作更是携带回越南的佛经典籍之大宗。

5.《八关斋法》

《八关斋法》为弘赞法师所辑，越南汉喃院现存的版本为明命九年（1828年）常福寺重印，基本上内容大致相同，仅有最后音释的"音叫。似食葱，而茎长，有棱，五辛中。凡中空，皆属葱类。或作藠，草名。出庐山。非药也。有云：藠亦山薤之类。非也。药，葱。《本草》不载，以药属葱收，故不别出。藠亦不载，由无功用故也"等字样删除，而加上重新刊刻的年代与重刊者。③

6.《六道集》

《六道集》为弘赞法师所著，越南汉喃院有两种版本，但是有一本藏于法国巴黎。汉喃院所藏版本提到是弘赞法师编辑于康熙己未年（1679年），李龙标序于康熙二十一年（1682年），但是目前的重刊本是成泰乙巳年（1905年）

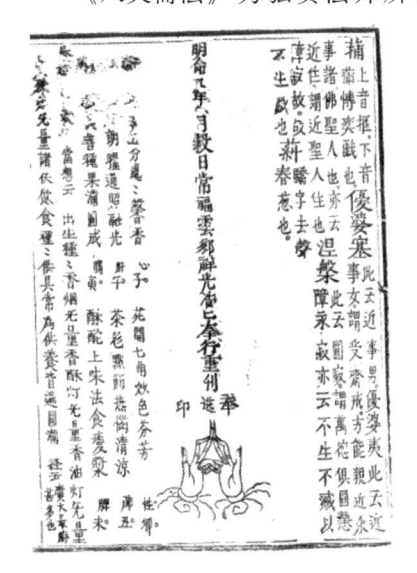

《八关斋法》重印年代

---

① 《沩山警策句释记》，越南汉喃院藏，编号 AC.140，第 32 页。
② 《沙弥律仪要略增注》，越南汉喃院藏，编号 AC.622，第 2 页。
③ 《八关斋法》，越南汉喃院藏，编号 AC.143。

河内灵光寺的重印本。该书最前面有严春广所写《演庆重刊六道新序》的再版序文，演庆即为演庆寺，重刊《六道集》虽已是成泰年间，进入了20世纪，但是该书仍是沿用旧的版本来刊刻，例如，书中仍保有助印者的资料，"佛弟子林鹤、邓承诏、欧阳隽、李钦简、黄圣昌捐赀谨刻《六道集》半卷，以此功德，祈报罔极，亲恩远离三途八难，共成无上菩提"①。这是《嘉兴藏》版本的特色之一。

7.《四分律名义标释》

《四分律名义标释》为弘赞法师所释，

《六道集》

越南汉喃院的版本为保大四年（1929年）重印，该书应该不是早先性泉法师所带回的，而是后来保大年间在永严寺大量从日本引入的佛教典籍的基础上重新刊刻的版本。此时越南已成为法国的保护国，而且与日本关系密切，故"请于日本释教经来，以为珍重罕见，乃于皇朝保大二年，特有西天寺监院沙门清乙，大发婆心，就博股场，乞法恭抄，将回检阅书刊，用广流通，则诚为功德不可思议也欤"②。可见弘赞法师所著戒律典籍，深深影响了越南佛教界，每当缺乏戒律典籍时，通常都会想到要引进弘赞法师的律学著作，以补其不足。

《四分律名义标释》

8.《解惑编》

《解惑编》为弘赞法师所著，目前该

---

① 《六道集》，越南汉喃院藏，编号 AC.129。
② 《四分律名义标释》，越南汉喃院藏，编号 AC.669/1-10。

书存于《嘉兴藏》中,① 而越南汉喃院的版本也写为沙门弘赞编撰,并有尹源进的《解惑编序》。越南重刻版本还有潘楚玩、张载道合写的《第二刻解惑编上下卷》一文为序,其文如下:

> 解惑,何为而作欤? 为人之难晓而作也,盖佛法以虚为本,以无为尊,不可以色相见,不可以声音求,无怪乎人之难晓也。慨(概)尧舜以前,盘古醉生梦死之人心;商周而后,秦皇暄日迷云之世界。暨汉明帝遣使之天竺得佛经,佛日增辉、慈云遍覆。自是以来诚心礼拜,有功德者,各有证验,间有后生末学,苟明偏见,却说佛为夷,说法为乱,讹言莫惩,可胜叹哉。是编也,鼎湖在和尚所集,披阅今古,分析是非,凡圣帝明王、贤人君子,知所尊尚及议论格言、明辨事理者,悉次是编,使顽疲之徒,醒心悟道,去妄归真,其功顾不巨乎? 播于南国已有年矣,前经刊镌印,板留京都乾安寺,至今尚存。夫始成终弊世远言,烟有度世之婆心者,可坐视其蠹鱼,而莫之省耶? 爰述善缘重镌,原版已断者复属而复联,已晦者复彰而复著,考之而不谬,质之而无疑,亦牖民之……一助耳。②

越南版本的《解惑编》与新文丰《嘉兴藏》版的《解惑编》

---

① 《嘉兴大藏经》第三十五册(新文丰版),No. B325。
② 《解惑编》,越南汉喃院藏,编号 AC.598/1-2。

乾安寺的《解惑编》木刻板与《嘉兴藏》的《解惑编》对照

可以得知原有的旧板仍存于乾安寺，这也是性泉和尚从中国带回来的"鼎湖在和尚所集"的《解惑编》，只是需要"已断者复属而复联，已晦者复彰而复著"，故重新刊刻。此版虽然是嗣德十二年（1859年），才由北宁省慈山府桂杨县含龙寺住持僧法名通荣重刊、蒲山福田和尚裁订，但是对照新文丰的版本，越南汉喃院所保存的版本清晰度还比较好，而且内容几乎是一样的。

但是，越南所保存在乾安寺的《解惑编》木刻本，因为2015年7月时在做内部整修，便被移至外面走廊堆置，没有任何防护措施，笔者刚好前往乾安寺进行田野调查，在简单检视之后，木刻板有些已经虫蛀严重，甚至腐朽。

9.《诸经日诵集要》

《诸经日诵集要》原为云栖祩宏所订辑，收录于《嘉兴藏》第32册，No. B277 的《云栖法汇（选录）》之中。但是，越南汉喃院所保留的版本却是弘赞再治，也就是弘赞法师根据云栖祩宏的版本进行修改而成，且此书与弘赞法师自己编集的《沙门日用》内容也有所不同。

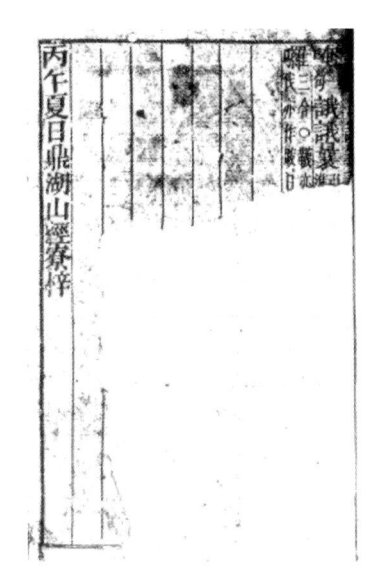

越南版的《诸经日诵集要》卷首与卷末

目前经过初步检视，此书未收录于《新修大正藏》与《嘉兴藏》之中，似乎也没有保存于其他经藏目录中。

该书的内容基本上是延续云栖袾宏的《诸经日诵集要》，但是为了因应不同时代的仪轨需要，弘赞法师做了些许的改变。目前已知道的是仪轨结束前，两位大师之做法有所不同，最大差异在于：云栖袾宏的《诸经日诵集要》在"击钟仪"之后依序是：结会念佛仪、香赞、西方赞，之后结束整个仪轨。而弘赞法师再治的《诸经日诵》，则是在"结会念佛仪"之后，接着进行"击钟仪"，整个仪轨就结束了。但是，弘赞法师在后面又写了一篇短文，提到"凡修供养专重在一变食真言"，但是"今当末法之秋，去圣时遥，梵僧不至，久绝口授，故梵音而成土语矣，兹略以梵音赘于真言字下，其有智者，乐正法讹，自当留心熟习，令音调和无滞，始能改其旧错"①。可见弘赞法师再治《诸经日诵》是有其目的与用意的，并不是随意更动云栖袾宏之著作。

从上可知，汉喃院所藏弘赞法师的著作中重刻所用版本，年代较早的起于1670年的《沩山警策句释记》，而重刻最晚的有1848年的《般若波罗蜜多心经添足》，但是也有另外从日本引入的经论，如《四分律名义标释》，

---

① 《诸经日诵》，越南汉喃院藏，编号AC.258。

可能也是因为越南国内已经遗缺该经论，故而慎重抄录，以广流通。但可证明弘赞法师的著作，从性泉法师请经携回之后，在越南佛教界传承流布已历数百年。

而其传播的区域空间也很广泛，并不仅限于当初所存放的乾安寺，而是广为各地寺庙重刻刊行，如太平省福庆寺重印《般若波罗蜜多心经添足》、丹会社宝灵寺重印《沩山警策句释记》、海阳省光明寺刊刻《沙弥律仪要略增注》、河内灵光寺印行《六道集》、永严寺抄印《四分律名义标释》等，显示出明末清初中国佛教典籍借由中越僧人的交往，扩展至广大的越南北方领地。

五　结语

越南自从17世纪中叶之后，对于佛法之需求扩大，故邀请明末清初拙公和尚、明行禅师前来弘法，同时为了弥补越南佛教典籍的匮乏，并派遣明行禅师前往中国引入佛教典籍，譬如《水陆诸科》一书，后来成为越南佛教界常用的佛教仪轨书。而《佛祖三经》与《般若波罗蜜多心经直说》虽为明行禅师的徒弟黎氏玉缘所刊刻，但原经本应该就是明行禅师北上求取佛经的部分典籍，其余当时传入的经论，因时代久远保留下来的经典不多，仍有待查访。

而性泉和尚所携入的经论年代上则属于较为晚期，其中又以弘赞大师之著作为主，这主要是因为性泉禅师曾到鼎湖山求法，并从其金端光和尚受具足戒，加上其师如澄麟角在其出发前认为越南戒律学已经衰微，性泉禅师秉承师愿，以恢复律学为己任，而当时弘赞法师鼎湖山法脉又以律学闻名，故其著作大量被引入，经过时代变迁仍为越南佛学传承者所推崇，持续不断刊刻流传至今。

在越南佛教的发展过程中，明末清初的遗民逃禅僧人，因为人员的移动，成为越南佛教振兴的媒介者与动力来源，他们在佛教界产生了深远影响，如新的禅宗派别兴起，同时对于当时的政治与社会引发了改变，如皇室贵族出家为尼等。而由中越双方僧侣所引入的佛教典籍，历经各朝代的重新刊刻也成为越南佛教思想来源的一部分，不仅影响了越南当地佛教之发展，也保留了一些明末清初佛教祖师大德的著作，如弘赞大师所治的

《诸经日诵集要》等，成为见证中越佛教文化交流的珍贵历史文物。明末清初的遗民逃禅确实对于中越之间的佛教文化交流产生了极大的贡献。

六、参考文献

1. 史料文献

（清）黄培芳等纂：道光《新会县志》，（台北）成文 1966 年据清道光二十一年版影印。

《三经日诵》，越南国家图书馆藏，编号 TN.059。

《三经日用》，越南国家图书馆藏，编号 TN.121。

《六道集》，越南汉喃院藏，编号 AC.129。

《沩山警策句释记》，越南汉喃院藏，编号 AC.140。

《八关斋法》，越南汉喃院藏，编号 AC.143。

沙门如山编：《继灯录》，越南汉喃院藏，编号 AC.158/a。

《诸经日诵》，越南汉喃院藏，编号 AC.258。

《般若波罗蜜多心经直说》，越南汉喃院藏，编号 AC.301。

《佛祖三经》，越南汉喃院藏，编号 AC.341。

《般若波罗蜜多心经添足》，越南汉喃院藏，编号 AC.506。

《三经日诵》，越南汉喃院藏，馆藏编号 AC.545。

《解惑编》，越南汉喃院藏，编号 AC.598/1－2。

《沙弥律仪要略增注》，越南汉喃院藏，编号 AC.622。

《四分律名义标释》，越南汉喃院藏，编号 AC.669/1－10。

《大南禅苑传灯集录》，越南汉喃院藏，编号 A.2767。

明那罗延山海印沙门释德清述：《般若心经直说》，《卍续藏》第 26 册，No.542。

潘清简修撰：《钦定越史通鉴纲目》。

释成鹫纂：《清在惨禅师塔铭》，载《鼎湖山志》。

《嘉兴大藏经》第 35 册（新文丰版），No.B325。

《普光塔碑记》，越南汉喃院藏。

笔塔寺的《献瑞庵宝严塔碑铭》，越南汉喃院藏。

2. 专著

李塔娜：《越南阮氏王朝社会经济史》，李亚舒、杜耀文译，文津出版社 2000 年版。

［越］阮郎（释一行）：《越南佛教史论》，河内文学出版社 2000 年版。

林仁川：《明末清初私人海上贸易》，华东师范大学出版社 1987 年版。

陈重金：《越南通史》，商务印书馆 1992 年版。

蔡鸿生：《清初岭南佛门事略》，广东高等教育出版社 1997 年版。

3. 期刊论文

李福标、朱婧：《论鼎湖山弘赞禅师的律学故事化》，《学术研究》2015 年第 4 期，第 143—147 页。

李庆新：《清代广东与越南的书籍交流》，《学术研究》2015 年第 12 期，第 93—104 页。

阮金凤：《越南佛教历史概述》，《佛学研究》2005 年，第 350—362 页。

定名：《费隐通容〈五灯严统〉与曹洞、临济的批判、辩说》，《佛学研究》2013 年，第 324—336 页。

［越］陈正和、宋成有节译：《越南佛教史略——从古至今》，《印支研究》1984 年 3 期，第 19—23 页。

谭志词：《侨僧明行禅师在越南弘扬佛法》，《八桂侨刊》2006 年 3 月第 1 期，第 42—44 页。

谭志词：《十七、十八世纪岭南与越南的佛教交流》，《世界宗教研究》2007 年第 3 期，第 43—47 页。

谭志词：《越南闽籍侨僧拙公和尚出国的原因》，《东南亚纵横》2007 年第 5 期，第 61 页。

阮美珠：《佛教在越南顺化市的影响》，广西民族大学，2007 年，硕士学位论文。

黎垂庄：《越南南河地区十六至十九世纪中国禅宗的传播和发展及相关文献的考察》，华东师范大学，2014 年，硕士学位论文。

释行心：《中国临济禅系在越南的传承与流变》，台湾师范大学，2006 年，硕士学位论文。

释清决：《越南禅宗史论》，中国社会科学院，2001 年，博士学位论文。

4. 网站数据库

广东肇庆鼎湖山庆云寺介绍，http：//big5. xuefo. net/nr/article14/136675. html，浏览日期：2016/08/30。

谭志词，《17、18 世纪越南佛教复兴的背景及特点》，2011 - 3 - 4。参见《闽南佛学》第六辑，http：//www. nanputuo. com/nptxy/html/201103/0415103373499. html，浏览时间：2016/08/30。

"越南汉喃文献目录数据库系统检索"，http：//140. 109. 24. 175/pasweb/。

新罗来华僧人无相禅师在中国禅宗史上的地位与影响

四川师范大学文理学院　李万进

在中国禅宗史上，曾盛行于四川境内的净众禅派占有一定的特殊地位。这一禅派师承于五祖弘忍大师，由弘忍大师十大弟子之一的智诜禅师开创其宗，继之传处寂禅师，再传无相禅师。对于净众禅派的传承谱系，唐代华严宗与禅宗两个宗派理论的集大成者——圭峰宗密有这样的记载："疏'有三句用心，为戒律定慧'者，第二家也，根元是五祖下分出，名为智诜，即十人中之一也，本是资州人，后却归本州岛德纯寺，弟子处寂，俗姓唐，承后，唐生四子，成都府净众寺金和上，法名无相，是其一也，大和此教。"① 与这种记述相应，圭峰宗密在其所著的《中华传心地禅门师资承袭图》中则把净众禅派的谱系作了一个明确的梳理：资州诜—资州处寂—益州金—益州石。其中益州金即无相禅师，无相禅师是古代新罗国王子，于新罗国出家后来到中国，后入蜀弘传佛法，在净众禅派的弘传与发展过程中，金和尚无相禅师是一个举足轻重的人物。无相禅师所传授的禅法被称为"三句语"教，即无忆、无念、莫忘，并在传授"三句语"教的禅法时，配合引声念佛的仪轨。这种融念佛与"三句语"教于一体的禅法，其传承与五祖弘忍传人之一的智诜禅师有关，也与五祖弘忍的禅法传承相联系，因此无相禅师对于"三句语"教禅法思想的阐释与传授，也秉承了当时禅门的一些理论，引入了诸如无念、真如、佛性等概念，于此形成了独具特色的禅法理论，并将净众、保唐禅派的传承推向了一个高峰。

因此，在学界对于中国早期禅宗历史的研究中，有学者指出："唐代在

---

① 宗密：《圆觉经大疏钞》卷三之下，《续藏经》第一辑第14套第3册，第278页。

中国内地有很多来自朝鲜的僧人,或在佛学教理方面有较高造诣,或在立教传法方面有突出表现,剑南无相便是其中之一。他是剑南净众禅派或净众宗的创始人。"① 这种对于无相禅师的评论,足以见得无相禅师在整个中国禅宗史上占有一定的地位,由此也可以看到中韩两国在唐代的佛教文化交流之一般状况。无相禅师在中国禅宗历史上的地位与影响,可以从当时之人对于无相禅师的评价、无相禅师的禅法思想、无相禅师的法脉之传承等方面来进行研究。

一 净众—保唐禅派的中坚人物

对于无相禅师在早期中国禅宗史上的地位,著名的华严宗五祖——圭峰宗密在其所著的有关禅宗研究的著作中,有着极为深入的阐述。在圭峰宗密看来,无相禅师这位来自新罗的僧人,是中国早期禅宗史上一位具有一定影响的人物。圭峰宗密诞生于巴蜀大地,在其所著的禅宗史著作中,特别谈到了由五祖弘忍传承而来的、盛行于巴蜀大地的净众—保唐禅派,无相禅师就是这一禅派的中坚人物之一。

圭峰宗密对于无相禅师的评述与定位,是从中国禅宗早期历史的角度来进行的,特别是立足于巴蜀禅宗的历史对无相禅师进行定位,即无相禅师被认为是巴蜀早期禅宗的重要代表人物之一。在后世研究与评论巴蜀禅宗的派系时,始肇于智诜禅师的净众—保唐禅系被认为是巴蜀禅宗五大禅系之一,而无相禅师作为智诜禅师弟子处寂禅师的传人,在巴蜀禅宗乃至于整个早期禅宗的历史上都占有一定的地位,所以才会被圭峰宗密所重视,在圭峰宗密所著的《圆觉经大疏钞》以及《中华传心地禅门师资承袭图》等著作中,都对无相禅师在早期中国禅宗史上的地位进行了较为细致的阐述。圭峰宗密作为一位融合与会通华严宗与禅宗理论的佛学大师,在中国佛教史上具有较为重要的影响地位,并且他从禅宗历史的角度出发,编撰与评述禅宗史研究性质之著作,以一个僧人独有的眼光来定位早期中国禅宗历史的禅门大师,应该说意义是十分深远的。正因为圭峰宗密这种不同凡响的佛学大师的身份与地位,其对于无相禅师的历史地位之界定显示了

---

① 杨曾文:《唐五代禅宗史》,中国社会科学出版社1999年版,第260页。

无相禅师这位来自新罗的禅门僧人赢得了中国禅宗内部的认可,中国禅门中人并没有因为无相禅师的外国国籍而歧视与否定他,而是根据他在中国弘扬禅法的功德来进行如是的评价,这就是圭峰宗密所著的禅宗史,能够给予无相禅师如此高的定位之缘由。

与之相似,唐代著名大诗人与大文学家李商隐,在其所著的《梓州慧义精舍南禅院四证堂铭》一文中,也对无相禅师给予了高度的赞扬。李商隐所撰写的这篇铭文,赞扬了唐代四位著名禅师的功德,这四位禅师是无相、无住、马祖道一、西堂智藏,其中马祖道一在中国禅宗史上的地位是无可替代的,今日中国禅宗法脉之传承几乎都出自马祖道一门下,而李商隐能够将无相禅师与马祖道一起相提并论,可见无相禅师在早期中国禅宗历史上的特殊地位:

> 惟无相大师,表海遐封,辰韩显族。始其季妹凤挺,真机见金。夫以有躬援宝刀而败面,大师得因上行,豁悟迷途。载验土风,东国素称君子;旋观沙界,西方是有圣人。遂西谒明师,遇其坚卧,俄烘一指,誓积于灯。火鼠依光,烛龙引焰。如灯蜡,若煎膏。师乃引与之言,叹未曾有。退从谷隐,惟制葛衣。曳履用自牧之黄,结束引难图蔓。农夫乍去,或议裁缝。氏云归,方闻襞绩;未思天柱,讵学水田。鲜华不望于郁泥,密致那期于刻贝?加以危峰鸟道,林绝人蹊。梁置之盐,邻殊莫致;郁单之米,界绝难通。于是橡栗无求,凫茈不掘;想余粮于蓬,调美膳于苔垣;后沙了异于罗旬,得块返欣于重耳。昔平舆释子,犹饵石帆;陇右沙门,尚餐松叶。比若斯等,方信莫同。章仇兼琼,拥节内江,分符右蜀。因其百清,始议一来。遇羯虏乱华,銮旗外狩,局皇图于巴,指赤县于犍。磨牙,鲸鲵奋。上皇显图内禅,自恃真期;久披宸襟,徐叩妙键。无惭汉室,空礼清凉之台;有陋魏朝,徒建须弥之殿。道合九主,恩浸四生。获永固于灵根,实仰资于圆智。①

---

① 李商隐:《梓州慧义精舍南禅院四证堂铭》,载龙显昭主编《巴蜀佛教碑文集成》,巴蜀书社2004年版,第66—67页。

李商隐在其文中，以一种敬仰的心情记述了无相禅师的一些生平事迹，特别是在讲到无相禅师的身世时，专门谈到了无相禅师是新罗王族这一身份，以此来凸显无相禅师能够舍弃荣华富贵而步入空门是一种超凡脱俗的行为。文中，专门提到无相禅师因其胞妹不愿婚嫁，出家修道，此事对于无相禅师的震动是极其巨大的，由此促发了无相禅师舍弃王族的尊荣而出家修道。李商隐的这一记载与赞宁所著《宋高僧传》中关于无相禅师的记载是一致的，这种史料的一致性，显示出了中国人对于这位来自新罗的禅门僧人的重视，由此也可以看出无相禅师在中国禅宗早期历史上的地位。李商隐在文中记述了无相禅师来华后的求法经历、修行经历，特别是受到了唐宣宗的肯定与赏识，并敕建成都大慈寺等寺院，这些事迹无不显示出了无相禅师在当时的中国禅宗教内就已经具有了深远的影响。在古代能够受到朝廷官员的重视，乃至于受到帝王的重视，这就表明了禅门僧人之事迹得到了世人的认可与承认，无相禅师不仅受到了朝廷乃至于唐宣宗的肯定，还被敕建寺院，这更是一种殊荣，这种殊荣与无相禅师的身份，即新罗王族成员的特殊身份密不可分。更值得注意的是，唐武宗灭佛的法难之时，成都不少寺院被拆毁，由于大慈寺是宣宗敕令修建的，所以免遭被拆的劫难，这显示出了无相禅师在中国唐代禅宗历史上的突出地位。

二　无相禅师的禅法思想

在研究与定位一个禅师的历史地位时，除了要看这一禅师的师承、自身的历史事迹以及弟子门人的法脉传承外，禅师本人流传于世的禅法理论思想也是一项较为重要的指标。无相禅师的禅法理论被称为"三句语"教，即无念、无忆、莫妄。通过分析与研究无相禅师"三句语"教的禅法思想，比较他与同时代的禅法理论思想的异同，也可以彰显无相禅师在中国禅宗史上的地位与影响。

无相禅师的"三句语"教法门，虽以无念为重点与核心，但无忆与莫妄也是极其重要的，此三者是三而一、一而三、不可分割的关系。无忆重在强调时间上的禅修境界，意指对已过之事、已迁之境了无牵挂，不去执着、留恋于过去的缘起缘灭之法。无念则着重强调对于未来之事不作无谓的期待，不去为未来的因缘色法而起贪执之心；有了这种不起贪执之心的修为，即可达到内心了无挂碍的境界。在达到了无忆即不恋于过去，无念即不贪执于未来而内心澄明，那么就能成就莫妄之功，莫妄即是不贪不执、了无牵挂的证悟菩提的得道之境：

> 言"三句"者，无忆、无念、莫忘也。意令勿追忆已过之境，勿预念虑未来荣枯等事，常与此智相应，不昏不错，名莫忘也。或不忆外境，不念内心，修然无寄。"戒定慧"者，次配三句也。虽开宗演说，方便多端，而宗旨所归，在此三句。①

由此可见，莫忘（莫妄）是在无忆即"意令勿追忆已过之境"，与无念即"勿预念虑未来荣枯等事"之后的一种般若之智的境界，即"常与此智相应"，并达到"不昏不错"的境界即是莫忘（莫妄）。这一"三句语"教法门，被无相禅师视为修证菩提、圆成佛果的根本所在："无忆是戒，无念是定，莫妄是惠。此三句语即是总持门。"② 戒定慧是佛门修行的三学根本，由戒入定，由定发慧，由慧而证菩提、圆成佛果，无相禅师以戒定慧比喻无忆、无念、莫妄的"三句语"教法门，而戒定慧三学是缺一不可的，由此无相禅师用戒定慧三学的统一论证了无忆、无念、莫妄是三而一、一而三，而非各自独立或缺一仍然是修禅法门的关系。"三句语"教中的无忆、无念、莫妄虽然是统一、合一的，但无相禅师在强调了三而一、一而三的关系后，专门突出了无念的重要地位，认为"三句语"教是佛法修行的总持门，而无念却是这一总持门的重中之重，居于核心的位置。

与无相禅师同时代的六祖慧能，在其所传禅修法门中也涉及了无念的问题。无相禅师的"三句语"教的内容是无忆、无念与莫妄，而六祖慧能的"无念为宗"法门则是："无念为宗，无相为体，无住为本。"③ 无相禅师的无忆、无念与莫妄是三而一、一而三、不可分割的，与之相似，六祖慧能的无念、无相与无住也是三而一、一而三、密不可分的。无相禅师以无念为本，以无念去统御无忆与莫妄；六祖慧能则以无念为宗，以无念去

---

① 宗密：《圆觉经大疏钞》卷三之下，《续藏经》第1辑第14套，第278页。
② 《历代法宝记》，《大正藏》第51册，第185页。
③ 《坛经》，载石峻等编《中国佛教思想资料选编》第二卷第四册，中华书局1991年版，第9页。

统领无相与无住,在突出与强调无念的重要地位这一点上,无相禅师与六祖慧能是一致的。但在无念的具体内容上,二人却有同有异。与之相关,无忆与莫妄及无相与无住的禅修法门也是有同有异的。

六祖慧能的禅定法门十分注重"无念为宗",认为无念是成就菩提之道的关键所在,一切佛法皆从无念中流出,一切修行法门皆可导入无念之中,一切修行之人皆应以无念为其根本,因为"悟无念法者,万法尽通,悟无念法者,见诸佛境界,悟无念法者,至佛地位"[①]。无念的地位在六祖慧能看来是成佛得道之本,只要悟得无念法,那么一切佛法都可精通。为了进一步阐明无念的重要性,六祖慧能认为无念是自觉觉他、自利利人、自度度人的法门,不行无念法门而妄谈佛法,则会自迷人、自误误人,不依无念而修行则有无边罪过:

> 学道者思之,若不识法意,自错犹可,更劝他人,自迷不见,又谤佛经,所以立无念为宗。善知识,云何立无念为宗?只缘口说见性迷人,于境上有念,念上便起邪见,一切尘劳妄想,从此而入,自性本无一法可得,若有所得,妄说祸福,即是尘劳邪见,故此法门立无念为宗。[②]

这种无念法门强调的是无念为佛法之体,而无相禅师的无念即念不起法门,与戒定慧三学相联系。戒定慧的修持即成佛之根本,这样从本质上而言,无相禅师的念不起与六祖慧能的无念都各自强调无念是证悟成佛的根本所在。六祖慧能直言无念法门可以"万法尽通",可以"见诸佛境",可以"至佛地位";而无相禅师除了认为无念即念不起具足戒定慧三学外,还认为"过去、未来、现在恒沙诸佛,皆从此门入",即过去、未来、现在三世一切佛,都是通过无念即念不起法门而成就佛果的,并强调"若更有别门,无有是处"。可以肯定的是,在各自理解的佛法修行法门中,无相禅师对于无念的肯定与重视超过了六祖慧能,因为从六祖的三无法门去分析,

---

[①] 《坛经·般若品》,载石峻等编《中国佛教思想资料选编》第二卷第四册,中华书局1991年版,第39页。

[②] 同上书,第44—45页。

"无念为宗"还不像无相禅师强调的那样,离无念法门则"无有是处"的至上地位。

从无相禅师与六祖慧能对于"无念"禅法理论的不同阐释中,可以看出自五祖弘忍以后,中国的禅宗处于一种多元发展之格局中,即使是对于"无念"这一禅法理论的弘扬与阐释,也是有着不同的风格,这显示出了中国禅宗早期的历史特征。正是这种多元化的发展格局,使得无相禅师所代表的净众保唐禅派能够在早期的中国禅宗史上占有一席之地,这个一席之地显示出了无相禅师在中国禅宗史上的特殊地位。

三 无相禅师法脉的传承

根据圭峰宗密以及其他资料的记载,无相禅师有四大弟子,分别是长松山马、当寺石、遂州李、通泉李。根据现今学术界的研究与考证,有人认为,长松山马就是开创了洪州宗的马祖道一,当寺石就是净众神会。根据一些学者的研究通泉李就是《历代法宝记》中记载的保唐禅派的重要人物——无住禅师,而遂州李就是《广德寺志》中记载的克幽禅师。为了与六祖慧能的弟子神会禅师予以区别,当寺石也称之为净众神会。而长松山马,之所以被认为就是马祖道一,是因为马祖道一曾经问法于无相禅师的师父——处寂禅师,所以有人推测无相禅师与马祖道一是师兄弟与师徒双重身份。从无相禅师四大弟子的影响来看,都是巴蜀早期禅宗历史上占有一定地位的人物。这样从无相禅师本人以及其所传弟子的历史地位中,可以看到这位从新罗来华弘扬禅法的僧人,对于巴蜀禅宗乃至于中国禅宗历史的发展都做出了一定的贡献。在这四位传法弟子中,值得关注的是遂州李,即当地的《广德寺志》记载的广德寺开山祖师——克幽禅师。

克幽,俗姓李,祖先是陇西人,即今天的甘肃。后来因为克幽的先辈在巴蜀做官,于是举家搬迁入蜀,就住在遂宁的长江县。在克幽年幼之时,因为家庭出身的关系,他接受的是应对科举考试的教育,而他本人在当时也有志于仕途,以求做官,效命于朝廷。不过,克幽与佛门却有着极为殊胜的因缘,从而决定了他一生的人生抉择。就在克幽立志于科举仕途之际,不料他得了一场病,在病中,他见到了极其猛烈的火焰逼近他的身体,或许克幽与佛法夙有因缘,就在他被烈焰所逼之时,他悟到了世间的缘起与无常，遂发愿出家为僧，修行佛法，追求佛法的无上正道。在克幽发了这样的大誓愿之后，他的疾病逐渐转好直至痊愈。于是，克幽在体验了如此殊胜的佛缘之后，前往成都的净众寺，投奔从新罗来华弘传佛法，被世人尊称为金和尚的无相大师。无相在见到克幽之后，通过对他的考察，非常满意，而克幽对于无相也是十分尊敬，这样师徒二人十分投缘，无相就为他削发剃度，克幽正式成为一名比丘僧，在无相座下随师修行。无相十分喜欢与中意克幽这个弟子，把自己对于佛法心要的体会，一一向他传授。而克幽也是夙有根器、极有灵性的佛门中人，师父传授的佛法心要，他很快就能领会并有所感悟，对于这一点无相大师十分欣赏，对他说："你在我这里修行佛法，就像佛经里所说的香象渡河那样，深得我所传法门的三昧，我愿把自己所传的法门托付与你，希望你今后把它发扬光大。"之后，无相大师让克幽前往彭州的白鹿山建起一间小庵篷，在那里结庵修行。一日无相对他的信众说道："东雷鸣矣！"信众不知道无相大师为什么会这样说，其实无相大师是在赞叹克幽的修行，并预测他日后定能发扬光大师门的禅法。

克幽作为无相禅师的传人之一，其所传授的禅法是对于无相所传"三句语"教法门的继承与发展，是对于师门禅法的发扬光大。克幽将"三句语"教法门的核心——无念，转化成了"但心不生"的教义，无念强调的是妄念不生、无执着与分别的意念，"但心不生"中的心不是清净之心性，而是妄念与执着、分别的意念。从这一点上去分析，克幽的禅法与其师无相的禅法有相通之处，这也就从禅法思想的教理上证明了克幽对于无相的传承，从而可以肯定克幽作为无相的传人之一，也是净众宗弘传历史上的一个重要人物。与此相应，无相所传授的"三句语"教禅法教理中，还将真如、佛性、般若等佛教义理引入其无念的理论中，以此形成了无念与真如、佛性、般若一一相对应的关系，对于此克幽也相应形成了"但心不生"与清净心性及"但心不生"与"诸法空寂"的对应关系。在克幽的禅法中，"但心不生"表明当众人的妄念、杂念与有分别、执着的意念一旦被去除之后，众人本具的清净心性就会自然显现，这样清净心性的实质就是真如与佛性，在这一点上克幽与无相所传的禅法是一致的，即都强调了无念与般若之智的一致关系。与之相应，无相所传授的"三句语"教法门中，还强调了无念与真如、无念与佛性的关系，这表明无相禅师思想中除了宣扬般若性空之理外，也涉及了妙有的思想。因为佛法主张性空显妙有，妙有即是性空，两者是不一不异、不即不离的关系。显然，作为无相禅法的传人，克幽主张"行住坐卧，皆不离此心，即六识清净，妙周三界"，这即表明，克幽所传的禅法也涉及了妙有的内容，这之中所言的心应该是清净无染的心性，从这一本净的心性出发就可以证得"六识清净，妙周三界"的境界，这与无相以无念而证真如与佛性之境的禅法是一致的，只是克幽以"但心不生"替代了无相的"念不起"，以"不离一心"替代了无念与真如、无念与佛性的关系。

克幽作为无相的传人，作为净众禅派的传法之人，不仅发扬光大了其师无相所传授的禅门心法，同时还派遣弟子为无相的师父——处寂禅师修建灵塔。处寂禅师在圆寂时曾经对其弟子说："我圆寂之后，再过四十年左右，会有佛门中人来为我建塔，供奉我的舍利。"唐开元二十三年，处寂禅师圆寂。到了唐大历十三年，克幽派遣他的弟子升岸等人前往处寂禅师圆寂之处，重建灵塔，供奉处寂禅师的灵骨舍利，而此时离处寂圆寂刚好过了四十四年，正如处寂禅师当年所预言的那样。

克幽禅师圆寂之后，几十年间出现了一些神异之事，这些神异之事被民众认为是克幽禅师显灵之缘故，特别是克幽禅师的灵骨出现了金锁相连的异象，同时在供奉克幽禅师的佛堂周围出现了观音菩萨圣像的神异之事，所以民众皆认为克幽禅师是观音菩萨应化之身，这样就奠定了千百年来遂宁广德寺被认为是观音道场的基础。

而历代朝廷都对克幽及其所住持寺院进行了敕封。唐天复三年四月，昭宗皇帝听说了克幽的神奇事迹，于是下诏书，敕封克幽住持的寺院为再兴禅林寺。到了北宋咸平元年，真宗皇帝在得知了克幽的事迹后，将太宗皇帝御书的《圣文神笔颂》赐予了克幽住持过的寺院；之后，又在大中祥符四年再次予以敕封，御赐寺名改名为广利寺，同时赐给广利寺"观音珠宝印"一颗。到了北宋皇佑三年，仁宗皇帝亲自为广利寺的明堂手书轴卷两幅，以此敕封广利寺。北宋崇宁二年，徽宗皇帝为克幽的事迹所感动，下诏书敕封克幽为应慈大师，供奉克幽舍利的灵塔也被敕封，赐名为善济，从此克幽的灵塔以善济之名而著称于世。就在徽宗皇帝敕封克幽之时，一位名叫冯世雄的荣州军事推官，写下了《敕赐遂州广利寺善济塔记》，在文中盛赞了克幽弘扬佛法的事迹："诸佛世尊以大事因缘故，出现于世，开示悟入，直指心源，即心是道。心了则道光明，即道是心，悟道则心遍现，周流无间，然后道心成立，一毛端具大千界。此克幽禅师善济之塔，非滞名着相之所能了也。"冯世雄认为克幽弘扬佛法的真谛即在于不执着于名言假相，而能以佛教所倡导的般若之智予以观照，从而悟得佛法的无上智慧。供奉克幽灵骨的善济塔，其意义就在于它显示了克幽弘扬佛法的真正精神。冯世雄在文中也提到了克幽灵骨显圣的殊胜因缘："白莲化生，人骇其异，山谷之间，光相还绕，红云亘天，地布银色，观音圣相仿佛在中。"这与历代相传的克幽灵骨显圣之事迹相契合。同时，冯世雄还谈到了为克幽之灵塔立传记的事由："崇宁改元，州牧尹公申禀漕台转运判官谢公，亲睹殊相，大现山谷，又知灵应之迹极甚奇妙。特为奏请，闻之于朝。事下太常，敕赐今额。越明年孟春上休前一日，本寺传法沙门逢原普会僧俗，置斋落成，阖郡瞻企，如积山岳。于时梓州转运判官许公嗟叹圣境，法会殊胜，捐资供烛，置诸塔前，共成其美。三人者非授记囊劫，安能啐啄同时，崇建大缘？"由此可见，徽宗皇帝之所以会敕封克幽，与遂州的地方官员见到克幽灵塔显圣的事迹，从而上报给皇帝知道有关。冯世雄在谈到这一敕封事件时，认为是"啐啄同时，崇建大缘"，啐啄同时是禅宗祖师给有悟性的弟子以心传心的一种法门，以此表示师徒之间"心有灵犀一点通"的心心相印。而冯世雄在文中引用禅宗的这一典故，以此说明在克幽的影响下，才有了这次殊胜的因缘，成就了一桩佛门的盛事。在这之后，到了南宋乾道九年，孝宗皇帝敕封克幽为圆觉慧应慈感大师，从此克幽又被世人尊称为圆觉大师。

　　宗密进行叙述与评论的时代，离无住与克幽活动的时代相去不远，其记载从历史学研究的角度而言，是相当有根据的。从克幽的主要弘法地域以及圆寂后在遂州显圣的事迹去分析，特别是参照赵嗣业的《克幽禅师记》的资料，可以认定宗密所说的遂州李应该就是克幽，可以肯定克幽乃无相禅师的禅法传人，因此克幽在中国禅宗史上的地位，就应该归入无相禅师的净众禅派之中。对于无相所在的净众禅派的传承，宗密作了另一种划分：[弘忍]—智诜—处寂—无相，从赵嗣业《克幽禅师记》中记载的克幽派遣弟子升岸为处寂禅师重建灵塔的事迹中，可以看出克幽在禅门中的归属应该是净众宗。在民间以及历史上一直流传的净众—保唐禅派，更为准确地说应该是将净众宗与保唐宗分开，因为二者尽管有一定的渊源，特别是无住曾经师事于无相门下，但是两个宗派在禅法及教理的传授上，还是存在一些差别的，所以宗密在评论当时的禅门各宗时，不是将净众与保唐两个宗派混为一谈，而是进行了分门别类的论述与评论，这已经表明，即使是在宗密生活的时代，佛教界已经明确区分了净众宗与保唐宗的分属问题，故而千百年来宗密的这种划分也成为今日学界认可的理论。但不可否认的是，由于保唐禅派的重要人物——无住禅师曾经在无相禅师门下求法，并得到了无相禅师的印证与认可，这样来看，无相禅师也与保唐禅派有着一定的关联，所以无相禅师作为宽泛意义上的净众—保唐禅派的中坚人物也是具有一定依据的。

五　无相禅师的当代影响

无相禅师作为中韩历史上友好往来与交流之见证的历史人物，其影响并不仅仅局限于古代，即使是到了 21 世纪的今天，仍然有着深远的影响。无相禅师所创建的成都大慈寺，具有一千多年的历史，在唐宋时期是中日韩三国佛教特别是三国禅宗交往的中心之一。这些中日韩三国僧人的交流与往来，铸就了大慈寺辉煌的历史，也使得大慈寺规模上逐渐走向了顶峰，据史书记载，大慈寺最为兴盛时，占据了成都市的半个城市的面积，有九十六院的规模，僧众达到了万人。但是随着历史的推移，大慈寺逐渐失去了往日的辉煌，无相禅师的历史事迹也逐渐被湮没于历史陈迹之中。特别是大慈寺在 20 世纪 60 年代遭受了灭顶之灾，被挪作他用，寺院不复存在，这样世人无从知晓无相禅师这位大慈寺的建寺者。直到 2004 年，大慈寺重新开放，佛事活动如期举办，是年 9 月 18 日，一批从韩国来华的友人，齐聚成都大慈寺，缅怀与追忆无相禅师的功德与历史功绩，大慈寺举办了第一次关于无相禅师的交流大会，并举行了中韩佛教的茶道交流与表演，由此拉开了中韩两国共同追忆与缅怀无相禅师的序幕。

2005 年 4 月下旬，四川省佛教协会与成都市佛教协会的有关领导，组成无相禅师遗迹考察团，亲赴无相禅师求法与修行的资州宁国寺和天谷山进行实地考察，恢复无相禅师当时向处寂禅师求法的宁国寺之事宜，也提上了日程，之后省市佛教协会的负责人还亲赴三台县对于李商隐所写的《梓州慧义精舍南禅院四证堂铭》一文进行了实地考察。

2005年10月中旬，在成都佛教界举办成都佛教文化月的活动之际，中韩两国举办了无相禅师学术研讨会，共同研讨与缅怀无相禅师的无量功德。在研讨会上，中韩学者在缅怀无相禅师的功德与历史事迹的同时，还将无相禅师的现实意义上升到了构建中韩日三国佛教的黄金纽带这一高度，以此来回应中国佛教协会已故会长赵朴初居士倡导的三国佛教黄金纽带之说法。在这次研讨会上，中韩双方为了永久缅怀与追忆无相禅师为中韩佛教、禅宗所作出的贡献，共同为无相禅师立了一块碑，这座关于无相禅师的石碑，现在矗立于成都大慈寺的无相禅师庭中，碑文如下：

唐成都大慈寺无相禅师新罗国圣德王金兴光之三子也。出家郡南寺。开元十六年即公元七二八年，浮海西渡至长安。获唐明皇召见，后入蜀资州德纯寺，拜处寂禅师为师，始号无相，密付摩纳法衣遂居天谷山坐禅。

唐明皇幸蜀迎无相禅师入内殿供养，住锡净众寺。时有大慈寺僧英千施粥济贫为国祈福。唐明皇大悦敕书"大圣慈寺"匾额，赐田千亩。敕无相禅师为立规建制九十六院，大慈寺乃为海内巨刹焉。

无相禅师于大慈寺示寂，世寿七十有九。弟子无住禅师继其禅法，即辉耀灯史之西蜀净众保唐禅系也。无相禅法复经马祖、智藏、麻谷、南泉、章敬诸禅师下传道义、洪陟、惠哲、梵曰、无染、玄昱直至新罗国九山禅门，斯时无相之法即东渐矣。

成都大慈寺肇于魏晋，盛于唐宋，晚清重建，文革占用，佛像荡然无存。去岁春恢复开放，是年秋八月韩国禅茶文化社团莅寺拜谒无相禅师法相，中韩僧伽学人共行。

无相禅师学术暨禅茶茶艺交流嗣后议定中韩双方各设无相禅茶研究会，每岁共行学术研讨会于大慈寺。立无相禅师纪念碑铭记无相禅师为中韩两国友好之殊勋。

一年之间，中韩双方已如议施行。但见祖师殿侧祖师亭中，无相禅师纪念碑巍然而立焉，当饮水思源不忘无相禅法之根本。[1]

---

[1] 《无相禅师纪念碑文》，该碑文现立于成都大慈寺内。

碑文是中韩两国佛教界的共识，这显示出了无相禅师的历史地位与影响，不仅仅存在于过去的历史中，更具有现实的意义，这是历史上与现实中中韩两国佛教界友好往来的见证。无相禅师成为中韩两国佛教界与禅宗共同敬仰与追忆的禅门祖师。

2007年，韩国再次组成访问团，赴成都大慈寺参加无相禅师友好交流会，并亲赴资中考察与参拜无相禅师当时求法与修行的圣迹之地。当时，无相禅师求法的寺院——宁国寺已经建成，寺内仅存的一座宋代建筑的大殿内，供奉着无相禅师的画像，这一画像受到了韩国信众的尊敬与供奉，由此资中的宁国寺成为中韩佛教友好往来的又一历史见证。

2012年，在无相禅师圆寂1250周年之际，成都大慈寺再次举办中韩两国人士参加的无相禅师学术研讨会，通过祭拜无相禅师与学术研讨，来共同追述无相禅师在中韩两国佛教历史与禅宗历史上的地位。之后，中韩两国的与会人员，再次到资中宁国寺、天谷山等地，缅怀与追忆无相禅师的行踪圣迹之地。

通过近年来中韩两国开展的以成都大慈寺为中心的无相禅师的一系列追忆活动来看，这一段古代的中韩两国佛教与禅宗友好往来与交流的历史，并没有被历史的尘封所遗忘，而是随着大慈重辉，得到了两国民众的重视。韩国佛教界的追根寻祖制活动，表明了韩国佛教界对于无相禅师的重视，由此可以期待中韩两国的佛教交流一定会天长地久，友谊长存。